Hewlett-Woodmere Public Library

The Dido Smith Fund

CONTEMPORARY HOUSES

MAISONS D'ARCHITECTES

KÖNEMANN

© 2018 koenemann.com GmbH
www.koenemann.com

© Éditions Place des Victoires
6, rue du Mail – 75002 Paris
www.victoires.com
ISBN : 978-2-8099-1578-5
Dépôt légal : 2ᵉ trimestre 2018

Editorial project:
LOFT Publications
Barcelona, Spain
loft@loftpublications.com
www.loftpublications.com

Editorial coordinator:
Claudia Martínez Alonso

Assistant to editorial coordination:
Ana Marques

Edition and texts:
Irene Alegre

Art director:
Mireia Casanovas Soley

Layout:
Cristina Simó Perales

Layout assistant:
Kseniya Palvinskaya

Translations:
textcase

ISBN 978-3-7419-2047-9

Printed in China by Shenzhen Hua Xin Colour-printing & Platemaking Co., Ltd.

LOFT affirms that it possesses all the necessary rights for the publication of this material and has duly paid all royalties related to the authors' and photographers' rights. LOFT also affirms that it has violated no property rights and has respected common law, all authors' rights and other rights that could be relevant. Finally, LOFT affirms that this book contains no obscene nor slanderous material. The total or partial reproduction of this book without the authorization of the publishers violates the two rights reserved; any use must be requested in advance. In some cases it might have been impossible to locate copyright owners of the images published in this book. Please contact the publisher if you are the copyright owner in such a case.

3 1327 00680 4488

6	INTRODUCTION	118	N/A HOUSE	240	CAN MIQUEL TONI
10		126	HOUSE IN IZUMI OHMIYA	252	THE ORANGERY
12	TODA HOUSE	136	NON VISIBLE HOUSE	260	CAN MARÈS
22	HOUSE IN KARLSRUHE	146	WHITE AND RED	272	CAN GALL
34	CUT&FOLD HOUSE	156	TATO HOUSE	284	CAN PUIG DE SA SERRA
40	HOUSE IN IMABARI	170		296	IN KYO
50	THE SHADOW HOUSE	172	RIETEILAND HOUSE	308	
60	THE DOVE HOUSE	182	CASA ECONOMU-VOSNIADES	310	HOUSE IN MASAKI
68	WRAP HOUSE	190	HERMOSA HOUSE	322	CUBIC HOUSE
78	SUBURBAN STUDIO	200	CASA EN LAS ARENAS	332	TWINNEYS
84	SANTA MARÍA 2	208	CASA VENINO	342	HOUSE IN HIEIDAIRA
92	CASA TUSQUETS	216		354	CAN VINGUT
102	BEAM HOUSE	218	CAN TONI MARTINA		
112	CASA CANTAGUA	228	CAN XICO ESCANDELL		

In a world where most of our surroundings belong to other people, groups or organizations, the house has become a unique space that we must only share with those who we really want to be with and live with. It represents our personality, out tastes and our priorities.

Small or large, with a patio or terrace, with five floors or just one, with dividing walls or without; all the houses that appear in the following pages are the fruits of the imagination and taste of their inhabitants, as well as of their architects and designers. We believe and trust in the work of the experts, but it is important not to forget those who live in their creations.

The buildings in this book are a blend of modernity and original forms. The homes that we share here are attempts to break the barriers of conventionalism and tradition, moving beyond the limits of the everyday and achieving significant levels of innovation and progress. Likewise, the architects aim to respect and adapt to the environment of each area, as well as to reshape houses using the original building and structures as a starting point. They aim to do by bringing beautiful old structures up to date without denying their origins.

The furniture that gives life to these homes, as well as the items that decorate them are chosen by expert eyes and follow the latest trends, whether they go for baroque or classical lines or minimalist shapes and striking contrasts. Interior design, to a greater degree than architecture, reflects the personality of those who enjoy the spaces of a house. From the flowers in the vases and the books on the selves, to the material used to make the cutlery, the shades of the kitchen or the number of drawers in the dressing room wardrobe. The owners of the house define these details, to a great degree, which is why they are so important.

Exterior spaces are equally important, especially in a house. Patios, terraces and roof gardens are all areas of the home that function as areas for relaxation and entertainment, and can also be used to enjoy fresh air and greenery. For this reason, it is important to choose furniture and decorative items that are aesthetically pleasing, comfortable and designed to withstand harsh weather, changes in temperature and humidity.

The compilation of photographs in this book shows a wide range of options and possibilities that will be helpful for those who wish to design a new building, remodel or change furniture and decor.

At the end of the day, if each person is a world, each house is a little universe. No one knows better what your little universe should look like than you.

Dans un monde où la majeure partie de ce qui nous entoure appartient à d'autres personnes, groupes ou entités, la maison devient un espace unique partagé uniquement avec qui l'on souhaite réellement être et vivre. Elle représente notre personnalité, nos goûts et nos priorités.

Qu'elles soient petites ou grandes, avec cour ou terrasse, à cinq étages ou de plain-pied, cloisonnées ou non, toutes les maisons qui figurent dans ces pages sont le fruit de l'imagination et des préférences de leurs habitants, architectes et concepteurs. Nous croyons et nous faisons confiance au travail des spécialistes, mais il ne faut pas négliger ceux qui vivent dans leurs créations.

La modernité et les formes originales se rejoignent dans les constructions qui composent ce livre. Les habitations que nous proposons essaient de rompre avec les barrières du conventionnalisme et de la tradition, en dépassant les limites du commun et en atteignant un niveau élevé d'innovation et de progrès. De même, les architectes s'efforcent de respecter l'environnement de chaque région et de s'y adapter, de transformer les maisons en partant de la construction et de la structure originales. Sans en renier leurs origines, ils adaptent d'anciennes demeures aux temps modernes.

Le mobilier, qui donne vie à ces habitations, ainsi que les éléments qui les décorent, sont choisis avec un regard d'expert en suivant les dernières tendances, qu'ils soient inspirés par des lignes baroques ou classiques, par des formes plus minimalistes ou des contrastes prononcés. Le design d'intérieur reflète, bien plus que l'architecture, la personnalité de ceux qui profitent des espaces d'une maison, des fleurs présentes dans un vase au choix des livres sur des étagères, en passant par le matériau des couverts, les tons de la cuisine ou le nombre de tiroirs des armoires du vestiaire. Ces détails définissent, dans une large mesure, les propriétaires de la maison, d'où leur importance.

Les espaces extérieurs revêtent autant d'importance, surtout dans une maison. Cours, terrasses, toitures paysagères : toutes ces zones de l'habitation fonctionnent comme des aires de détente et d'amusement dans lesquelles on peut apprécier l'air libre et la végétation. Il est donc important de choisir un mobilier et des éléments décoratifs esthétiquement beaux, pratiques et conçus pour résister aux intempéries, aux changements de température et à l'humidité.

Le recueil de photographiques que nous proposons a pour but d'offrir un vaste éventail d'idées qui peuvent être utilisées pour concevoir une nouvelle construction, transformer ou changer de mobilier et de décoration.

Dès lors, si chaque personne est un monde, chaque maison est un petit univers. Personne ne sait mieux que vous quel doit être le vôtre.

In einer Welt, in der fast alles was uns umgibt, anderen Personen, Gruppen oder Unternehmen gehört, wird das Haus zu einem einzigartigen Raum, den man nur mit den Menschen teilt, mit denen man wirklich zusammen sein und zusammen leben möchte und der unsere Persönlichkeit, unseren Geschmack und unsere Vorlieben repräsentiert.

Ob klein oder groß, mit Innenhof oder Terrasse, mit fünf Stockwerken oder nur einer Etage, mit oder ohne Trennwände, alle Häuser, die auf den folgenden Seiten gezeigt werden, sind das Ergebnis der Vorstellungskraft und der Vorlieben ihrer Bewohner, sowie ihrer Architekten und Designer. Daher glauben und vertrauen wir der Arbeit der Experten, möchten allerdings auch diejenigen nicht ausklammern, die letztendlich in deren Kreationen leben.

Modernität und Urformen vereinigen sich in den Bauwerken, die in diesem Buch beschrieben werden. Die Wohnhäuser, die wir hier vorstellen, versuchen mit den Schranken des Konventionalismus und der Tradition zu brechen, sie überwinden dabei die Grenzen des Gewöhnlichen und gelangen auf erstaunliche Niveaus im Hinblick auf Innovation und Fortschritt. Auf die gleiche Weise versuchen die Architekten in jedem Gebiet Rücksicht auf die Umwelt zu nehmen und sich an diese anzupassen. Ebenso werden die Häuser restauriert, ausgehend vom ursprünglichen Gebäude und dessen Aufbau, ohne den Ursprüngen untreu zu werden, und durch Anpassung alter Wunderwerke an die modernen Zeiten.

Die Möbel, die diesen Wohnhäusern Leben einhauchen, sowie die Dekorationselemente wurden von Fachleuten ausgewählt und folgen den aktuellen Trends. Dabei ist es nicht wichtig, ob man auf barocke oder klassische Linien, auf extrem minimalistische Formen oder ausgeprägte Kontraste setzt. Die Raumgestaltung reflektiert noch viel stärker als die Architektur die Persönlichkeit der Menschen, die sich an den Räumen dieser Häuser erfreuen. Von den Blumen in den Vasen über die Auswahl der Bücher in den Regalen bis hin zum Material, aus dem das Besteck ist, die Farbtöne der Küche oder die Anzahl der Schubfächer im Schlafzimmerschrank, diese Details beschreiben zum großen Teil die Hausbesitzer und sind daher so bedeutsam.

Wenngleich wir dieses erste Kapitel den Innenräumen gewidmet haben, sind die Außenbereiche ebenso wichtig, besonders bei einem Haus. Innenhöfe, Terrassen und Gartenüberdachungen, all diese Zonen des Wohnhauses dienen der Entspannung und dem Zeitvertreib, Bereiche, in denen man die frische Luft und die Vegetation genießen kann. Aus diesem Grund ist es so wichtig, Möbel und Dekorationselemente auszuwählen, die ästhetisch schön und gemütlich sind und außerdem so entworfen wurden, dass sie Wetterbedingungen wie wechselnden Temperaturen und Feuchtigkeit gewachsen sind.

Die Sammlung der Fotoreportagen, die hier vorgestellt wird, soll eine breite Palette von Optionen und Möglichkeiten zeigen und richtet sich an Personen, die einen neuen Gebäudeentwurf, eine Sanierung, eine Veränderung des Mobiliars oder der Dekoration durchführen möchten.

Kurz gesagt, wenn jede Person eine eigene Welt ist, dann ist jedes Haus ein kleines Universum. Niemand weiß besser als Sie selbst, wie das eigene Haus sein sollte.

We leven in een wereld waarin bijna alles rondom ons toebehoort aan andere mensen, groepen of instanties. Daarom is ons huis voor ons een unieke plek die we alleen delen met mensen met wie we willen samenzijn en samenwonen, het weerspiegelt onze persoonlijkheid, onze smaak en onze prioriteiten.

Groot of klein, vijf etages of alleen begane grond, met patio of terras, met of zonder tussenwanden, alle huizen die in dit boek zijn afgebeeld, zijn het resultaat van de verbeelding en voorkeuren van hun bewoners en van hun architecten en ontwerpers. Hoewel we vertrouwen hebben en geloven in het werk van deskundigen, mogen we zeker niet de mensen buiten beschouwing laten die in hun creaties zullen wonen.

Eigentijdse stijlen en oorspronkelijke vormen vloeien samen en worden een geheel in de ontwerpen die in dit boek zijn opgenomen. De woningen die wij in dit boek laten zien doorbreken conventies en tradities, overstijgen de grenzen van het alledaagse, en zijn in hoge mate innovatief en progressief. Niettemin laten de architecten zien dat zij respect hebben voor de omgeving en dat zij hun ontwerpen eraan aanpassen. Als ze een huis renoveren nemen ze de oorspronkelijke bouw en structuur als basis en houden deze intact. Juweeltjes van oude huizen worden zo aangepast aan de wensen, van onze tijd.

De meubels en de interieurinrichting die deze huizen tot leven brengen, worden door deskundigen geselecteerd. Geheel volgens de nieuwste trends kan hun keuze vallen op zowel barokke of klassieke lijnen als op minimalistische vormen of sterke contrasten. Nog meer dan de architectuur buitenshuis weerspiegelt de binnenhuisinrichting de persoonlijkheid van de bewoners. De bloemschikking in de vazen, de boekenselectie in de bibliotheek, of zelfs het materiaal waar het bestek van gemaakt is, de kleuren van de keukenkastjes of het aantal laden van de kledingkasten, al deze details onthullen grotendeels wie de eigenaren van het huis zijn en daarom zijn ze zo bepalend.

Hoewel we in de voorgaande alinea het belang van het interieur wilden onderstrepen, zijn – zeker bij een huis – de buitenruimtes van even groot belang als het interieur. Patio's, terrassen, daktuinen zijn de ruimtes van een huis waar bewoners hun vrije tijd doorbrengen, waar ze relaxen en waar ze kunnen genieten van de buitenlucht en het groen. Daarom is het belangrijk om buitenmeubilair en decoratieve elementen voor buiten niet alleen vanuit esthetisch oogpunt uit te kiezen, maar ook te kijken of ze comfort bieden en of ze bestand zijn tegen weersinvloeden, temperatuurswisselingen en vochtigheid.

De collectie fotoreportages in dit boek toont een waaier aan opties en mogelijkheden die ter inspiratie dienen als u een ontwerp wilt laten maken voor een nieuwbouw of verbouwing, of als uw meubilair of inrichting aan verandering toe is.

Kortom, als elk mens een wereld is, dan is elk huis een klein universum. U weet als geen ander hoe uw universum eruit moet zien.

En un mundo en el que la mayor parte de lo que nos rodea pertenece a otras personas, grupos o entidades, la casa se convierte en un espacio único que solamente se comparte con aquellos con los que realmente uno desea estar y convivir, que representa nuestra personalidad, nuestros gustos y nuestras prioridades.

Pequeñas o grandes, con patio o terraza, de cinco pisos o de una sola planta, con tabiques o sin ellos, todas las casas que aparecen en las páginas que siguen son fruto de la imaginación y las preferencias de sus habitantes, así como de sus arquitectos y diseñadores. Por eso, creemos y confiamos en el trabajo de los expertos, pero no quisiéramos dejar de lado a los que acabarán por vivir en sus creaciones.

La modernidad y las formas originales confluyen en las construcciones que conforman este libro. Las viviendas que proponemos intentan romper con las barreras del convencionalismo y la tradición, traspasando los límites de lo común y alcanzando importantes niveles de innovación y progreso. Del mismo modo, los arquitectos intentan respetar el entorno de cada zona y adaptarse al mismo, así como reformar las casas partiendo de la edificación y estructura originales sin renegar de los orígenes y adaptando antiguas maravillas a los tiempos más actuales.

El mobiliario que da vida a estas viviendas, así como los elementos que las decoran, están elegidos con ojos expertos y siguiendo las nuevas tendencias, tanto si se apuesta por líneas barrocas o clásicas como por formas más minimalistas o contrastes acusados. El interiorismo, en mayor medida que la arquitectura, refleja la personalidad de aquellos que disfrutan de los espacios de una casa. Desde las flores de los jarrones, pasando por la elección de libros en las estanterías, hasta el material con el que está fabricada la cubertería, los tonos de la cocina o el número de cajones que tienen los armarios del vestidor, estos detalles definen en gran medida a los propietarios de la casa y por eso son tan trascendentes.

Si bien hemos dedicado este último párrafo a los interiores, los espacios exteriores son igual de importantes, sobre todo en una casa. Patios, terrazas y cubiertas ajardinadas, todas estas zonas de la vivienda funcionan como áreas de relajación y entretenimiento en las que, además, se puede disfrutar del aire libre y de la vegetación. Por este motivo, es importante elegir un mobiliario y elementos decorativos que sean estéticamente bellos, que ofrezcan comodidad y que, además, estén diseñados para soportar las inclemencias del tiempo, los cambios de temperatura y la humedad.

La colección de reportajes fotográficos que proponemos pretende mostrar un amplio abanico de opciones y posibilidades a las que acudir si se desea realizar el diseño de una nueva construcción, una remodelación o cambios de mobiliario o decoración.

Al final del día, si cada persona es un mundo, cada casa es un pequeño universo. Nadie sabe mejor que tú cómo debería ser el tuyo.

In un mondo dove la maggior parte di quello che ci circonda appartiene ad altri individui, gruppi o enti, la casa diventa uno spazio unico da condividere solo con le persone con cui davvero desideriamo stare e vivere, che rappresenta la nostra personalità, i nostri gusti e le nostre priorità.

Piccole o grandi, con cortile o terrazza, di cinque piani o di un piano solo, con o senza tramezzi, tutte le case presentate nelle pagine seguenti sono il frutto dell'immaginazione e delle preferenze dei loro abitanti, oltre a quello dei loro architetti e designer. Per questo, crediamo e ci fidiamo del lavoro degli esperti, ma non vorremmo mai dimenticare chi alla fine vivrà nelle loro creazioni.

La modernità e le forme originali si fondono nelle costruzioni che compongono questo libro. Le abitazioni che proponiamo cercano di abbattere le barriere del convenzionalismo e la tradizione, superando i confini dell'ordinario e raggiungendo importanti livelli di innovazione e progresso. Allo stesso modo, gli architetti cercano di rispettare il contesto di ciascuna zona e di adattarsi allo stesso, ad esempio rinnovando le case partendo dalla costruzione e struttura iniziali senza rinnegare le origini e adattando antiche meraviglie ai tempi più attuali.

L'arredamento che dà vita a queste case, così come gli elementi decorativi, sono scelti da occhi esperti e seguendo le nuove tendenze, sia che si punti su linee barocche o classiche, sia su forme più minimaliste o contrasti marcati. Il design di interni, molto più dell'architettura, riflette la personalità di quanti usufruiscono degli spazi di una casa. Dai fiori dei vasi, passando per la scelta di libri negli scaffali, fino al materiale di cui è composto il servizio di posate, le tonalità della cucina o il numero di cassetti negli armadi dello spogliatoio, sono questi i dettagli che definiscono in larga misura i proprietari della casa ed è per questo che sono così eccezionali.

Anche se abbiamo dedicato quest'ultimo paragrafo agli interni, gli spazi esterni sono ugualmente importanti, soprattutto in una casa. Cortili, terrazze e tetti a giardino pensile, tutte queste zone della casa funzionano come aree di relax e diversione in cui, inoltre, è possibile godere dell'aria aperta e della vegetazione. Per questo motivo, è importante scegliere mobili ed elementi decorativi che siano esteticamente belli, che offrano comfort e che, inoltre, siano progettati per sopportare le intemperie, i cambi di temperatura e l'umidità.

La raccolta di servizi fotografici che proponiamo ha il fine di mostrare un ampio ventaglio di opzioni e possibilità a cui ricorrere se si desidera realizzare il disegno di una nuova costruzione, una ristrutturazione o cambi di mobili o arredamento.

Alla fine della giornata, se ogni persona è un mondo, ogni casa è un piccolo universo. Nessuno sa meglio di te come dovrebbe essere il tuo.

Num mundo em que a maior parte do que nos rodeia pertence a outras pessoas, grupos ou entidades, a casa converte-se num espaço único, que só se partilha com as pessoas com quem queremos realmente estar e conviver, que revela a nossa personalidade, os nossos gostos e as nossas prioridades.

Pequenas ou grandes, com pátio ou terraço, de cinco andares ou só com um andar térreo, com ou sem paredes divisórias, todas as casas que aparecem nas páginas que se seguem são fruto da imaginação e das preferências dos seus arquitetos e designers, mas também dos seus habitantes. Por isso, embora acreditando e confiando no trabalho dos especialistas, não quisemos deixar de fora aqueles que acabam por ficar a viver nas suas criações.

O modernismo e as formas originais conjugam-se nas construções que compõem este livro. As casas que aqui propomos tentam romper com as barreiras do convencionalismo e da tradição, ultrapassando os limites do comum e atingindo níveis importantes de inovação e de progresso. Ao mesmo tempo, os arquitetos procuram respeitar o ambiente de cada zona e adaptar-se a ele, tentando reformar as casas a partir do edifício e da construção originais, e adaptar, sem renegar as suas origens, antigas maravilhas do passado aos tempos atuais.

O mobiliário que dá vida a estas casas, assim como os elementos que as decoram, foram escolhidos com olhos de especialista e de acordo com as novas tendências, quando se aposta tanto em linhas barrocas ou neoclássicas como em formas mais minimalistas ou em ousados contrastes. A decoração de interiores, mais ainda que a arquitetura, reflete a personalidade daqueles que desfrutam dos espaços de uma casa. Desde as flores das jarras, à escolha dos livros que estão nas estantes, passando pelo material dos talheres, aos tons da cozinha ou o número de gavetas dos armários no quarto de vestir, todos esses pormenores definem a personalidade dos proprietários da casa, pelo que são de maior importância.

Embora tenhamos dedicado o último parágrafo aos interiores, os espaços exteriores são igualmente importantes, sobretudo quando se trata de uma moradia. Pátios, terraços, todas estas zonas da casa funcionam como espaços de relaxamento e lazer, em que, além do mais, se pode apreciar o ar livre e a vegetação. Por este motivo, é importante escolher um mobiliário e elementos decorativos que sejam esteticamente belos e proporcionem conforto, mas que, além disso, tenham sido concebidos para suportar as inclemências do tempo, como as variações de temperatura e humidade.

A coleção de reportagens fotográficas que propomos pretende mostrar um vasto leque de opções e possibilidades, que se podem consultar para planear uma construção nova, uma remodelação ou uma mudança de mobiliário ou decoração.

No final do dia, se cada pessoa é um mundo, cada casa é um pequeno universo. Ninguém melhor do que você para saber como deve ser o seu.

I en värld där de flesta hus som omger oss tillhör andra människor, grupper eller föreningar blir hemmet en unik plats som delas endast med dem som man verkligen vill vara och leva med, som står för vår personlighet, vår smak och våra prioriteringar.

Små eller stora, med innergård eller terrass, med fem våningar eller bara en, med eller utan mellanväggar, alla de hem som visas på följande sidor är resultatet av de boendes fantasi och värderingar, liksom av dess arkitekters och designers. Vi tror och litar på experternas arbete, men vi skulle inte vilja bortse från dem som så småningom kommer att bo i deras skapelser.

Modernitet och ursprungliga former möts i byggnaderna i denna bok. De bostäder som vi visar, försöker bryta med gränserna för det vedertagna och traditionella, gå bortom gränsen för det vanliga och nå höga nivåer av innovation och framsteg. Arkitekterna försöker respektera miljön i varje område, anpassa sig till den och renovera husen med utgångspunkt från originalbyggnaden och strukturen utan att ta avstånd från ursprunget och på så sätt anpassa de gamla underverken till modernare tider.

Möblerna som ger dessa hem liv, liksom inredningen för övrigt, har valts med en experts ögon och efter de nya trenderna, oavsett om man satsar på barockstil, klassiska linjer eller på mer minimalistiska former och framträdande kontraster. Heminredning, i större utsträckning än arkitektur, återspeglar personligheten hos dem som bor i ett hus. Från blommorna i vaserna och valet av böcker i hyllorna, till materialet som besticken är tillverkade av, stilen i köket eller antalet lådor i skåpet i toalettrummet beskriver dessa detaljer i stor utsträckning husets eller hemmets ägare och därför är de så viktiga.

De yttre utrymmena är precis lika viktiga som de invändiga, särskilt i ett hem. Innergårdar, terrasser och tak med planteringar, alla dessa områden fungerar som områden för avkoppling och nöje i och invid bostaden. Där kan man dessutom njuta av frisk luft och växtlighet. Därför är det viktigt att välja möbler och inredning som är estetiskt tilltalande, som ger välbefinnande och som dessutom är utformade för att klara väder och vind, förändringar i temperatur och luftfuktighet.

Denna samling av fotografiska rapporter försöker visa olika alternativ och möjligheter om man vill designa en ny byggnad, renovera eller ändra möblemang eller inredning.

När allt kommer omkring, om varje person är en värld, är varje hem ett litet universum. Ingen vet bättre än du, hur ditt bör vara.

TODA HOUSE

Office Kimihiko Okada
Hiroshima, Japan
© Toshiyuki Yano

This house rises up from a metal frame and its main attraction is a large patio on the ground floor, which all the windows of the house open out onto. Thanks to its elevated position, the home offers peace and security. The patio space has been left free for the possible construction of a shop in the future.

La maison se dresse sur une structure métallique et possède comme principal attrait une grande cour au rez-de-chaussée à laquelle on accède par toutes les baies vitrées de l'habitation. Grâce à sa situation élevée, celle-ci offre sécurité et tranquillité à ses occupants. L'espace de la cour est resté libre pour la construction éventuelle d'une boutique.

Das Haus ist auf einer Metallstruktur erbaut und seine Hauptattraktion ist ein großer Innenhof im Erdgeschoss, auf den alle Fenster des Wohnhauses gerichtet sind. Durch seine erhöhte Lage bietet das Wohnhaus den Bewohnern Sicherheit und Ruhe. Der Raum des Innenhofs wurde freigelassen, um später eventuell ein Zelt einbauen zu können.

Het huis is gebouwd op een metalen constructie. Het huis ontleent zijn charme aan de patio op de begane grond waar alle ramen op uitkijken. Door haar hoge ligging biedt de woning de bewoners rust en een veilig onderkomen. De ruimte van de patio is met opzet vrij gehouden om er later eventueel een winkel van te kunnen.

La casa se levanta sobre una estructura metálica y tiene como principal atractivo un gran patio en la planta baja al que todas las ventanas de la vivienda tienen acceso. Por su situación elevada, la vivienda proporciona seguridad y tranquilidad a sus ocupantes. El espacio del patio se dejó libre para la posible construcción de una tienda en el futuro.

La casa si innalza su una struttura metallica e presenta come attrazione principale un grande cortile a piano terra a cui hanno accesso tutte le finestre dell'edificio. Data la sua posizione sopraelevata, l'edificio offre sicurezza e tranquillità a chi lo occupa. Lo spazio del cortile è stato lasciato libero per l'eventuale costruzione di un negozio in futuro.

A casa ergue-se sobre uma estrutura metálica e tem como principal atrativo um grande pátio no rés-do-chão, para o qual dão todas as janelas. Dada a sua localização elevada, a casa proporciona segurança e tranquilidade aos seus ocupantes. O espaço do pátio ficou propositadamente livre para a possível construção de uma loja, no futuro.

Huset står på en metallstruktur och har som huvudsaklig attraktion en stor uteplats på bottenvåningen, mot vilken alla fönster i bostaden är riktade. Tack vare sitt upphöjda läge erbjuder bostaden säkerhet och lugn för de boende. Gårdsutrymmet lämnades ledigt för att man ska kunna bygga en butik i framtiden.

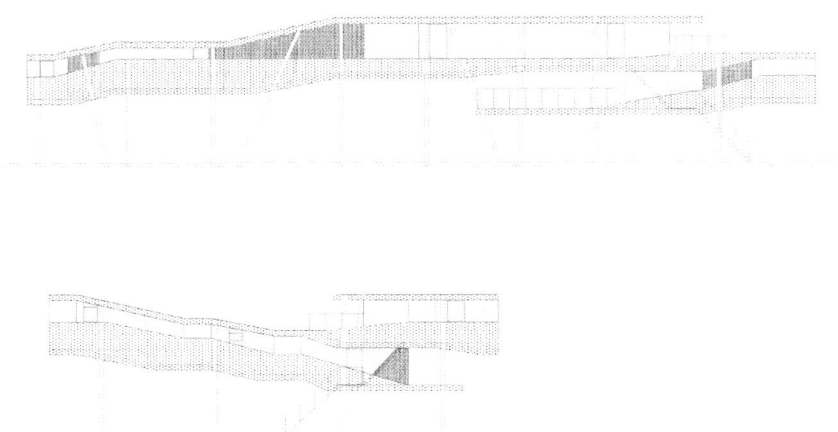

Exploded elevations / inside wall / Élévations et vues éclatées / Mur intérieur

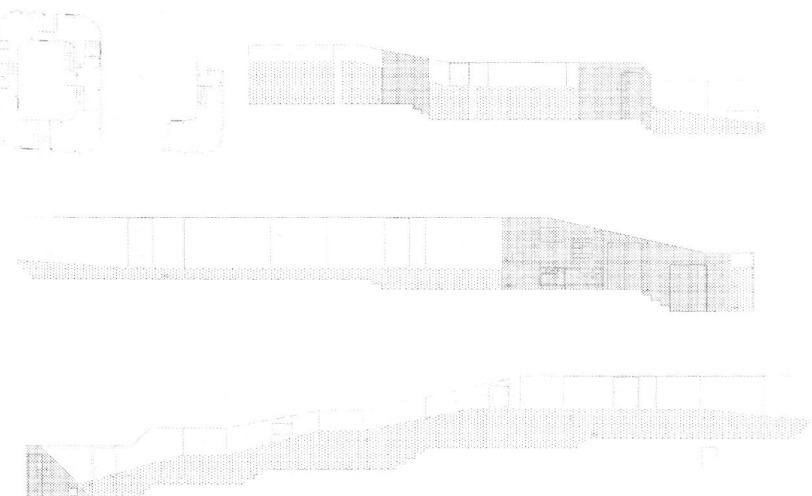

Exploded inside elevations / Outside wall / Élévations et vues éclatées / Mur extérieur

HOUSE **IN KARLSRUHE**

Christ Christ
Baden-Württemberg, Germany
© Thomas Herrmann

This house has three floors and a basement joined by a stairway and a lift. The indoor swimming pool is lit by a wall that reflects sunlight. On the top floor, the bedroom is designed as a 'loft' where a bathroom, dressing room and bedroom adjoin a terrace, which completely surrounds the floor. The tinted windows provide coolness and intimacy.

Cette habitation possède trois étages et un sous-sol reliés par un escalier et un ascenseur. La piscine intérieure est éclairée par un mur qui reflète la lumière du soleil. À l'étage, la chambre a été conçue comme un *loft* où la salle de bains, le vestiaire et la chambre donnent sur une terrasse qui fait le tour de l'étage. Les fenêtres sombres apportent fraîcheur et intimité.

Dieses Wohnhaus hat drei Stockwerke und ein Untergeschoss, die durch eine Treppe und einen Aufzug miteinander verbunden sind. Das innen liegende Schwimmbad wird mithilfe einer Wand beleuchtet, die das Sonnenlicht reflektiert. Im Obergeschoss sieht das Schlafzimmer wie ein *Loft* aus. Das Badezimmer, das Ankleidezimmer und das Schlafzimmer werden durch die Terrasse miteinander verbunden, die das Stockwerk vollkommen umschließt. Die dunklen Fenster sorgen für Frische und Intimität.

Deze woning bestaat uit drie lagen en een kelder, die met een trap en een lift verbonden zijn. Het binnenzwembad wordt verlicht door een muur die het zonlicht reflecteert. De bovenste etage vormt een loft met een slaap-, kleed- en badruimte en een terras dat de gehele bovenste etage omsluit. De donkere ramen zorgen voor koelte en intimiteit.

Esta vivienda tiene tres plantas y un sótano unidos por una escalera y un ascensor. La piscina, interior, se ilumina gracias a un muro que refleja la luz solar. En la planta superior, el dormitorio se concibe como un *loft* donde baño, vestidor y dormitorio se unen a una terraza que rodea la planta al completo. Las ventanas oscuras aportan frescura e intimidad.

Questo edificio dispone di tre piani e di un seminterrato uniti da una scala e da un ascensore. La piscina, interna, è illuminata tramite un muro che riflette la luce solare. Al piano superiore, la camera da letto è concepita come un *loft* in cui bagno, cabina e camera da letto si collegano a una terrazza che circonda completamente il piano. Le finestre scure portano freschezza e intimità.

Esta vivenda tem três andares e uma cave, unidos por uma escada e um elevador. A piscina, interior, é iluminada por meio de um muro que reflete a luz do sol. No andar de cima, o quarto foi concebido como um *loft*, onde a casa de banho e os quartos de dormir e de vestir se ligam a um terraço que rodeia completamente todo o andar. As janelas de vidros escurecidos proporcionam frescura e intimidade.

Detta bostadshus har tre våningar och en källare som förbinds genom en trappa och en hiss. En inomhuspool lyses upp med hjälp av en vägg som återspeglar solljus. Sovrummet på den översta våningen ligger på ett *loft* där badrum, omklädningsrum och sovrum är förenade genom en terrass som omger hela våningen. De mörka fönstren tillför svalka och avskildhet.

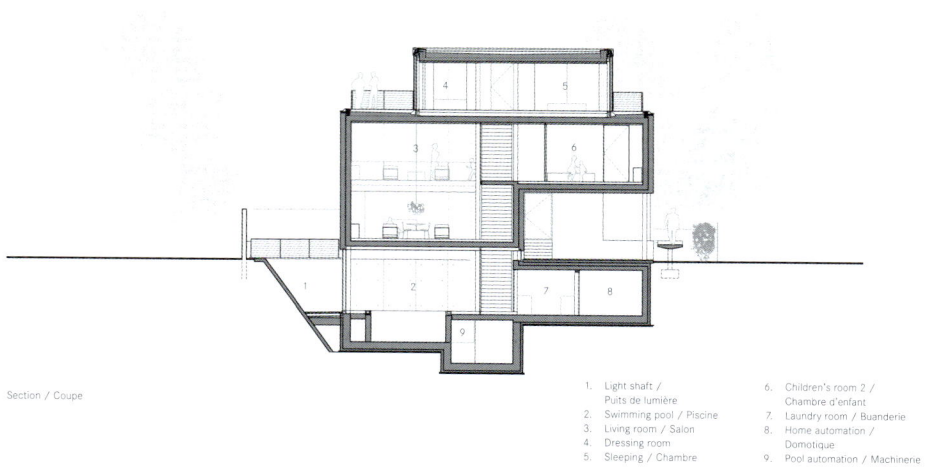

Section / Coupe

1. Light shaft / Puits de lumière
2. Swimming pool / Piscine
3. Living room / Salon
4. Dressing room
5. Sleeping / Chambre
6. Children's room 2 / Chambre d'enfant
7. Laundry room / Buanderie
8. Home automation / Domotique
9. Pool automation / Machinerie

CUT & FOLD HOUSE

Ashton Porter
London, UK
© Andy Stagg Photography

This Victorian-style house was remodelled and extended. The house consists of two blocks separated by a glass wall. The separation space between the blocks is covered by a glass roof that protects the patio from inclement weather and gives it a soft and natural light.

Cette maison de style victorien a été transformée et agrandie. Elle est formée de deux blocs séparés par un mur vitré. L'espace de séparation entre les deux blocs est couvert par une toiture vitrée qui protège la cour des intempéries, tout en lui donnant un éclairage doux et naturel.

Dieses Haus im viktorianischen Stil wurde saniert und erweitert. Das Wohnhaus besteht aus zwei Blöcken, die durch eine Glaswand voneinander getrennt wurden. Der Raum zwischen den Blöcken wurde mit einem Glasdach bedeckt, das den Innenhof vor den Wettereinflüssen schützt und für ein weiches und natürliches Licht sorgt.

Dit Victoriaanse huis werd grondig gerenoveerd en verbouwd. De woning bestaat uit twee blokken, gescheiden door een glazen wand. Van de zo ontstane ruimte is een patio gemaakt met een glazen dak. Hierdoor ligt de patio beschut en is hij beschermd tegen weersinvloeden. Bovendien zorgt het glazen dak voor een zachte en natuurlijke lichtinval.

Esta casa de estilo victoriano fue remodelada y ampliada. La vivienda consta de dos bloques separados por un muro de cristal. El espacio de separación entre los bloques está cubierto por un techo de cristal que protege el patio de las inclemencias del tiempo y lo dota de una iluminación suave y natural.

Questa casa in stile vittoriano è stata ristrutturata e ampliata. L'edificio è formato da due blocchi separati da un muro di vetro. Lo spazio di separazione fra i blocchi è coperto da un soffitto di vetro che protegge il cortile dalle intemperie e lo dota di un'illuminazione tenue e naturale.

Esta casa de estilo vitoriano foi remodelada e ampliada. A vivenda consta de dois blocos, separados por uma parede de vidro. O espaço de separação entre os blocos é coberto por um telhado de vidro, que protege o pátio das inclemências do tempo e lhe confere uma iluminação suave e natural.

Detta hus i viktoriansk stil är renoverat och tillbyggt. Bostaden består av två husblock som avgränsas med en glasvägg. Avståndet mellan husblocken täcks av ett glastak som ger gården skydd mot vädret och ger den ett milt och naturligt ljus.

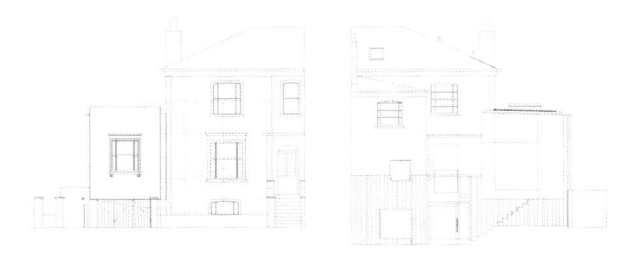

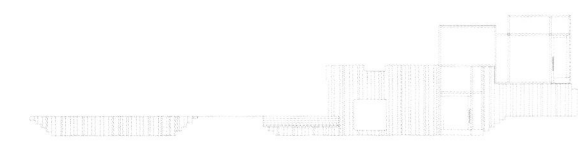

Elevations / Élevations

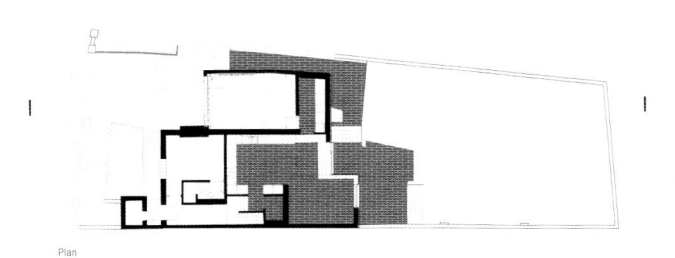

Plan

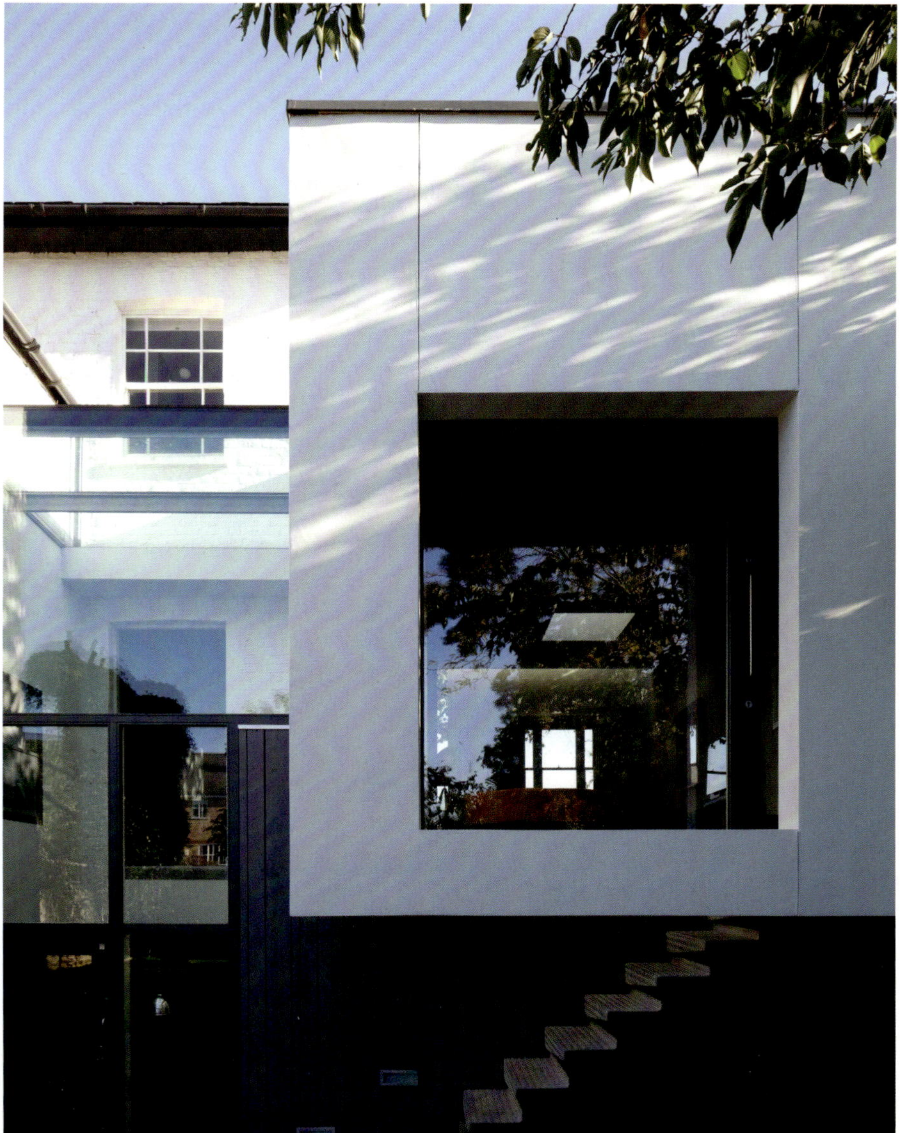

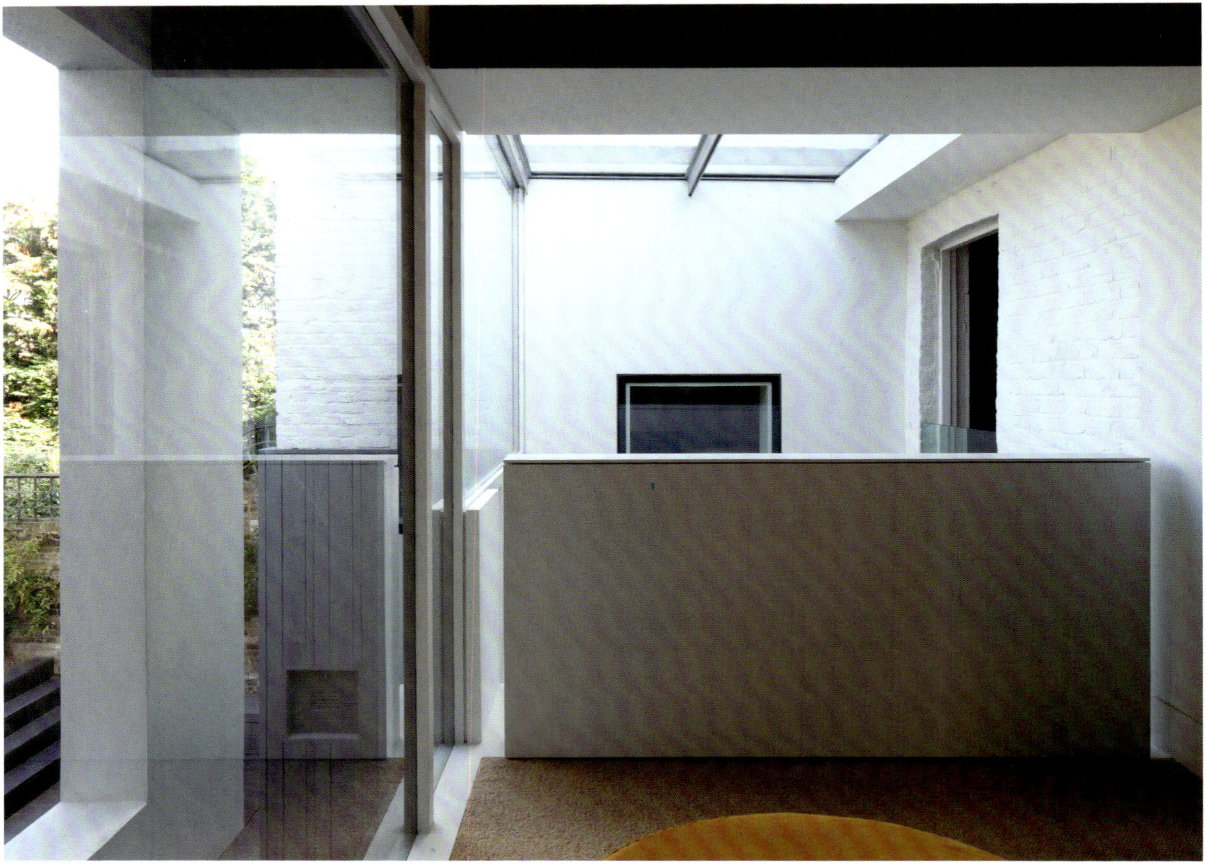

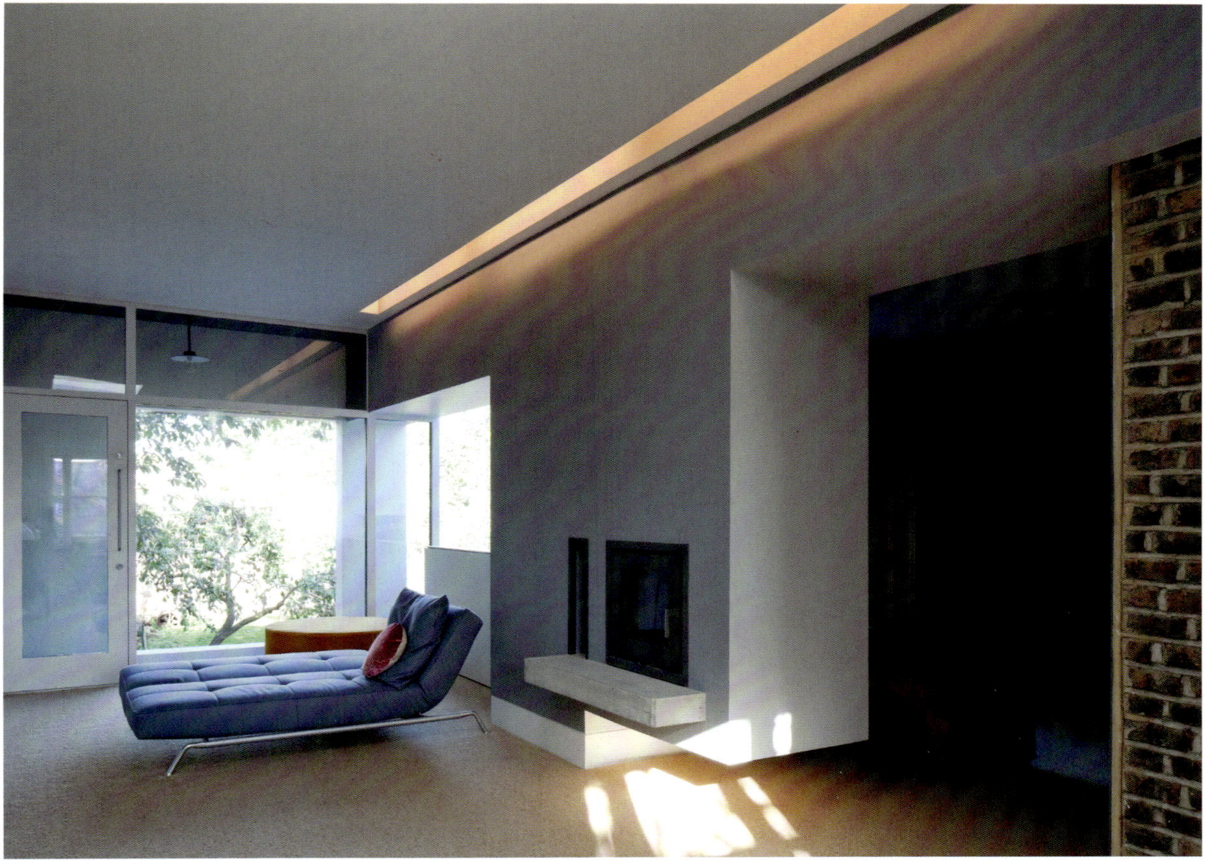

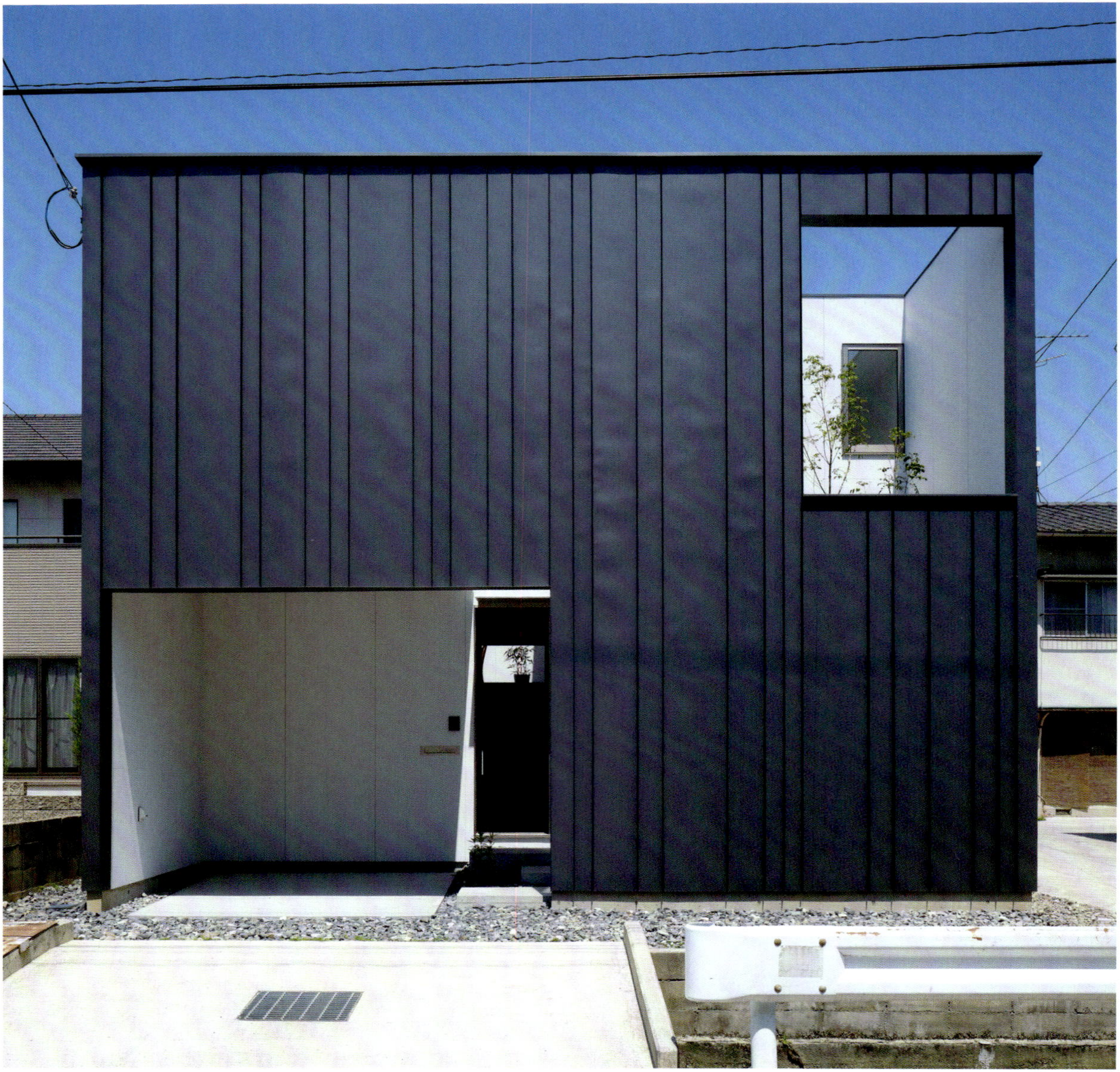

HOUSE IN IMABARI

Hayato Komatsu Architects
Ehime, Japan
© Toshiyuki Yano

This house, inhabited by a couple and their two children, is surrounded by other homes and a school. So, the main objective of the architects was to separate the house from its surroundings, offering its owners intimacy and privacy. By adding a large window they also designed a space with good natural light and ventilation.

Cette maison, habitée par un couple et leurs deux enfants, est entourée par d'autres habitations et un collège, si bien que l'objectif principal des architectes était de la séparer de ses alentours afin d'assurer l'intimité et de préserver la vie privée de ses habitants. On a également cherché à créer un espace bien éclairé par la lumière naturelle et bien aéré, grâce à une grande fenêtre.

Dieses Haus, das von einem Paar mit zwei Kindern bewohnt wird, ist umgeben von Wohnhäusern und einer Schule. Daher bestand das Hauptziel der Architekten darin, das Haus von seiner Umgebung zu trennen, um seinen Eigentümern Intimität und Privatsphäre bieten zu können. Außerdem wollte man einen Raum mit viel natürlichem Licht und guter Belüftung. Dies wird anhand eines großen Fensters bewerkstelligt.

Dit huis, dat bewoond wordt door een gezin met twee kinderen, ligt tussen andere huizen en een school ingesloten. Het voornaamste doel van de architecten was daarom het huis van de omliggende bebouwing af te schermen, teneinde de bewoners meer intimiteit en privacy te bieden. Door het plaatsen van een groot raam hebben ze een ruimte gecreëerd met goede lichtinval en ventilatie.

Esta casa, en la que habita una pareja con sus dos hijos, está rodeada por otras viviendas y un colegio, por lo que el objetivo principal de los arquitectos fue separar la casa de sus alrededores, ofreciendo intimidad y privacidad a sus dueños. También se buscó un espacio con buena luz natural y ventilación, que se logra con una gran ventana.

Questa casa, in cui abita una coppia con i suoi due figli, è circondata da altre abitazioni e da una scuola, ragion per cui l'obiettivo principale degli architetti è stato quello di separare la casa dai suoi dintorni, offrendo intimità e privacy ai suoi proprietari. Si è anche cercato uno spazio con buona luce naturale e ventilazione, ottenute grazie ad una grande finestra.

Esta casa, na qual vive um casal com os dois filhos, está rodeada por outras vivendas e um colégio, pelo que a principal preocupação dos arquitetos foi separar a casa das zonas envolventes, de modo a proporcionar intimidade e privacidade aos seus proprietários. Também se pretendia criar um espaço com boa luz natural e bem arejado, o que se conseguiu graças a uma grande janela.

Detta hus, där det bor ett par med två barn, är omgivet av andra bostadshus och en skola, och arkitekternas huvudsyfte var att särskilja huset från dess omgivningar, och ge dess ägare möjlighet till privatliv och ostördhet. Man försökte även få ett utrymme med bra dagsljus och ventilation, vilket man får med stora fönster.

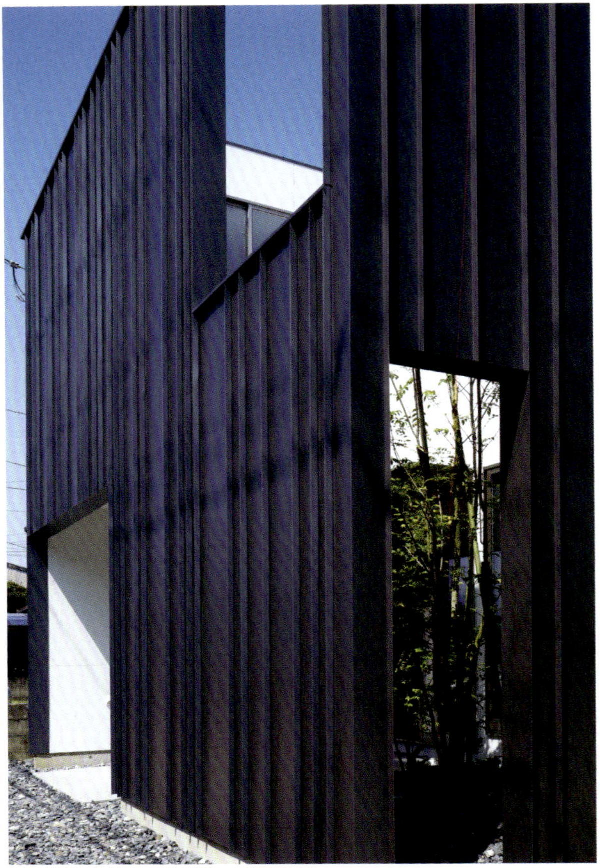

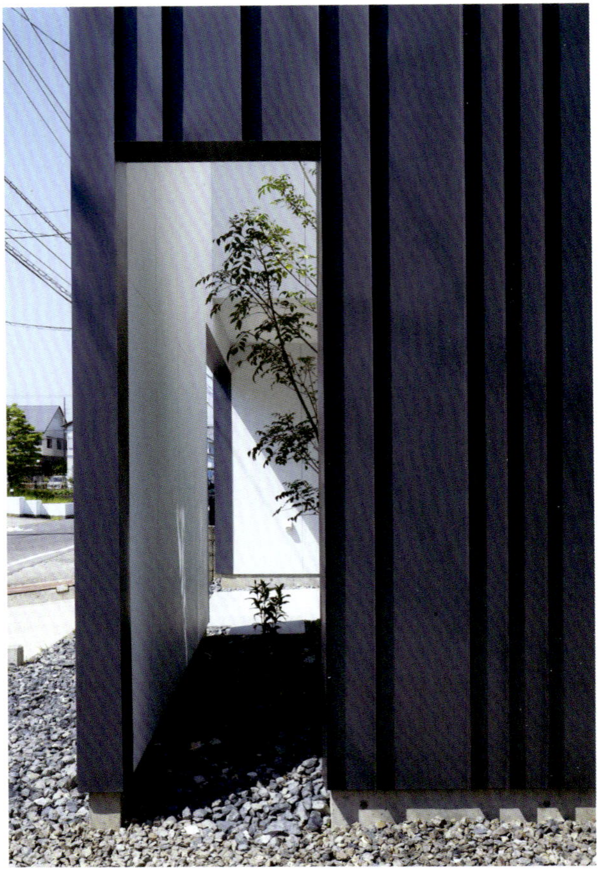

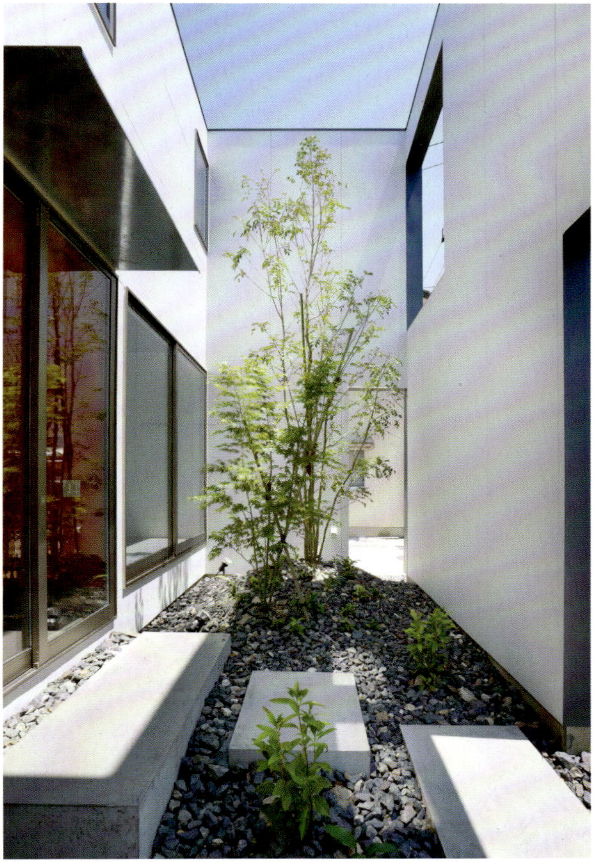

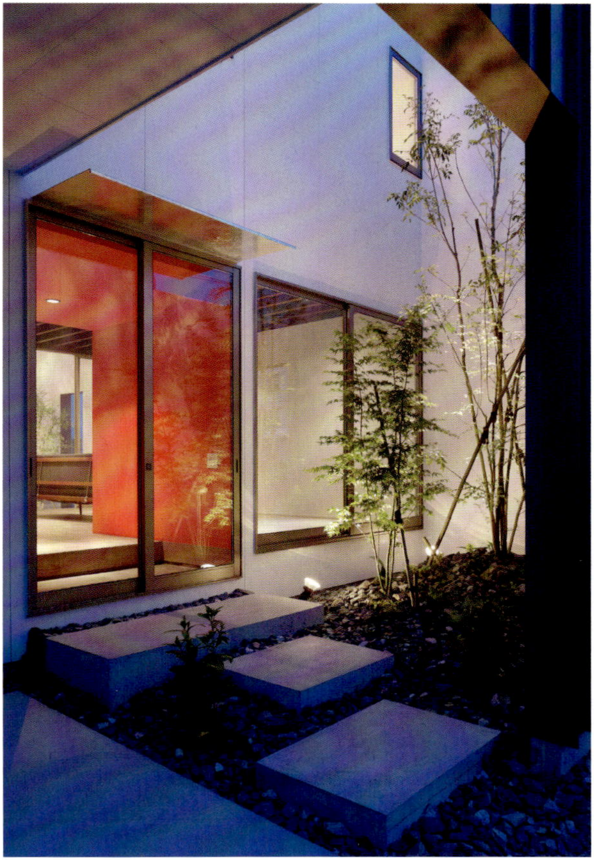

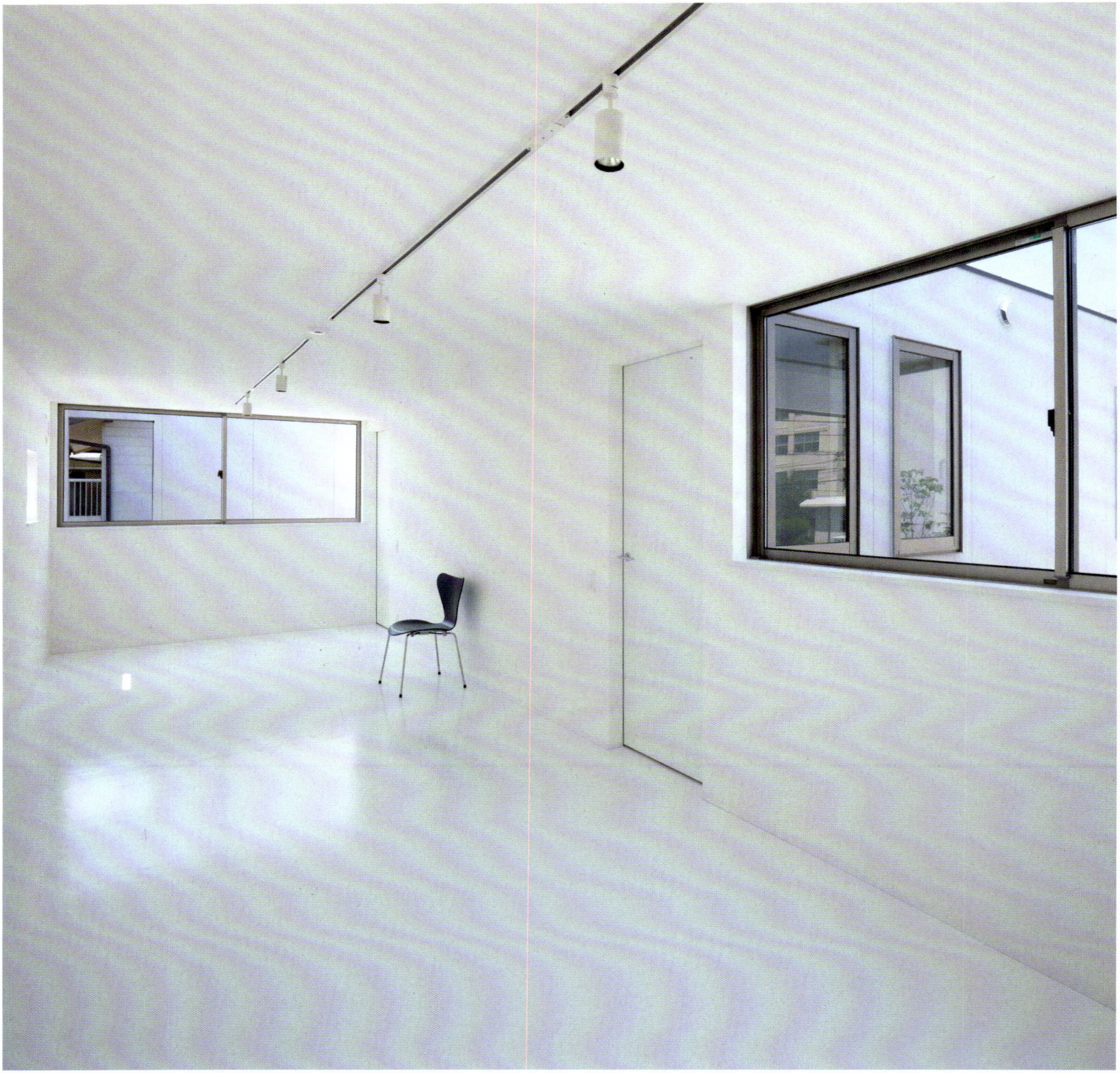

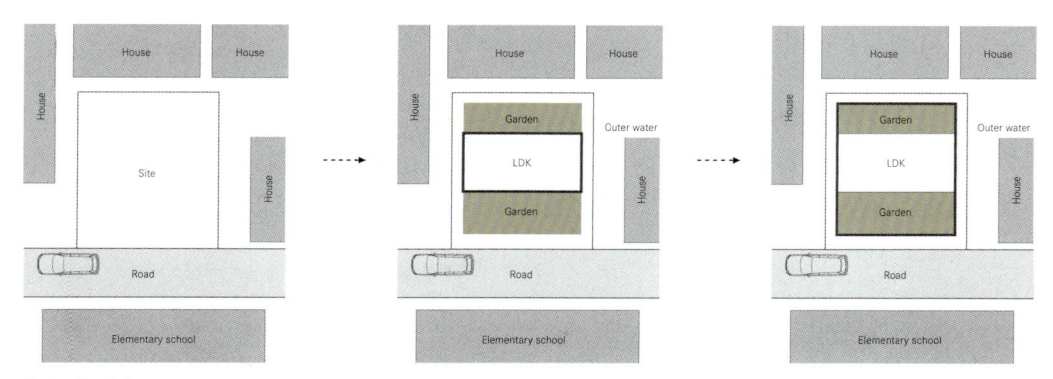

Site plans / Plans du site

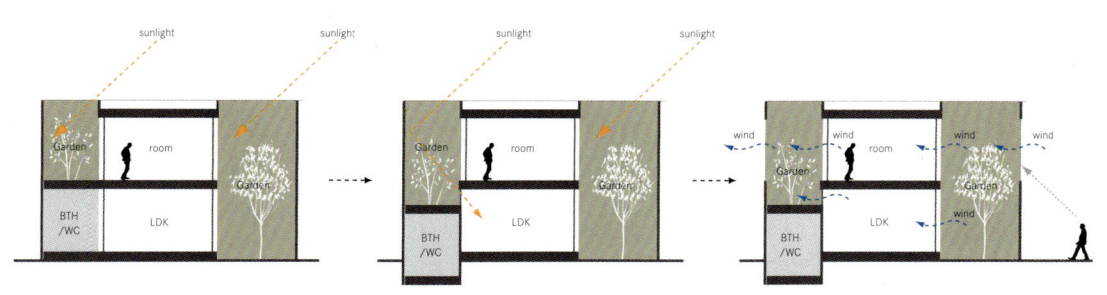

Sun exposure diagram / Répartition de la lumière naturelle

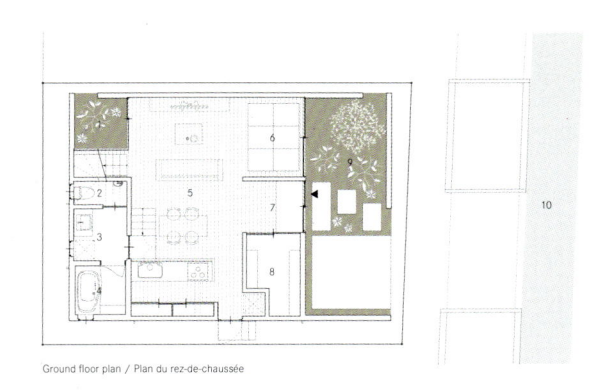

Ground floor plan / Plan du rez-de-chaussée

Second floor plan / Plan du second niveau

1. North garden
2. WC
3. Lavatory
4. Bathroom
5. LDK
6. Japanese room
7. Entrance
8. Closet
9. South garden
10. Road
11. Void terrace
12. North garden
13. Bedroom 1
14. Storage
15. WC
16. WC
17. Bedroom 2
18. Void

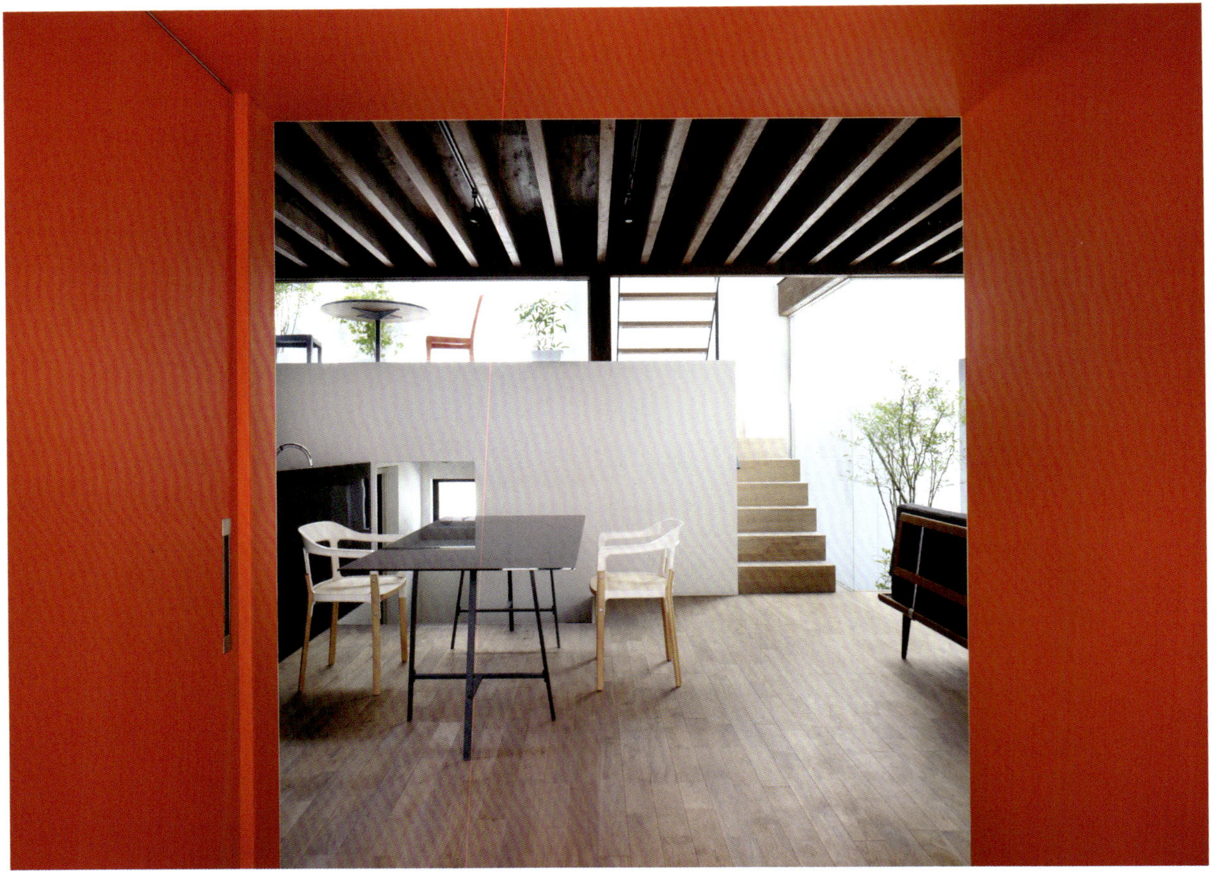

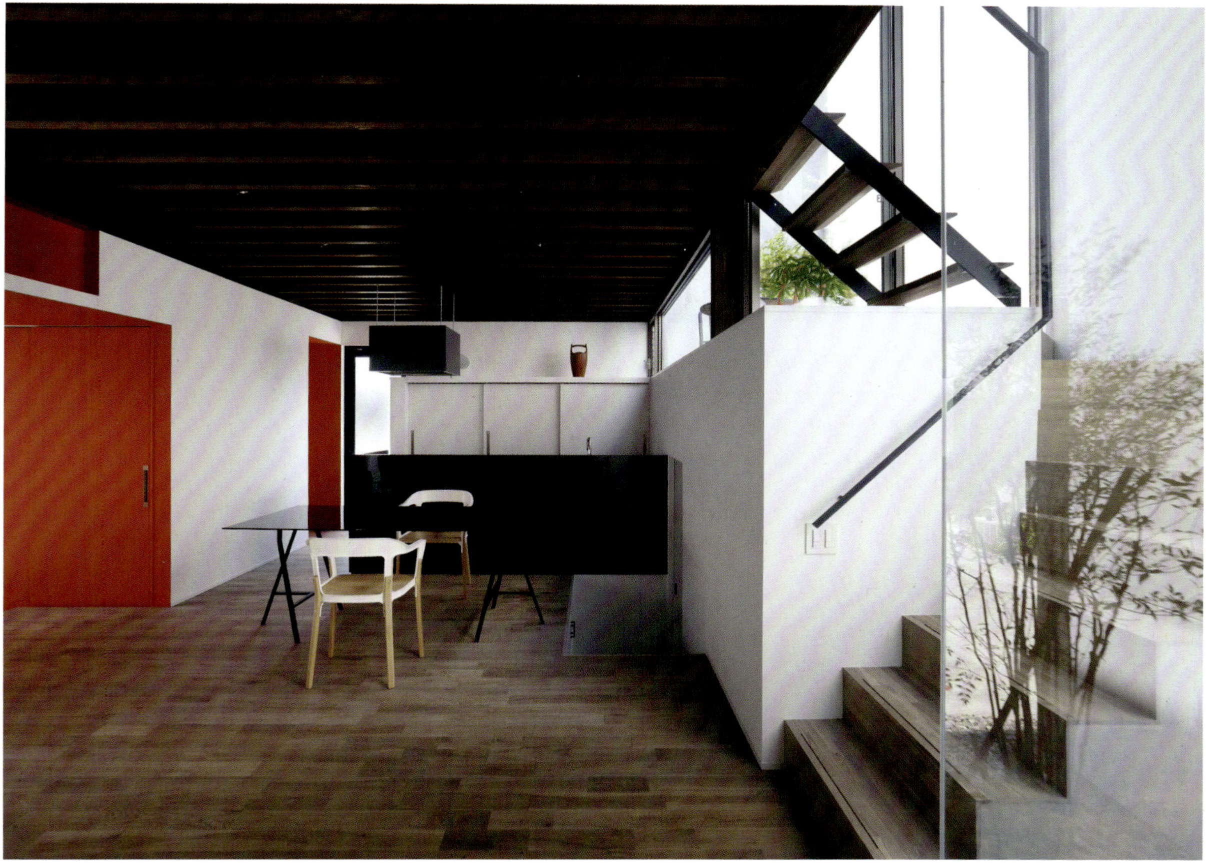

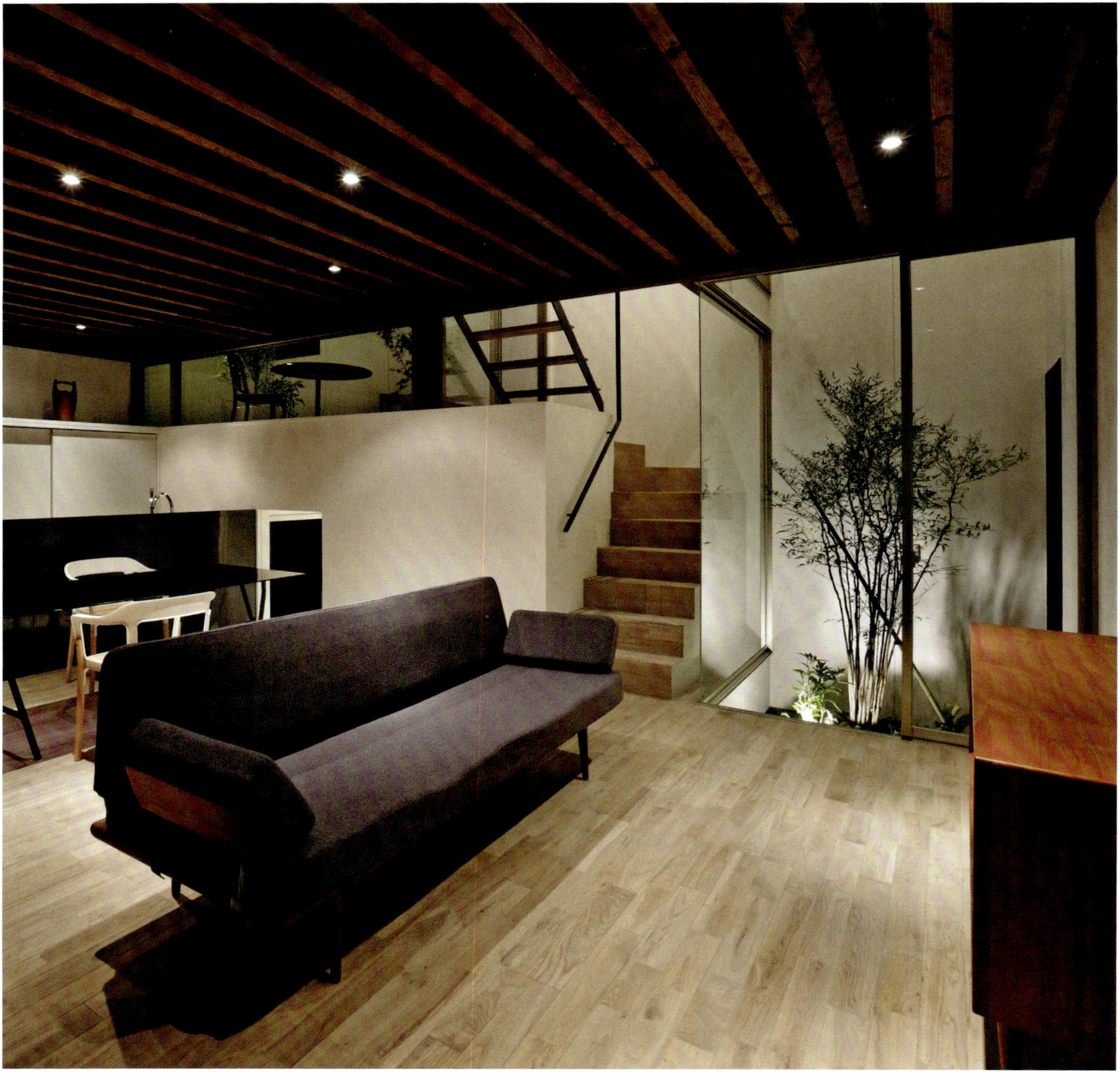

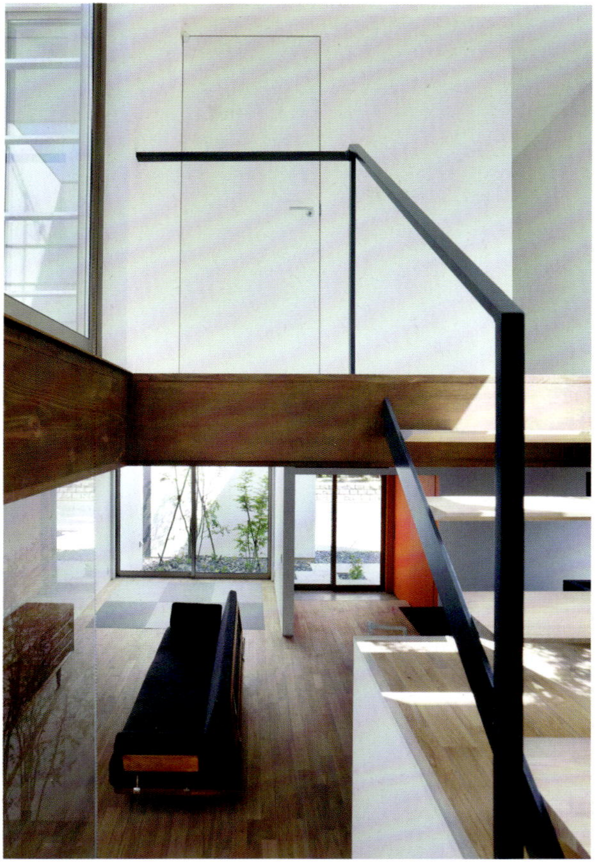

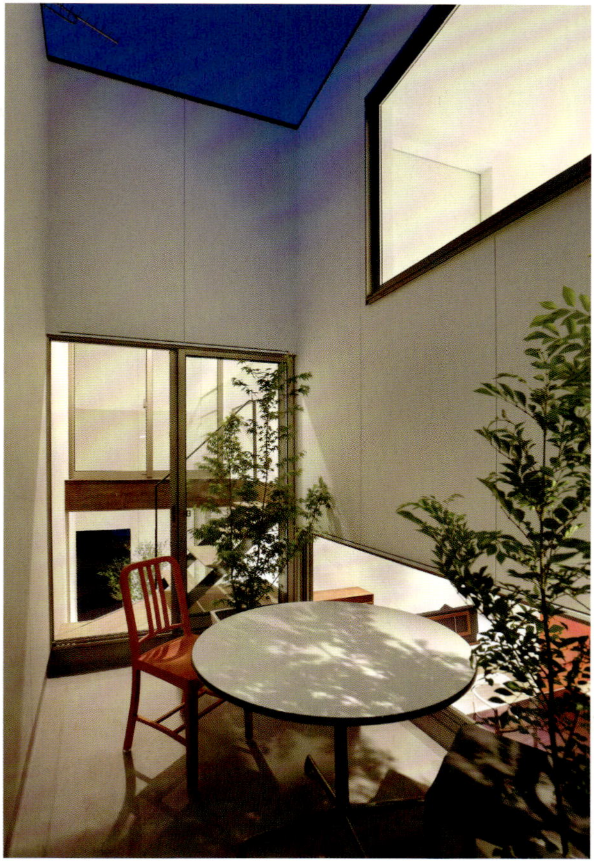

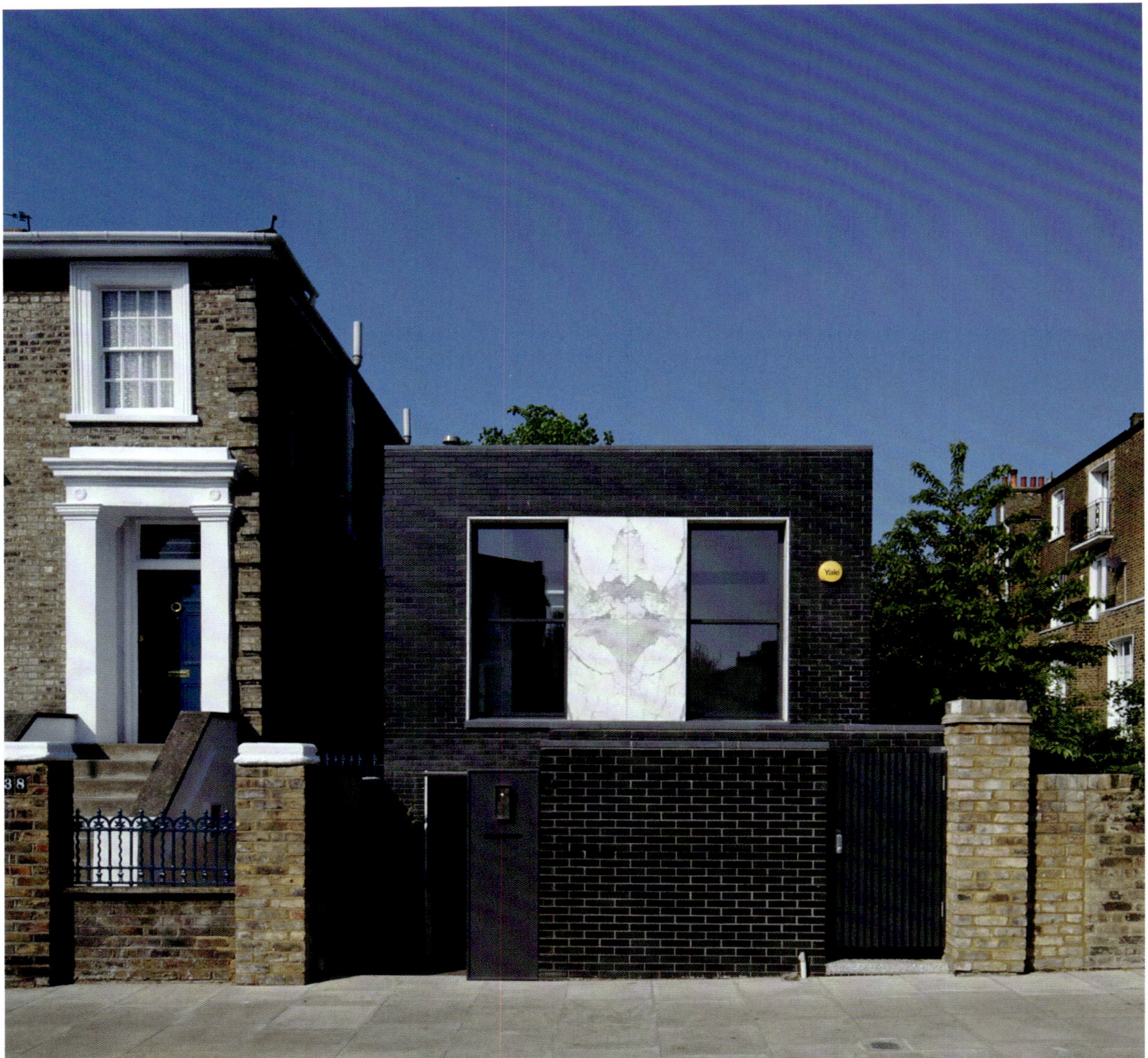
Yale
38

THE SHADOW HOUSE

Liddicoat & Goldhill
Camden, London, UK
© Keith Collie

The owners designed this house themselves. Basic and economical materials were chosen with the objective of creating a simple, practical house. Light is controlled throughout the house with the use of various materials for the walls. Changes in ceiling and floor heights make each room different from another.

Ce sont les propriétaires eux-mêmes qui ont conçu cette maison. Ils ont opté pour des matériaux primaires et économiques. La lumière est contrôlée dans toute l'habitation grâce aux différents matériaux des murs, et chaque pièce se distingue des autres par les changements de hauteur des plafonds et des sols.

Die Eigentümer selbst haben dieses Haus entworfen. Mit dem Ziel, ein schlichtes, praktisches Haus zu gestalten, wählten sie elementare und preiswerte Materialien aus. Das Licht wird aufgrund der verschiedenen Wandmaterialien im ganzen Haus reguliert und jeder Raum unterscheidet sich von den anderen durch Höhenunterschiede der Decken und Böden.

De eigenaren hebben dit huis zelf ontworpen. Het was hun opzet een eenvoudig en praktisch huis te bouwen, daarom kozen ze voor natuurlijke en duurzame materialen. De lichtinval in het gehele huis wordt bepaald door het gebruik van diverse materialen waarmee de wanden zijn bekleed. Elke ruimte ziet er anders uit doordat er gespeeld is met hoogteverschillen in plafonds en vloeren.

Los mismos propietarios fueron los que diseñaron esta casa. Con el objetivo de crear una casa sencilla y práctica, se eligieron materiales primarios y económicos. La luz se controla en toda la vivienda gracias a los distintos materiales de las paredes, y cada estancia se diferencia de las otras mediante los cambios de altura de los techos y los suelos.

Sono stati gli stessi proprietari a progettare questa casa. Al fine di creare una casa semplice e pratica, sono stati scelti materiali basilari ed economici. La luce è controllata in tutta l'abitazione grazie ai differenti materiali delle pareti, ed ogni stanza si distingue dalle altre grazie ai cambiamenti di altezza dei soffitti e dei pavimenti.

Neste caso, os autores do projeto foram os próprios proprietários. Com o objetivo de criar uma casa simples e prática, escolheram materiais básicos e económicos. A luz é controlada em toda a vivenda graças aos diferentes materiais das paredes e cada um dos espaços distingue-se dos outros pelas diferenças de altura dos tetos e dos pavimentos.

Huset ritades av ägarna själva. Med syfte att skapa ett enkelt och praktiskt hus valdes enkla och ekonomiska material. Ljuset balanseras i hela hemmet genom de olika väggmaterialen, och varje rum skiljer sig från de andra genom höjdskillnaderna mellan tak och golv.

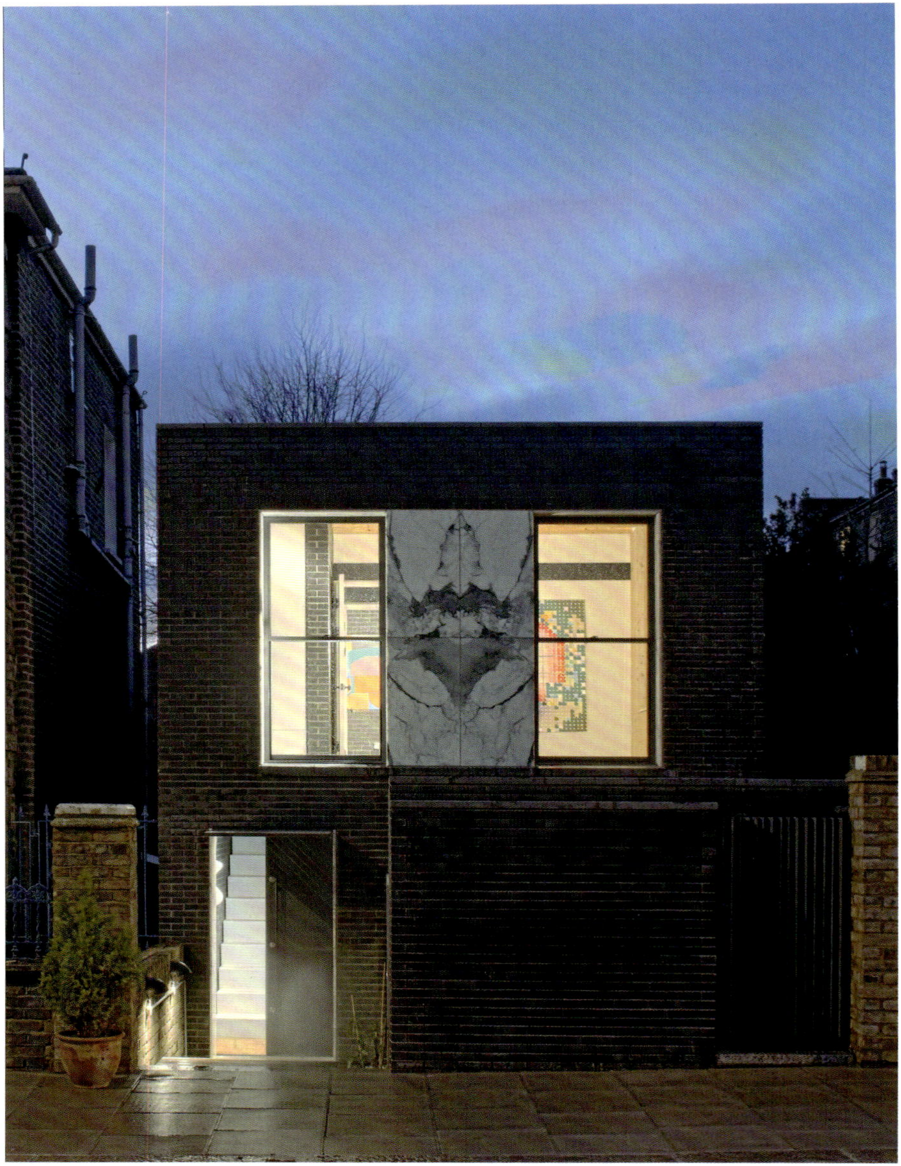

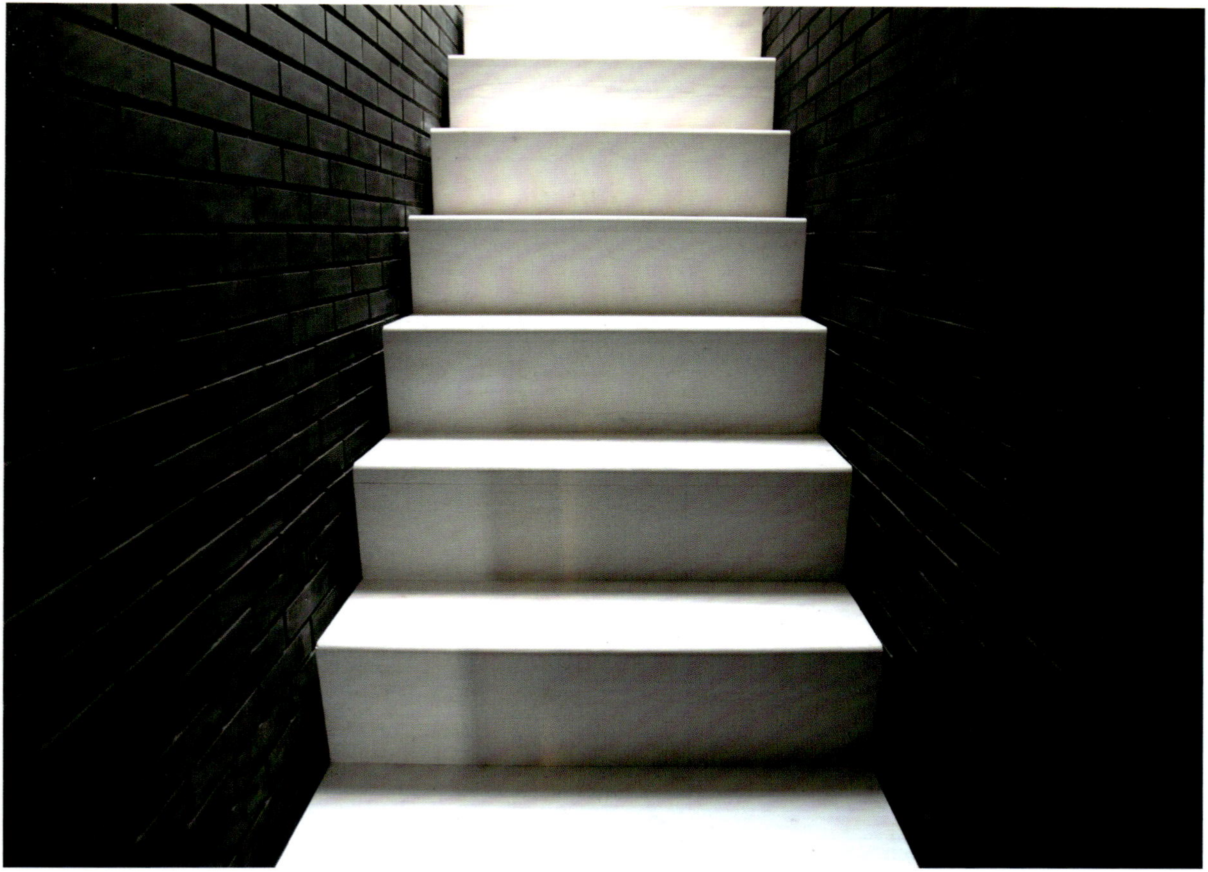

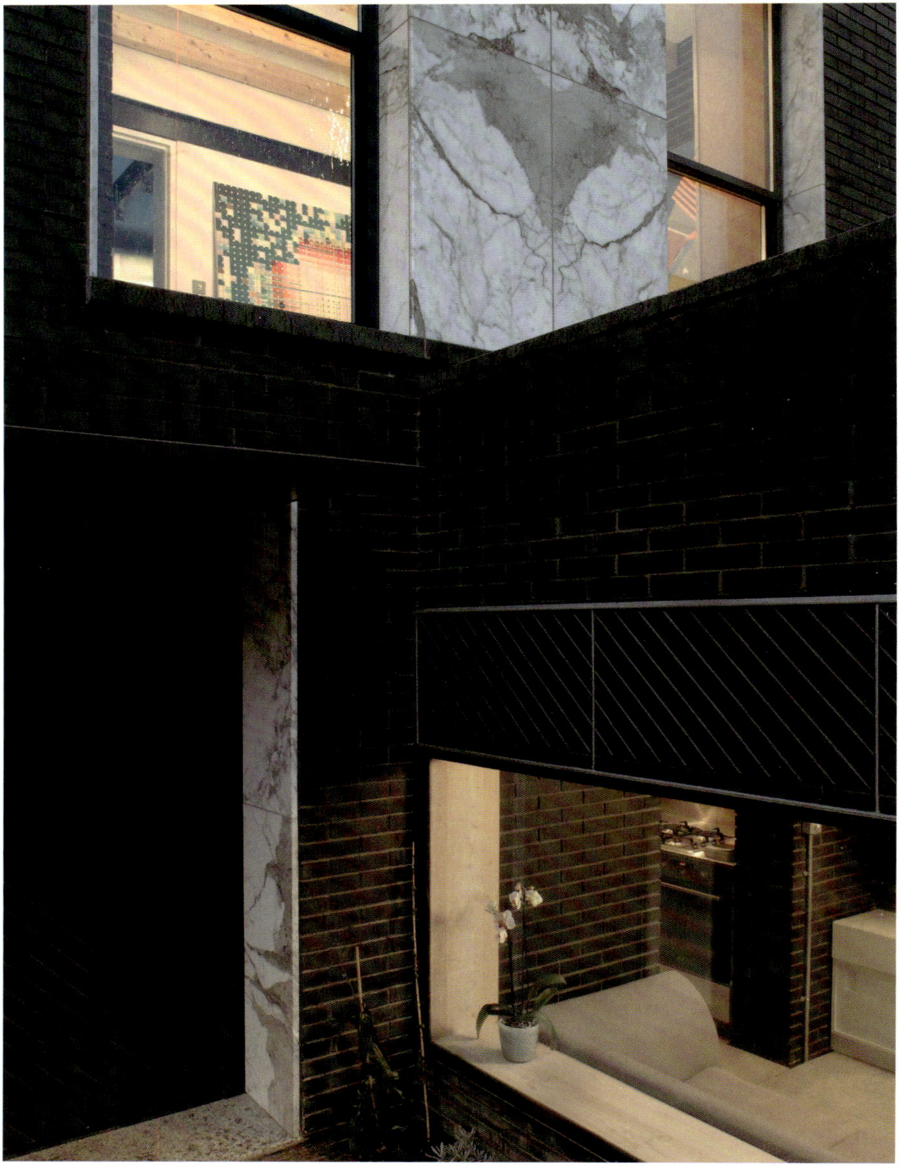

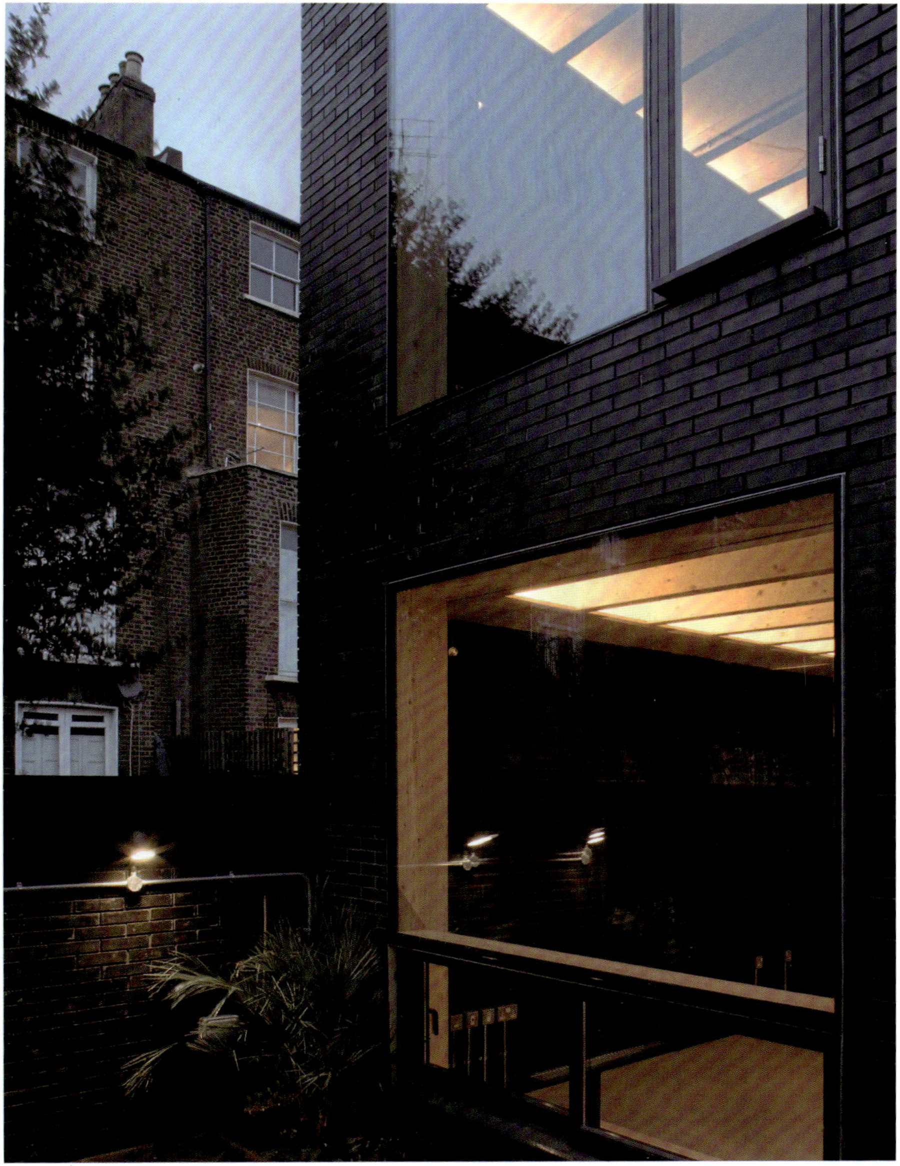

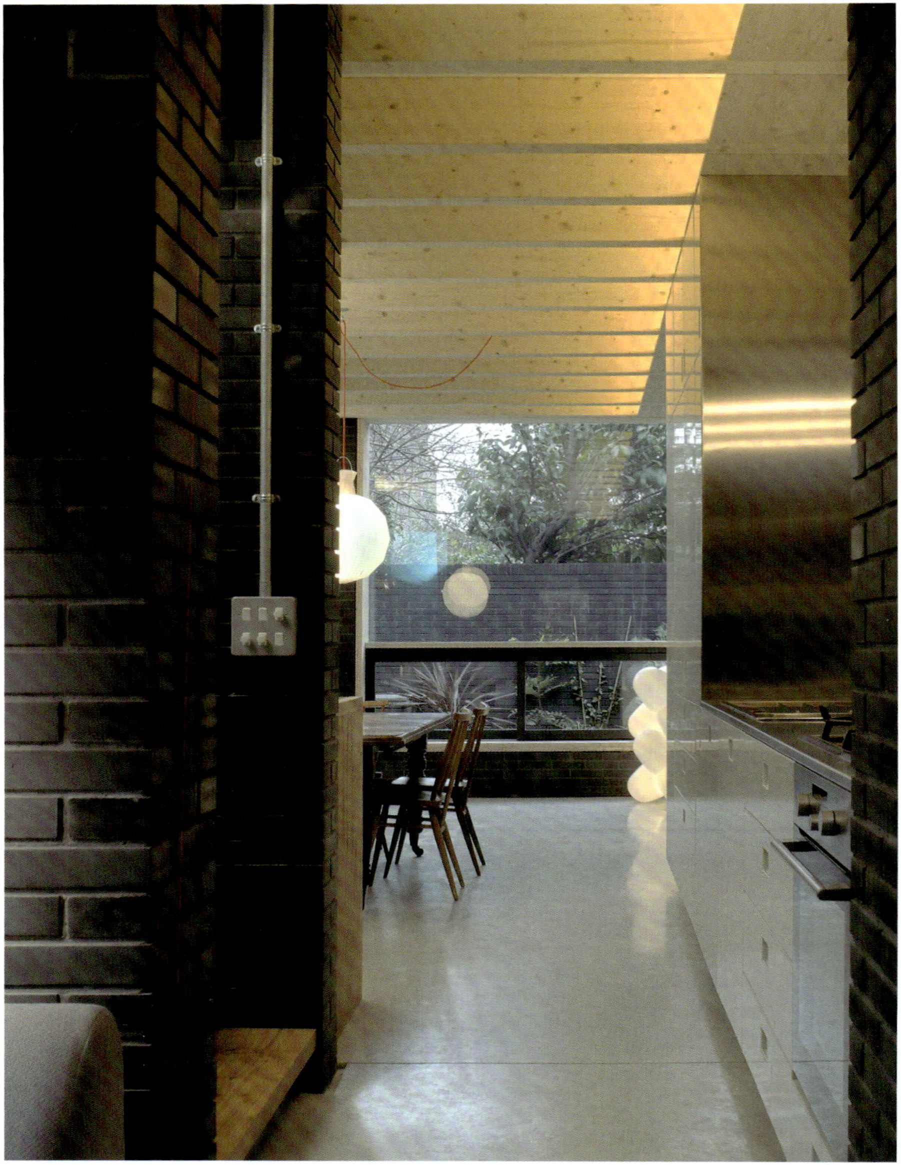

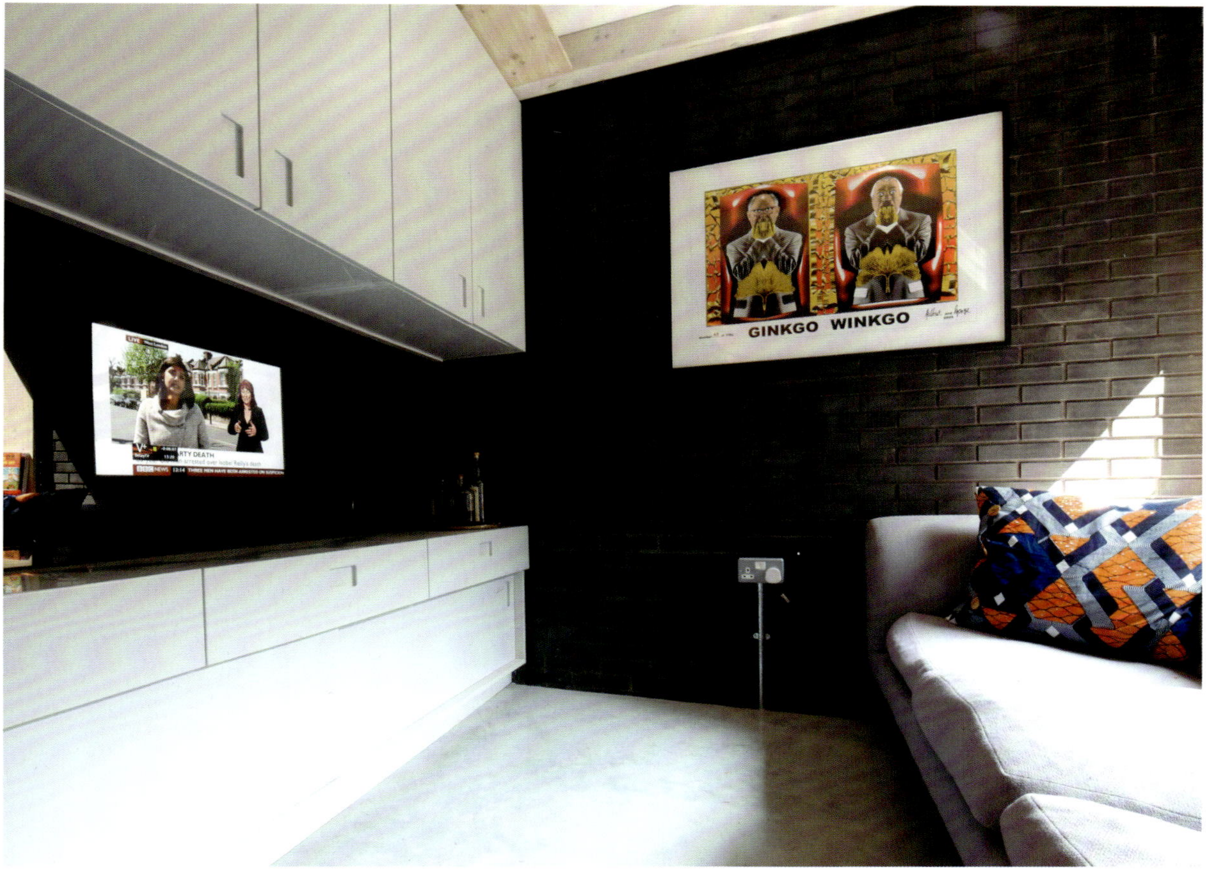
GINKGO WINKGO

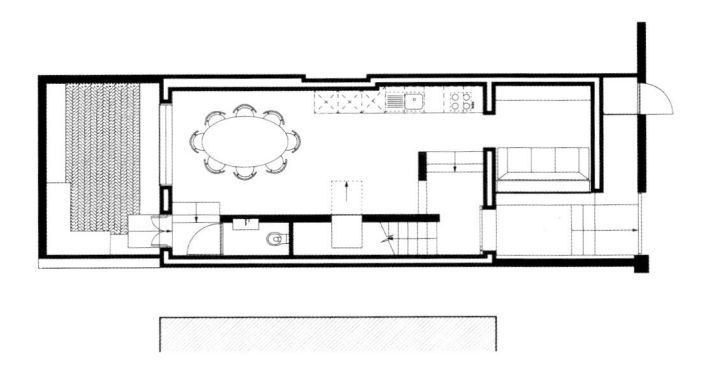

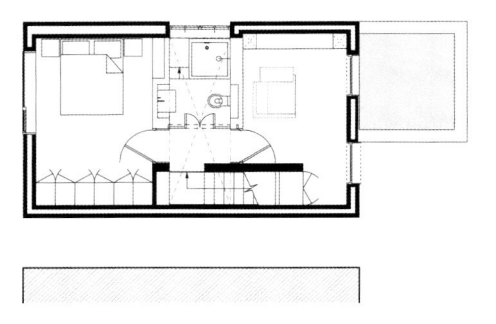

Plans

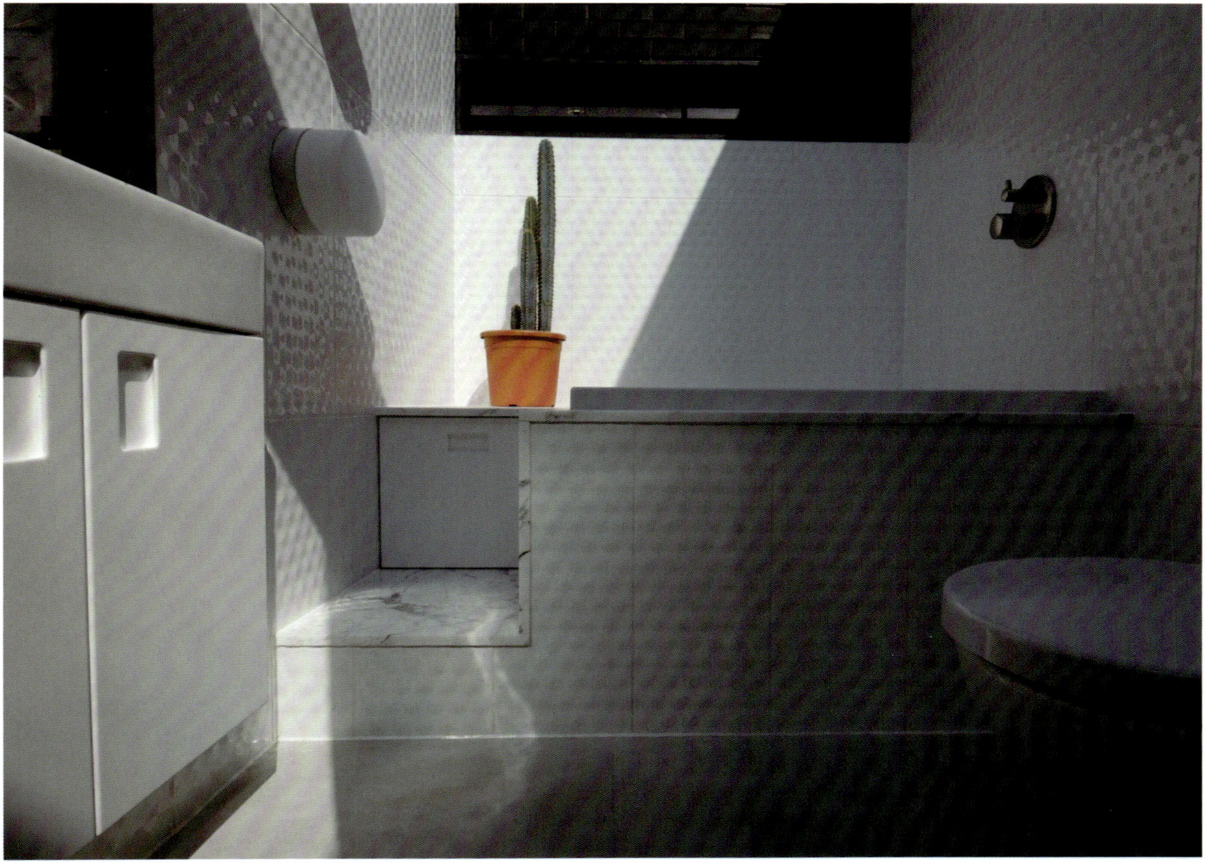

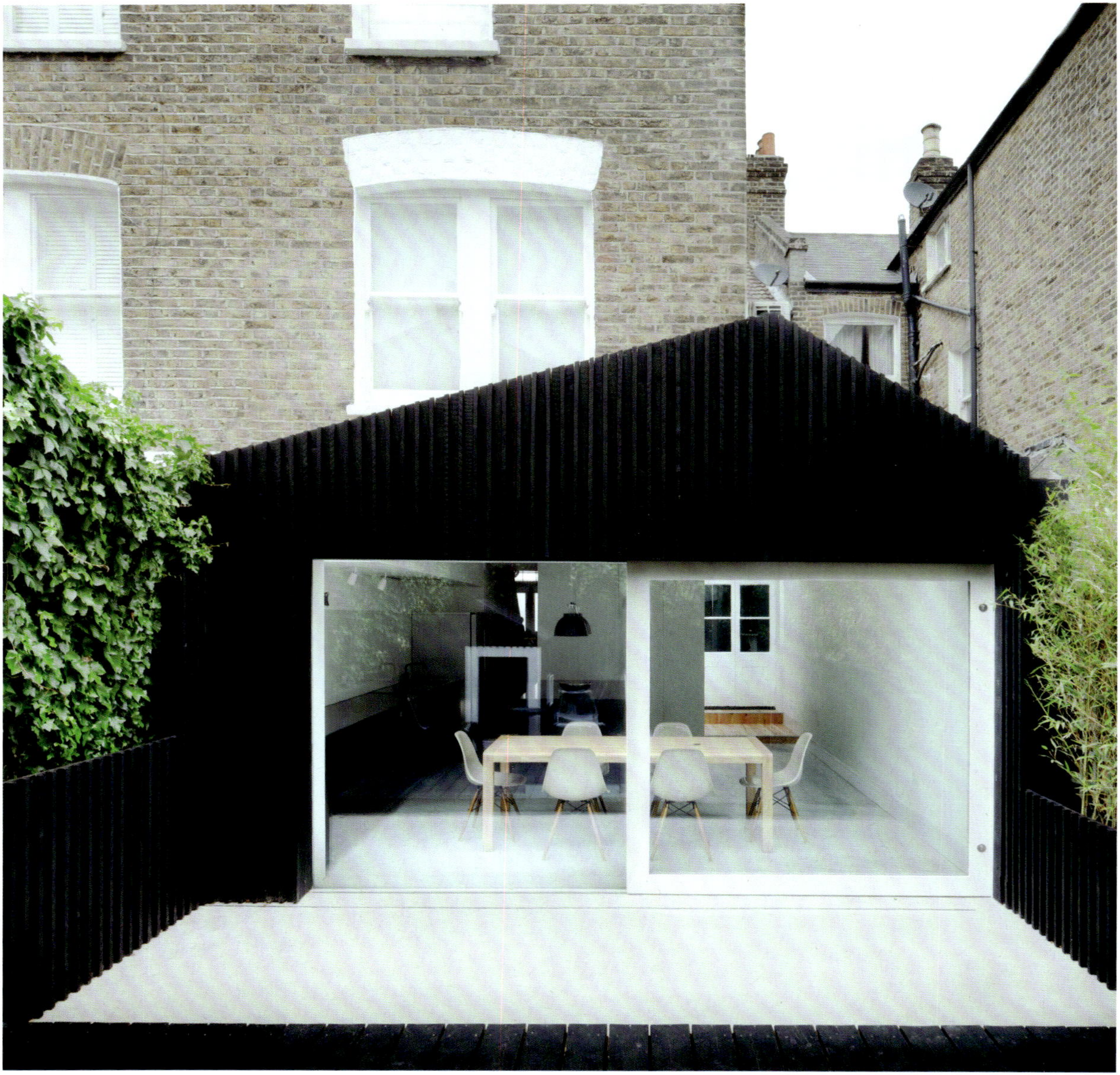

THE DOVE HOUSE

Gundry & Ducker Ltd.
London, UK
© Joe Clarke

This Victorian house was remodelled and extended with the aim of converting the dark kitchen into a bigger, lighter space that also works as a living room and has access to the garden. The front and rear walls of the garden are clad with black larch. The spaces between the blocks function as storage zones.

Cette maison victorienne a été rénovée et agrandie en vue de transformer la cuisine sombre en un espace plus grand et lumineux qui fait aussi office de salle de séjour, tout en donnant accès au jardin. Les façades du jardin et de la partie arrière sont recouvertes de mélèze noir. Les espaces entre les blocs servent d'espaces de rangement.

Dieses viktorianische Haus wurde mit dem Ziel umgebaut und erweitert, die dunkle Küche in einen größeren, helleren Raum zu verwandeln, der auch als Wohnzimmer dienen kann und den Zugang zum Garten ermöglicht. Die Fassade zum Garten hin und die Hinterseite des Hauses wurden mit schwarzem Lärchenholz verkleidet. Die Räume zwischen den Blöcken dienen als Stauräume.

De donkere keuken van dit Victoriaanse huis is na een grondige renovatie uitgebreid tot een veel ruimere, lichte woonkeuken die uitkomt op de tuin. De achtergevel van het huis en de tuinmuren zijn begroeid met zwarte lariks. De functionele ruimtes tussen de blokken dienen als berging.

Esta casa victoriana fue remodelada y ampliada con el objetivo de convertir la oscura cocina en un espacio más grande y luminoso que sirviera también de sala de estar y tuviera acceso al jardín. Las fachadas del jardín y de la parte trasera están revestidas de madera de alerce negro. Los espacios entre los bloques sirven de zonas de almacenaje.

Questa casa vittoriana è stata ristrutturata e ampliata al fine di trasformare la cucina buia in uno spazio più grande e luminoso che fungesse anche da salotto e avesse accesso al giardino. Le facciate del giardino e della parte posteriore sono rivestite in legno di larice nero. Gli spazi tra i blocchi sono utilizzati come zone ripostiglio.

Esta casa vitoriana foi remodelada e ampliada, com o objetivo de converter a cozinha, que era muito escura, num espaço mais espaçoso e luminoso, que servisse também como sala de estar e tivesse acesso ao jardim. As fachadas do jardim e das traseiras estão revestidas a madeira de lariço negro. Os espaços entre os blocos são usados como zonas de arrumação.

Detta viktorianska hus renoverades och byggdes ut för att göra om det mörka köket till ett stort och ljust rum, som också skulle fungera som vardagsrum och ligga nära badrummet. Badrummets och den bakre delens fasader kläddes med svart lärkträ. Utrymmet mellan husblocken fungerar som lagringsutrymme.

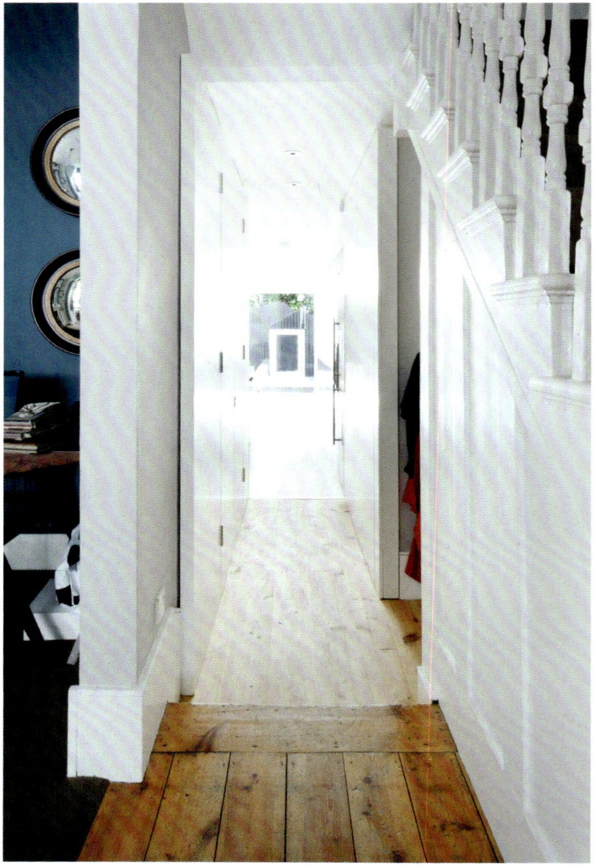

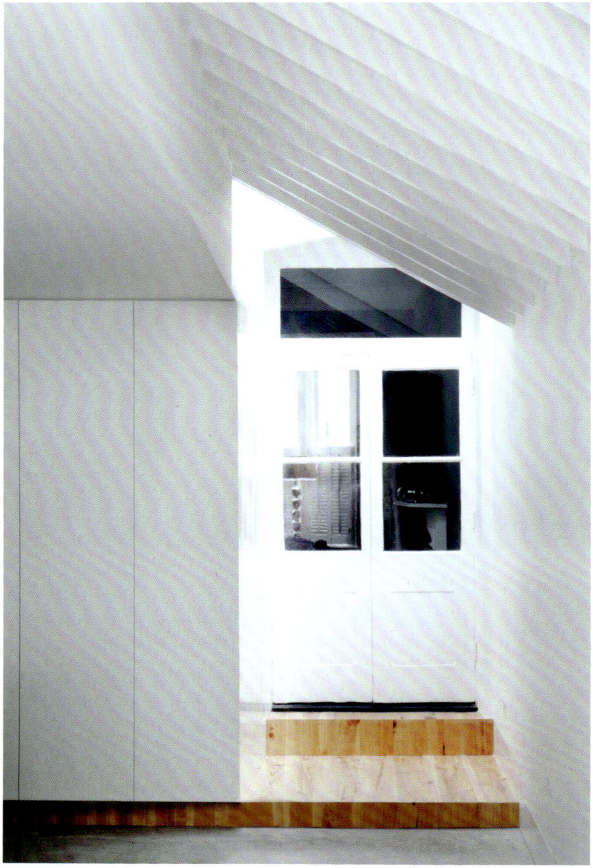

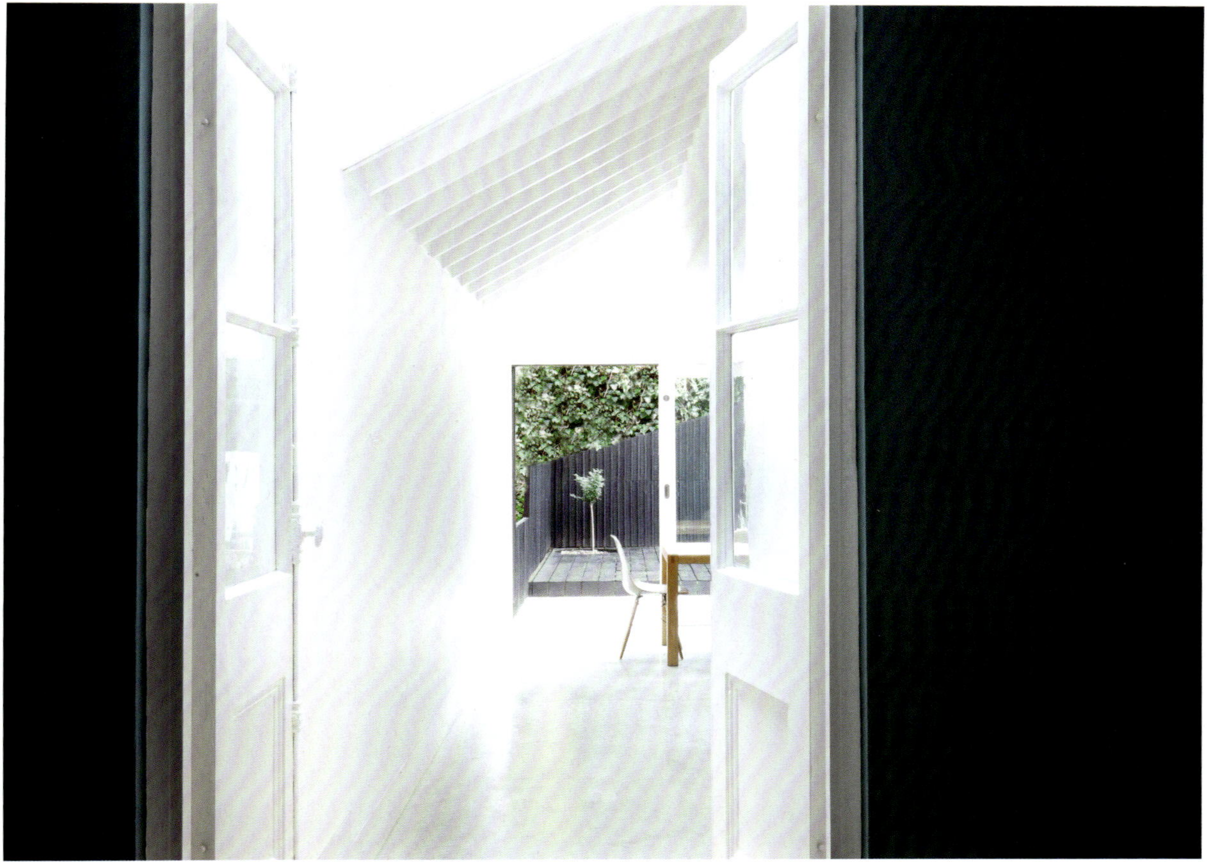

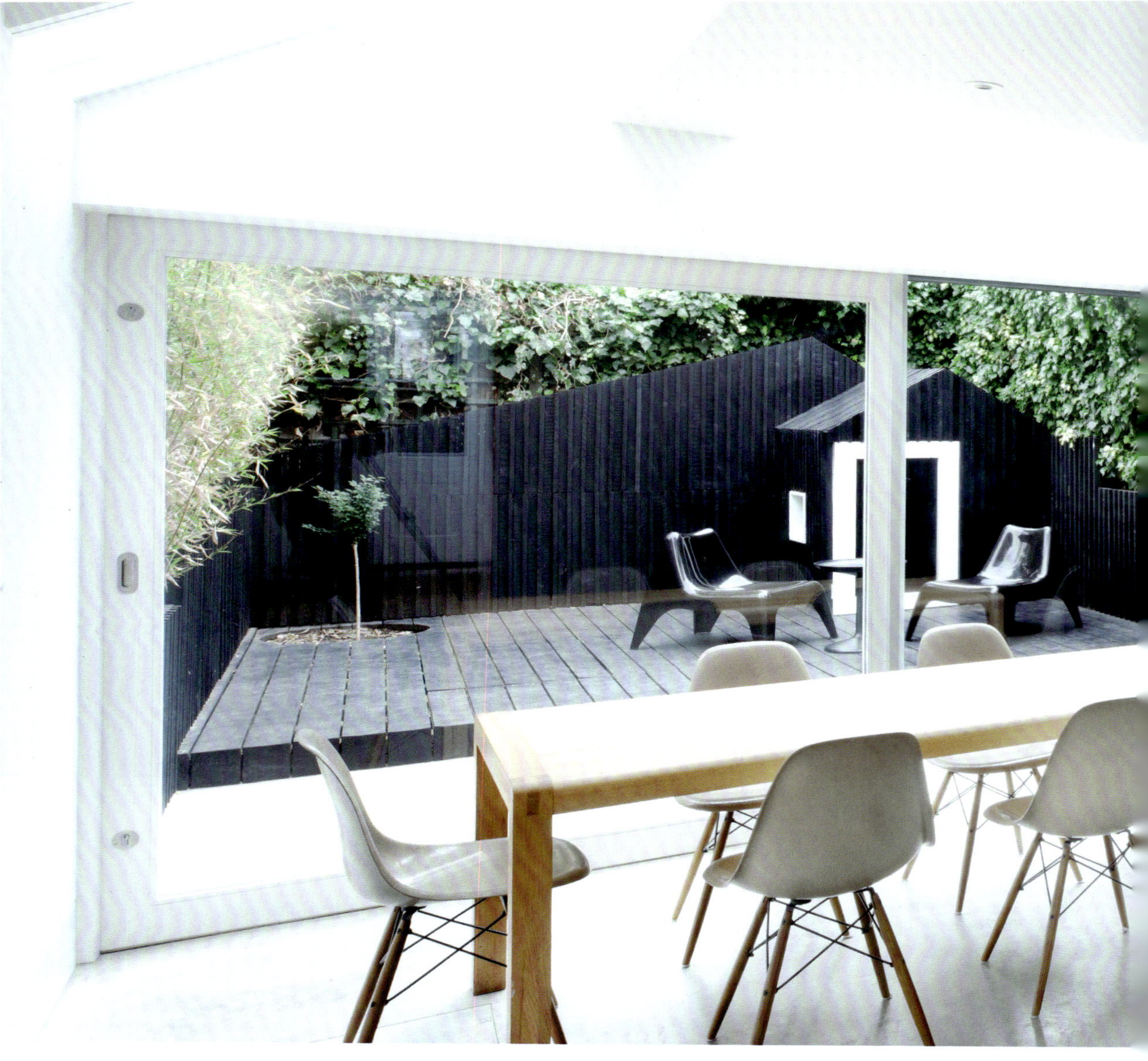

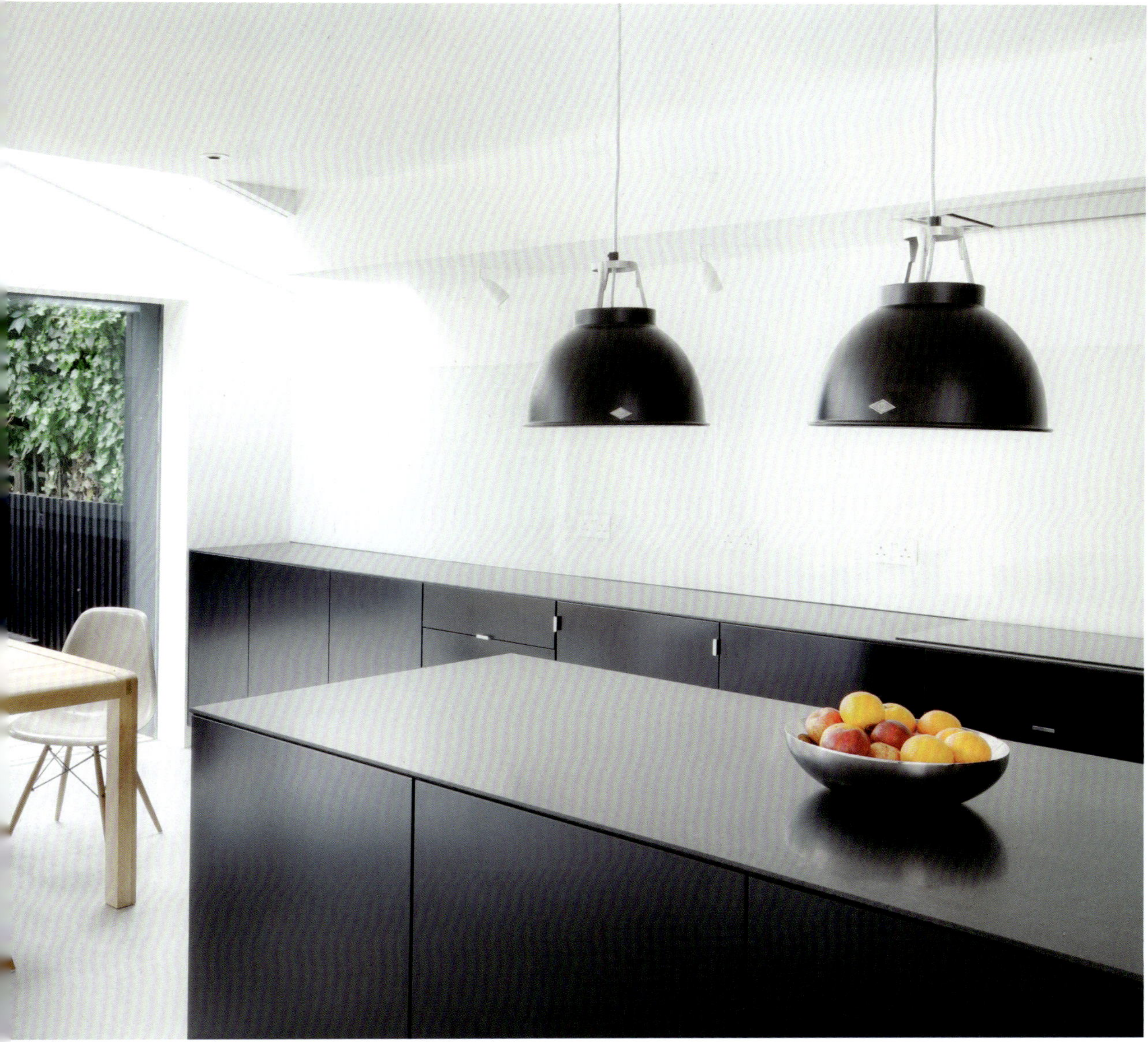

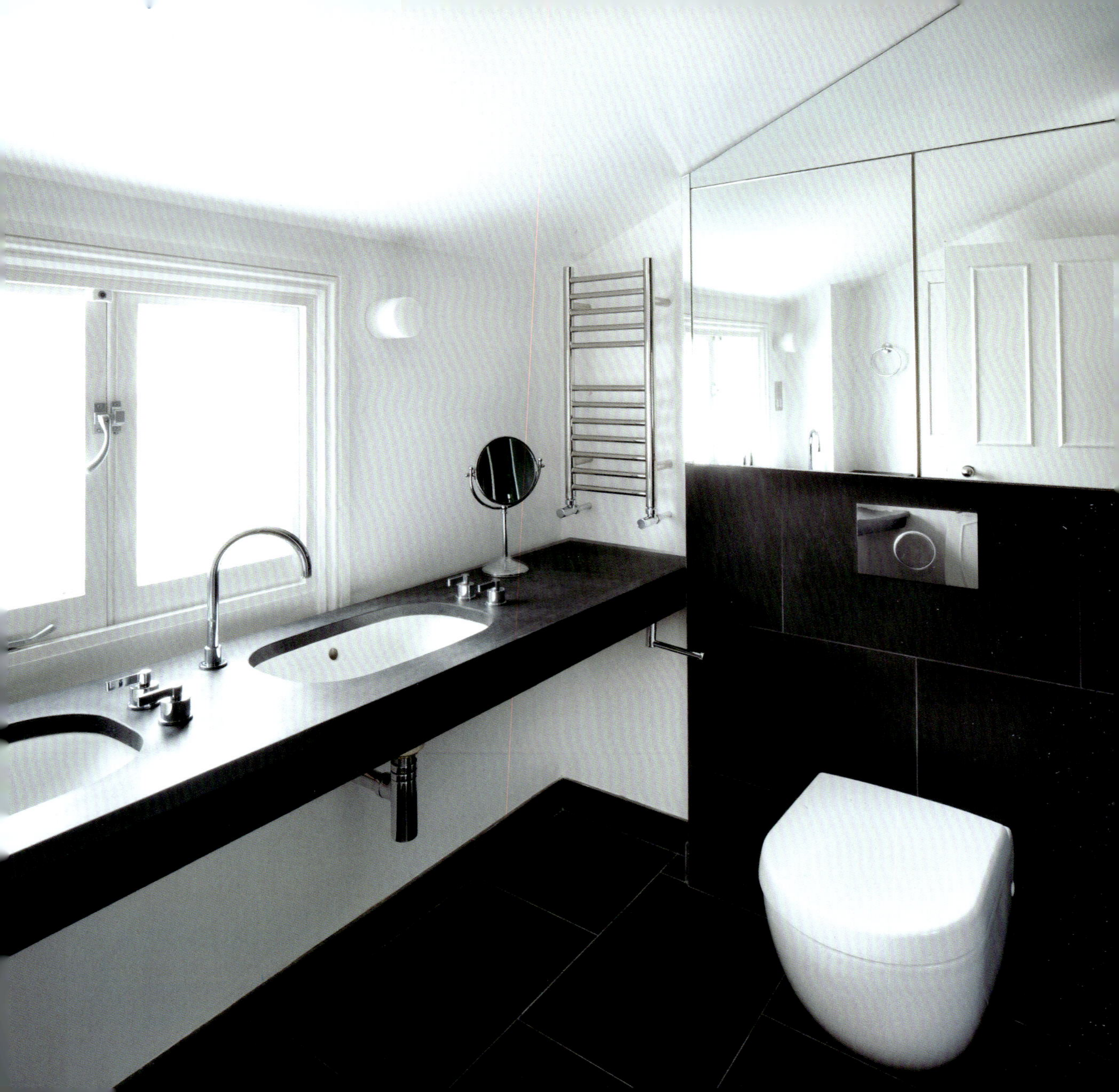

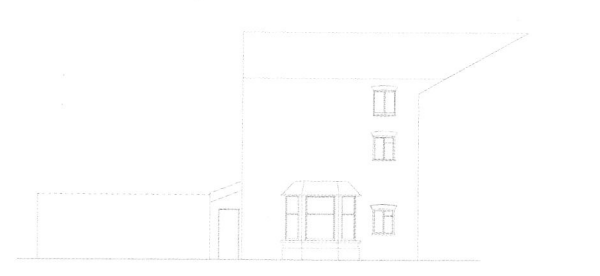

Long section / Coupe longitudinale

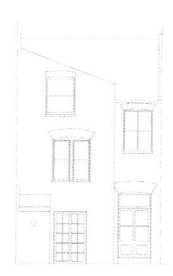

Rear elevation / Élévation arrière

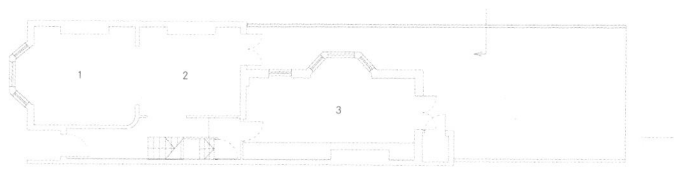

Plan

BEFORE DRAWINGS
1. Living room
2. Dining room
3. Kitchen

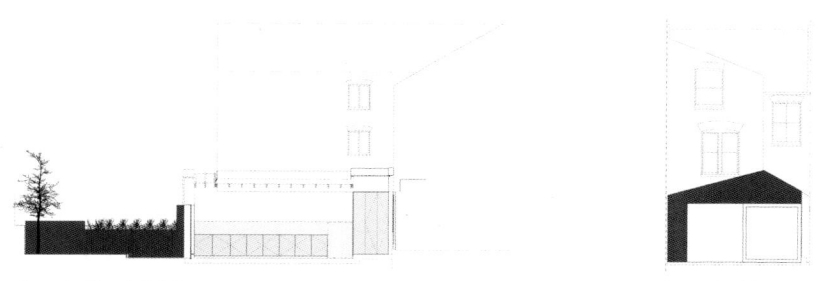

Long section / Coupe longitudinale

Rear elevation / Élévation arrière

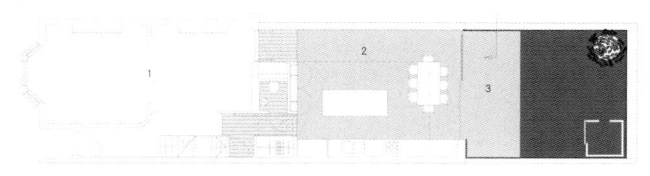

Plan

AFTER DRAWINGS
1. Living room
2. Family room & kitchen
3. Terrace

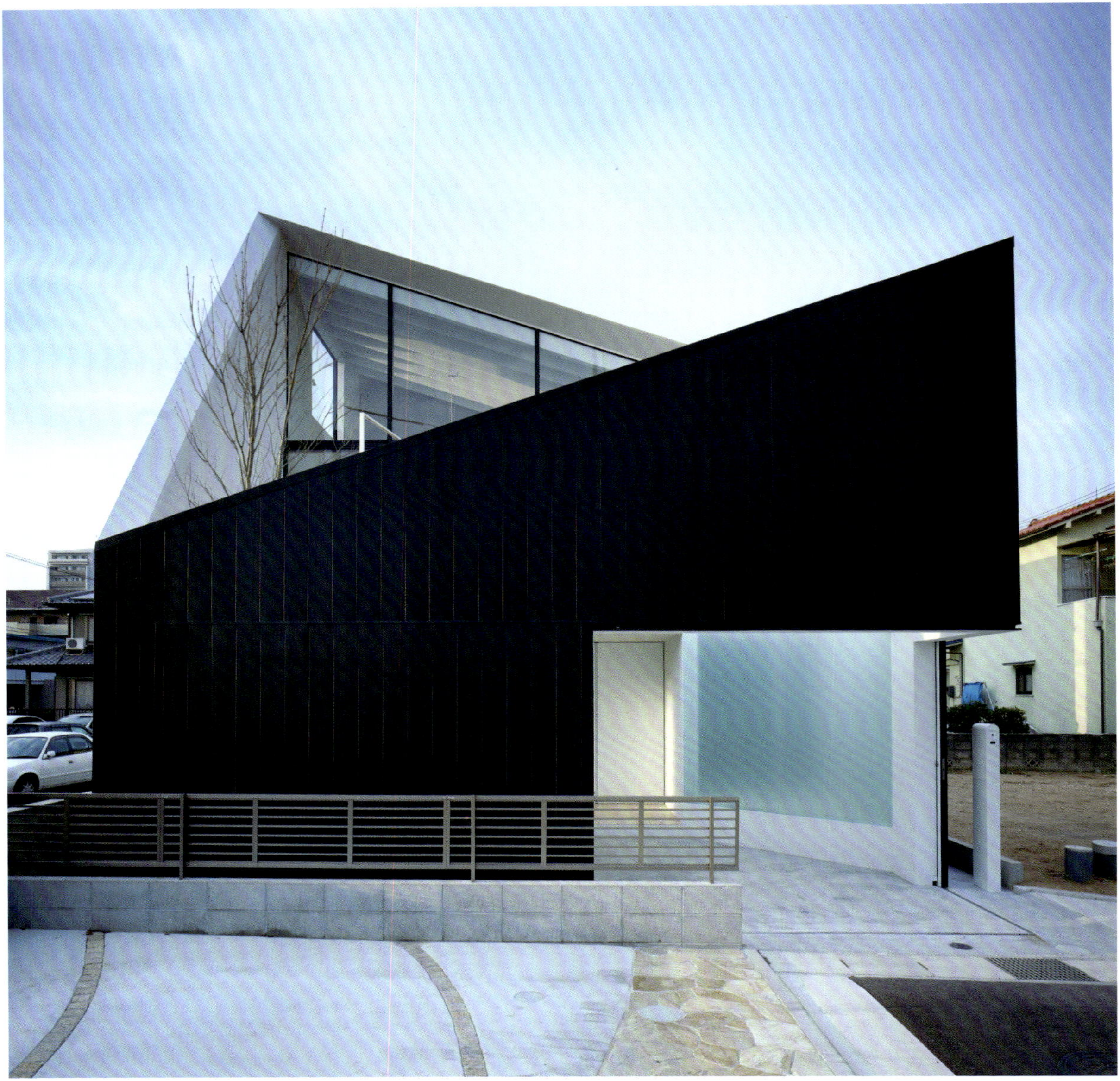

WRAP HOUSE

Bunzo Ogawa (FUTURE STUDIO)
Hiroshima, Japan
© Toshiyuki Yano

This house was designed to comply with strict building restrictions. Surrounded by other homes, the Wrap House has a sloped roof so that the neighbours are not deprived of light, whilst making the most of light with large windows. This way, almost all of the areas are illuminated because of their strategic positioning and the use of a combination of wall heights.

Cette maison a été conçue sur la base des restrictions imposées à sa construction. Entourée par d'autres habitations, la Wrap House possède une toiture inclinée pour ne pas priver les voisins de la lumière du soleil, dont elle capte l'éclairage maximal grâce à de grandes baies vitrées. Par conséquent, pratiquement toutes les zones sont éclairées grâce à la situation stratégique et à l'association des différentes hauteurs de murs.

Beim Entwurf dieses Hauses wurde von den Beschränkungen ausgegangen, unter denen es gebaut werden musste. Da es von anderen Wohnhäusern umgeben ist, hat das Wrap House ein schräges Dach, um den Nachbarn nicht das Sonnenlicht zu rauben, welches es dank seiner großen Fenster selbst jedoch optimal ausschöpfen kann. Auf diese Weise können aufgrund ihrer strategischen Anordnung und der Zusammenstellung verschiedener Wandhöhen fast alle Bereiche ausgeleuchtet werden.

Bij het ontwerp van het Wrap House moesten de architecten zich houden aan strenge bouwvoorschriften. Wrap House ligt tussen andere huizen ingesloten, maar heeft een schuin dak om geen zonlicht van de buren te ontnemen. Door de grote ramen komt er in dit huis toch voldoende zonlicht binnen. Door de strategische ligging van de ruimtes en ook door de hoogteverschillen van de muren, krijgen bijna alle ruimtes in het huis voldoende licht.

Esta casa fue diseñada a partir de las restricciones bajo las que debía construirse. Rodeada por otras viviendas, la Wrap House tiene una cubierta inclinada para no privar de la luz solar a los vecinos, mientras que la aprovecha gracias a sus grandes ventanas. De este modo, se consiguen iluminar casi todas las zonas por su estratégica situación y la combinación de alturas de los muros.

Questa casa è stata progettata a partire dalle limitazioni secondo cui si sarebbe dovuta costruire. Circondata da altre abitazioni, la Wrap House è dotata di un tetto inclinato per non togliere luce solare ai vicini, mentre la sfrutta grazie alle sue grandi finestre. In questo modo, si riescono a illuminare quasi tutte le zone grazie alla situazione strategica e alla combinazione di altezze dei muri.

O projeto desta casa foi muito condicionado pelas restrições impostas à sua construção. Uma vez que está rodeada por outras vivendas, a Wrap House tem um telhado inclinado, para não privar os vizinhos da luz, que aproveita bem, graças às suas grandes janelas. Deste modo, quase todas as zonas são iluminadas resultante da sua situação estratégica e tirando partido das diferentes alturas das paredes.

Detta hus har utformats med utgångspunkt från de byggnadstekniska begränsningarna. Eftersom Wrap House är omgivet av andra hus har det ett lutande tak för att inte beröva grannarna solljus, och det drar fördel av detta genom sina stora fönster. På så sätt lyckas man få nästan alla områden upplysta genom det strategiska läget och kombinationen av väggarnas höjder.

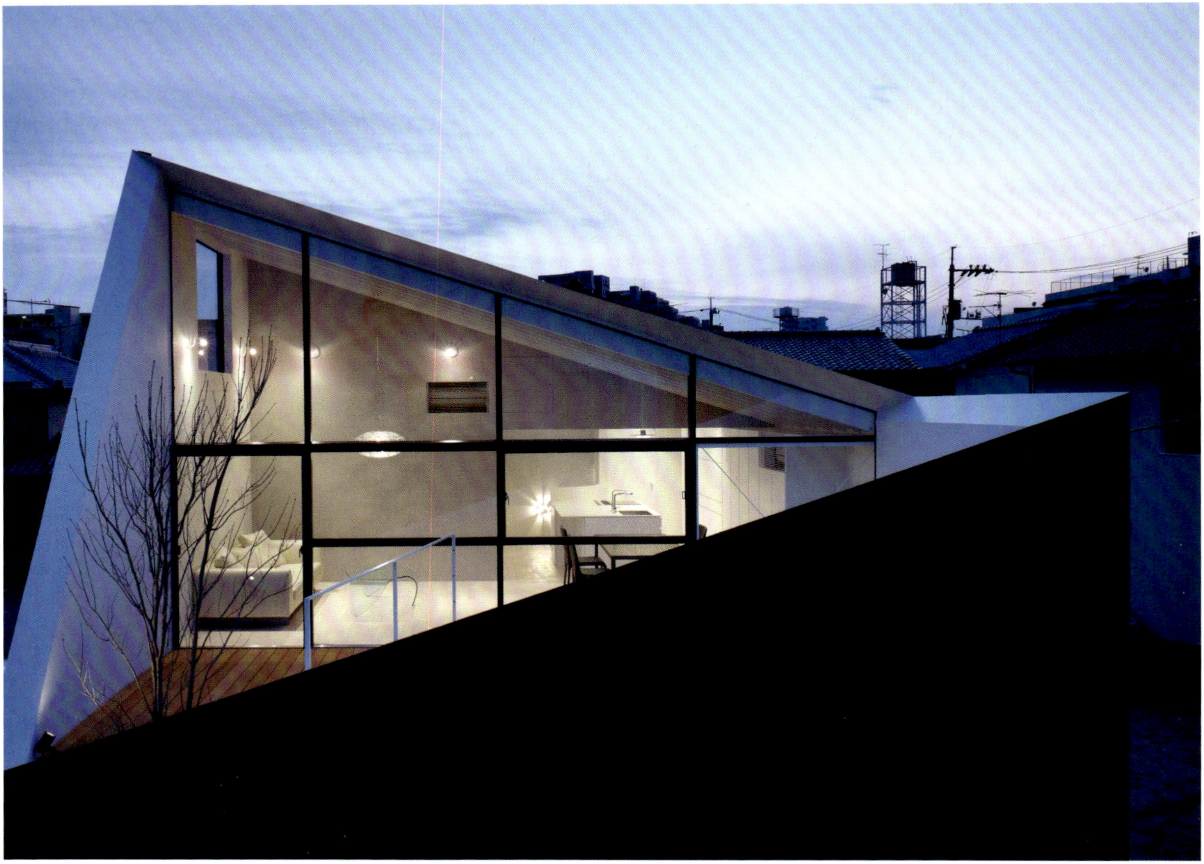

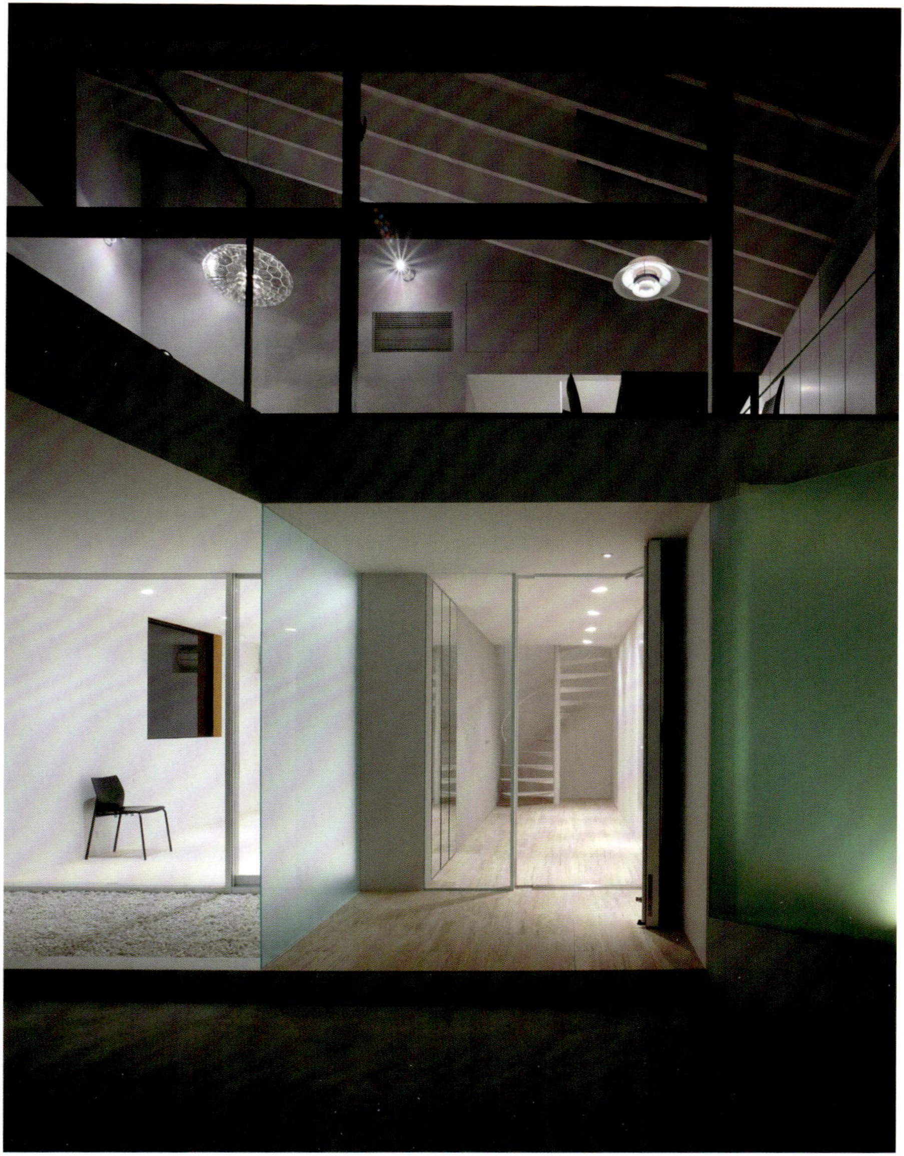

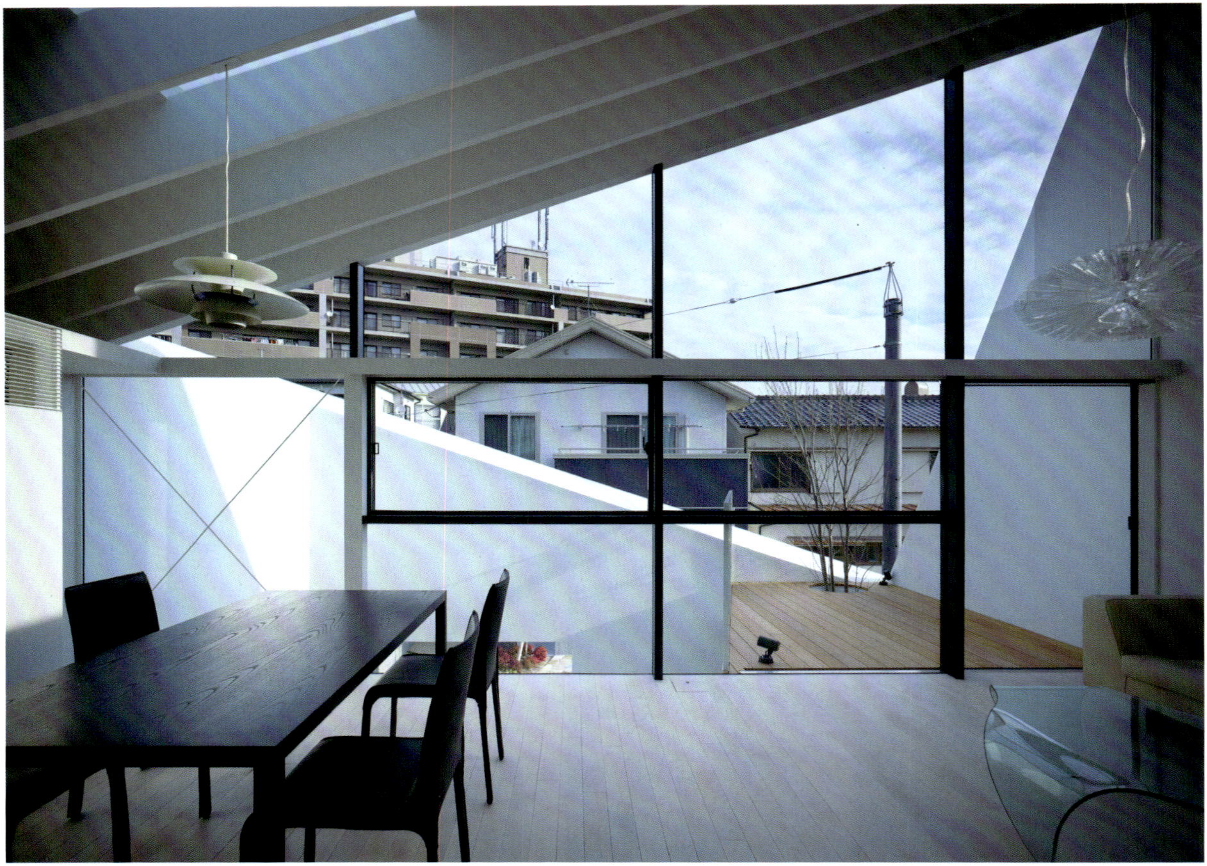

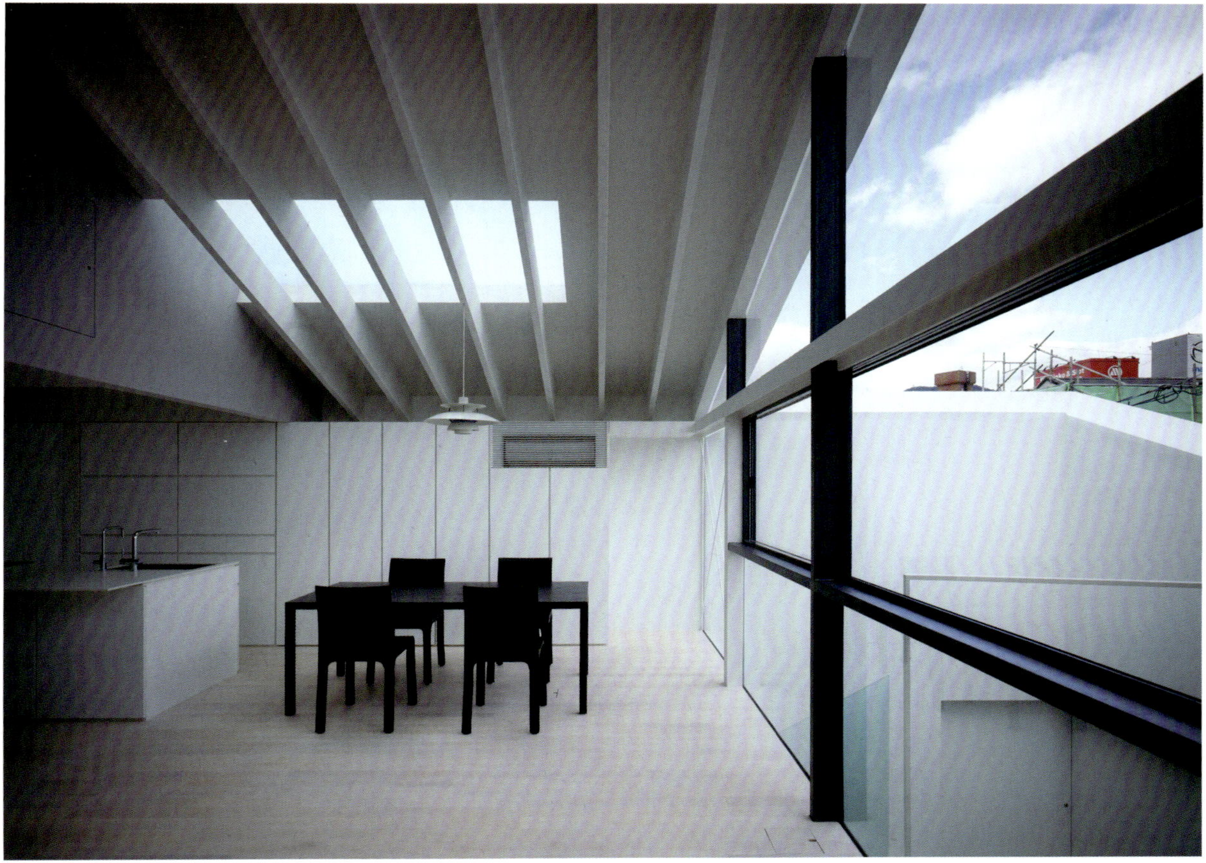

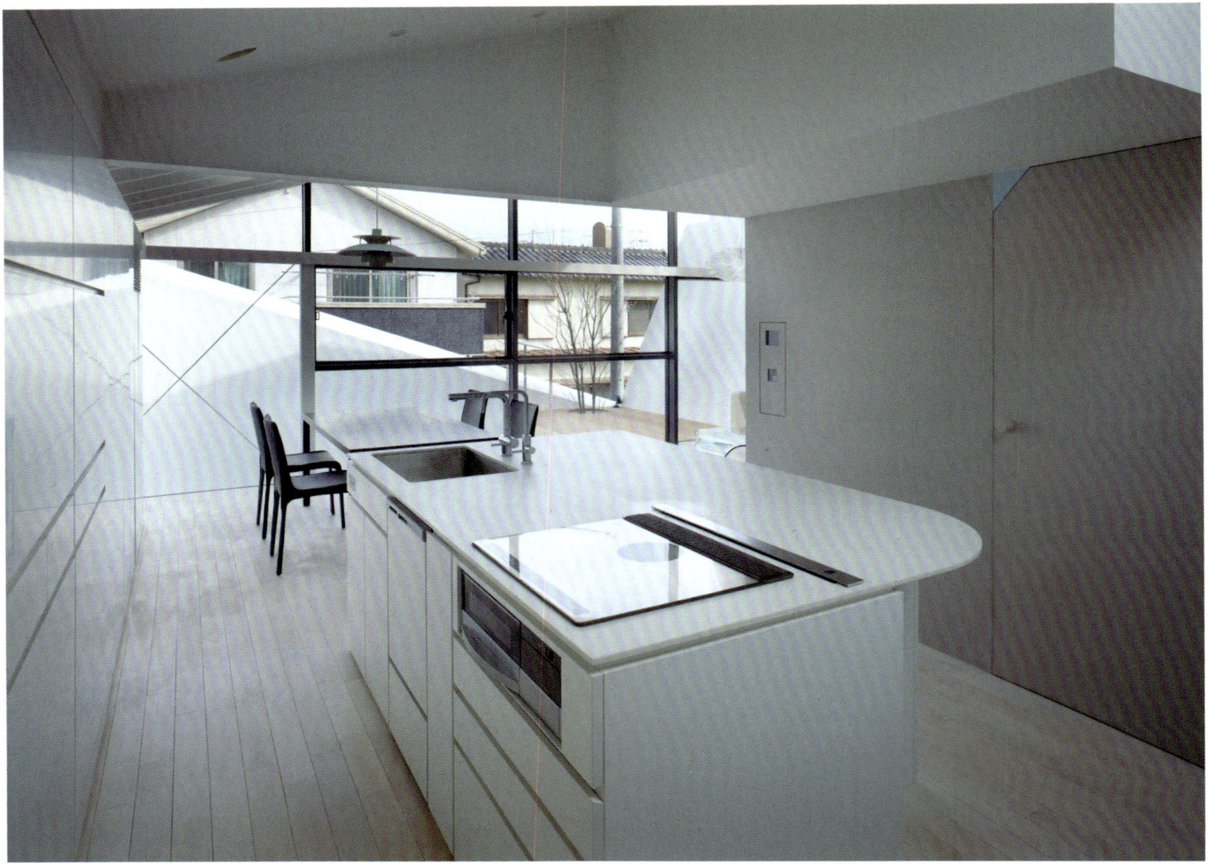

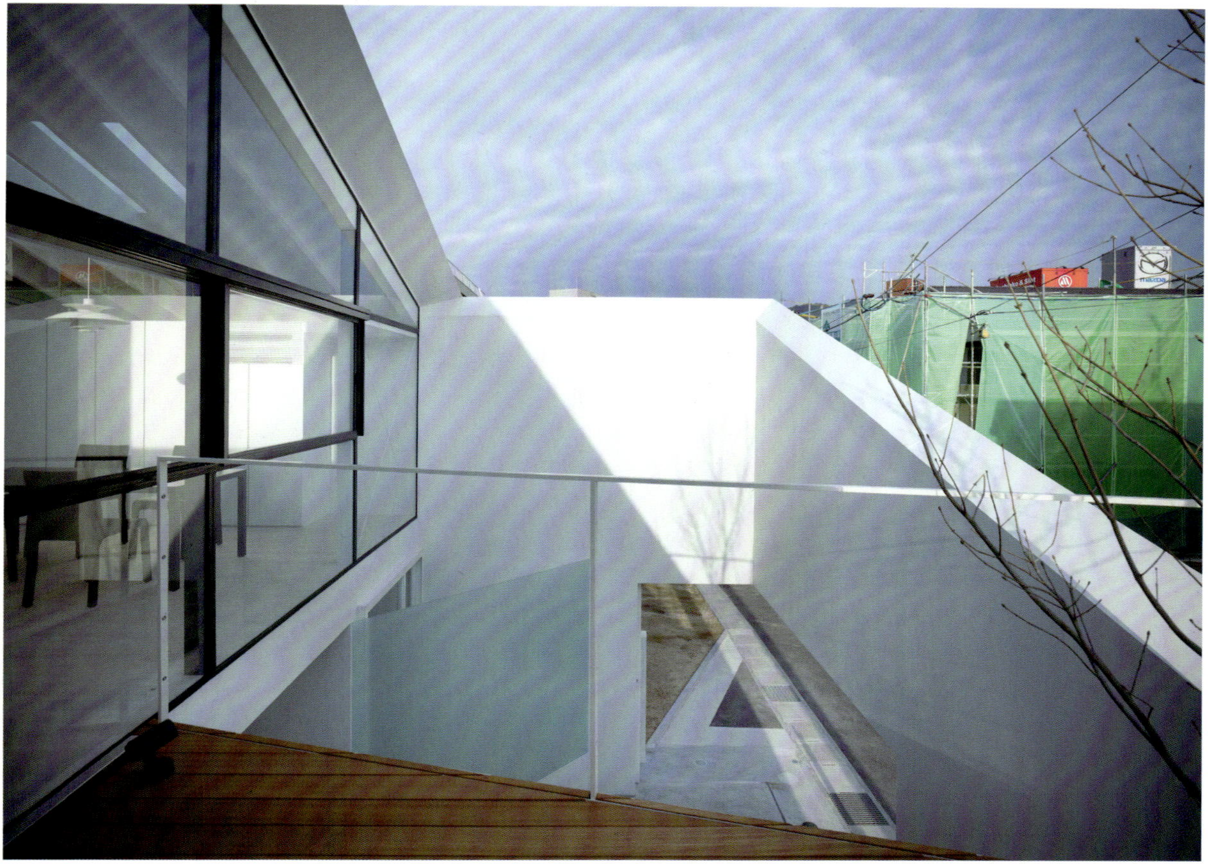

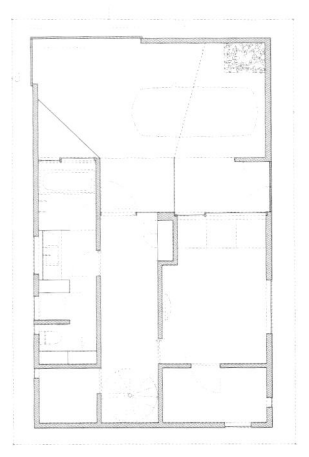

First floor plan / Plan du premier niveau

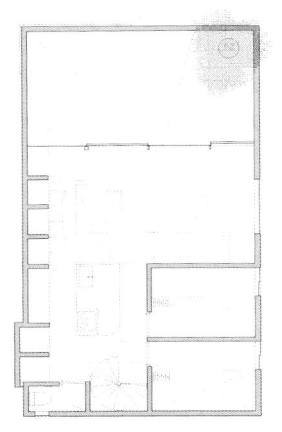

Second floor plan / Plan du second niveau

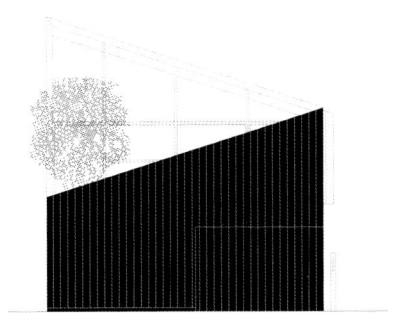

East elevation / Élévation est

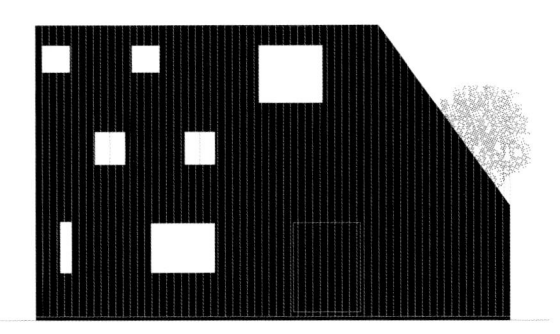

East elevation / Élévation est

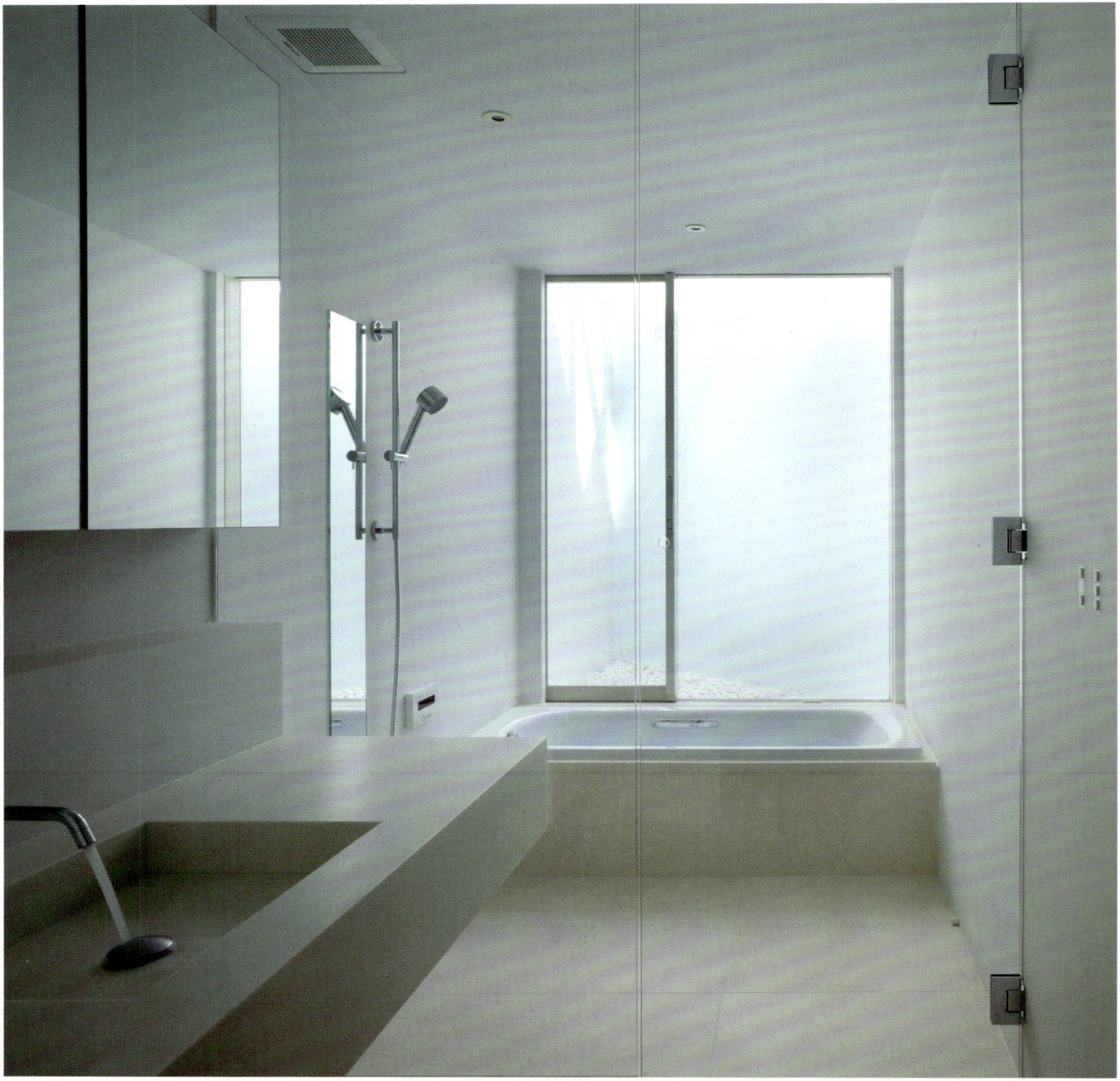

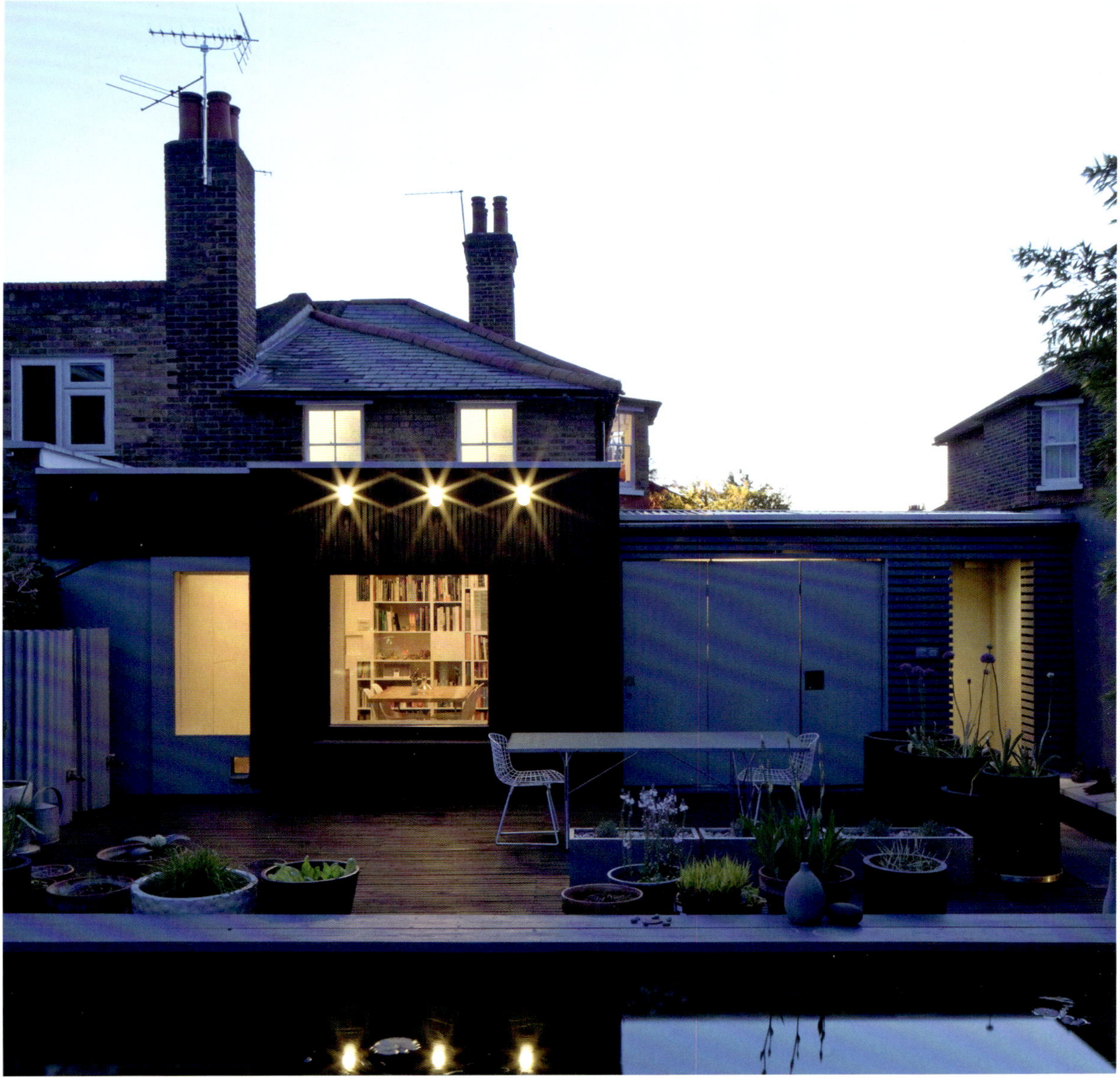

SUBURBAN STUDIO

Ashton Porter
London, UK
© Andy Stagg Photography

This old Victorian house has been enhanced by its innovative remodelling, which made it perfect for combining work and home life. Separated from the rest of the house, the study is situated in the garden, and the kitchen was relocated towards the centre and the dining room doubles as a library. The wooden decking in the garden hides an inflatable pool.

Cette vieille maison victorienne est mise en valeur par sa transformation originale qui lui permet de concilier parfaitement vie professionnelle et familiale. L'atelier se trouve dans le jardin et il est séparé du reste de l'habitation ; la cuisine a été déplacée au centre et la salle à manger fait office de bibliothèque. Le bois qui recouvre le sol du jardin cache une piscine gonflable.

Dieses alte viktorianische Haus fällt durch seine originelle Umgestaltung auf, die eine perfekte Verbindung von Arbeit und Familienleben ermöglicht. Das Arbeitszimmer liegt im Garten und ist vom Rest des Wohnhauses getrennt. Die Küche wurde ins Zentrum verlegt und das Esszimmer fungiert als Bibliothek. Das Holz, mit dem der Boden des Gartens gestaltet wurde, verdeckt ein aufblasbares Schwimmbecken.

Dit oude Victoriaanse huis is op een heel originele manier verbouwd, waardoor het uitermate geschikt is om werk en gezinsleven te combineren. De studio ligt in de tuin en is gescheiden van de rest van het huis. De keuken werd naar het midden van het huis verplaatst en de woonkamer doet tevens dienst als bibliotheek. Onder een houten vloer in de tuin zit een opblaasbaar zwembad verscholen.

Esta antigua casa victoriana destaca por su original remodelación, que la hace perfecta para conciliar la vida laboral con la familiar. El estudio está situado en el jardín y separado del resto de la vivienda, la cocina fue desplazada hacia el centro y el comedor hace las veces de biblioteca. La madera que cubre el suelo del jardín esconde una piscina inflable.

Questa antica casa vittoriana risalta per la sua ristrutturazione originale che la rende perfetta per conciliare la vita lavorativa con quella familiare. Lo studio è situato nel giardino e separato dal resto dell'abitazione, la cucina è stata spostata verso il centro e la sala da pranzo fa le veci della biblioteca. Il legno che ricopre il pavimento del giardino nasconde una piscina gonfiabile.

Esta antiga casa vitoriana destaca-se pela sua original remodelação, que a torna perfeita para conciliar a vida profissional com a vida familiar. O escritório fica no jardim, separado do resto da casa, a cozinha foi deslocada para o centro e a sala de jantar é também utilizada como biblioteca. A madeira que cobre o pavimento do jardim esconde uma piscina insuflável.

Detta gamla viktorianska hus utmärker sig för sin originella renovering, som gör att man perfekt kan få arbetsliv och familjeliv att passa ihop. Arbetsrummet ligger i trädgården, avskilt från resten av bostadshus. Köket flyttades mot mitten och matsalen fungerar som bibliotek. Virket som täcker marken i trädgården döljer en uppblåsbar pool.

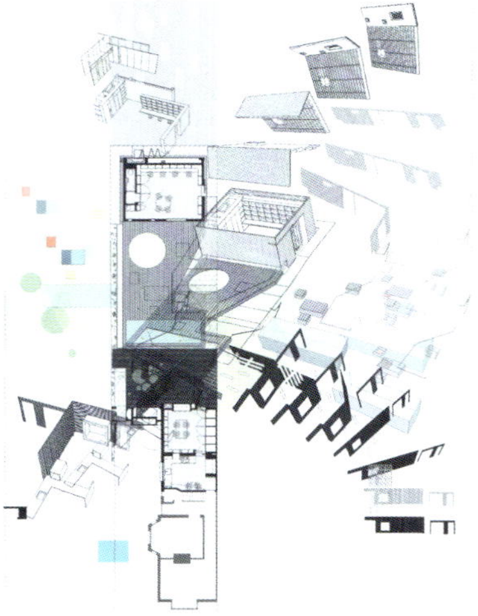

Various views of the house's different components / Vues des composants

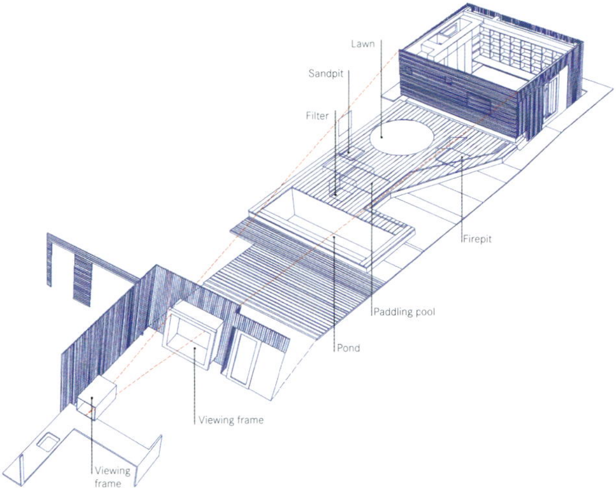

Axonometric view / Vue axonométrique

- Viewing frame
- Viewing frame
- Pond
- Paddling pool
- Firepit
- Filter
- Sandpit
- Lawn

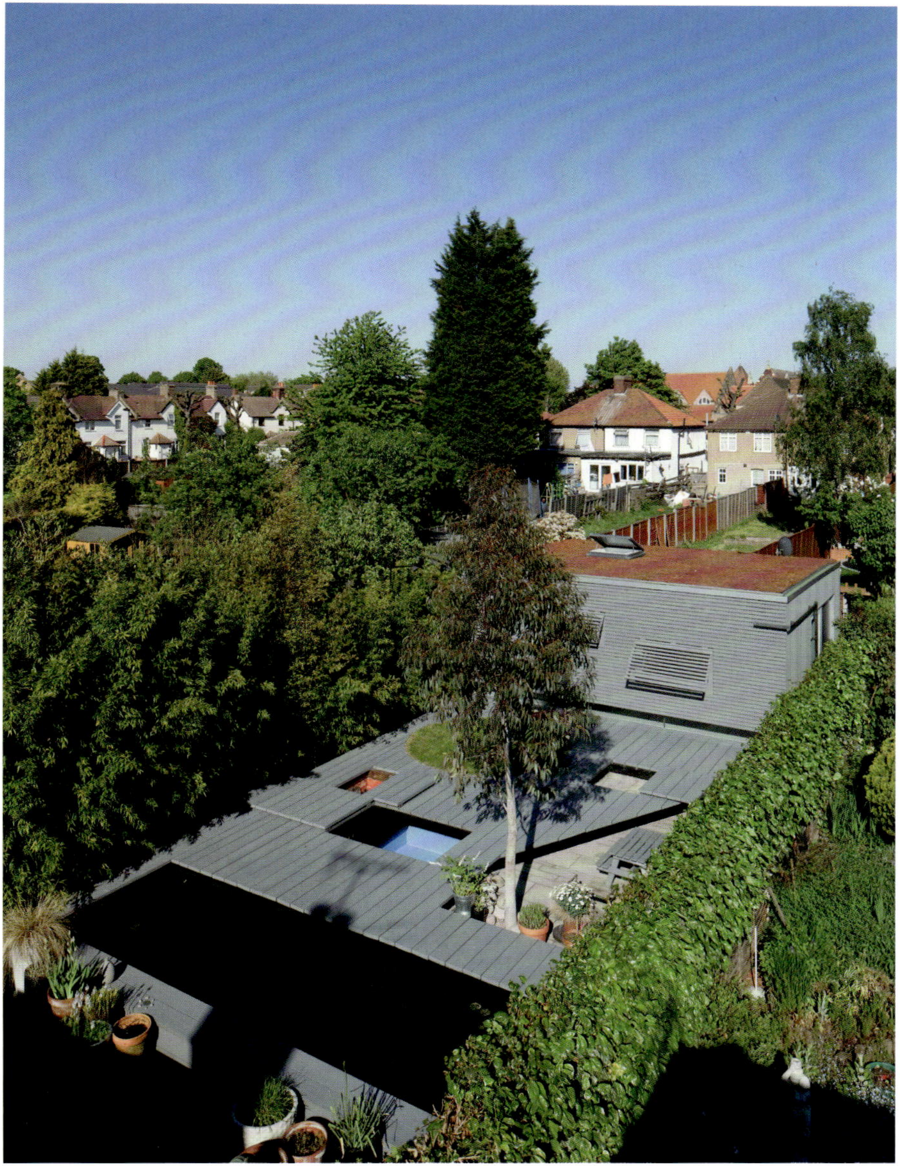

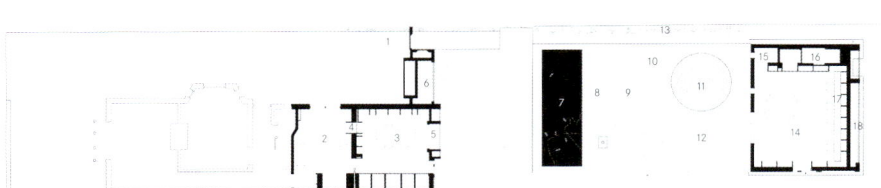

Ground floor plan / Plan du rez-de-chaussée

1. Studio entrance
2. Kitchen & dining room swapped
3. Dining Room / library / meeting room for studio
4. Framed view to the garden and the studio
5. Window seat
6. Storage
7. Pond
8. Filter
9. Paddling pool
10. Sandpit
11. Lawn
12. Firepit
13. Bamboo
14. Studio
15. Kitchen
16. WC
17. Workshop and storage
18. Storage

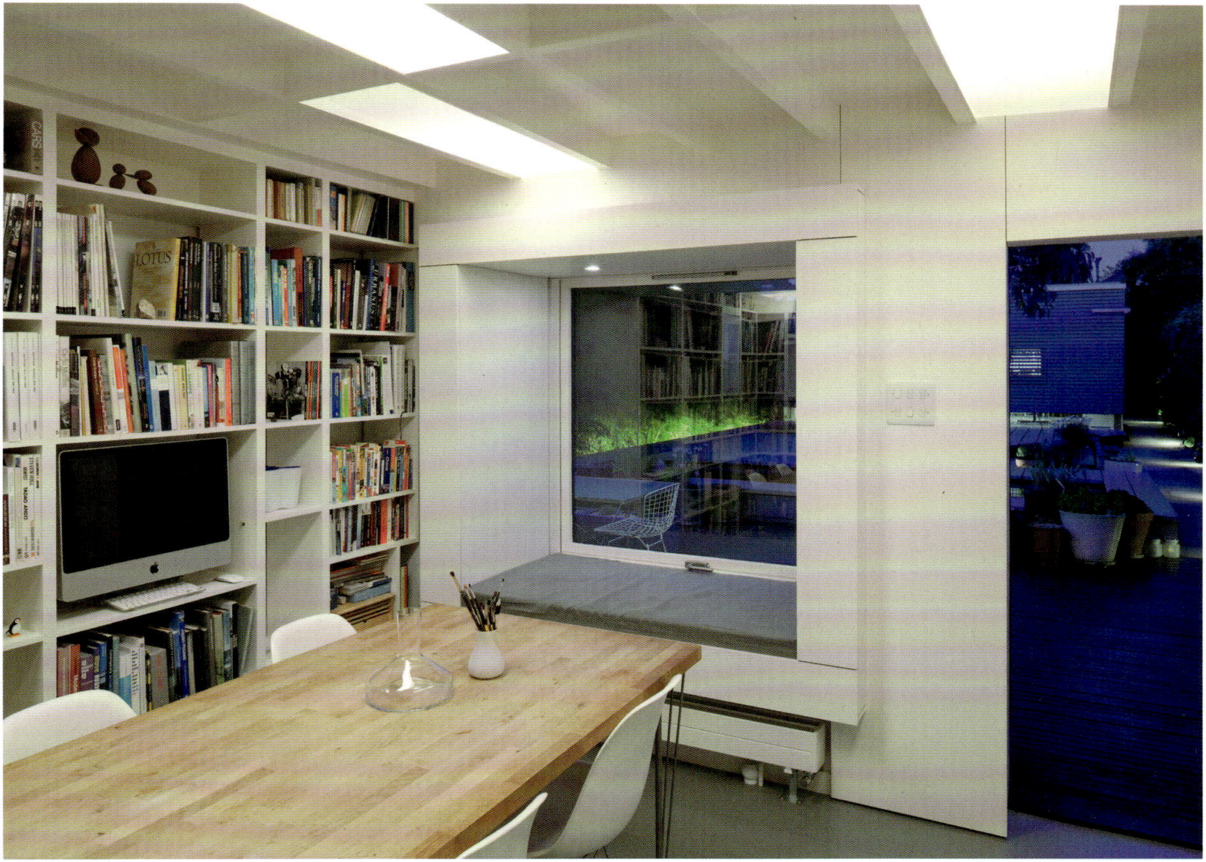

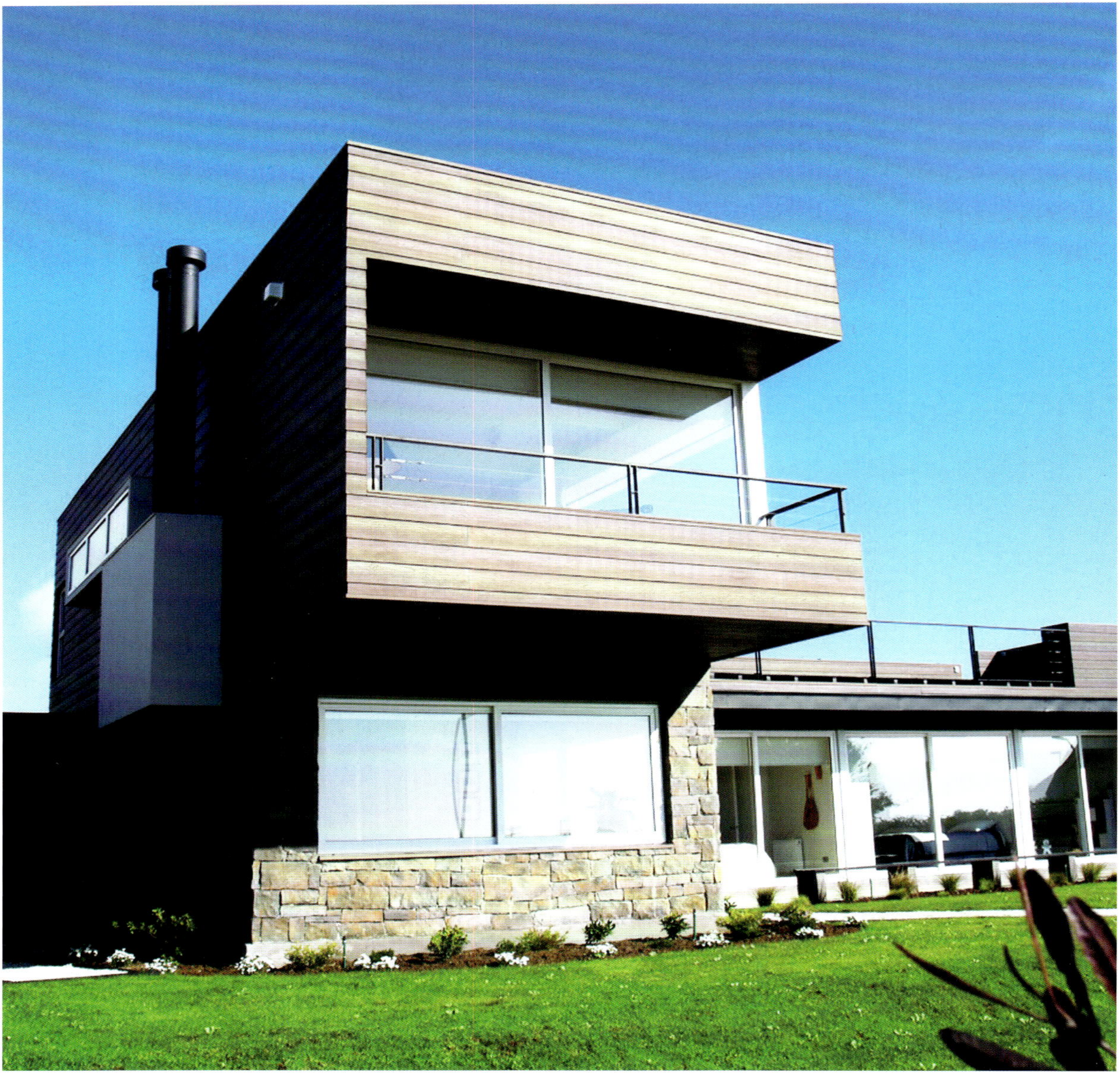

SANTA MARÍA 2

Andres Hempel
Santo Domingo, Chile
© Andrés Hempel Apel

This summer house was inexpensive and quick to construct. It consists of two crossed spaces. On the top floor there are public areas with access to the landscaped terrace, which covers the remaining lower space. On the ground floor, the bedrooms have access to the garden.

Cette maison de vacances est une construction rapide à faible coût. Elle se compose de deux volumes croisés ; l'étage abrite les zones communes qui donnent sur la terrasse paysagère, celle-ci recouvrant le volume du bas. Au rez-de-chaussée, les chambres donnent accès au jardin.

Dieses Sommerhaus wurde sehr kostengünstig und schnell gebaut. Es besteht aus zwei gekreuzten Räumen. Im oberen Stockwerk wurden die öffentlichen Bereiche eingebaut, die später Zugang zur begrünten Terrasse bieten, welche die freien Flächen des unteren Raumes bedeckt. Im Erdgeschoss haben die Schlafzimmer Zugang zum Garten.

Dit vakantiehuis is snel en is tegen lage kosten gebouwd. Het bestaat uit twee delen die elkaar kruisen. Op de bovenste verdieping bevinden zich de leefruimtes en een dakterras dat doorloopt boven de open gedeeltes van de onderverdieping. Op de begane grond komen de begroeid slaapkamers uit op de tuin.

Esta casa de veraneo es de bajo coste y de rápida construcción. Consiste en dos volúmenes cruzados; en la planta superior se instalaron las zonas públicas para luego tener acceso a la terraza ajardinada, que cubre lo que queda del volumen inferior. En la planta baja, los dormitorios tienen acceso al jardín.

Questa casa di villeggiatura è economica e di rapida costruzione. È composta da due volumi incrociati: al piano superiore sono state sistemate le aree pubbliche per avere poi accesso al tetto a giardino pensile, che ricopre quello che rimane del volume inferiore; al pianterreno, le camere da letto hanno accesso al giardino.

Esta casa de férias é de baixo custo e construção rápida. Consiste em dois volumes cruzados; no andar de cima foram instaladas as zonas sociais, que dão para um terraço ajardinado, que cobre o que sobra do volume inferior. No andar de baixo, os quartos dão para o jardim.

Denna sommarbostad är billig och snabbkonstruerad. Den består av två utrymmen som korsar varandra – på den översta våningen installerades de allmänna utrymmena för att få nära till terrassen med planteringar, som täcker resten av det nedre utrymmet. Sovrummen på bottenvåningen ligger i anslutning till trädgården.

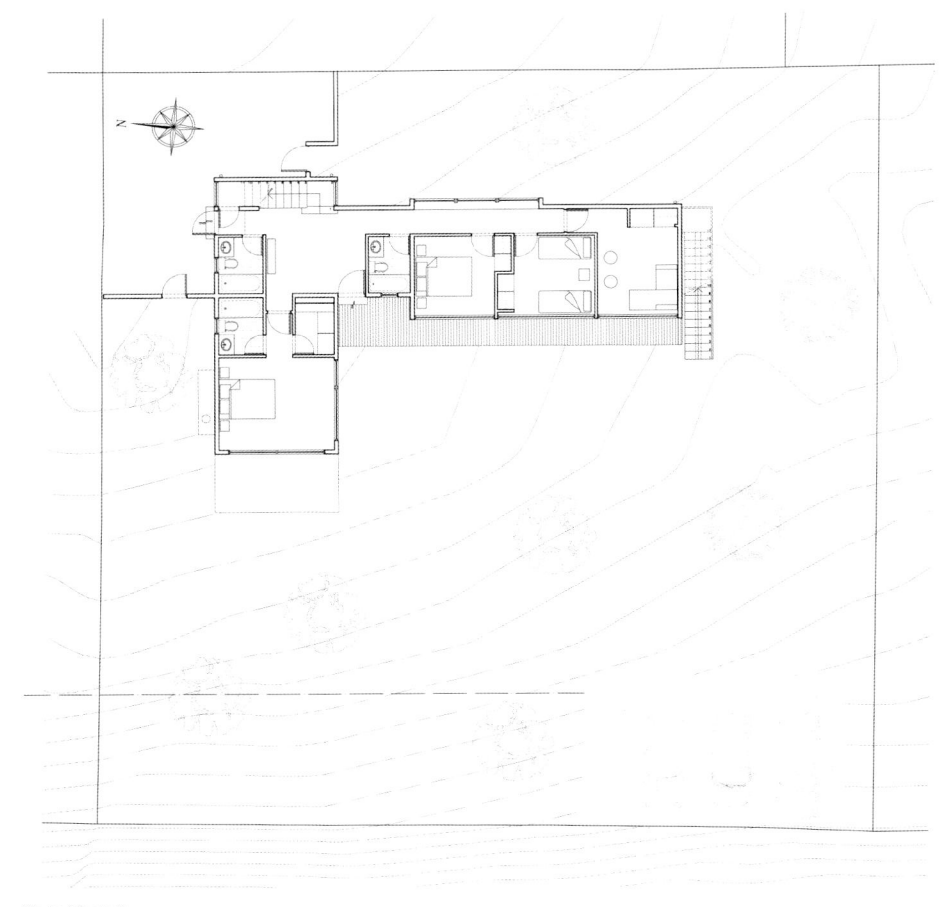

Site plan / Plan du site

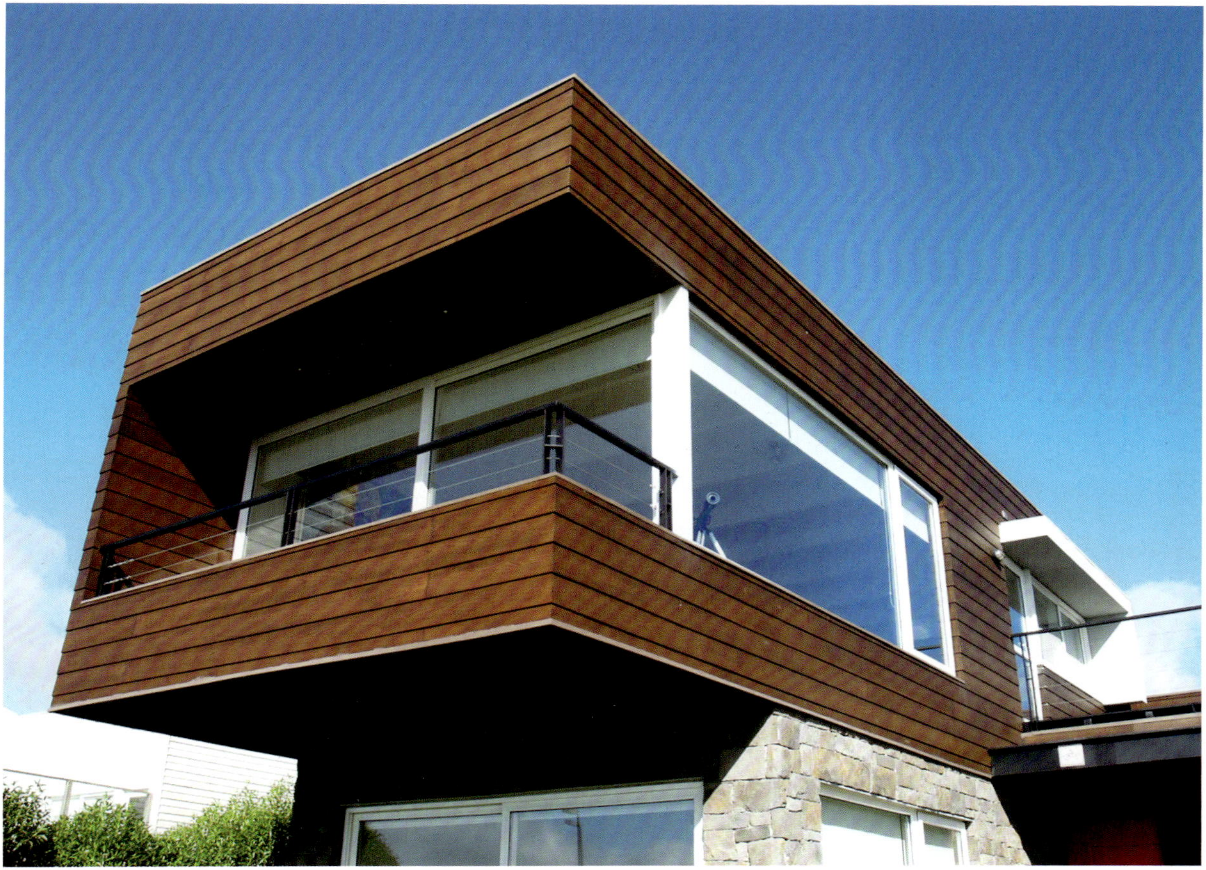

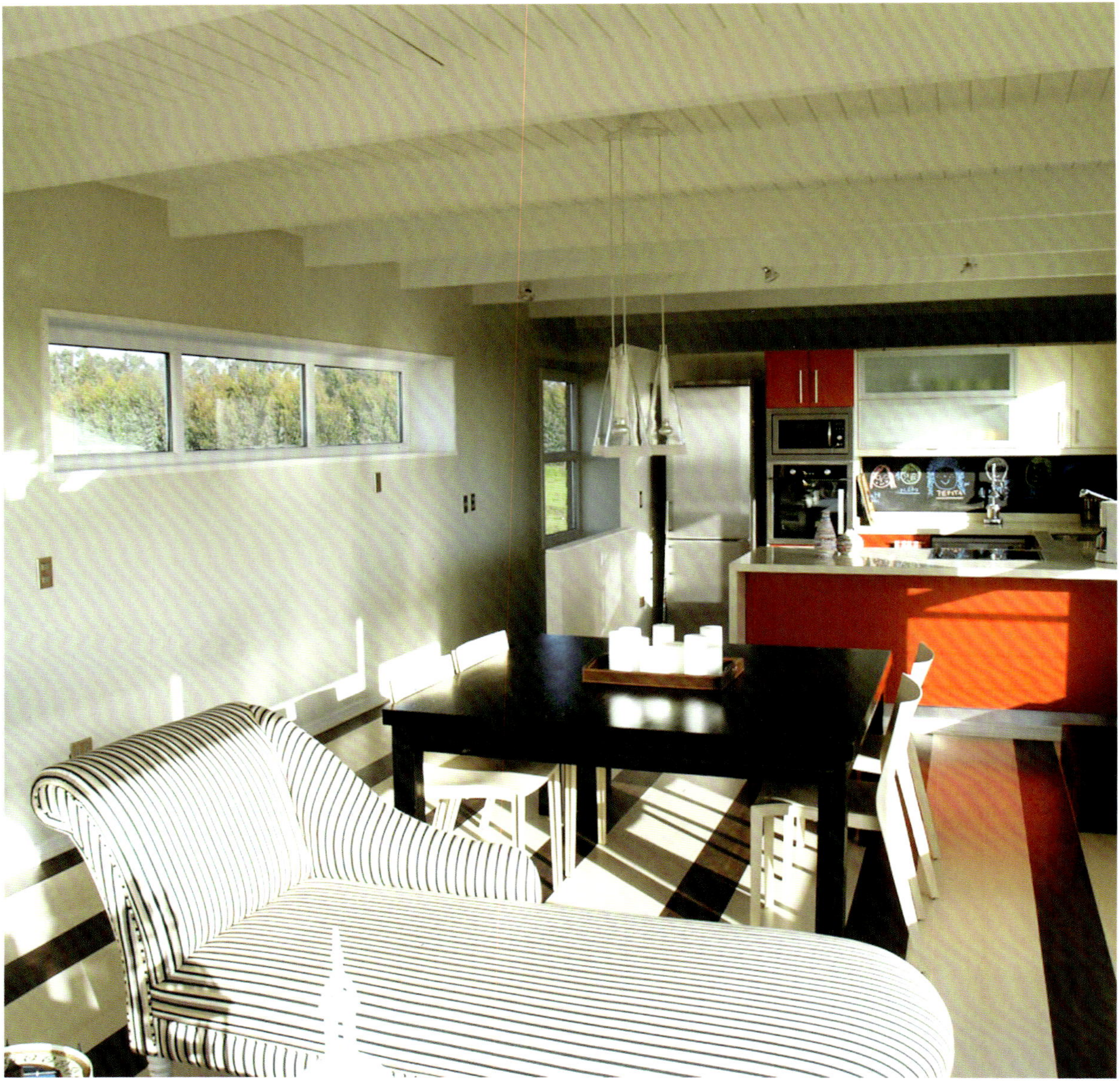

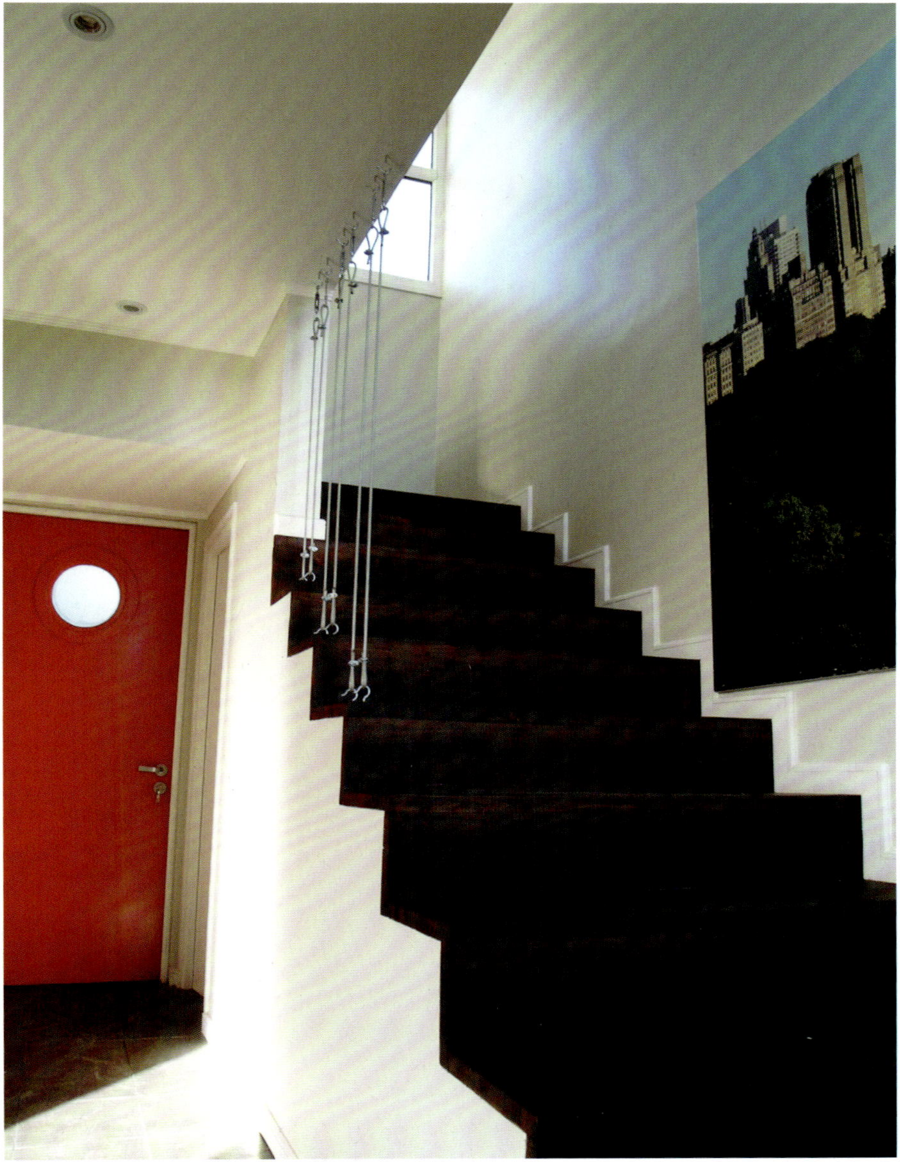

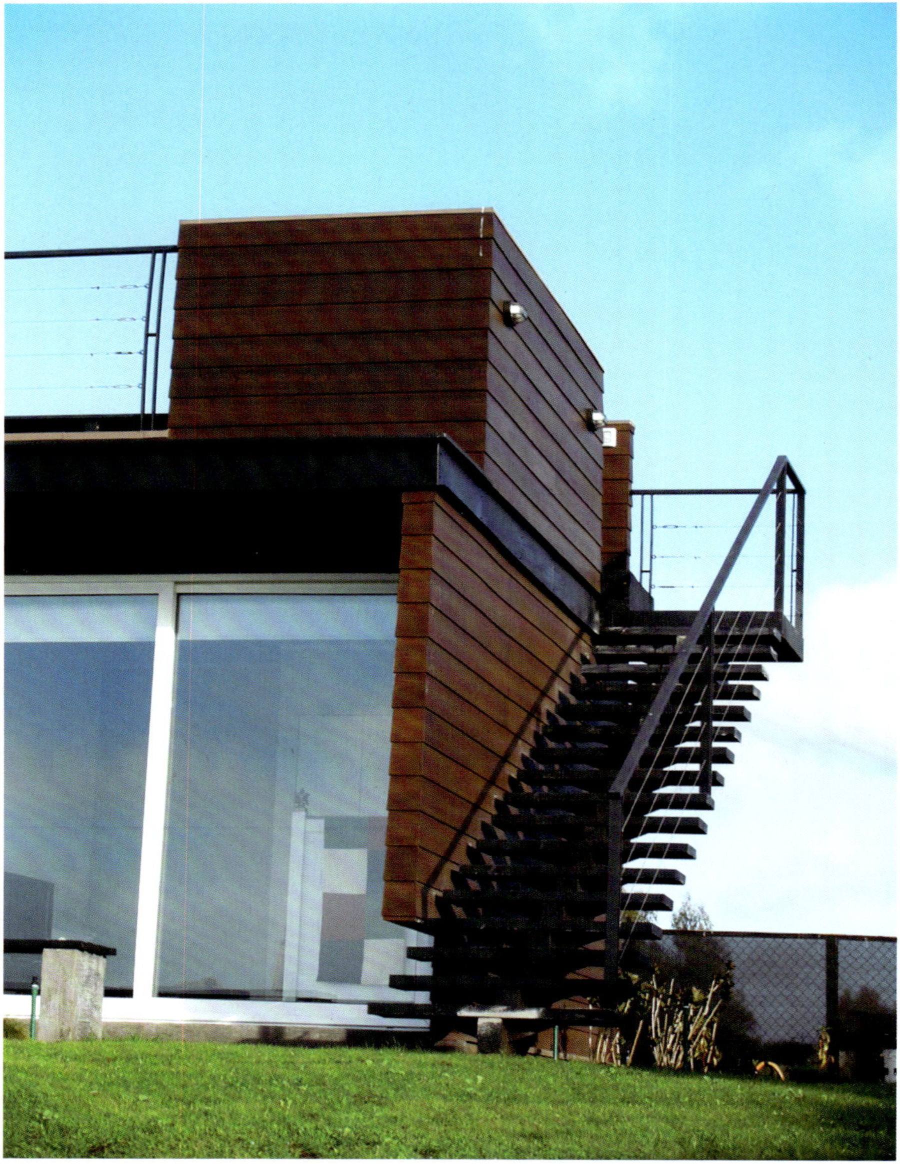

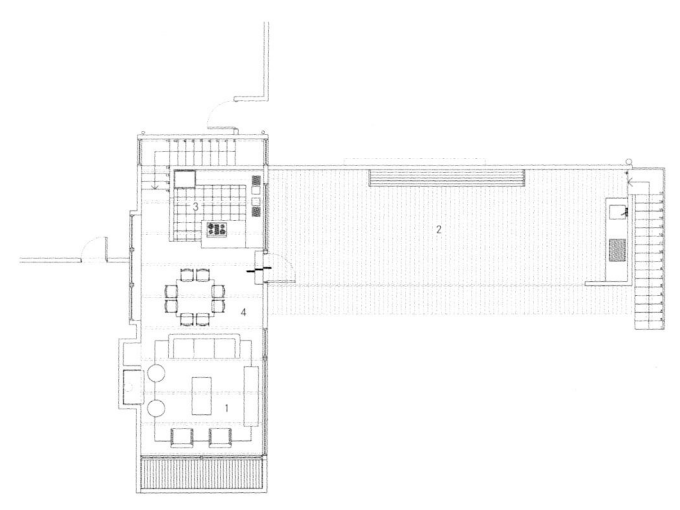

Second floor plan / Plan du second niveau

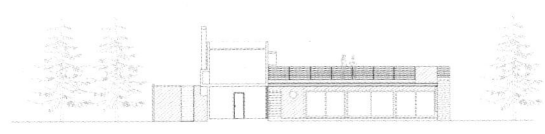

1. Living
2. Terrace / Terrasse
3. Kitchen / Cuisine
4. Dining Room / Salle à manger

Cross section / Coupe transversale

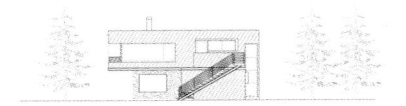

East elevation / Élévation est

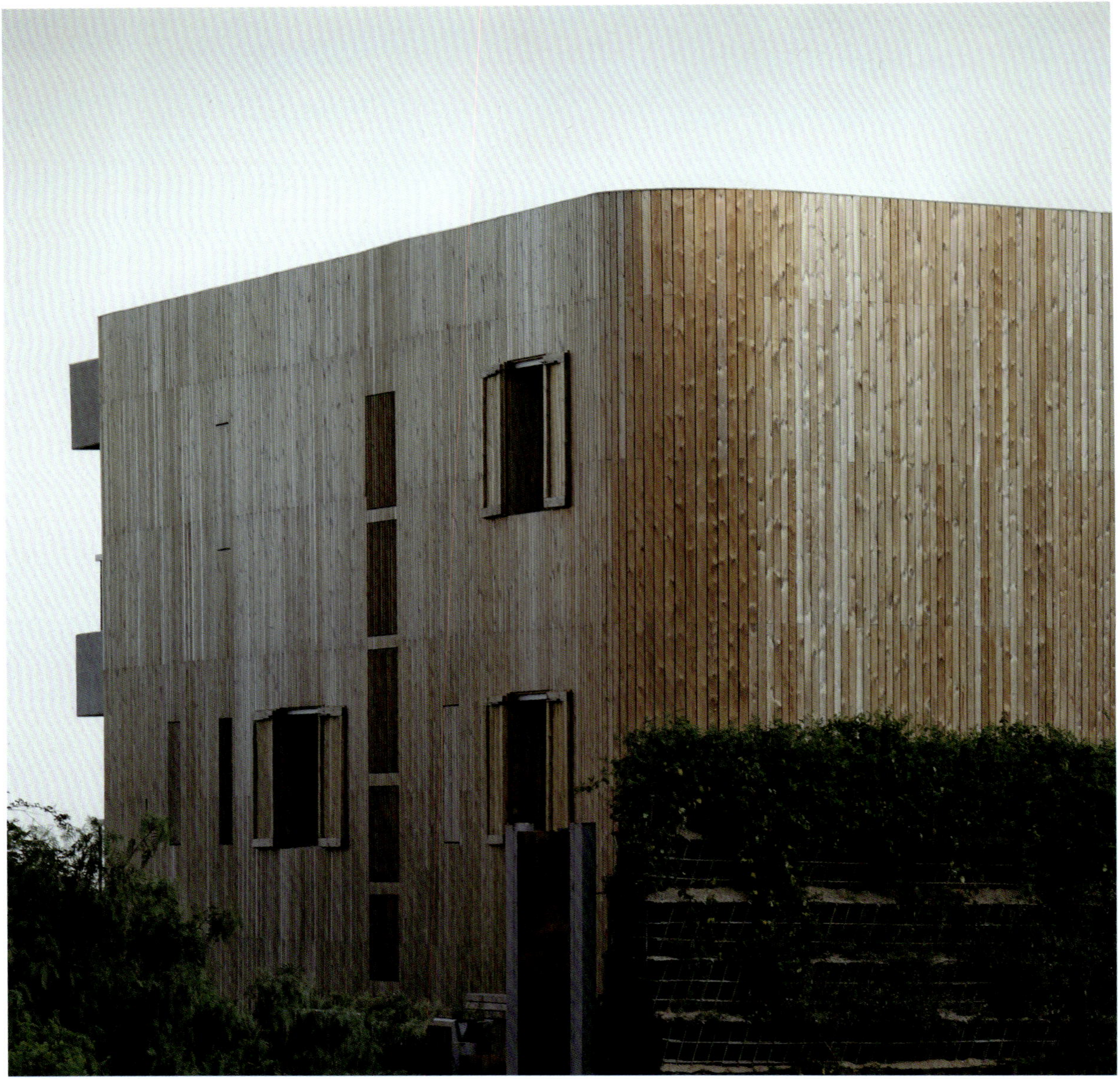

CASA **TUSQUETS**

Javier Barba
Spain
© Javier Barba

This house is made of wood and concrete, an unusual contrast that integrates the construction with the environment. The home is positioned at the back of the site to achieve the best orientation and to optimize the space available for the garden. From the hallway, the kitchen is on the right and the living room is on the left. It also has a swimming pool.

Cette maison en bois et en béton offre un contraste particulier avec son environnement. L'habitation a été placée dans la partie supérieure du terrain pour obtenir la meilleure orientation et un maximum de terrain pour le jardin. À partir du vestibule, la cuisine se trouve à droite et le séjour à gauche. La maison est également équipée d'une piscine.

Dieses Haus besteht aus Holz und Beton. Ein eigentümlicher Kontrast, der das Gebäude in seine Umgebung integriert. Das Wohnhaus wurde im hinteren Teil des Geländes errichtet, da dieser die beste Lage für das Bauwerk bietet. So ist auch mehr Platz für den Garten. Vom Foyer aus liegt die Küche auf der rechten Seite und das Wohnzimmer auf der linken. Außerdem verfügt es über ein Schwimmbecken.

Dit huis is gebouwd van hout en beton, een bijzonder contrast waardoor de constructie goed in de omgeving ligt ingebed. De woning is aan de rand van het perceel gebouwd, omdat deze locatie het mooiste uitkomt. Daarnaast blijft er hierdoor een optimale ruimte voor de tuin over. Vanuit de vestibule stap je rechts de keuken in en links de woonkamer. Er is ook een zwembad.

Esta casa es de madera y hormigón, un peculiar contraste que integra la construcción en su entorno. La vivienda se colocó en la parte posterior del solar para conseguir la mejor orientación y disponer de más terreno para el jardín. A partir del vestíbulo, la cocina queda a la derecha y la sala de estar a la izquierda. Además, cuenta con piscina.

Questa casa è di legno e cemento, un contrasto particolare che inserisce la costruzione nel contesto. L'abitazione è stata sistemata nella parte posteriore dell'area edificabile per ottenere l'orientamento migliore e disporre di più terreno per il giardino. Partendo dall'atrio, la cucina si trova sulla destra e il salotto sulla sinistra. Inoltre, è presente una piscina.

Esta casa é de madeira e betão, um peculiar contraste que integra a construção no seu meio envolvente. A vivenda foi construída na parte de trás do terreno para otimizar a sua orientação e dispor de mais espaço para o jardim. Entrando no vestíbulo, a cozinha fica à direita e a sala de estar, à esquerda. Conta, além disso, com uma piscina.

Detta hus är av trä och betong, en speciell kontrast som integrerar byggnaden i miljön. Bostaden placerades på den bakre delen av byggnadstomten för att få bästa riktningen och mer mark för trädgården. I entrén ligger köket på höger sida och vardagsrummet till vänster. Det finns även en simbassäng.

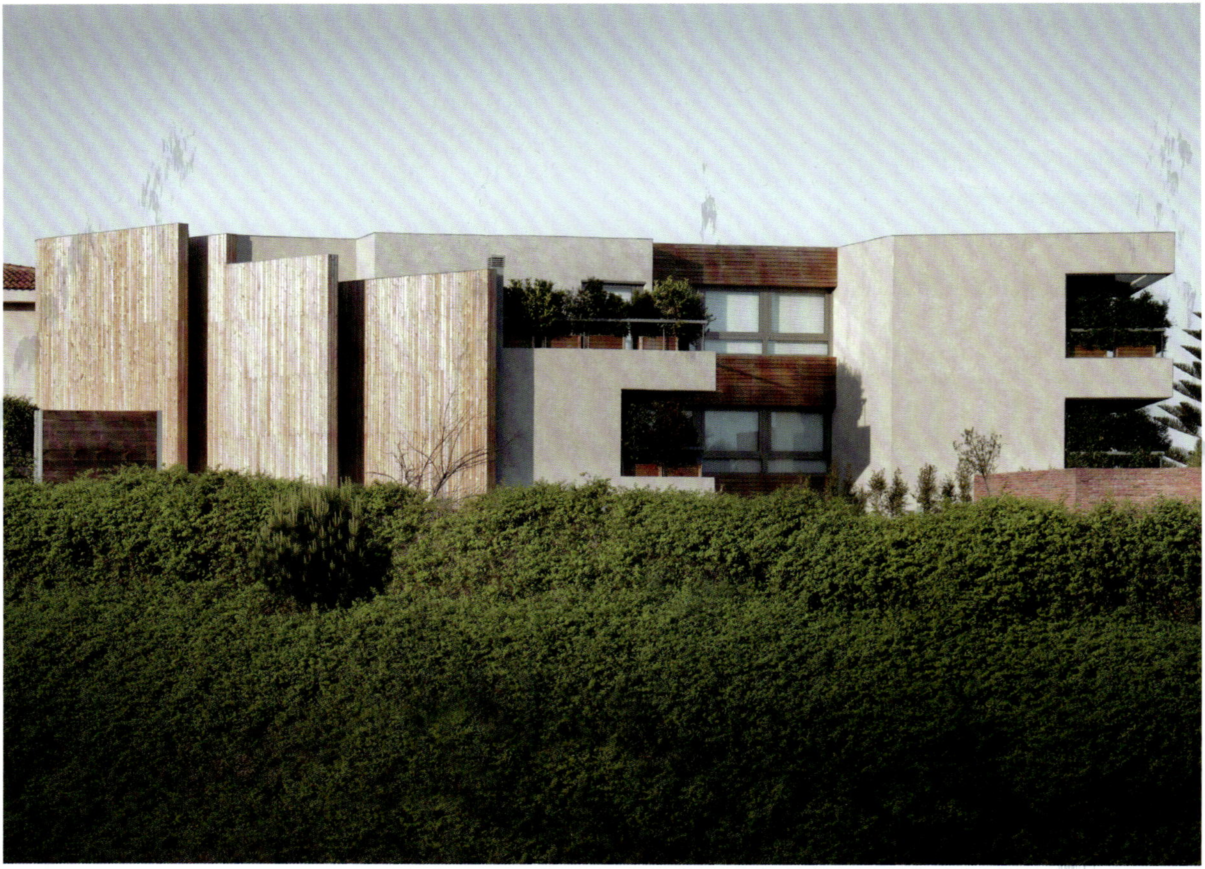

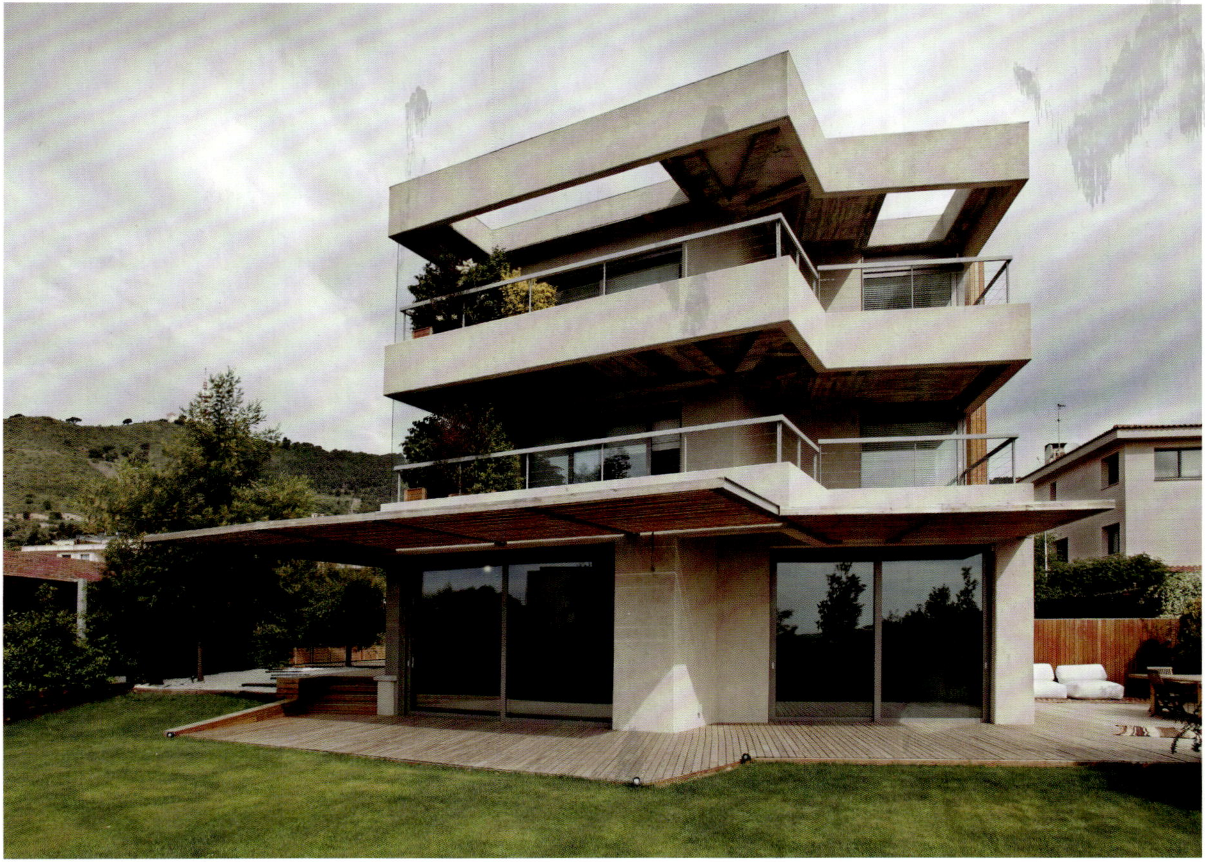

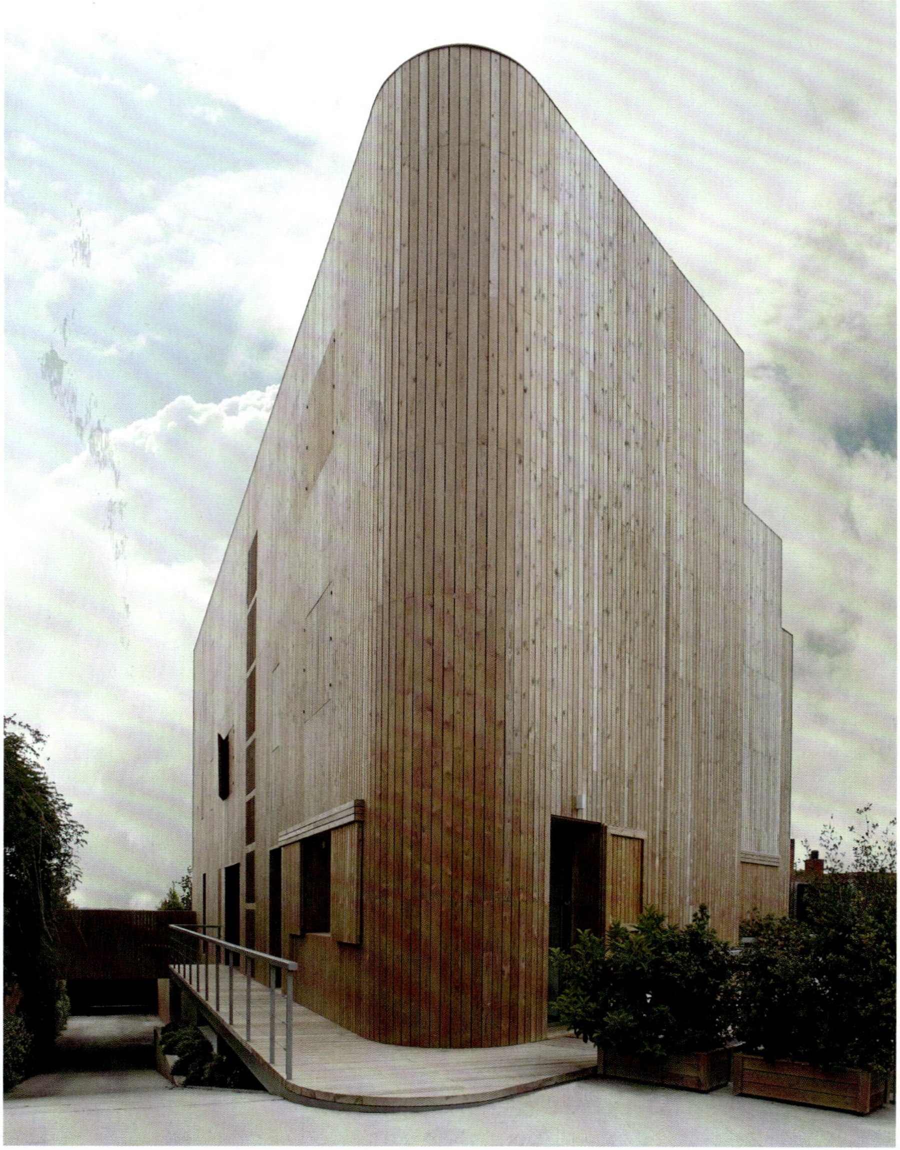

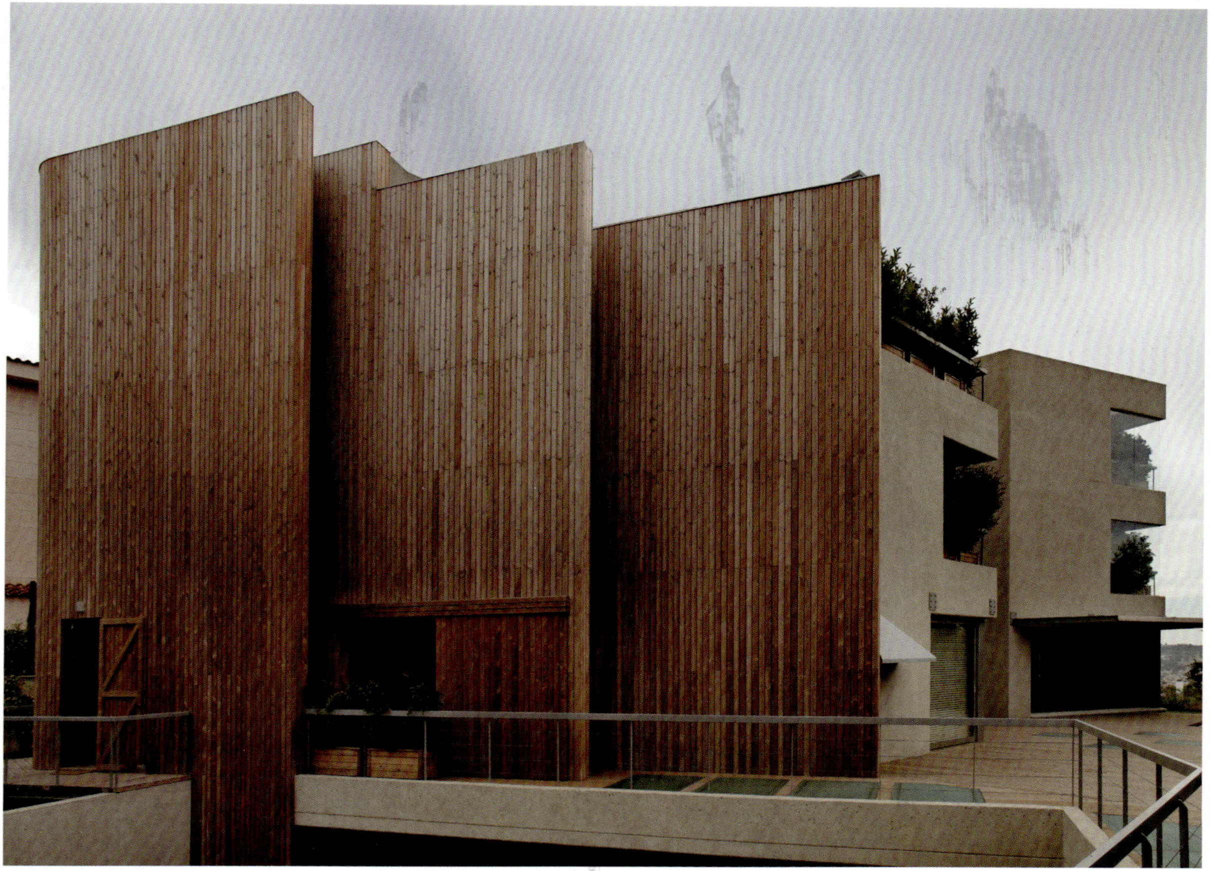

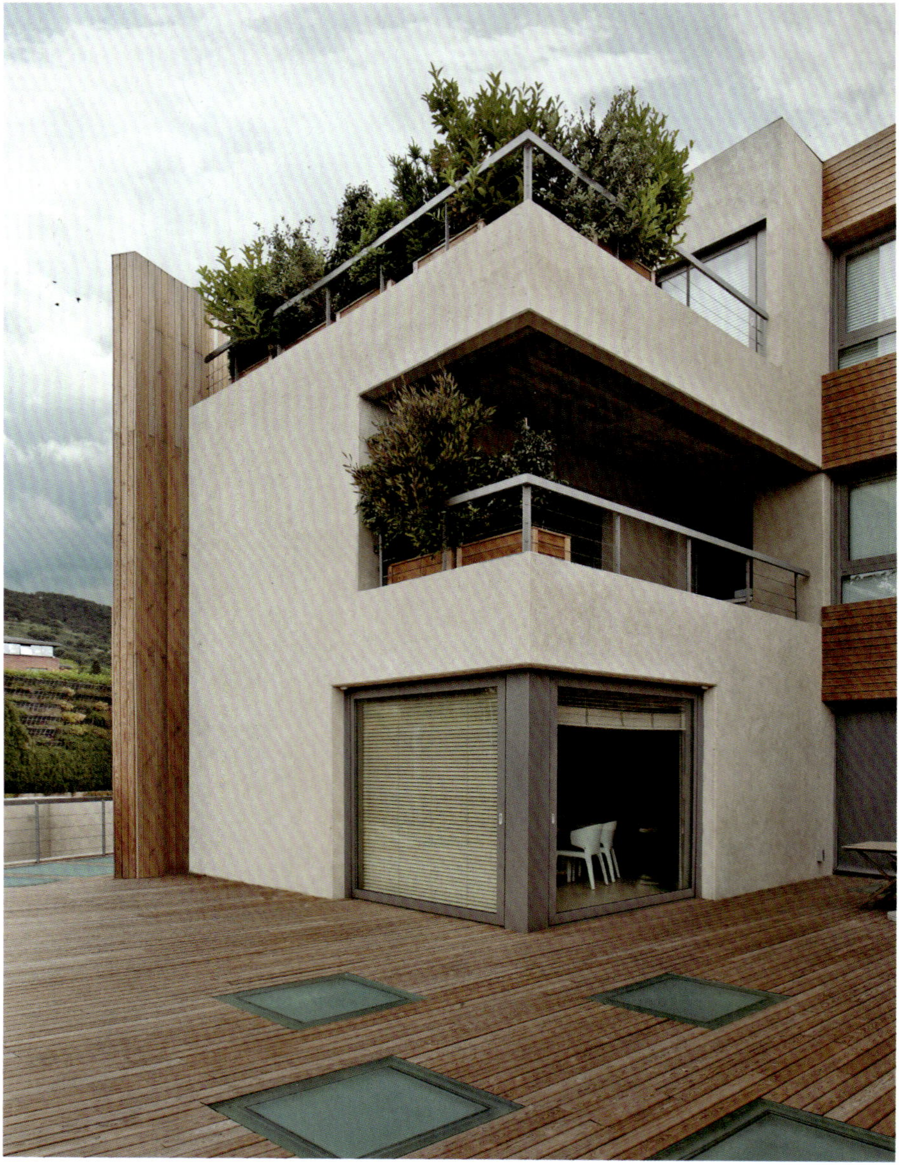

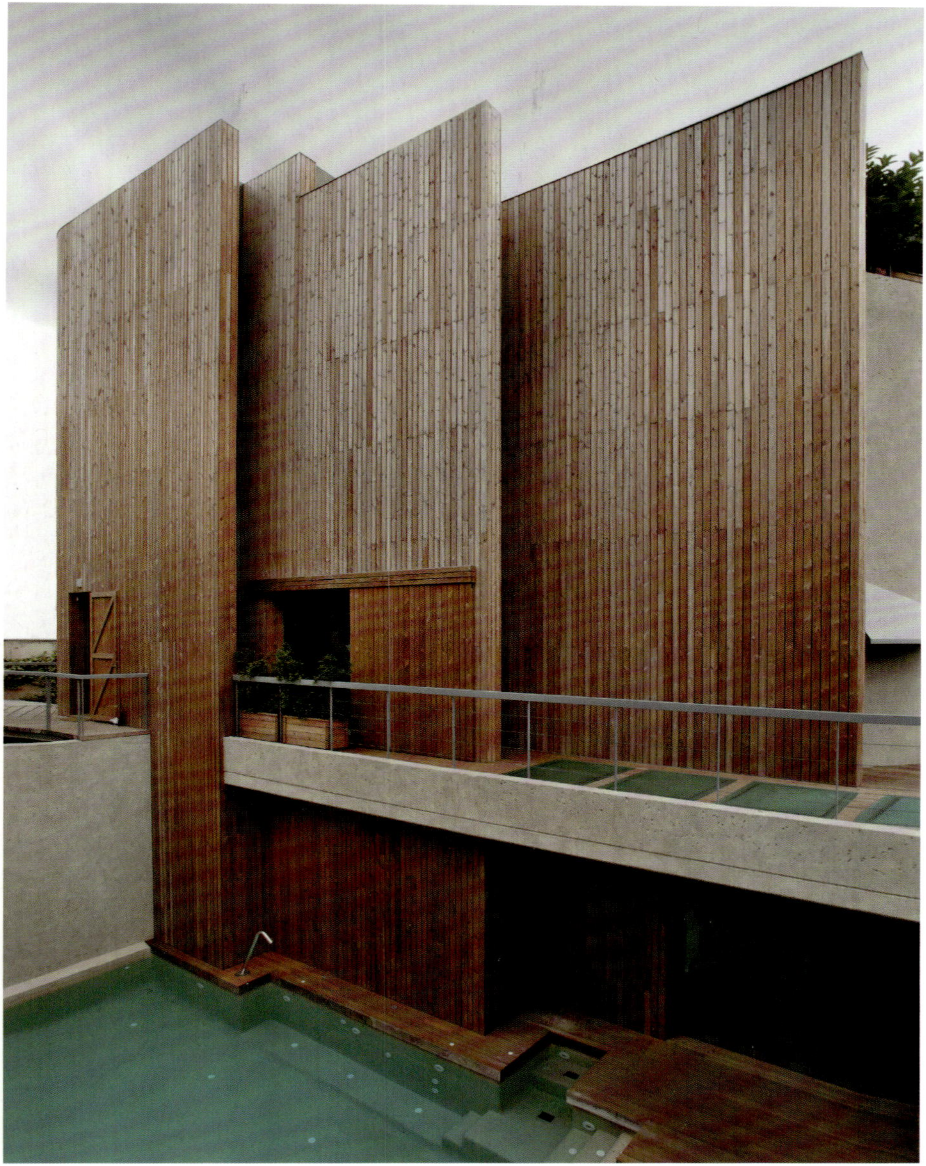

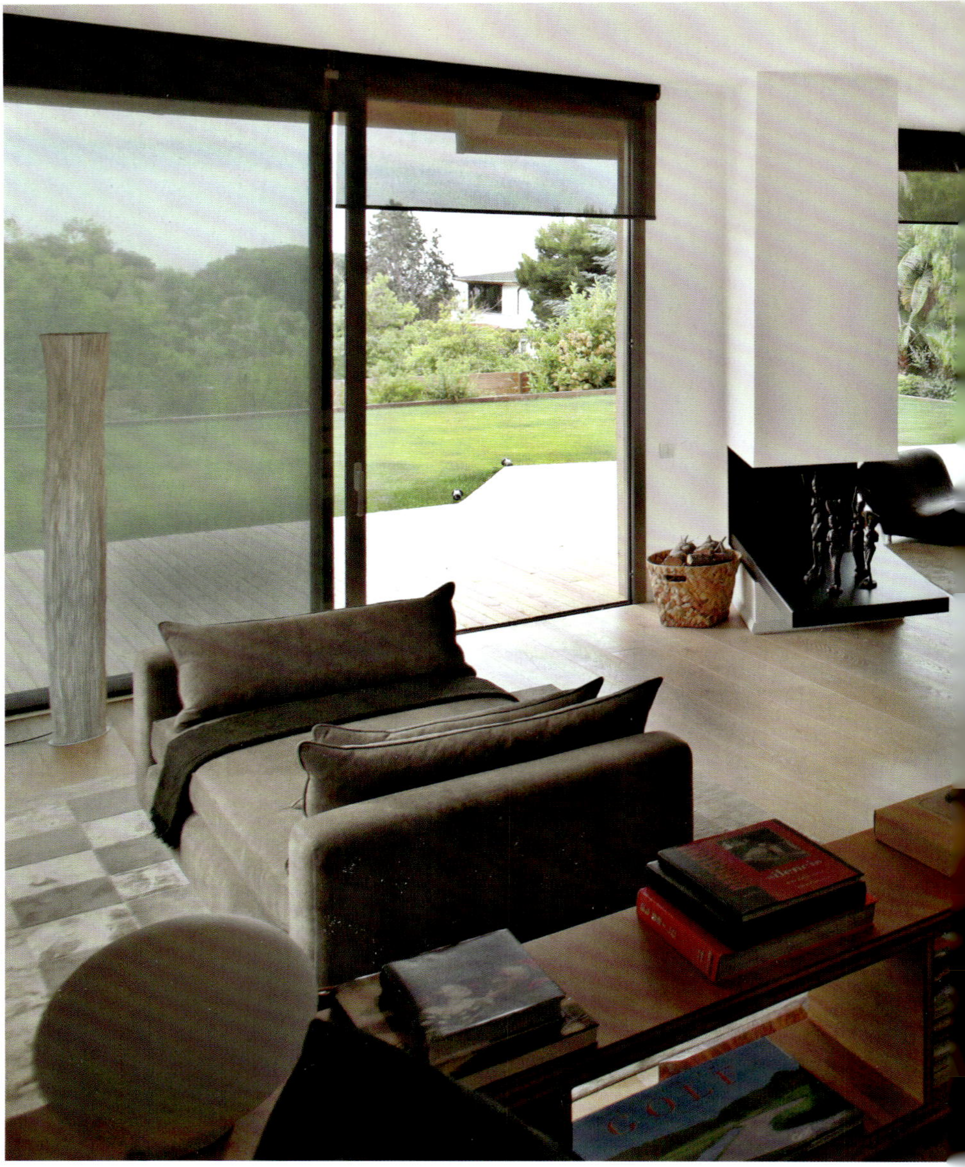

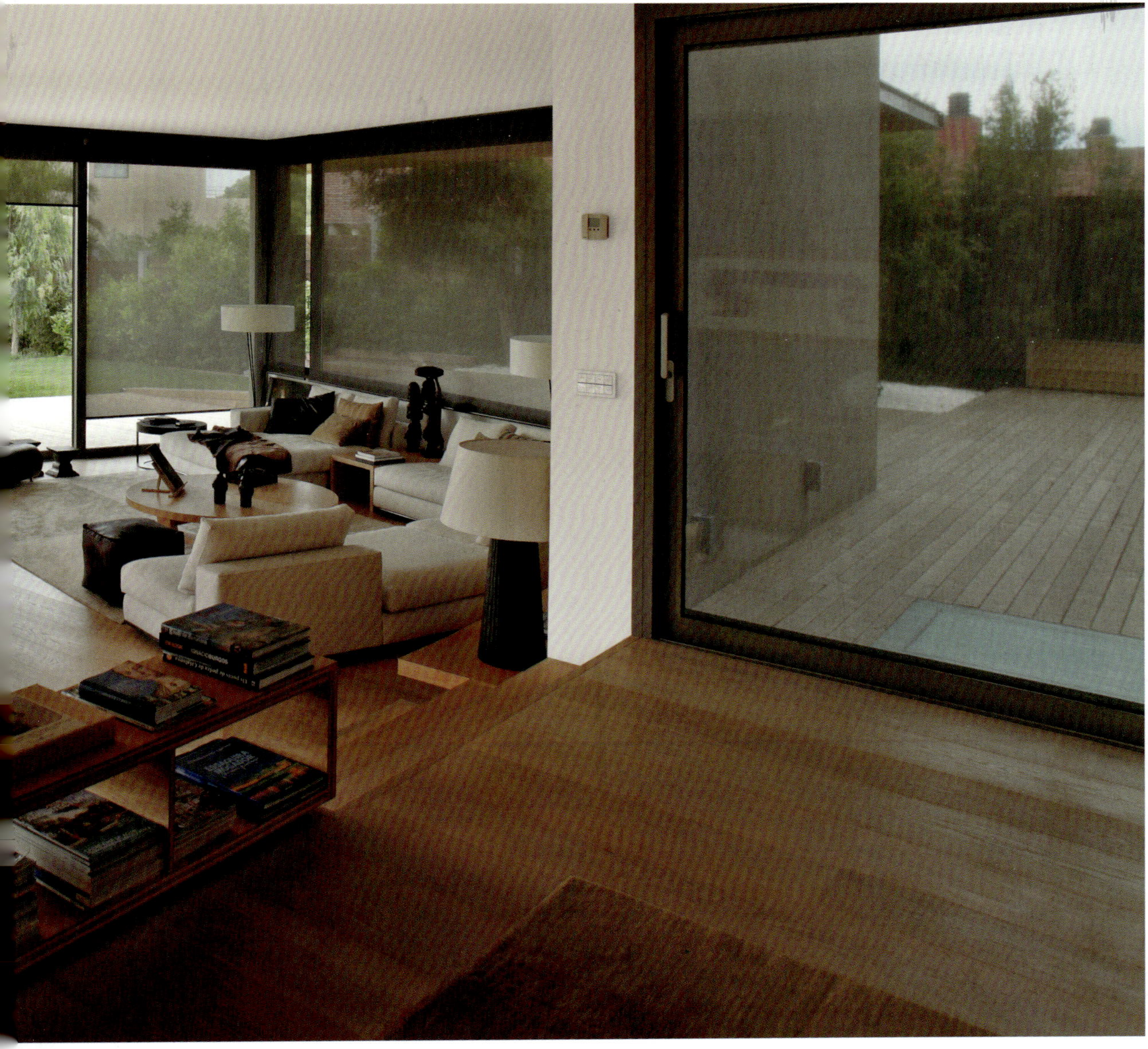

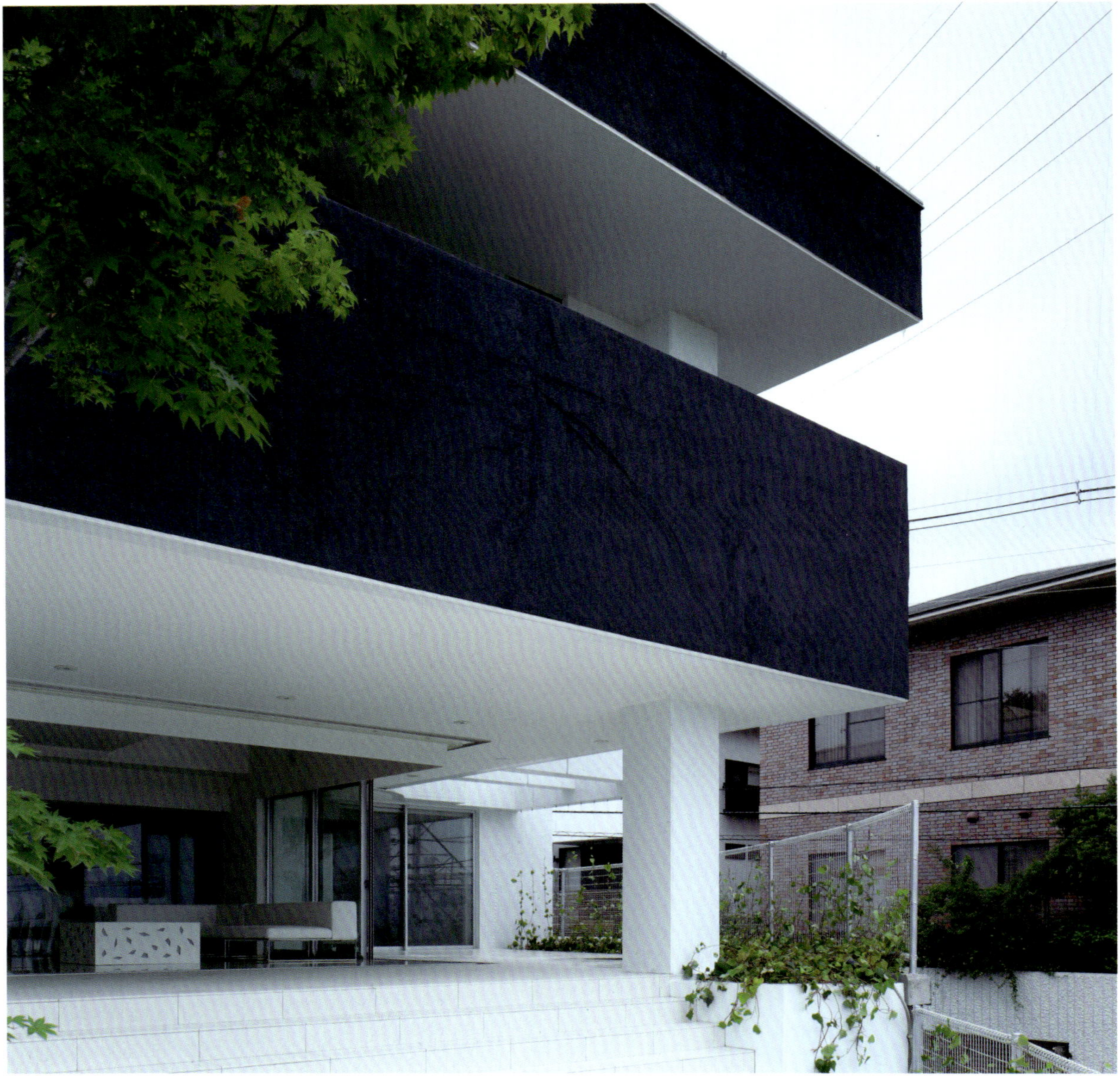

BEAM HOUSE

Bunzo Ogawa (FUTURE STUDIO)
Hiroshima, Japan
© Toshiyuki Yano

This house was renovated with its weak points in mind. Different colours, mirrors and light sources were added in order to make previously dark areas useful. The design also aimed to make the most of the excessively low beams and different roof heights. The result is a home designed with intelligence and common sense.

Cette maison a été rénovée en tenant compte tout particulièrement de ses points faibles. Plusieurs couleurs, miroirs et sources de lumière ont été ajoutés pour donner une utilité aux zones qui n'en avaient pas. De plus, on a essayé de tirer profit des poutres excessivement basses et des plafonds de différentes hauteurs. Le résultat : une habitation conçue intelligemment et avec un sens pratique.

Dieses Haus wurde unter Berücksichtigung seiner Schwachpunkte renoviert. Es wurden verschiedene Farben, Spiegel und Lichtquellen eingefügt, um Bereiche nutzbar zu machen, die bislang nicht viel Licht hatten. Außerdem hat man versucht, die viel zu niedrigen Dachbalken und die unterschiedlich hohen Decken zu nutzen. Das Ergebnis ist ein Wohnhaus, das intelligent und mit viel praktischer Einsicht entworfen wurde.

Bij de renovatie van dit huis werden de zwakke punten weggewerkt of juist benut. Er werden verschillende kleuren gebruikt, spiegels aangebracht en lichtbronnen geplaatst om meer nuttige ruimtes te creëren. Bovendien komen nu de laaghangende balken en de plafonds van ongelijke hoogte beter tot hun recht. Het resultaat is een huis dat met vernuft en praktisch inzicht is ontworpen.

Esta casa se renovó pensando en sus puntos débiles. Se añadieron distintos colores, espejos y fuentes de iluminación para dar utilidad a zonas que no la tenían. Además, se intentó sacar partido a las vigas excesivamente bajas y a los techos de distintas alturas. El resultado es una vivienda diseñada con inteligencia y sentido práctico.

Questa casa è stata ristrutturata pensando ai suoi punti deboli. Sono stati aggiunti vari colori, specchi e fonti di luce per dare utilità ad aree che non la possedevano. Inoltre, si è cercato di trarre vantaggio dalle travi estremamente basse e dai soffitti di altezze diverse. Il risultato è un'abitazione disegnata con intelligenza e senso pratico.

Esta vivenda foi renovada pensando nos seus pontos fracos. Foram introduzidas várias cores diferentes, espelhos e fontes de iluminação, de modo a dar utilidade a zonas que de outro modo não a teriam. Tentou-se, além disso, tirar partido das vigas demasiado baixas e dos tetos de diferentes alturas. O resultado é uma casa desenhada com inteligência e sentido prático.

Vid renoveringen av detta hus tog man hänsyn till dess svaga punkter. Olika färger, speglar och ljuskällor lades till för att få utrymmen som saknade ljus användbara. Dessutom försökte man dra nytta av de väldigt låga takbjälkarna och att taken hade olika höjder. Resultatet är ett hus som utformats med intelligens och praktisk inriktning.

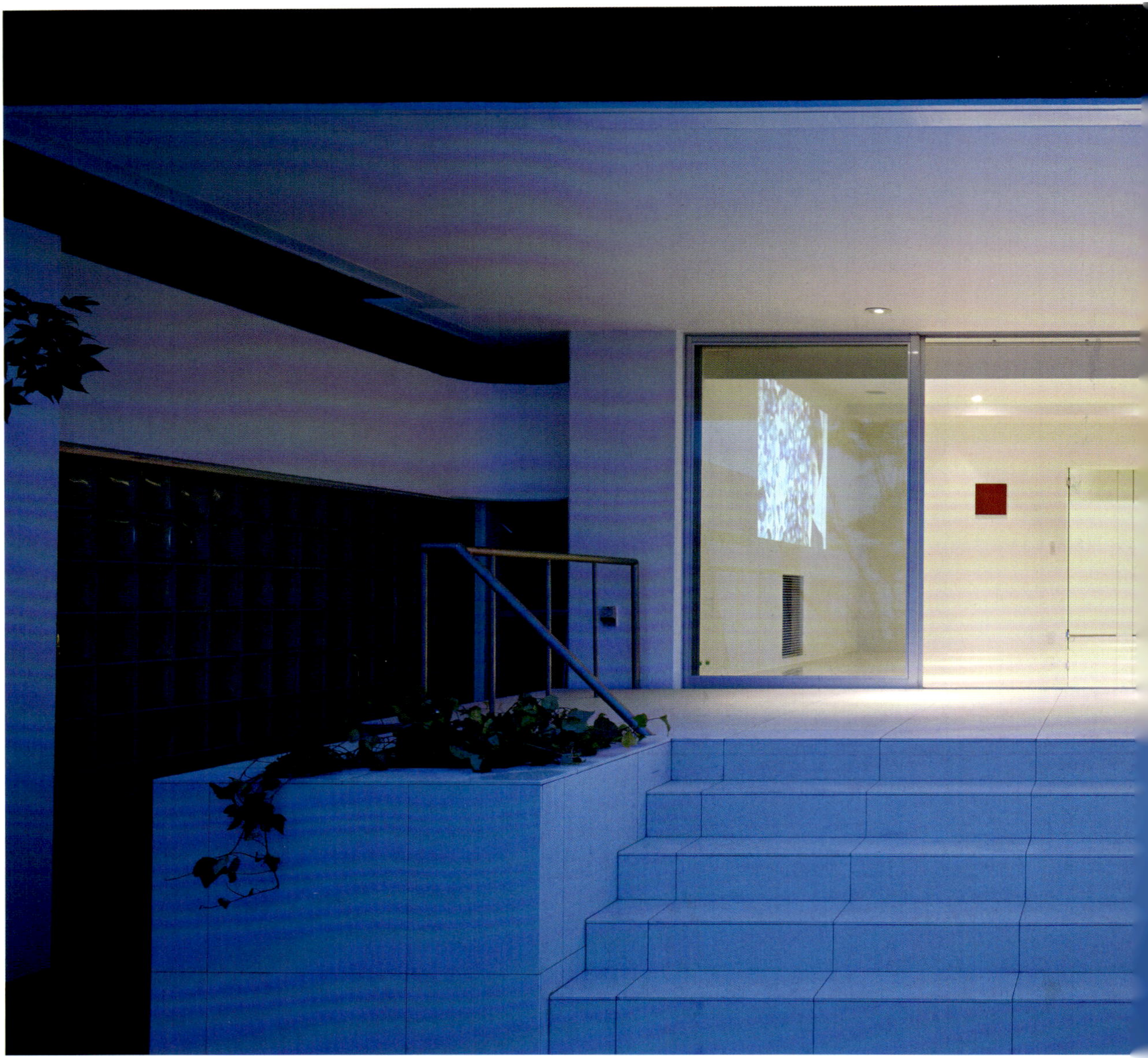

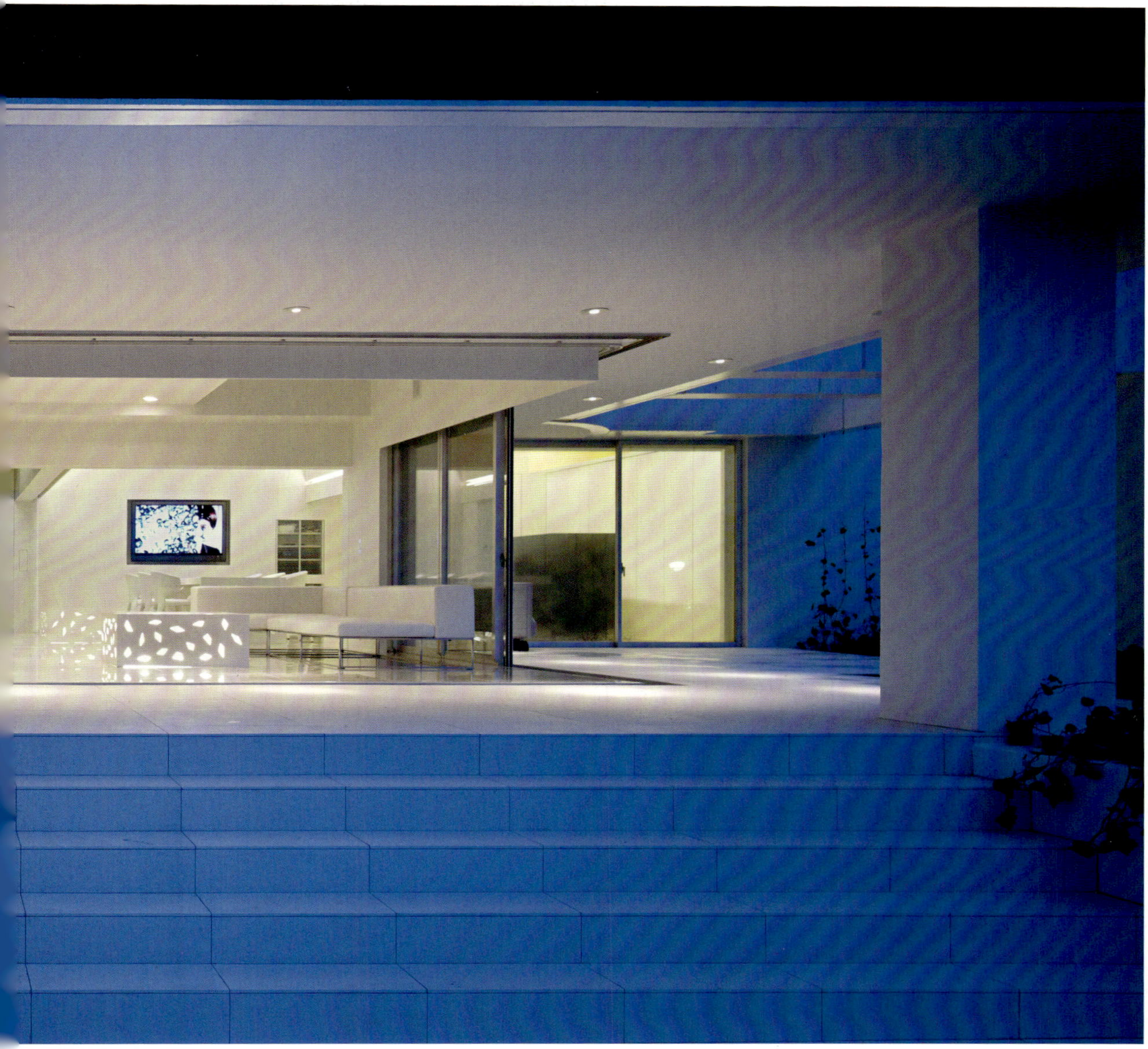

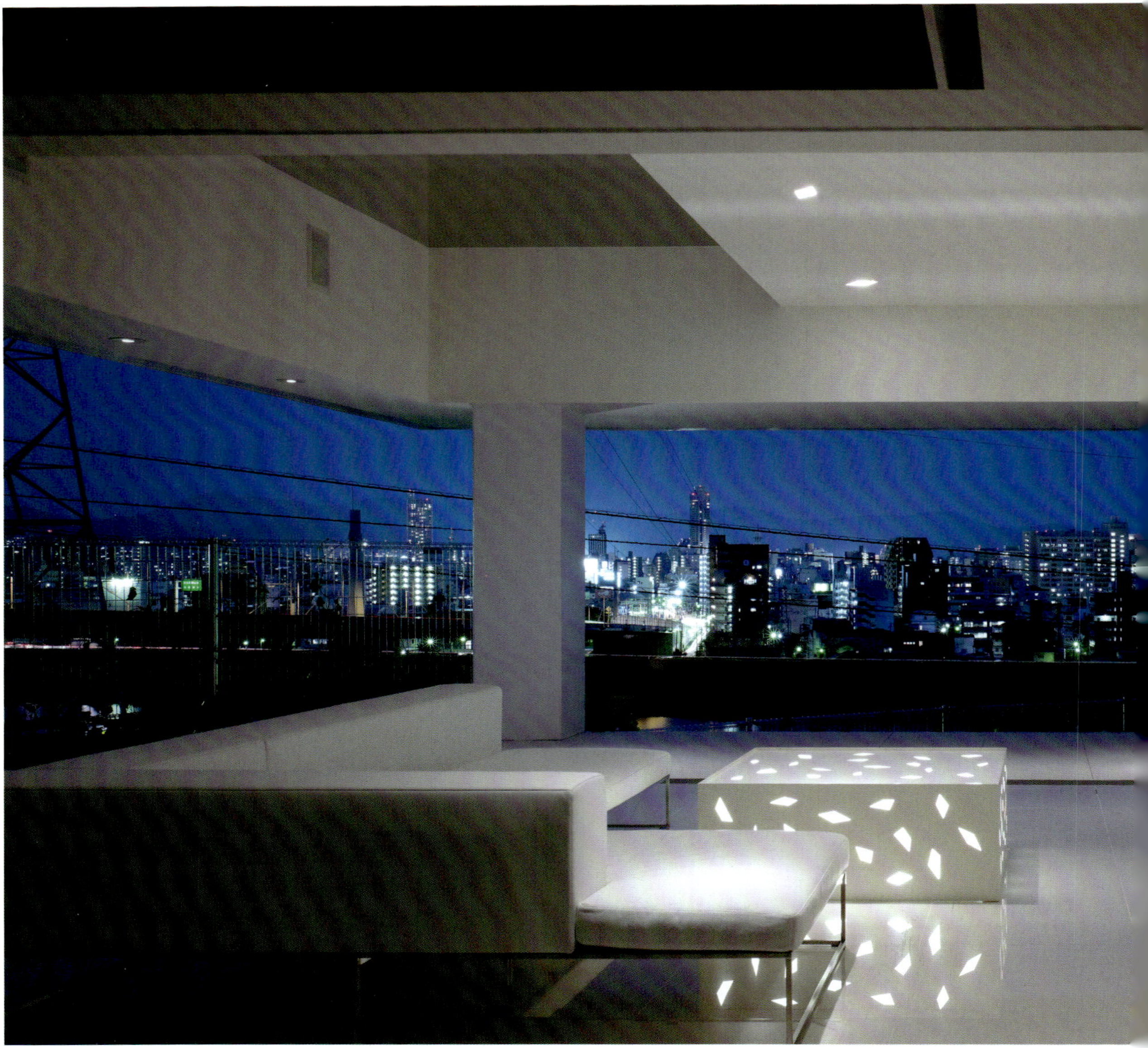

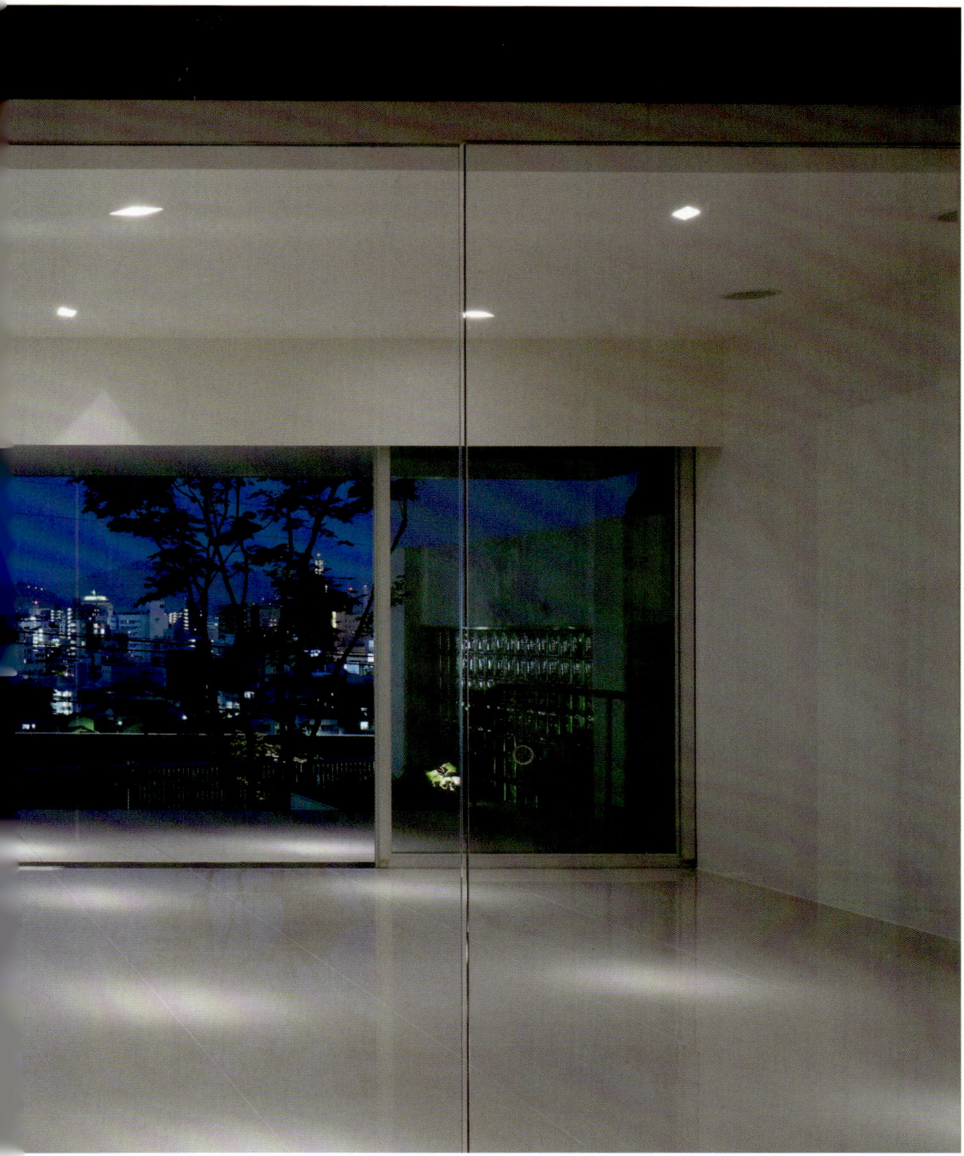

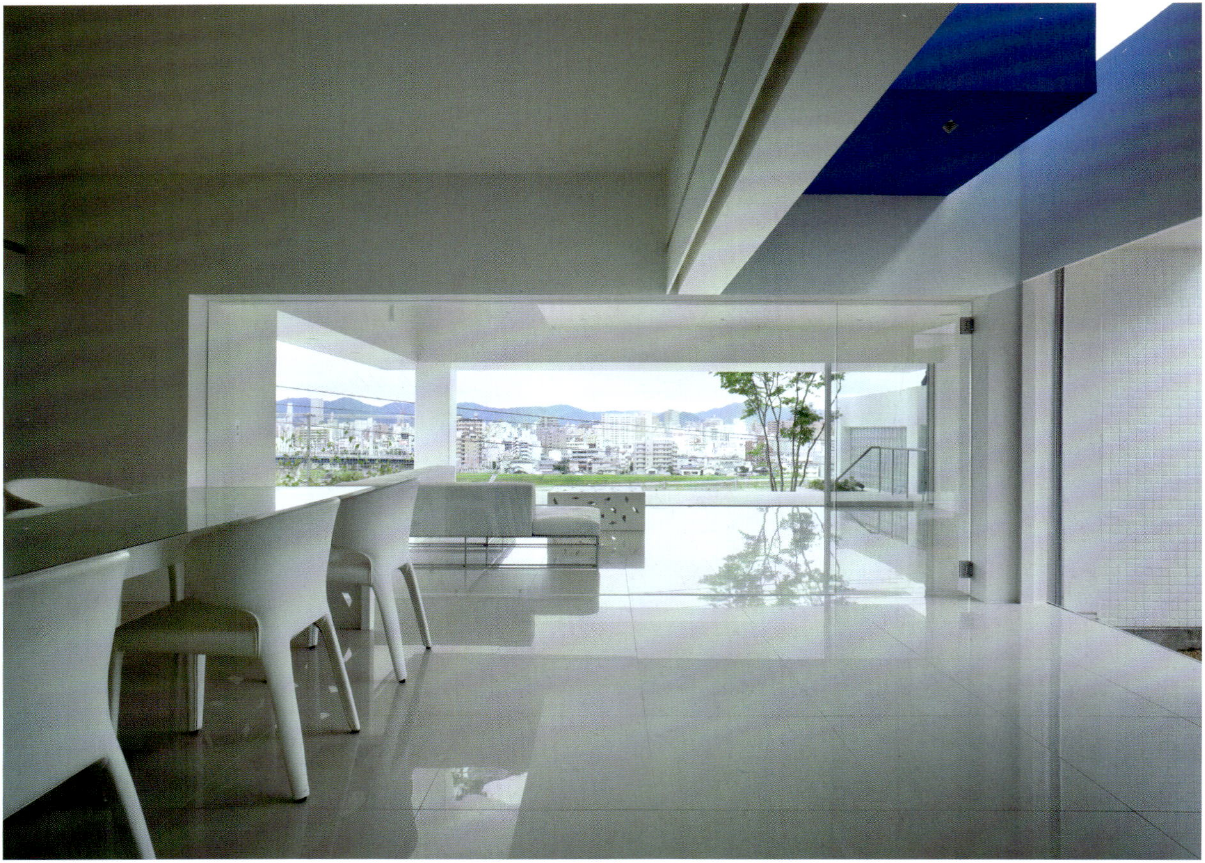

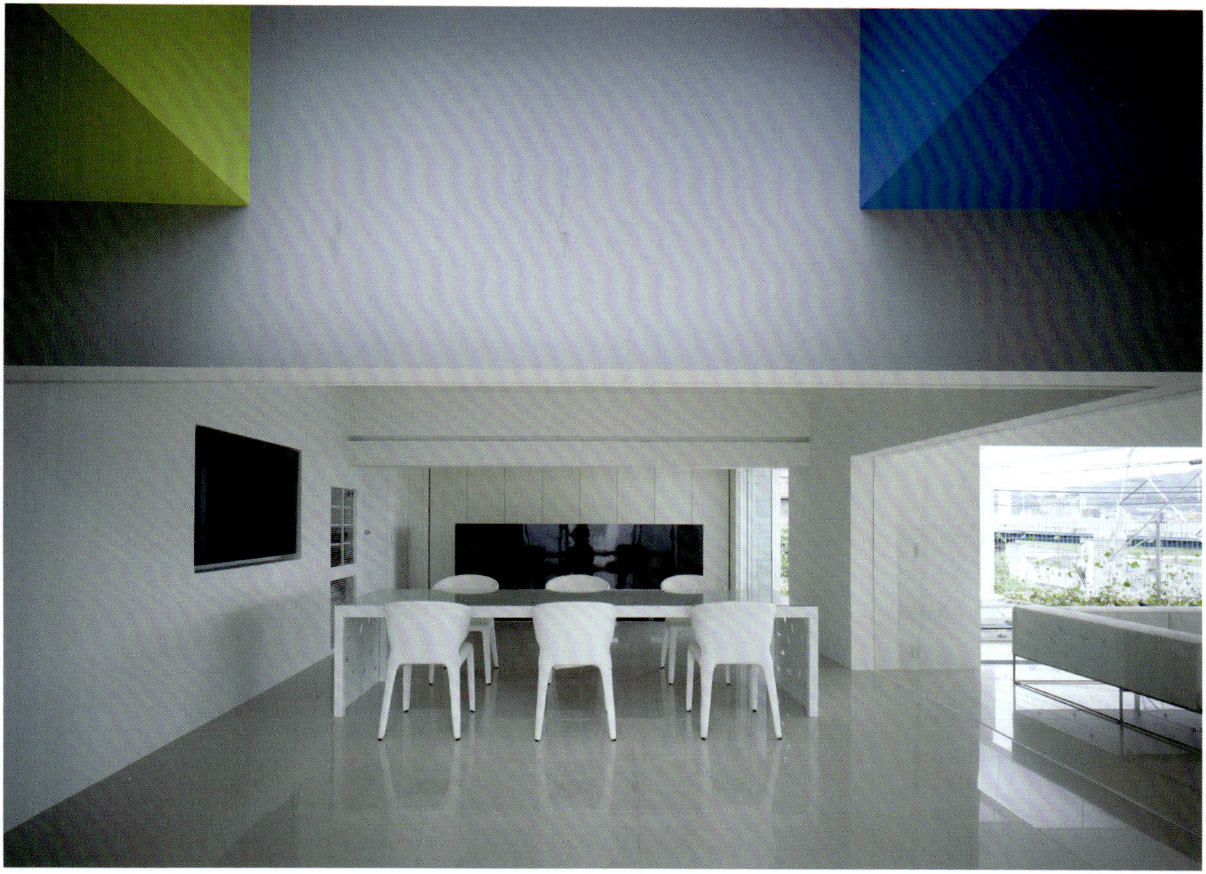

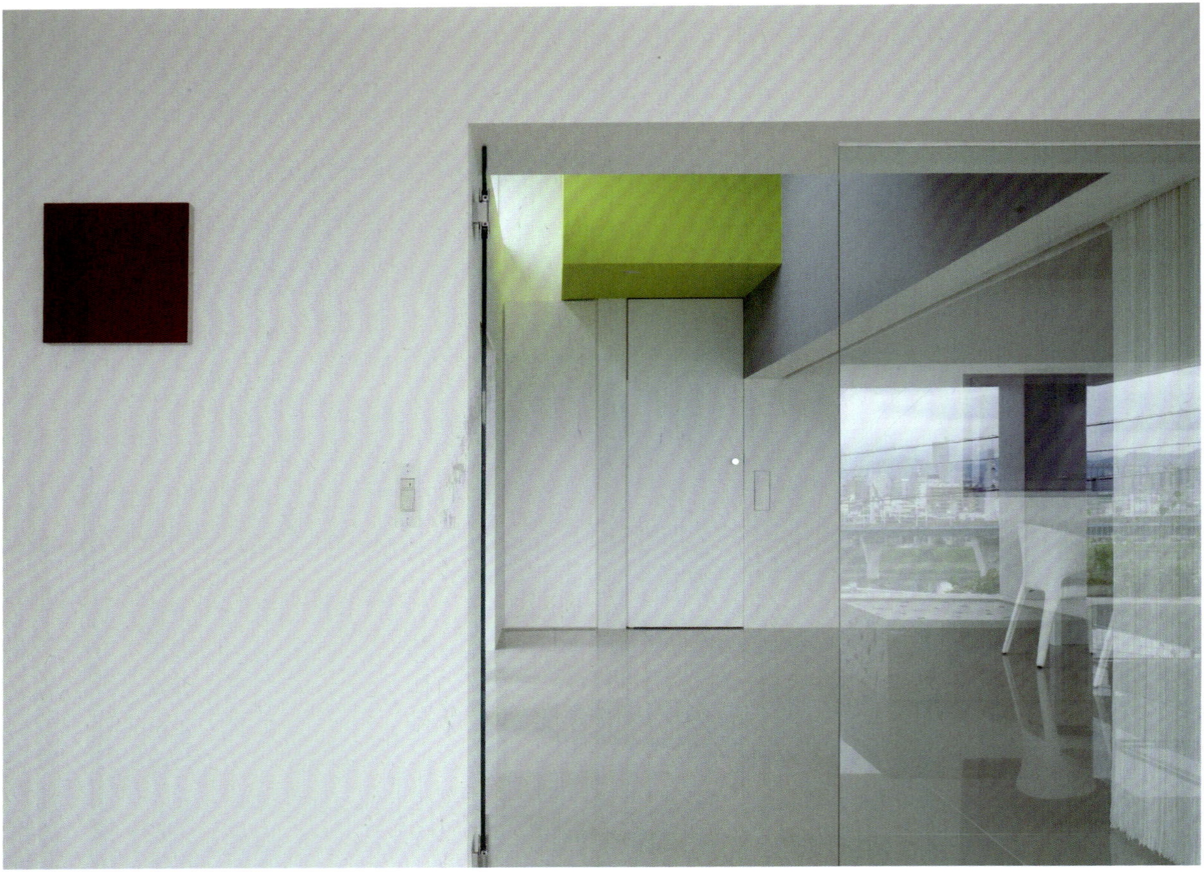

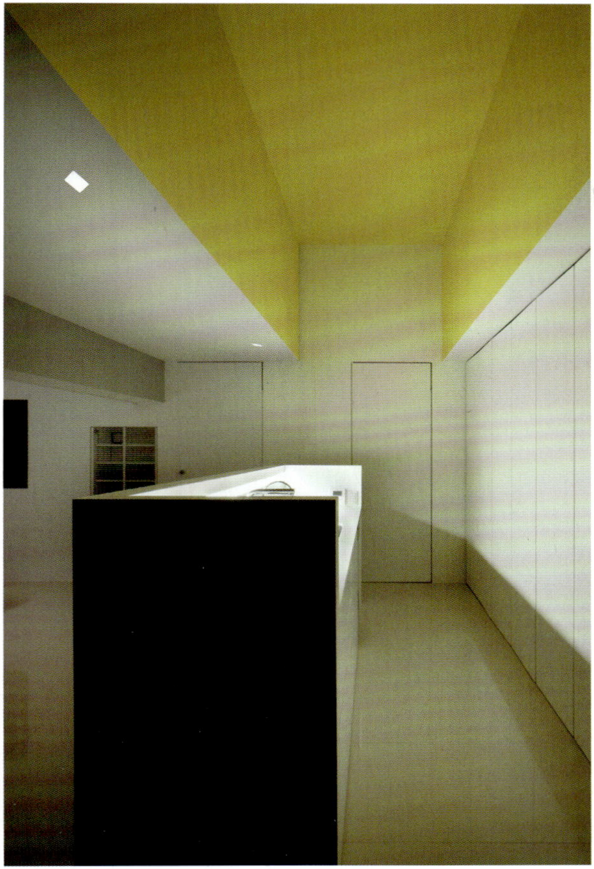

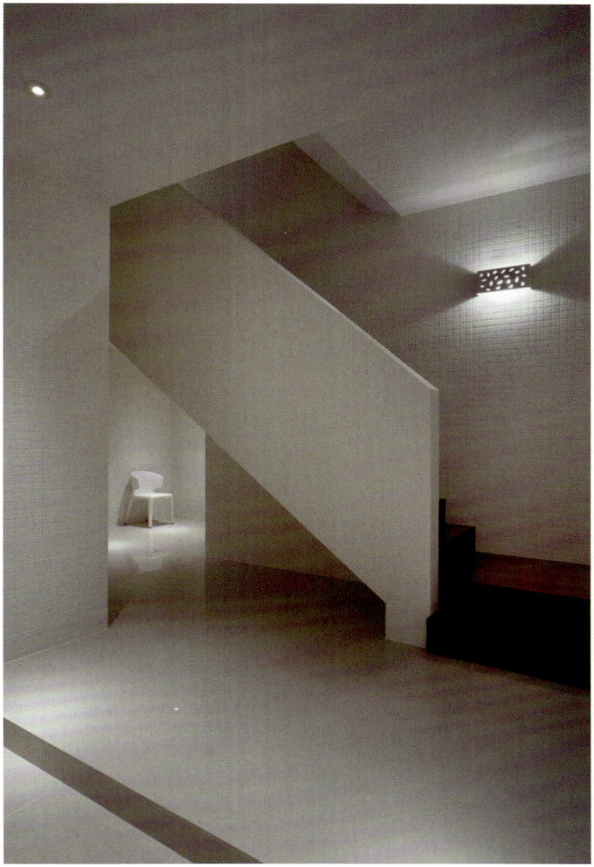

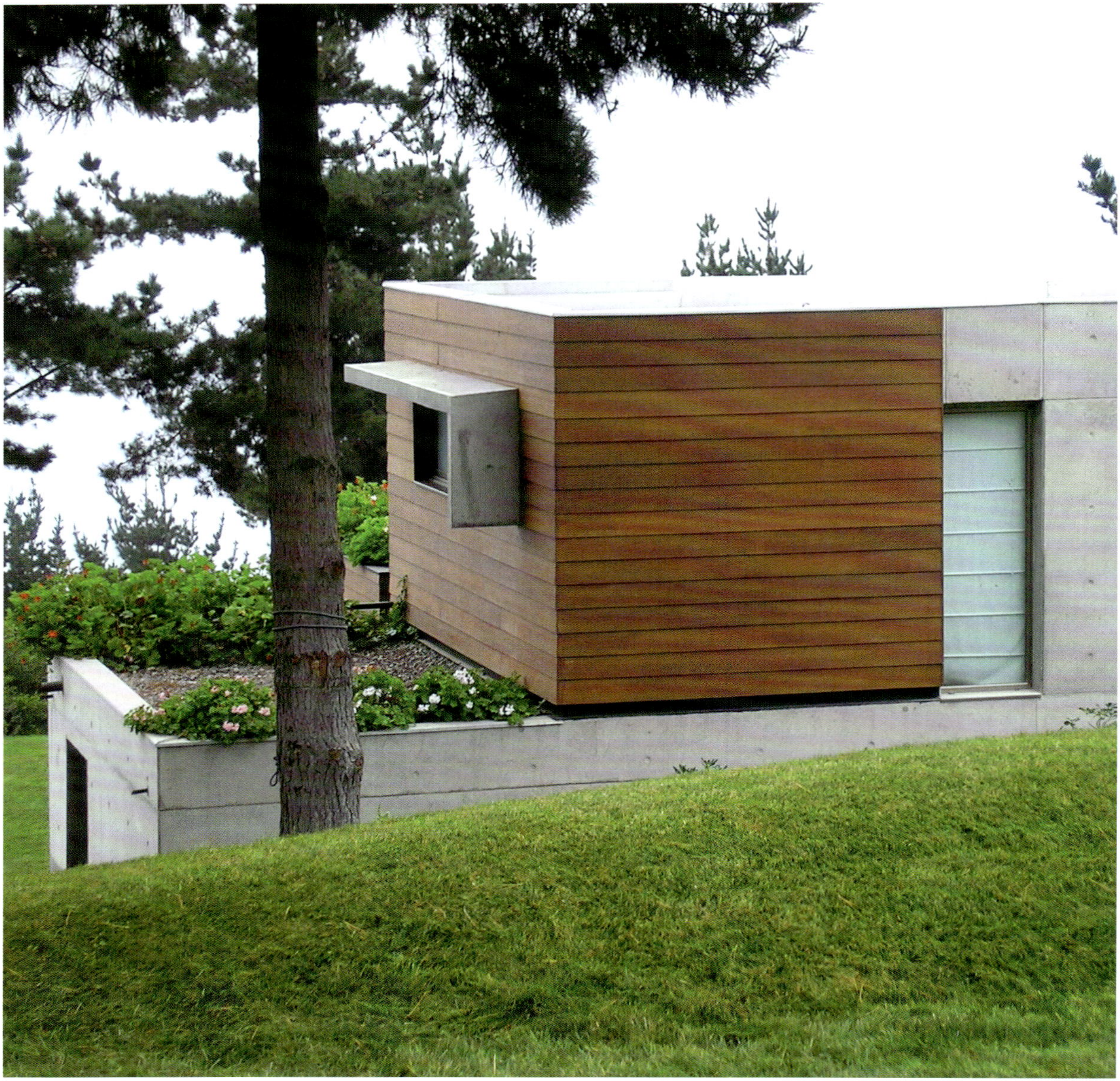

CASA **EN CANTAGUA**

Andres Hempel
Balneario de Zapallar, Chile
© Andrés Hempel Apel

This house is remarkable because of its geographical situation, over a large slope, and its structure, made up of two sections that are connected on the exterior by L-shaped terraces. The two blocks are joined inside by a large hallway, which then leads to the various areas of the house.

Cette maison se distingue par sa situation géographique, sur une grande pente, et sa structure composée de deux volumes en forme de L reliés par des terrasses à l'extérieur. À l'intérieur, les deux blocs se rejoignent dans un grand vestibule qui dévie ensuite vers les différentes parties de la maison.

Dieses Haus ist so besonders aufgrund seiner geographischen Lage an einem großen Berghang. Seine L-förmige Struktur besteht aus zwei Räumen, die von außen durch Terrassen miteinander verbunden werden. Im Inneren werden die zwei Blöcke von dem großen Empfangssaal vereint, der in die verschiedenen Bereiche des Hauses führt.

Dit huis heeft een heel bijzondere ligging op een steile helling en heeft ook een aparte structuur. Deze bestaat uit twee L-vormige, delen die aan de buitenkant door terrassen met elkaar zijn verbonden. Aan de binnenkant vormt een grote ontvangsthal, die naar de afzonderlijke delen van het huis leidt, de schakel tussen de twee blokken.

Esta casa es particular dada su situación geográfica, sobre una gran pendiente, y su estructura, formada por dos volúmenes en forma de L conectados por el exterior mediante terrazas. En el interior, los dos bloques se unen a través del gran recibidor que luego desvía hacia las distintas zonas de la casa.

Questa casa è particolare, considerando la sua situazione geografica su una forte pendenza e la sua struttura, composta da due volumi a forma di L collegati all'esterno per mezzo di terrazze. All'interno, i due blocchi si uniscono tramite una grande anticamera che poi devia verso le diverse zone della casa.

Esta casa é especial, não só devido à sua situação geográfica, sobre uma grande ribanceira, como pela sua estrutura, formada por dois volumes em forma de «L», ligados do lado exterior por meio de terraços. No interior, os dois blocos unem-se através do grande vestíbulo, que depois conduz às várias zonas da casa.

Detta hus är unikt tack vare sitt geografiska läge på en brant sluttning, och sin struktur som består av två utrymmen i form av ett L och som förenas på utsidan av terrasser. På insidan förbinds de två husblocken genom den stora hallen som därefter viker av mot husets olika delar.

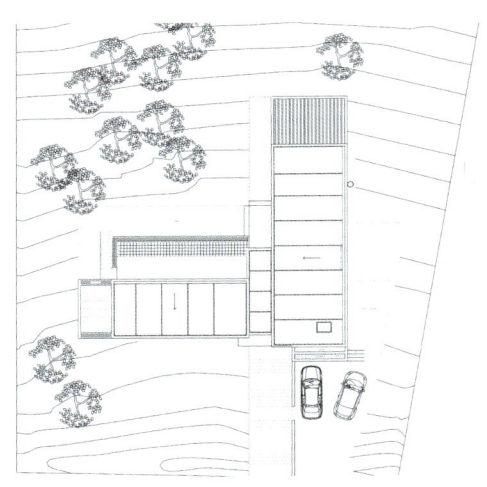

Site plan / Plan du site

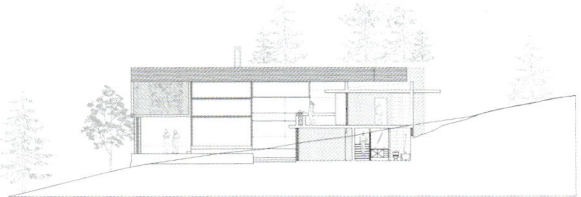

Cross section / Coupe transversale

115

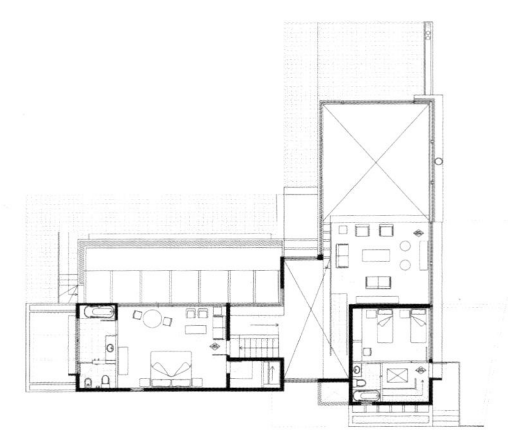

Second floor plan / Plan du second niveau

First floor plan / Plan du premier niveau

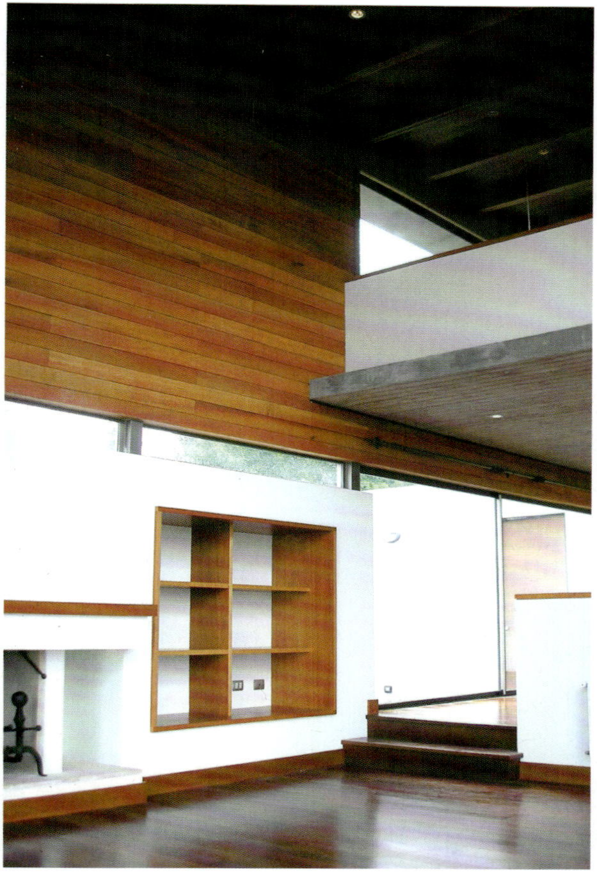

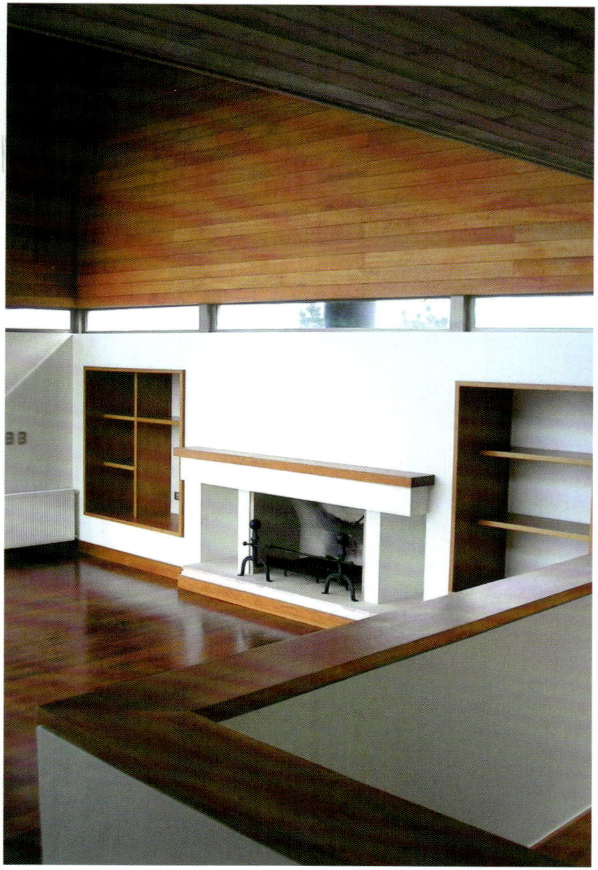

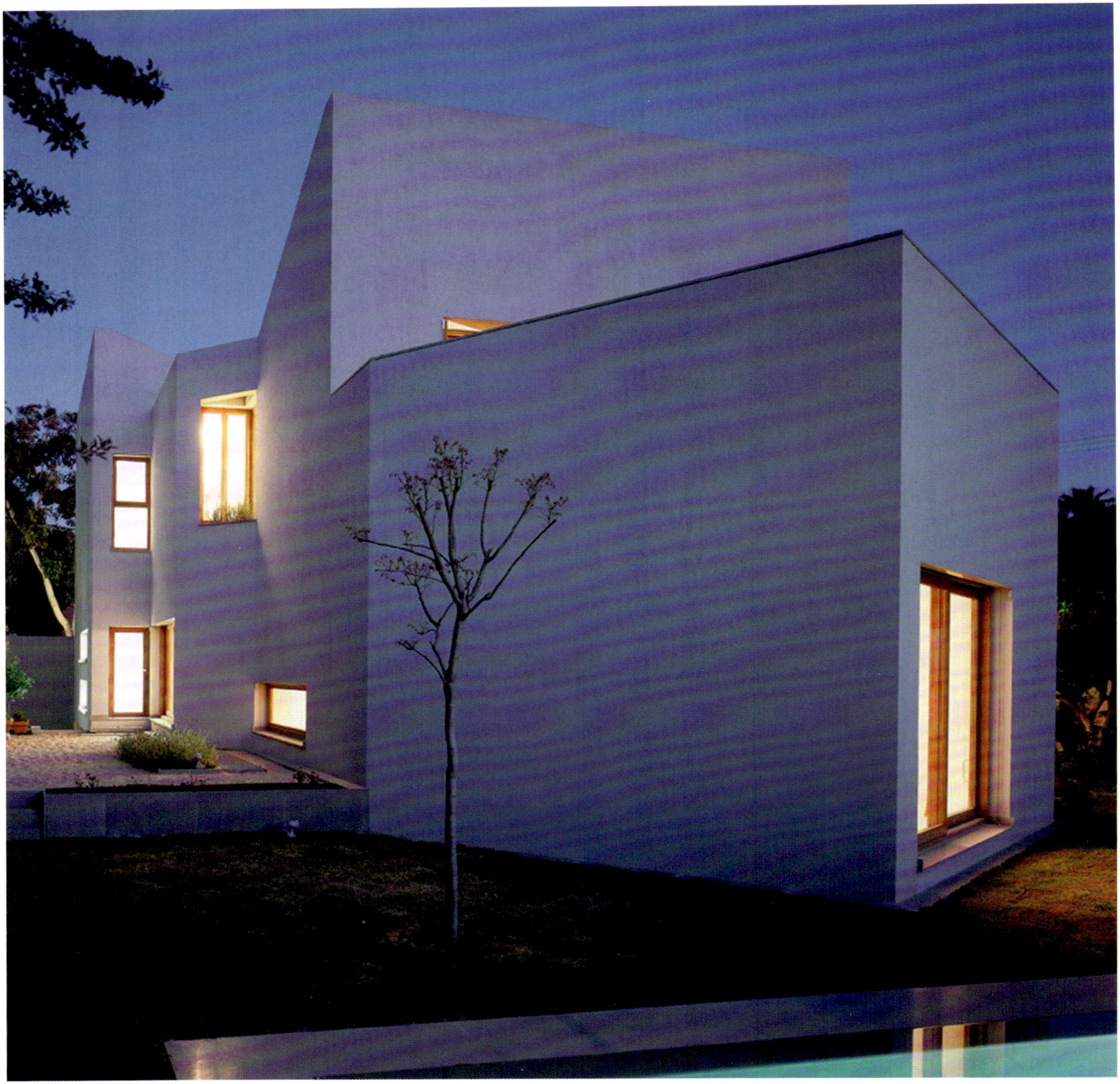

N/A HOUSE

Paritzki & Liani Architects
Herzliya, Israel
© Amit Geron

The design of this house, situated in an exclusive residential zone, is based around an interior patio of about four square metres. This helps to ventilate, illuminate and bring cheer to the home. The little patio showcases even the most subtle weather changes and variations in natural light. The guest rooms and staff quarters are situated in the basement.

La conception de cette maison, située dans une zone exclusivement résidentielle, tourne autour d'une cour intérieure d'environ 4 m^2 qui permet d'aérer, d'éclairer et d'égayer l'habitation. La petite cour accueille les changements météorologiques les plus subtils et les variations de la lumière naturelle. Les chambres d'amis et les toilettes se trouvent au sous-sol.

Der Entwurf dieses Hauses, das sich in einem exklusiven Wohnviertel befindet, ist angeordnet um einen Innenhof von etwa vier Quadratmetern, der das Wohnhaus belüftet, beleuchtet und für Heiterkeit sorgt. Der kleine Innenhof ermöglicht es, sogar die subtilsten meteorologischen Veränderungen und die Variationen des natürlichen Lichts wahrzunehmen. Im Untergeschoss befinden sich die Gästezimmer und das WC.

Dit huis, gelegen in een exclusieve woonwijk, is ontworpen rond een kleine binnenpatio van ongeveer vier vierkante meter die de woning licht, lucht en woonplezier geeft. Vanuit de patio kunnen de kleinste weersveranderingen en de variaties van het natuurlijke licht worden waargenomen. De kelder is ingericht als gastenverblijf, waar zich ook het toilet bevindt.

El diseño de esta casa, situada en una zona residencial exclusiva, gira alrededor de un patio interior de unos cuatro metros cuadrados que ayuda a ventilar, iluminar y alegrar la vivienda. El pequeño patio permite comprobar incluso los cambios meteorológicos más sutiles y las variaciones de luz natural. En el sótano se encuentran las habitaciones de invitados y el servicio.

Il disegno di questa casa, situata in una zona residenziale esclusiva, gira attorno a un cortile interno di circa quattro metri quadrati che aiuta a dare aria, illuminare e rendere allegra l'abitazione. Il piccolo cortile consente di controllare anche i cambiamenti meteorologici più sottili e le variazioni di luce naturale. Nel seminterrato si trovano le stanze degli invitati e i servizi.

O desenho desta casa, situada numa zona residencial exclusiva, gira em torno de um pátio interior com cerca de quatro metros quadrados, que ajuda a arejar, iluminar e alegrar a moradia. O pequeno pátio permite até mesmo perceber as alterações meteorológicas mais subtis e as mais simples variações da luz natural. Na cave ficam os quartos de hóspedes e a casa de banho.

Utformningen av detta hus, som ligger i ett exklusivt bostadsområde, kretsar kring en gårdsplan på cirka fyra kvadratmeter, som bidrar till att bostaden får luft och ljus. Den lilla gården gör det möjligt att kontrollera även mer subtila väderförändringar och variationer i dagsljuset. I källaren finns gästrummen och en toalett.

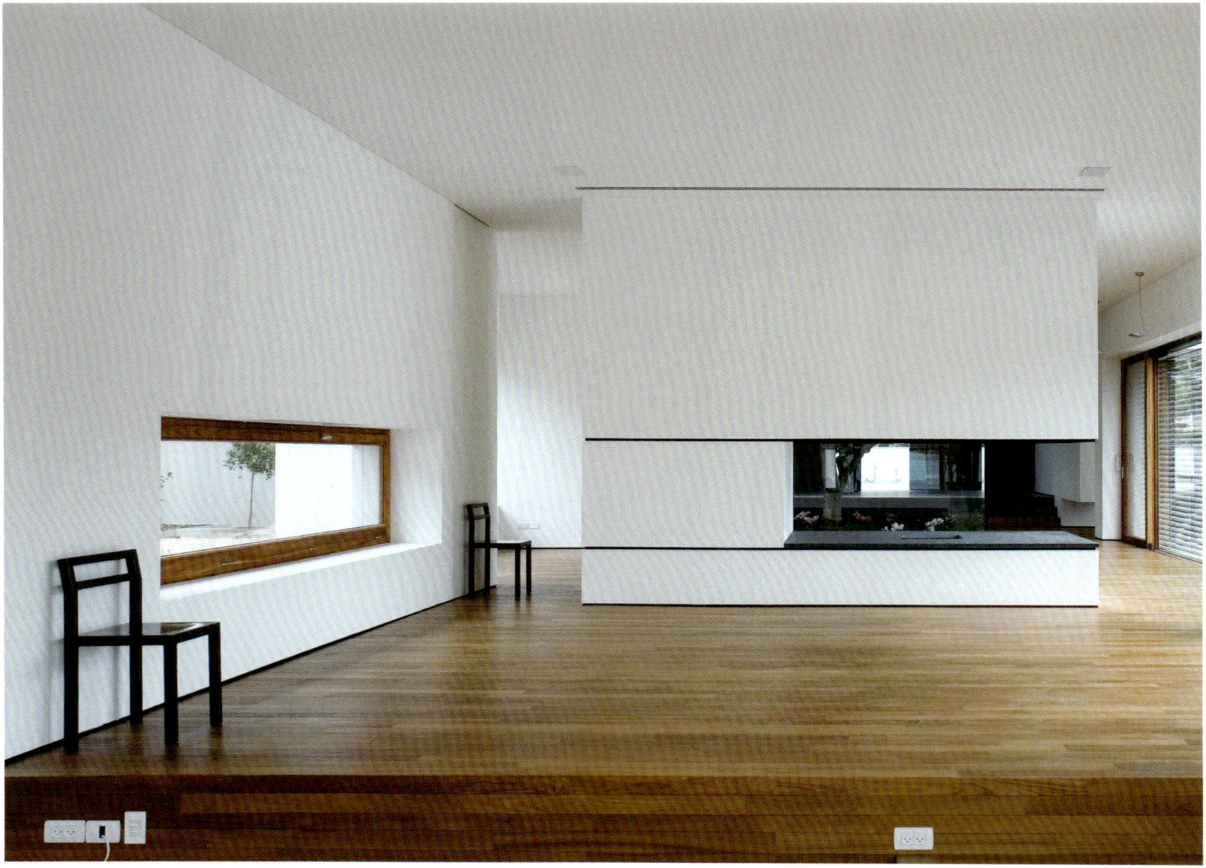

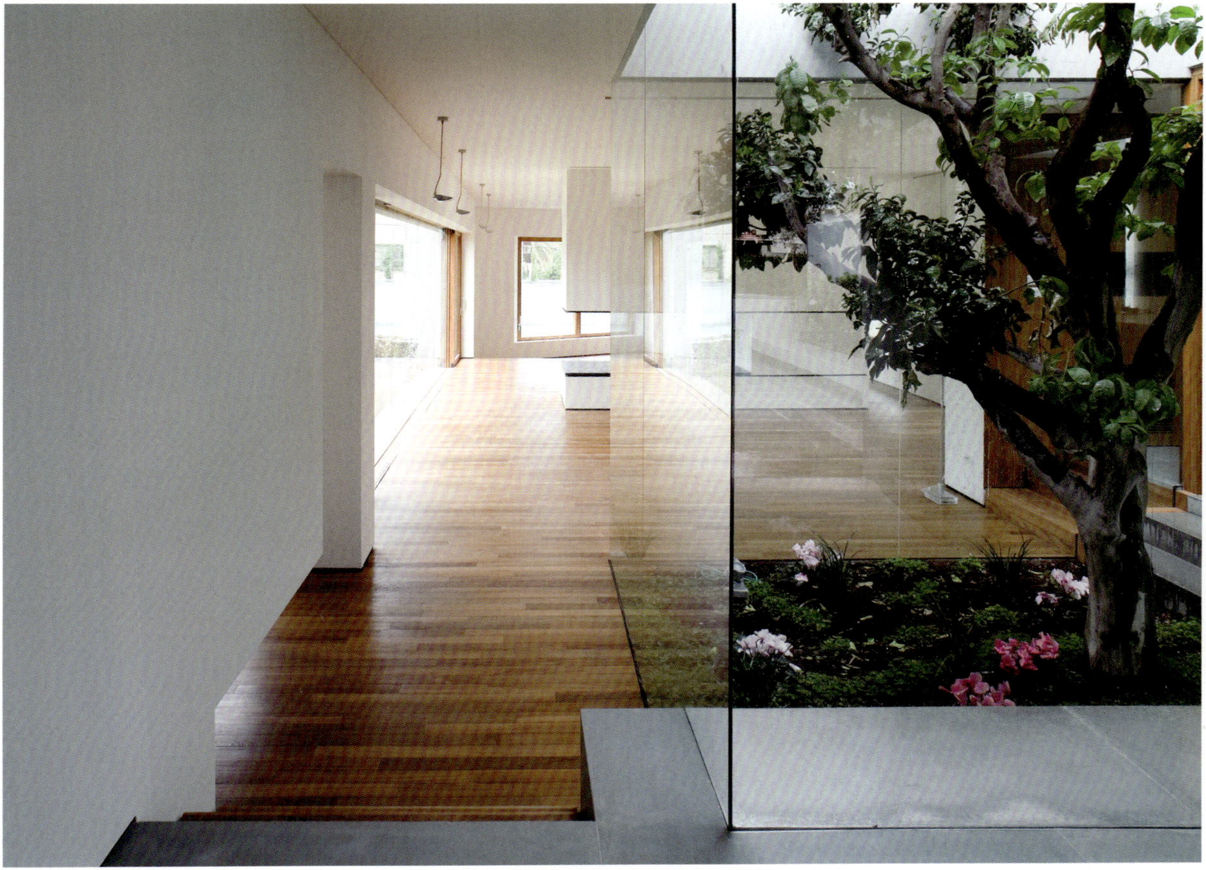

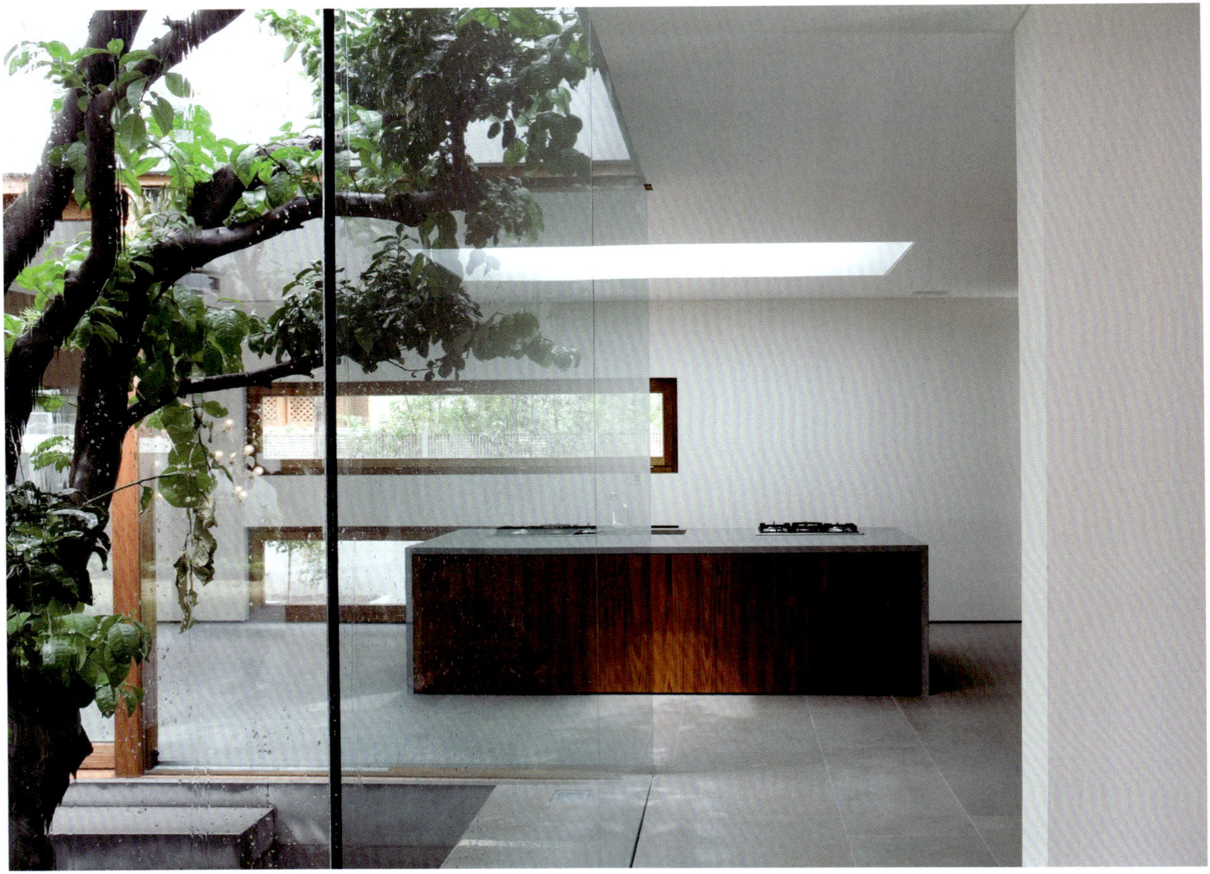

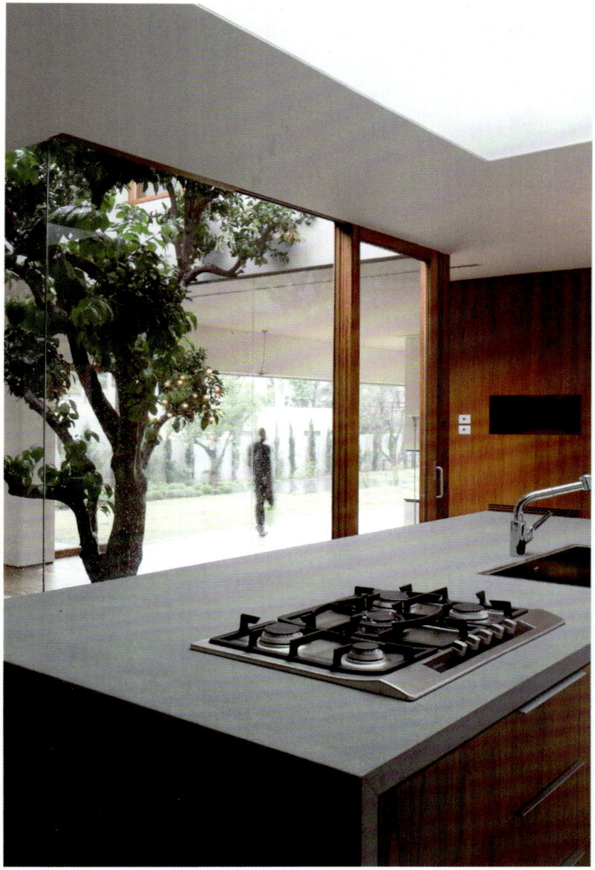

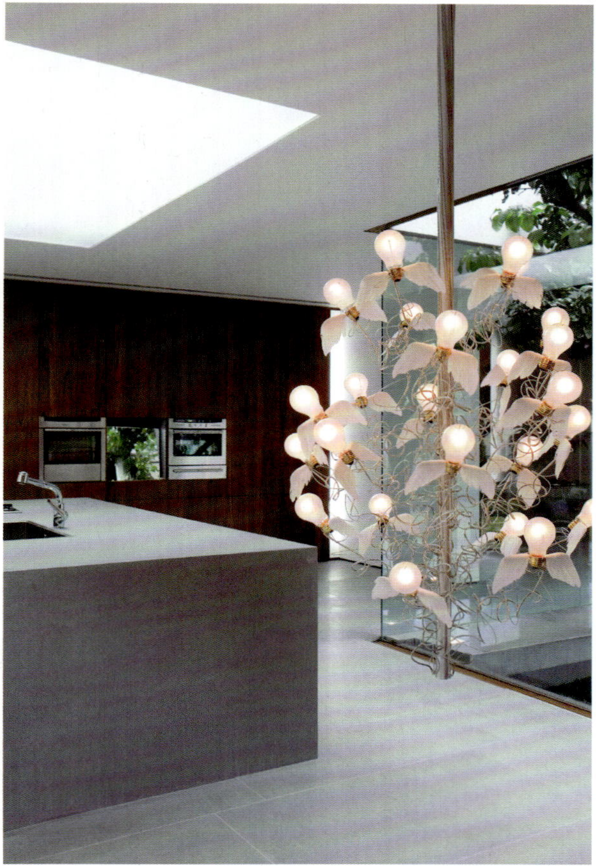

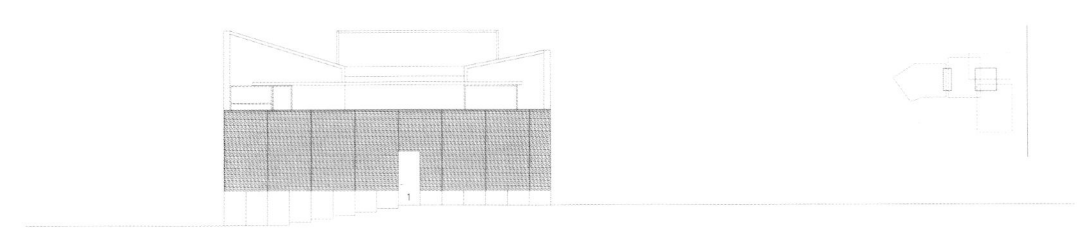

Elevation 1 / Élévation 1

1. Entrance / Entrée

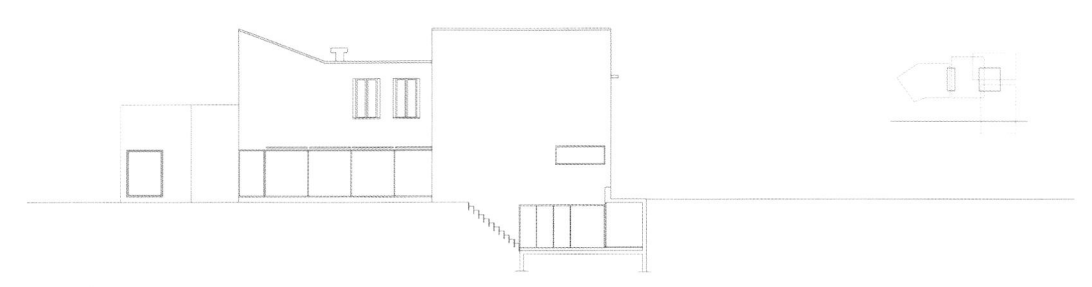

Elevation 2 / Élévation 2

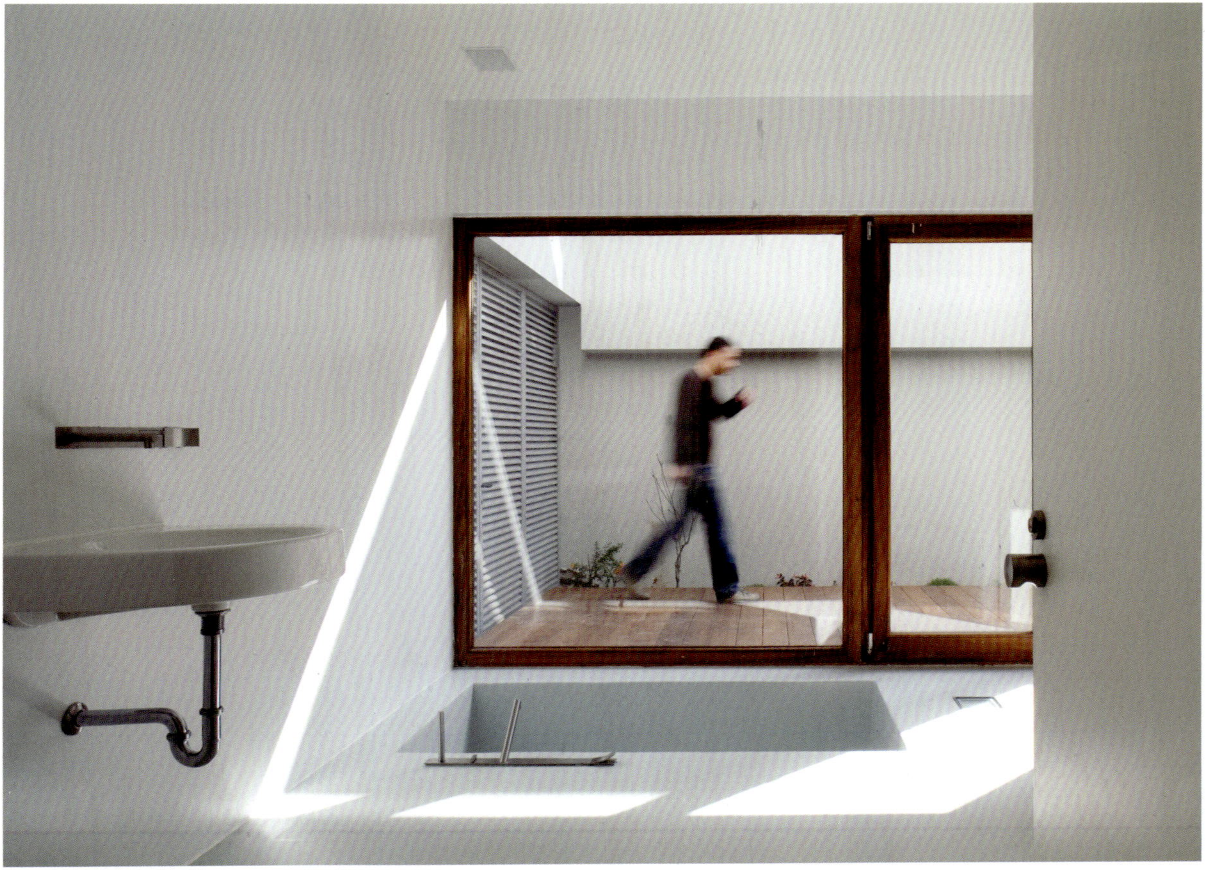

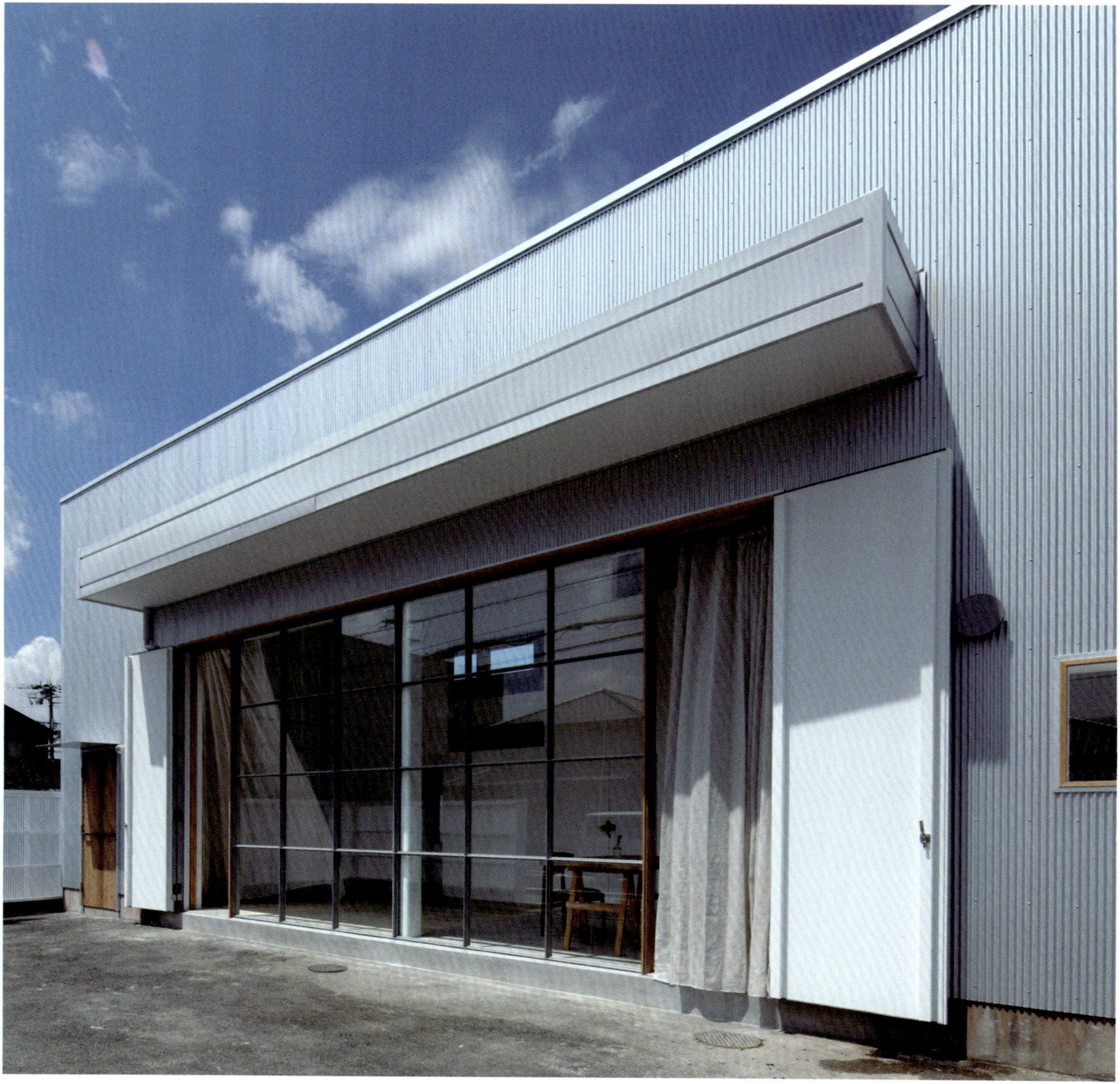

HOUSE IN IZUMI OHMIYA

Tato Architects
Kisaiwada, Osaka, Japan
© Satoshi Shigeta

The owners of this house are a young couple who are fans of free climbing. For this reason the architect left some walls bare so that the clients could attach climbing accessories to them. The house is heated through the floor, which traps the heat of the sunlight and uses it as energy.

Cette maison appartient à un jeune couple adepte d'escalade libre. Par conséquent, quelques murs sont restés nus pour que les propriétaires puissent y accrocher leurs accessoires d'escalade. La maison est chauffée par le sol, qui capte la lumière du soleil et l'utilise comme énergie.

Bei den Eigentümern dieses Hauses handelt es sich um ein junges, Paar mit einem Lieblingssport: sie klettern gerne ohne Seil auf nicht allzu hohe Felswände. Aus diesem Grund wurden einige Wände unbekleidet gelassen, sodass die Kunden ihr Kletterzubehör daran befestigen können. Das Haus wird über den Boden geheizt, der die Wärme des Sonnenlichts speichert und als Energie verwendet.

Het jonge stel dat dit huis bezit, beoefent de sport bouldering, klimmen zonder touw tot beperkte hoogte. Enkele muren werden met opzet kaal gelaten, zodat de eigenaren er hun klimaccessoires kunnen ophangen. Het huis heeft vloerverwarming die opgewekt wordt via zonne-energie.

Los propietarios de esta casa son una joven pareja amante de un deporte que consiste en escalar rocas de baja altura sin cuerda. Por este motivo se dejaron algunas paredes desnudas para que los clientes pudieran clavar accesorios de escalada. La casa se calienta a través del suelo, que capta el calor de la luz solar y lo utiliza como energía.

I proprietari di questa casa sono una giovane coppia amante di uno sport che consiste nello scalare rocce di piccole dimensioni senza corda. Per questo motivo sono state lasciate alcune pareti nude affinché i clienti potessero appendere gli accessori da arrampicata. La casa si riscalda attraverso il pavimento, che cattura il calore della luce solare e lo utilizza come energia.

Os proprietários desta casa são um casal jovem, praticante de um desporto que consiste em escalar rochedos de baixa altura sem cordas. Por este motivo, quiseram deixar algumas paredes nuas, para os clientes aí poderem cravar acessórios de escalada. A casa é aquecida através do solo, que capta o calor da luz do sol e o utiliza como energia.

Ägarna till detta hus är ett ungt par hängivna en sport som går ut på att klättra uppför låga klippor utan rep. Av denna anledning lämnades några väggar kala så att kunderna skulle kunna sätta upp klättringstillbehör. Huset värms upp genom golvet som fångar värmen från solljuset och använder det för att ge energi.

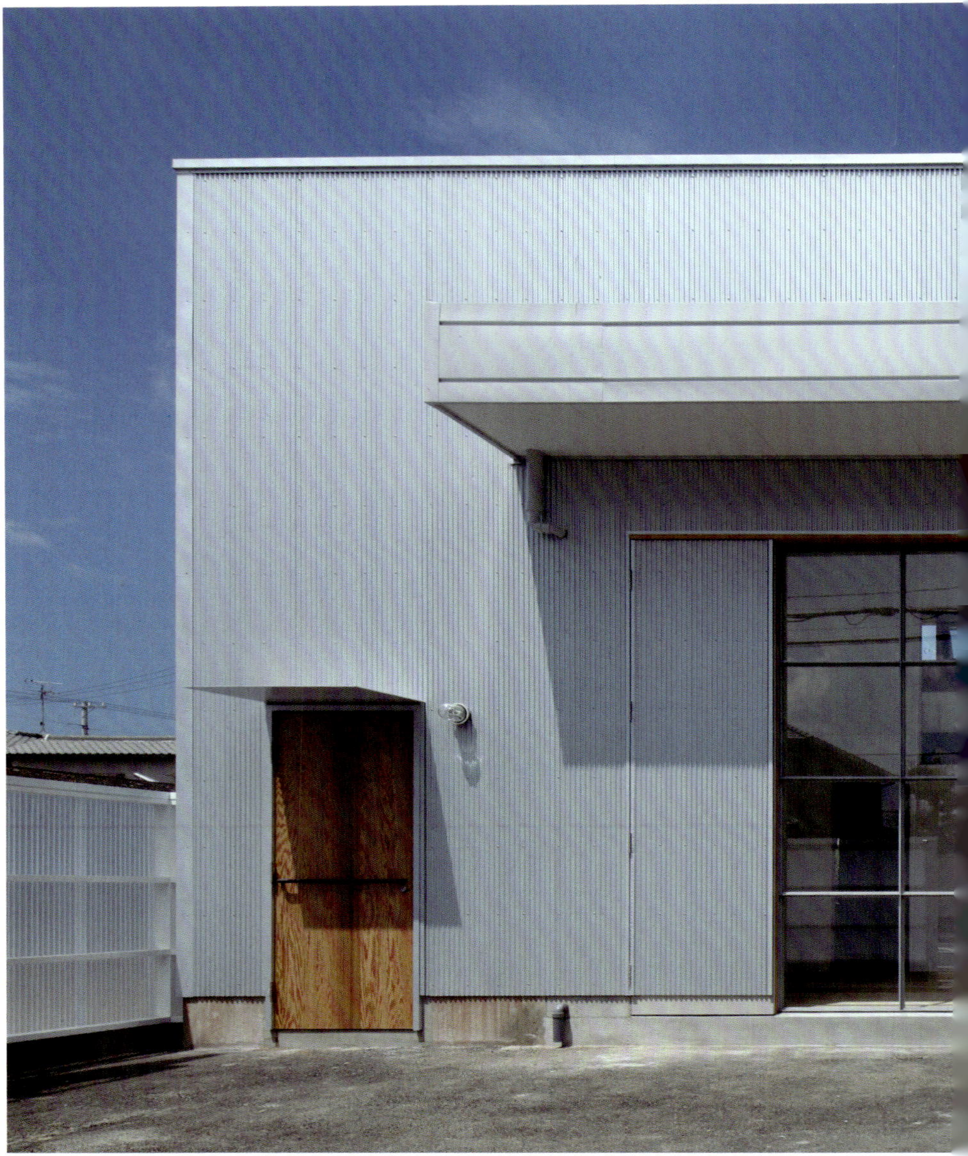

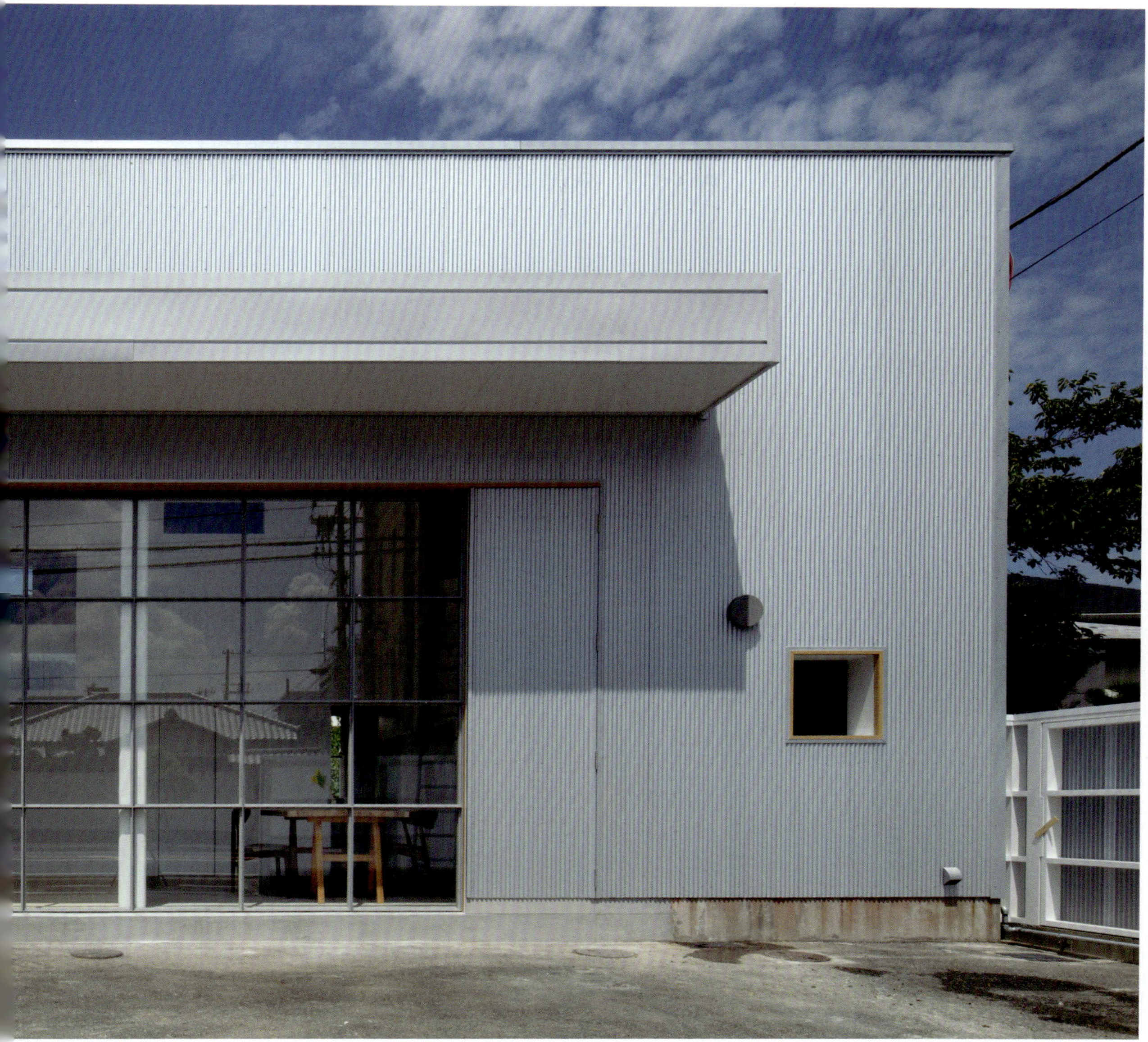

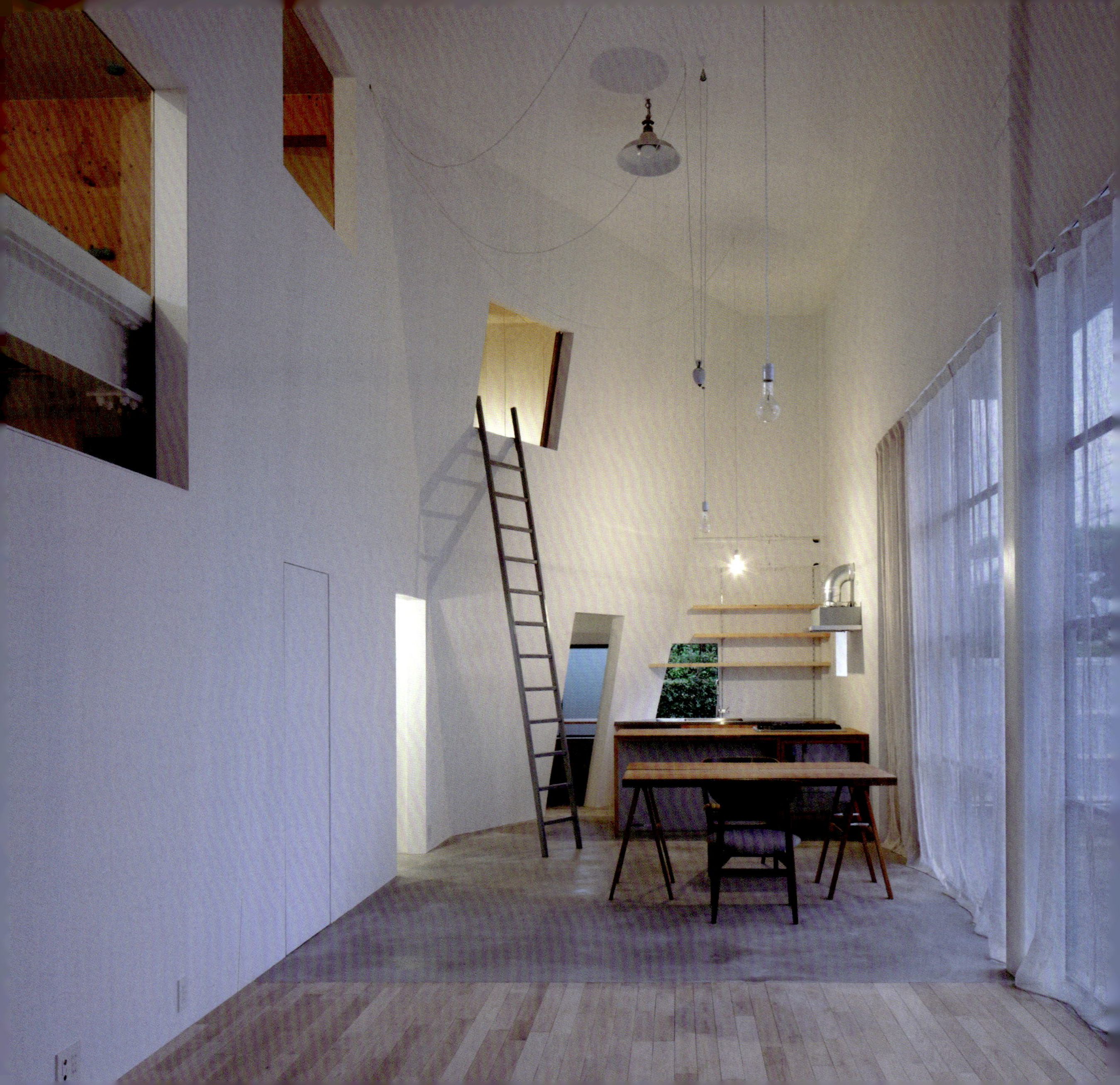

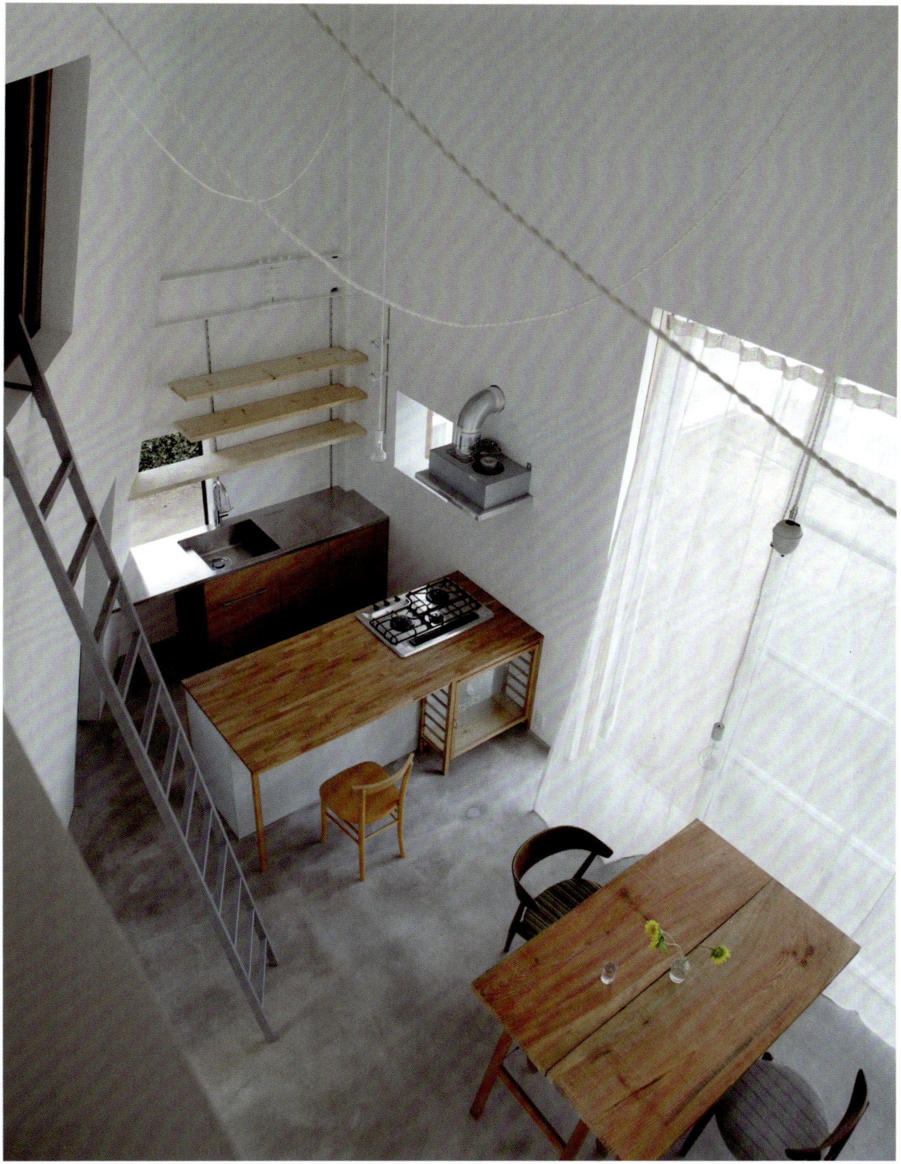

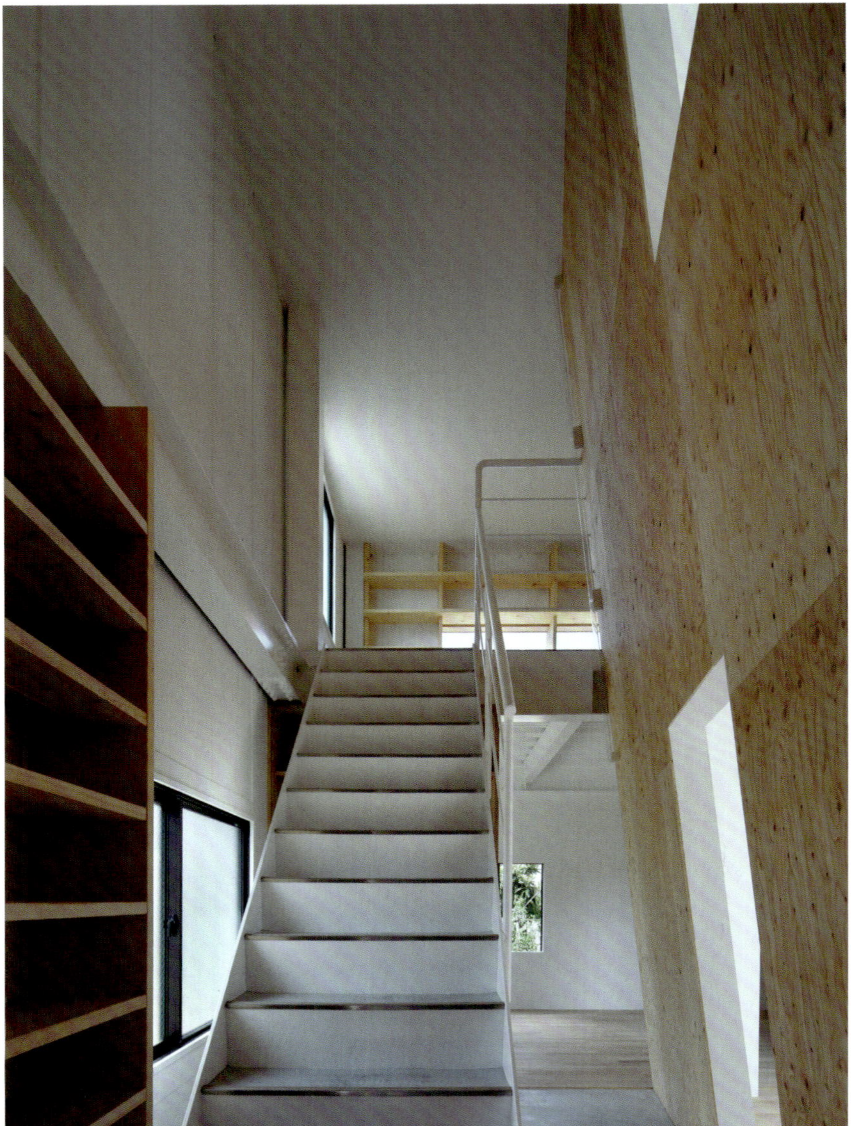

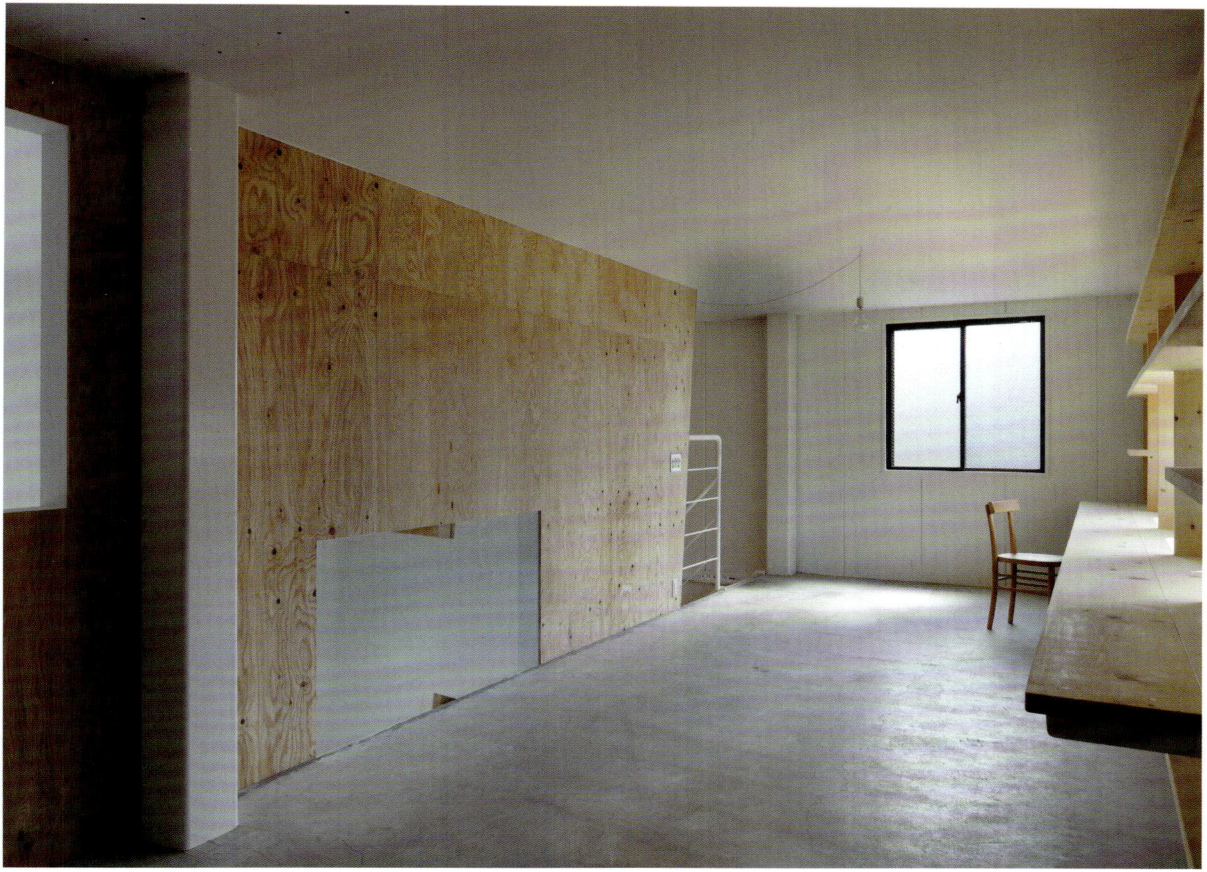

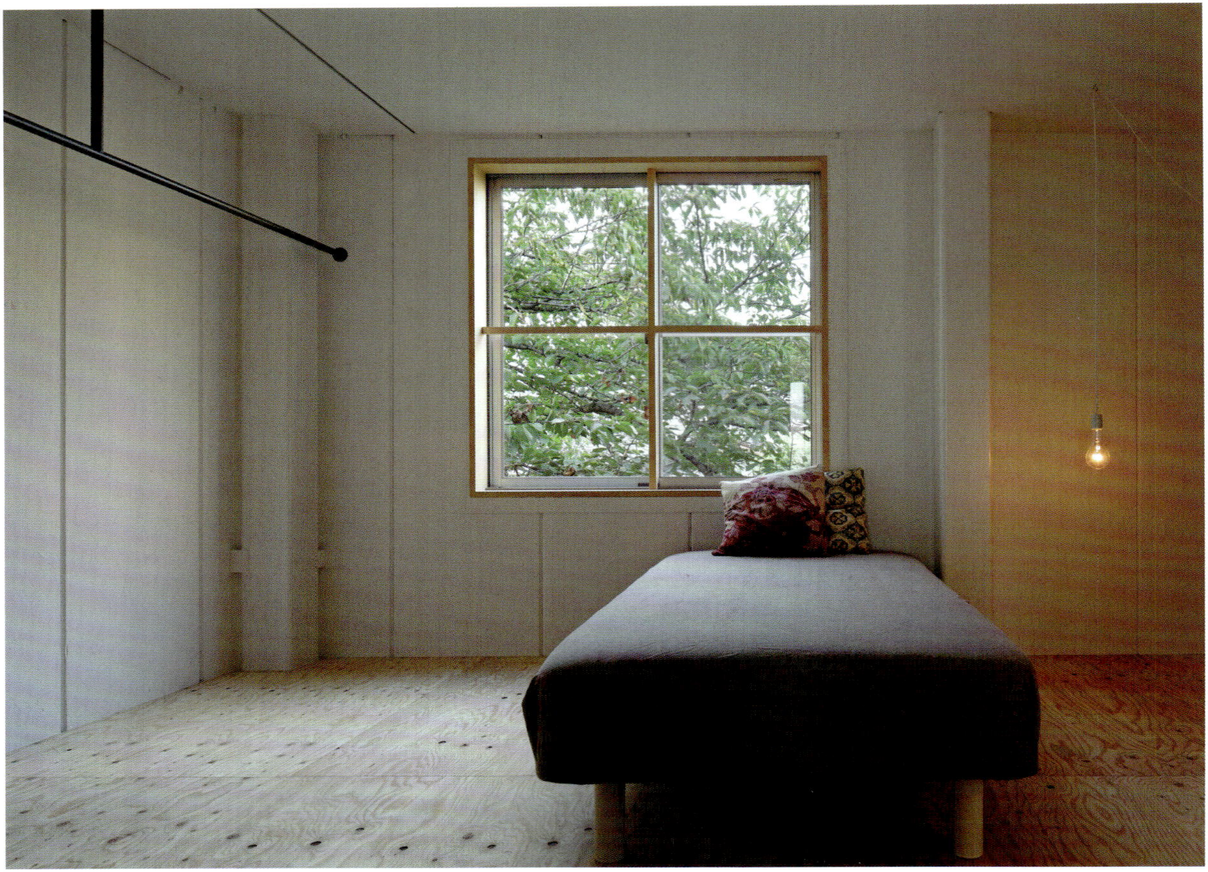

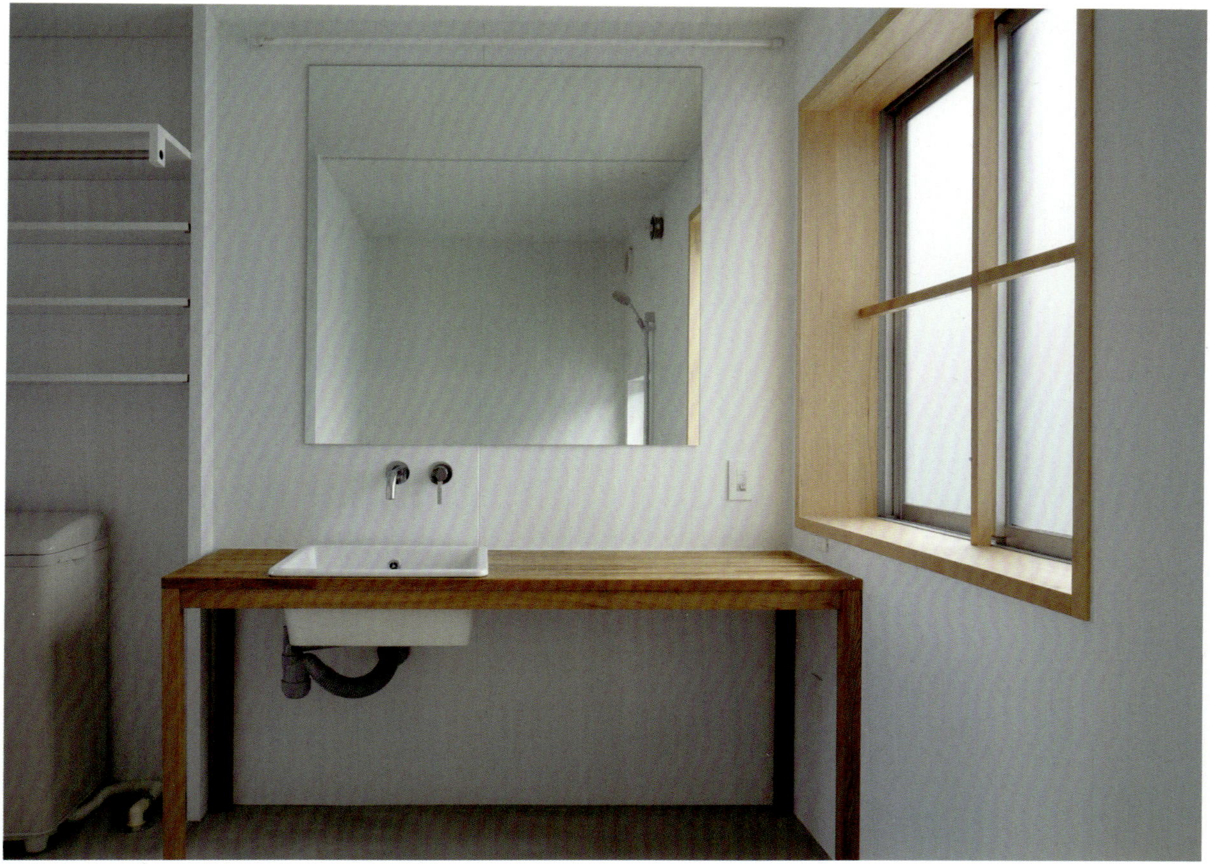

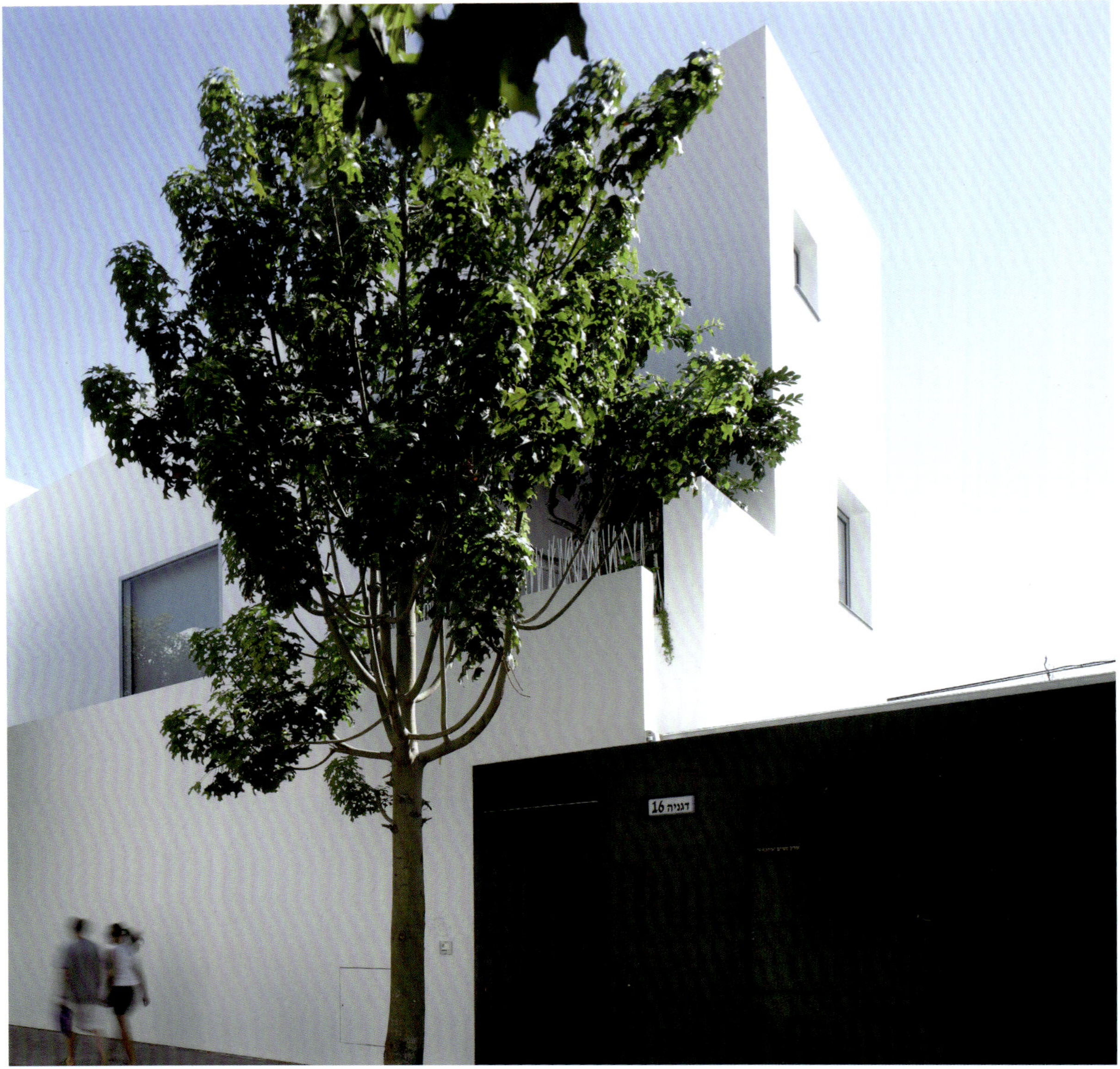
דגניה 16

NON VISIBLE HOUSE

Paritzki & Liani Architects
Tel Aviv, Israel
© Paola Liani, Amit Geron

In one of the oldest streets in Tel Aviv, there is a house that aspires to be invisible. This house is surrounded by two patios that ventilate the lower floor and offer a pleasant view from the inside. The polished plaster façade changes colour with the sunlight thanks to its texture.

Dans l'une des plus vieilles rues de Tel-Aviv se trouve une maison qui cherche à être invisible. Cette habitation est entourée par deux cours qui permettent d'aérer l'étage du bas et offrent une vue agréable depuis l'intérieur. La façade en plâtre brillant change de tonalité avec la lumière du soleil grâce à sa texture.

In einer der ältesten Straßen von Tel Aviv findet man ein Haus, das versucht, unsichtbar zu sein. Dieses Wohnhaus wird von zwei Innenhöfen umgeben, die für die Belüftung der inneren Wohnung sorgen und einen angenehmen Ausblick aus dem Gebäude bieten. Die schimmernde Gipsfassade ändert aufgrund ihrer Textur den Farbton je nach Einfall des Sonnenlichts.

In een van de oudste straten van Tel Aviv ligt een huis dat onzichtbaar wil zijn. De woning wordt omringd door twee patio's die voor een goede ventilatie op de begane grond zorgen en een mooi uitzicht op het gebouw bieden. Naarmate het zonlicht erop schijnt, glinstert de textuur en verandert de kleurschakering van de gepleisterde gevel.

En una de las calles más antiguas de Tel Aviv se encuentra una casa que aspira a ser invisible. Esta vivienda está rodeada por dos patios que permiten ventilar el piso inferior y ofrecen una agradable vista desde el interior. La fachada de yeso brillante cambia de tonalidad con la luz solar gracias a su textura.

In una delle vie più antiche di Tel Aviv si trova una casa che ambisce ad essere invisibile. Questo edificio è circondato da due cortili che permettono di ventilare il piano inferiore e offrono una vista piacevole dall'interno. La facciata di gesso brillante cambia di tonalità con la luce del sole grazie alla sua trama.

Numa das ruas mais antigas de Telavive encontra-se uma casa que aspira ser invisível. Esta vivenda está rodeada por dois pátios, que permitem arejar o andar inferior e oferecem uma agradável vista a partir do interior. Graças à sua textura, a fachada de reboco brilhante varia de tonalidade com a luz solar.

På en av de äldsta gatorna i Tel Aviv finns ett hus som strävar efter att vara osynligt. Denna bostad är omgiven av två gårdar som ger luft åt den nedre våningen och trevlig utsikt från insidan. Den ljusa gipsfasaden ändrar färgton efter solljuset tack vare strukturen.

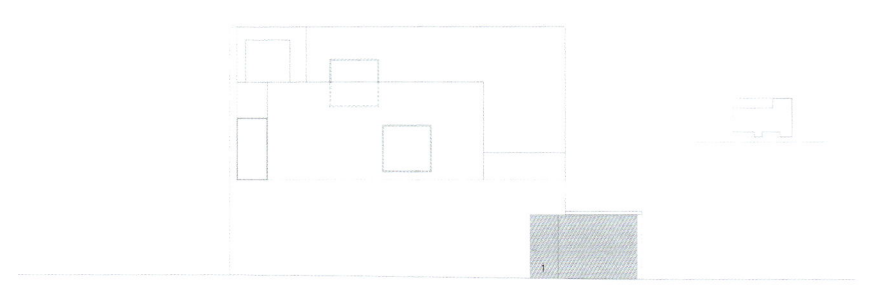

Elevation 1 / Élévation 1

1. Entrance / Entrée

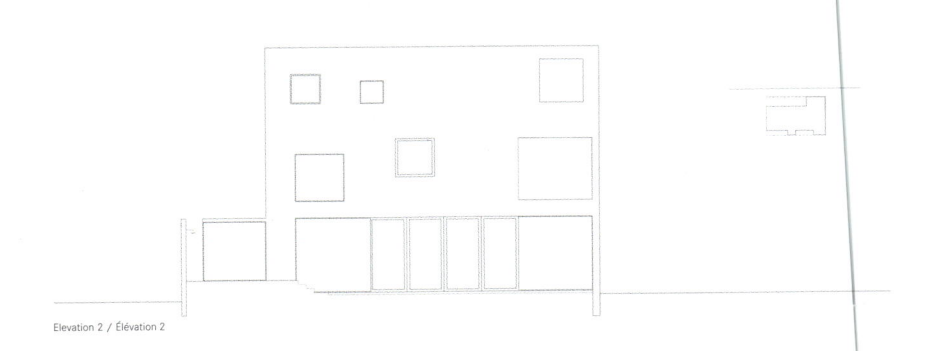

Elevation 2 / Élévation 2

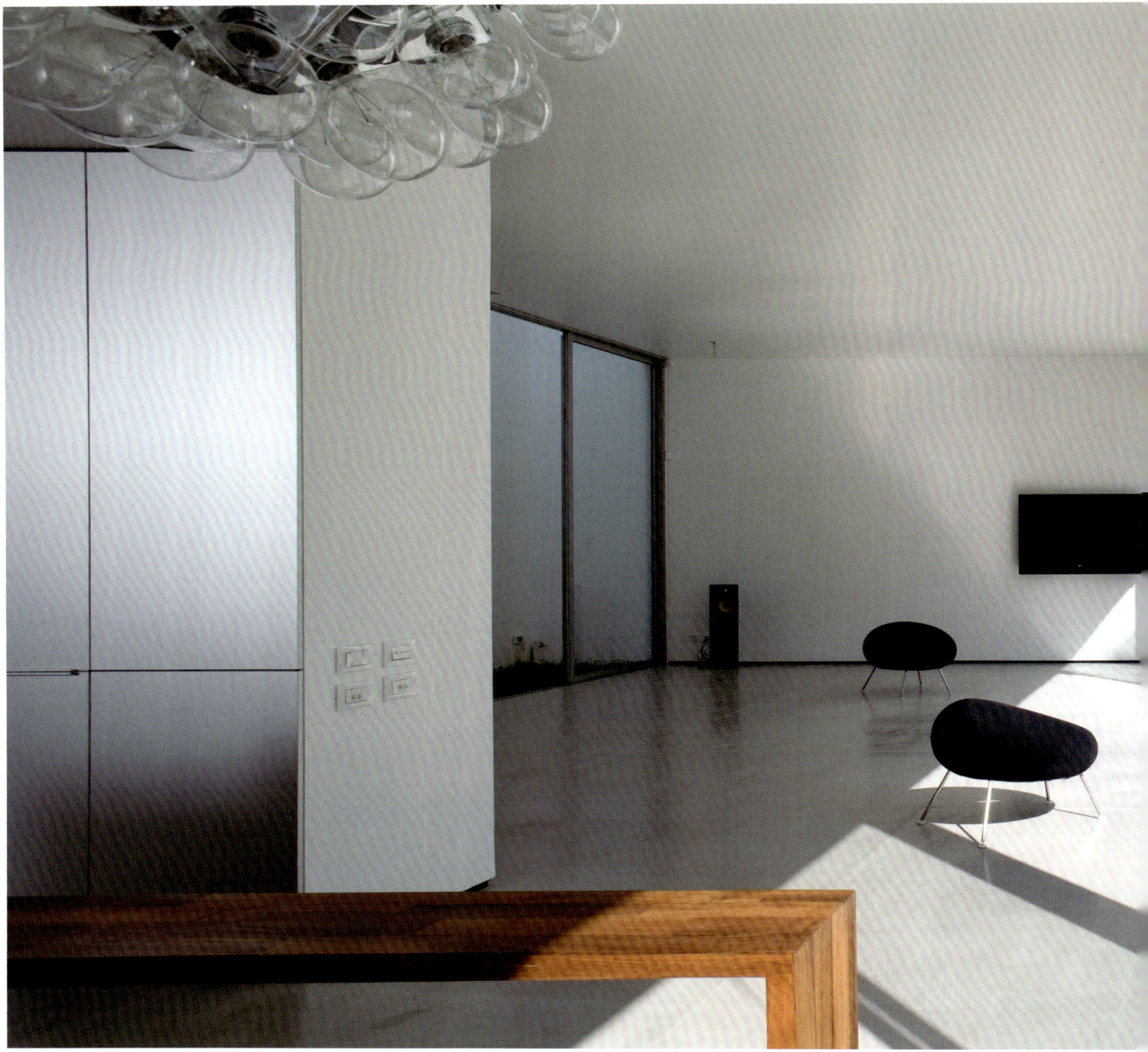

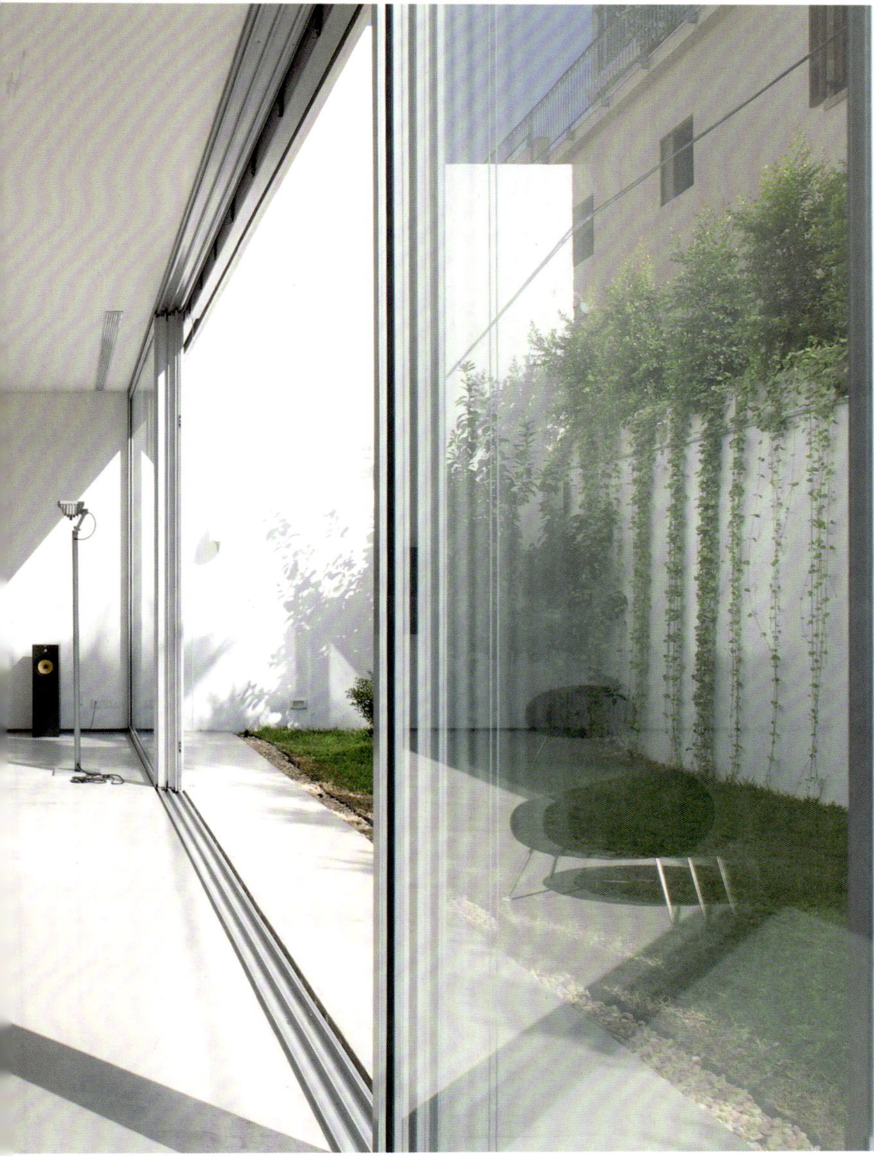

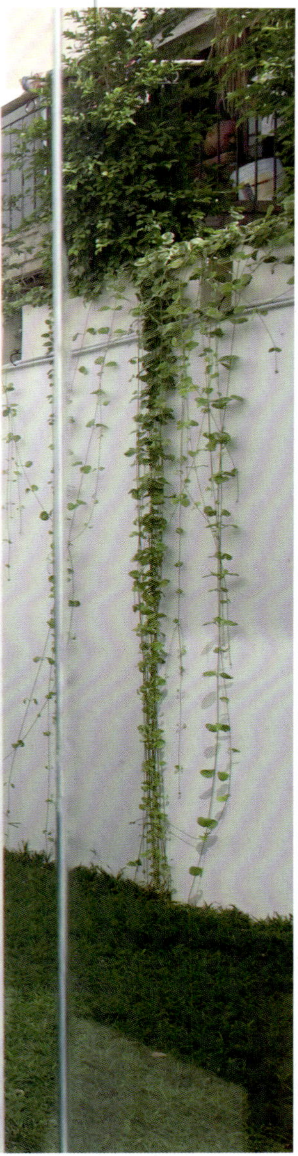

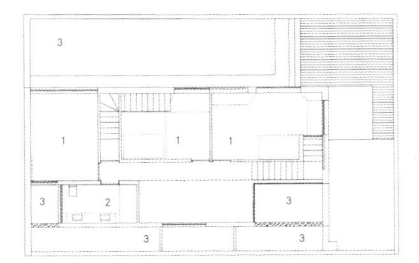

First floor plan / Plan du premier niveau

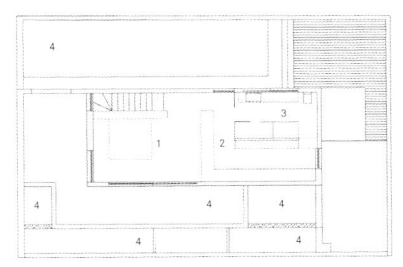

1. Bedroom
2. Bathroom
3. Garden

Second floor plan / Plan du second niveau

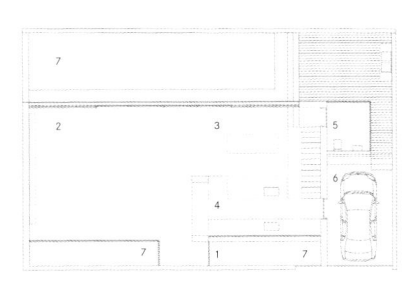

1. Master bedroom
2. Dressing
3. Bathroom
4. Garden

Ground floor plan / Plan du rez-de-chaussée

1. Entrance
2. Living room
3. Dining area
4. Kitchen
5. Toilet
6. Parking
7. Garden

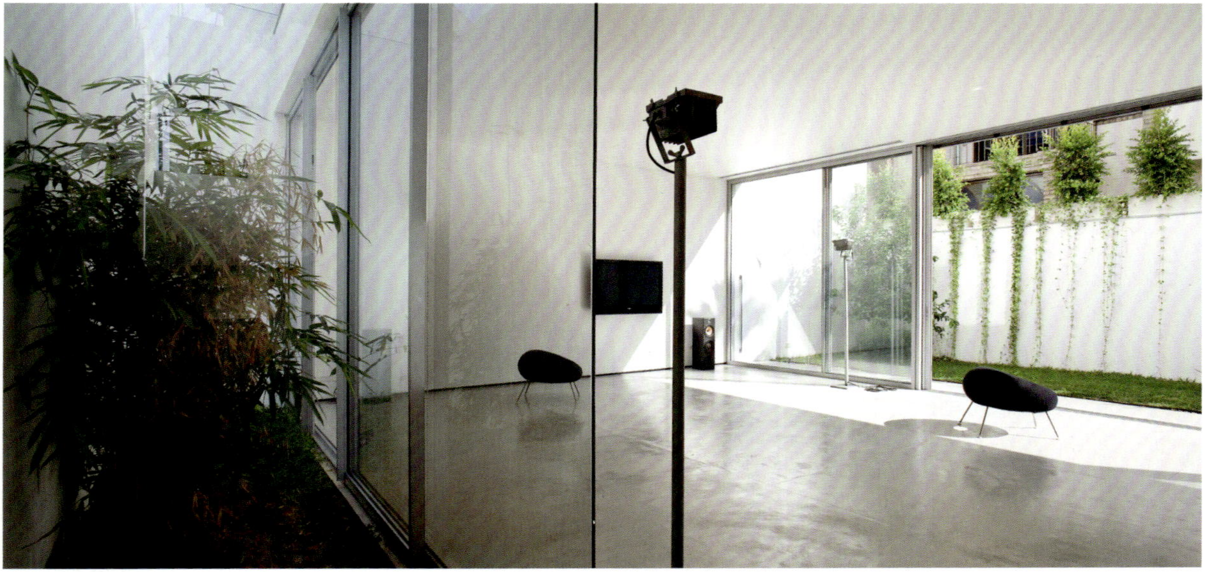

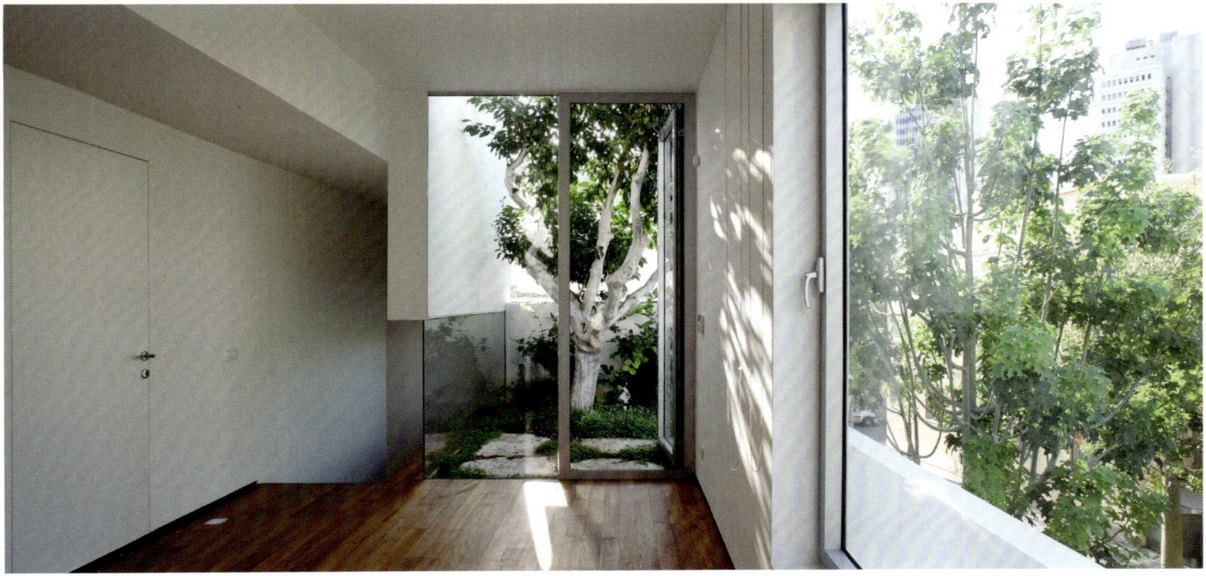

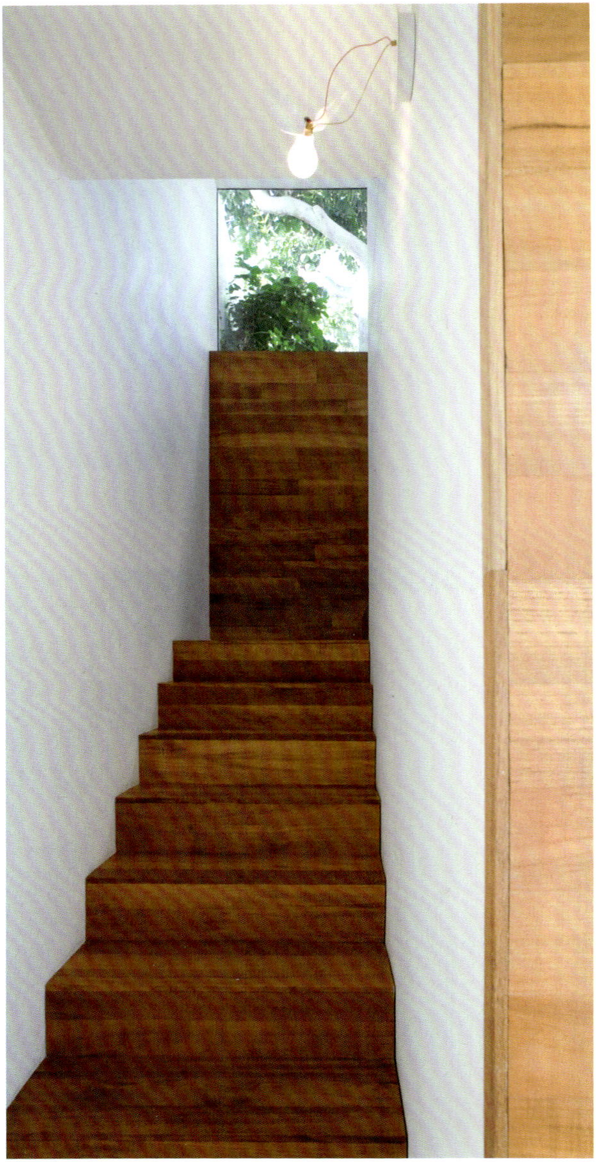

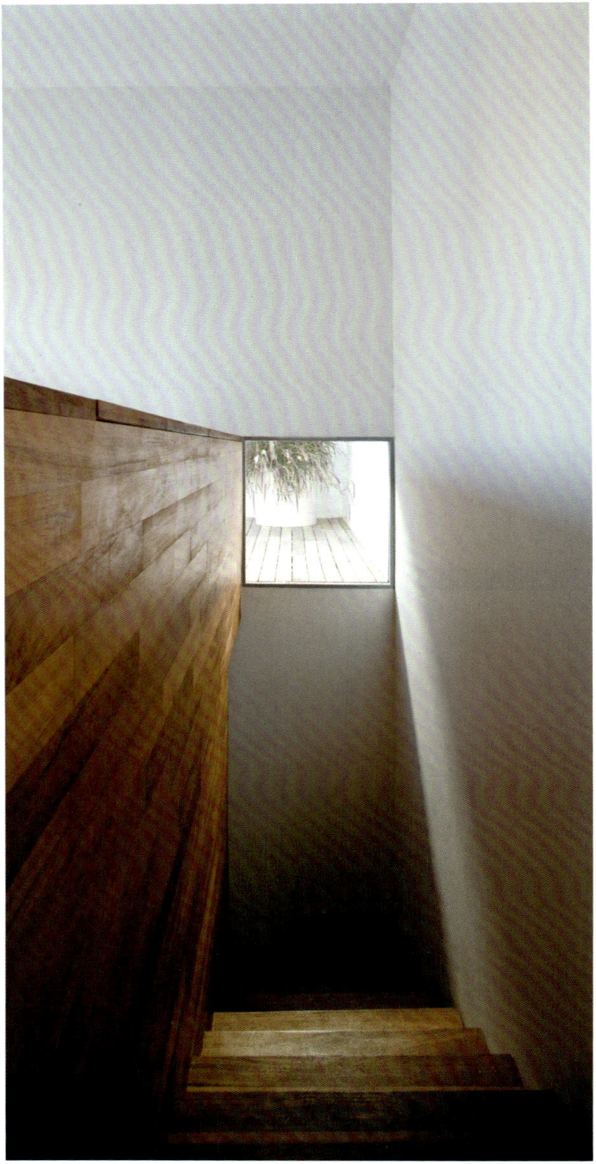

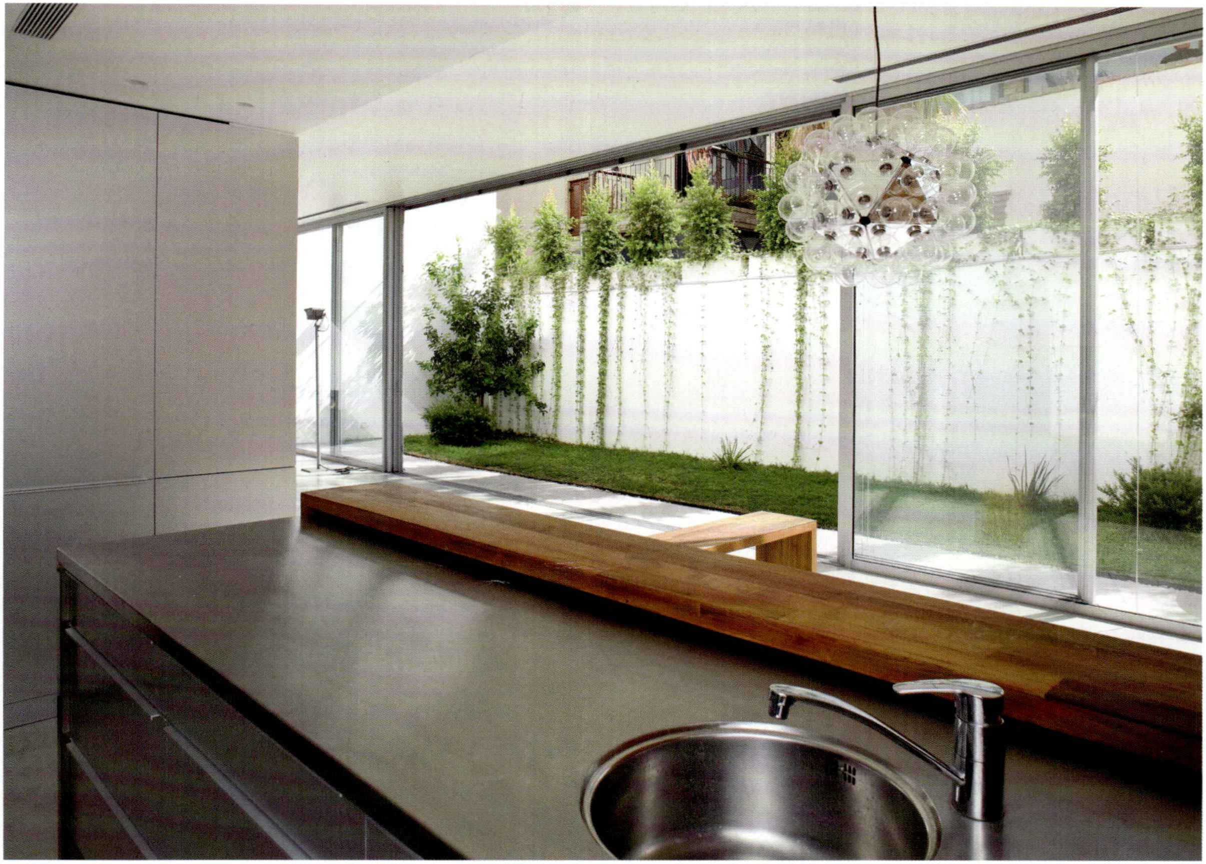

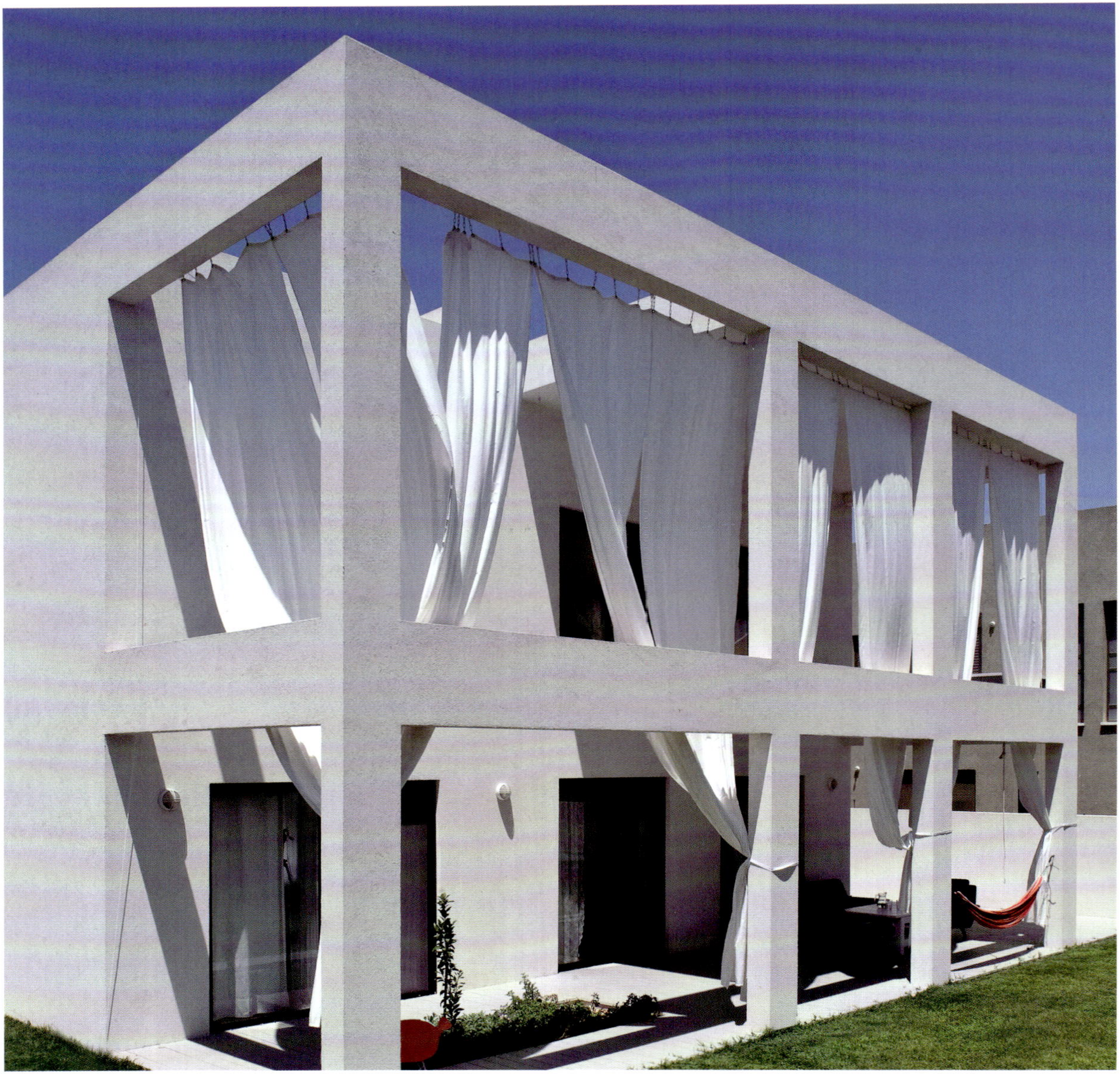

WHITE AND RED

Sharon Neuman
Tzur Moshe, Israel
© Amit Gosher

This little house was designed to allow potential for extending it with modules. The large pergola constructed to the rear doubles as a living room and allows for the addition of three rooms to the first floor. Inside, the predominant colours are whites with the use of red to create a striking contrast.

Cette petite maison a été conçue dans le but de pouvoir envisager une extension avec des modules. La grande pergola construite dans la partie arrière fait office de salle de séjour et permet d'ajouter trois pièces au premier étage. À l'intérieur, la couleur prédominante est le blanc, émaillé de rouge en détails contrastants.

Dieses kleine Haus wurde unter Berücksichtigung einer möglichen modularen Erweiterung entworfen. Die große Pergola, die auf der Rückseite errichtet wurde, dient auch als Wohnzimmer und man kann drei Zimmer im ersten Stock hinzufügen. Im Inneren herrschen weiße Farbtöne vor, mit auffälligen Details in kontrastierendem Rot.

Bij het ontwerp van dit kleine huis werd er rekening mee gehouden dat er later nog modules bijgebouwd konden worden. De grote pergola aan de achterkant is in gebruik als woonkamer. Daardoor was er ruimte voor drie slaapkamers op de eerste etage. In het interieur overheersen wittinten, met opvallende details in contrastief rood.

Esta pequeña casa fue diseñada considerando una posible expansión mediante módulos. La gran pérgola construida en la parte trasera hace las veces de sala de estar y permite añadir tres habitaciones a la primera planta. En el interior, los colores predominantes son los blancos, con llamativos detalles en contrastante rojo.

Questa piccola casa è stata progettata considerando una possibile estensione tramite moduli. Il grande pergolato costruito nella parete posteriore fa le veci del soggiorno e consente di aggiungere tre stanze al primo piano. All'interno, i colori dominanti sono i bianchi, con vistosi dettagli in un rosso di contrasto.

Esta pequena casa foi desenhada considerando uma possível expansão por meio de módulos. A grande pérgula construída na parte das traseiras é utilizada como sala de estar e permite acrescentar três assoalhadas ao andar de cima. No interior, as cores predominantes são os tons de branco com contrastantes pormenores a vermelho.

Detta mindre hus har utformats med idén att kunna utvidga det med moduler. Den stora pergolan som byggts på baksidan fungerar som vardagsrum och gör det möjligt att lägga till tre sovrum till den första våningen. På insidan är de dominerande färgerna vita, med iögonfallande detaljer i rött som sticker ut mot det övriga.

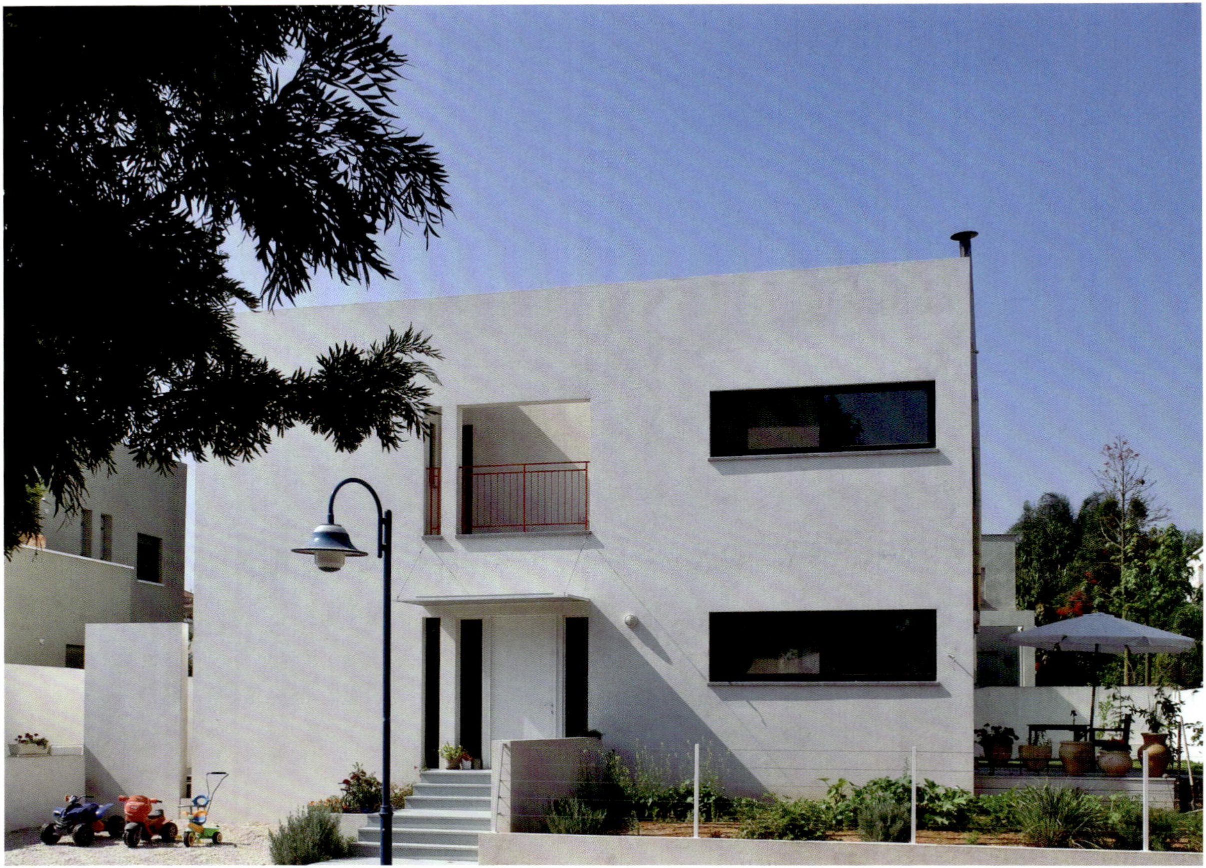

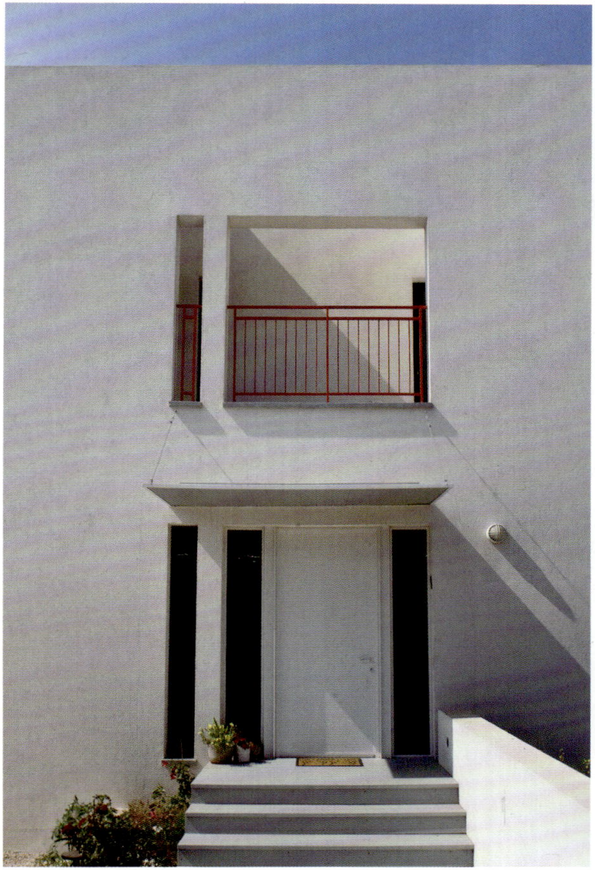
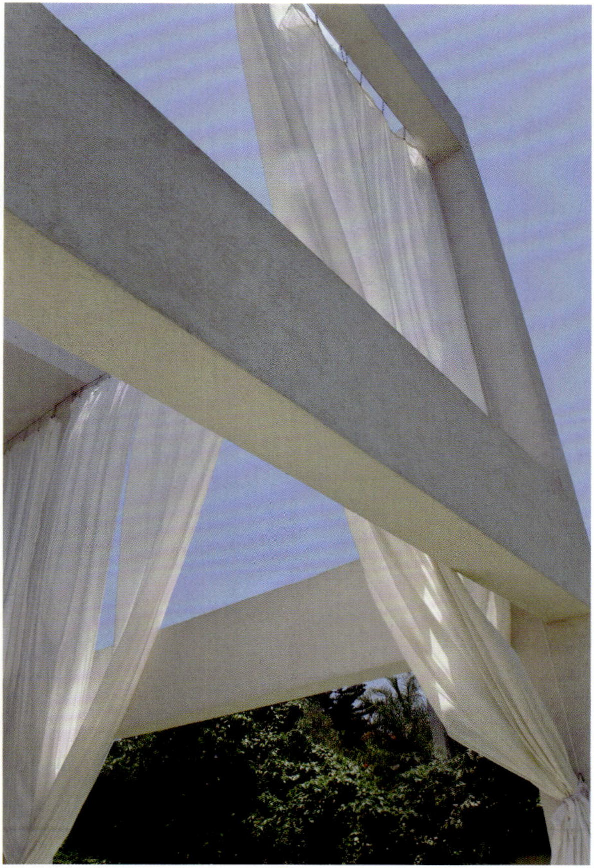

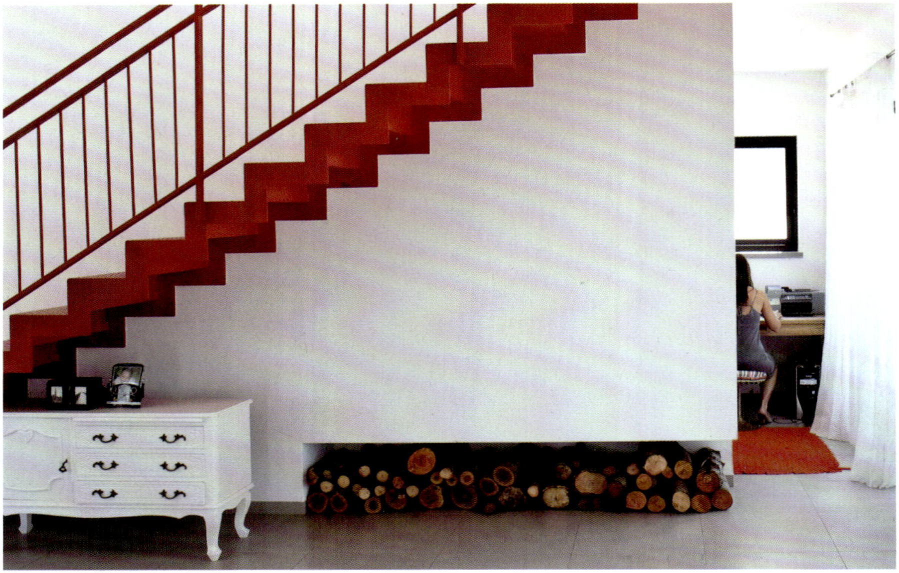

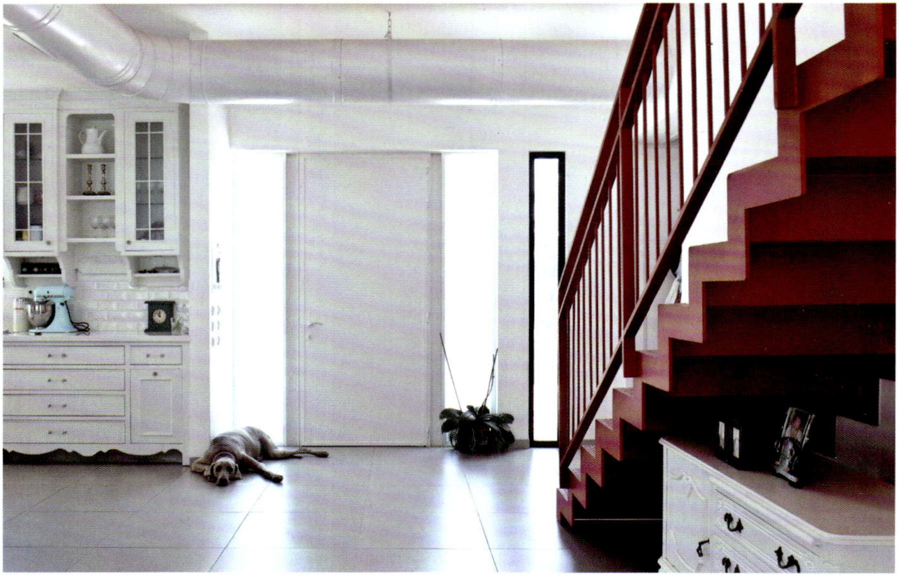

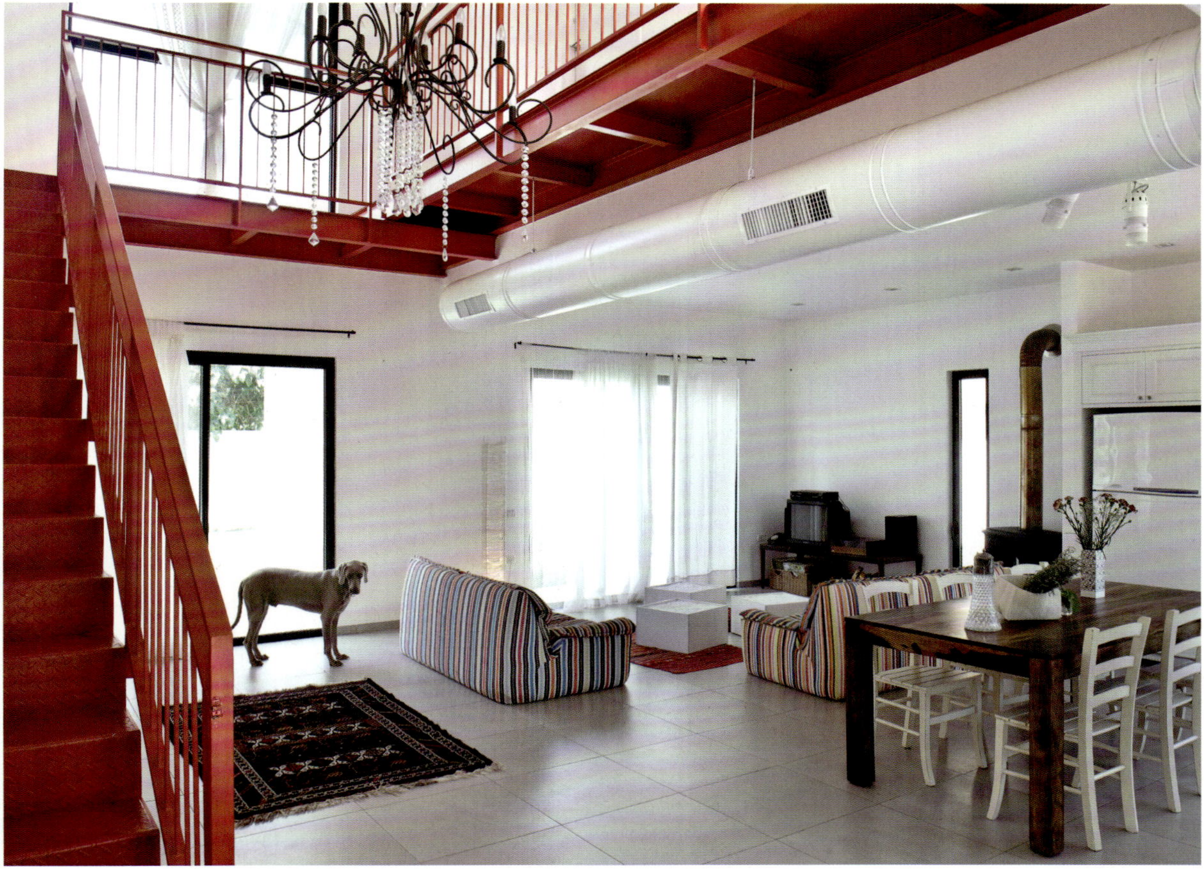

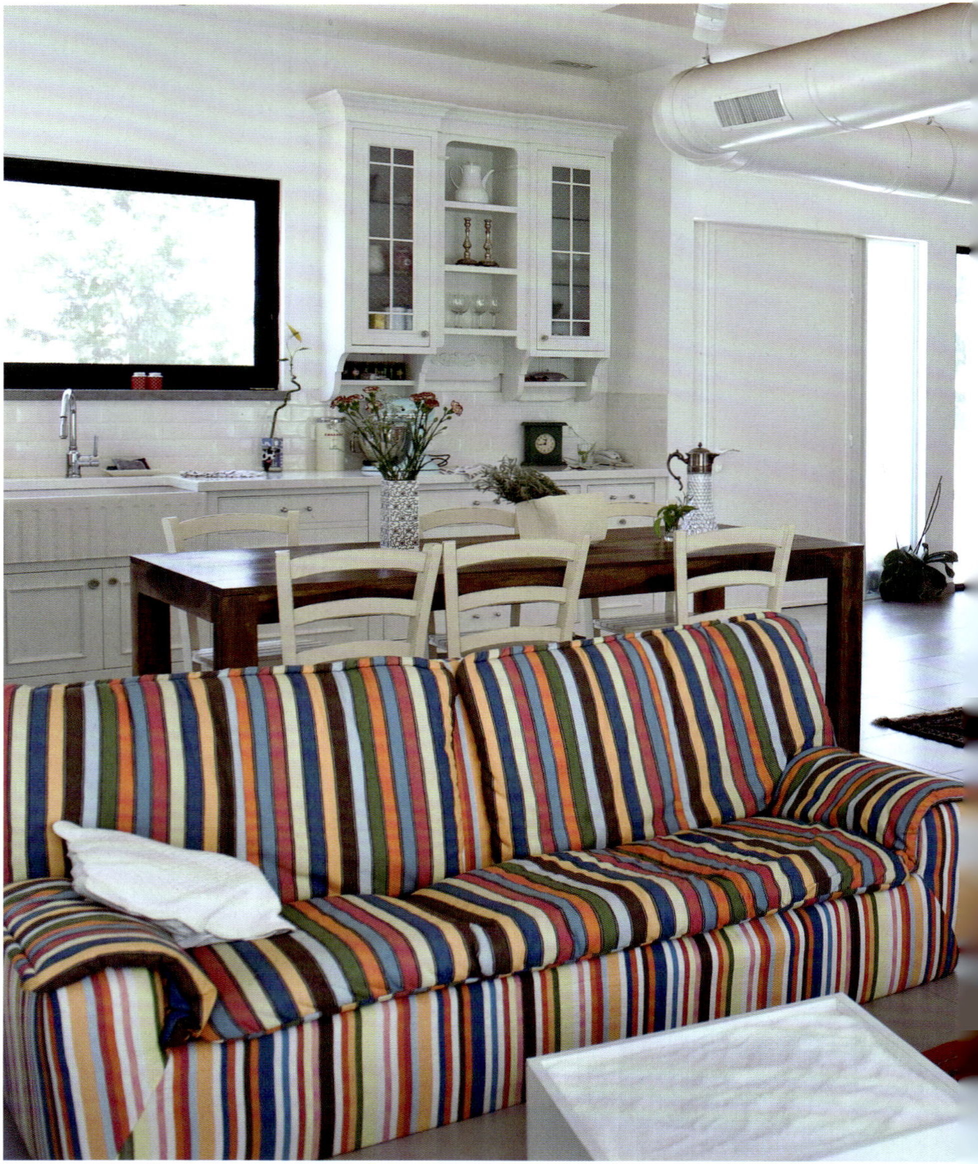

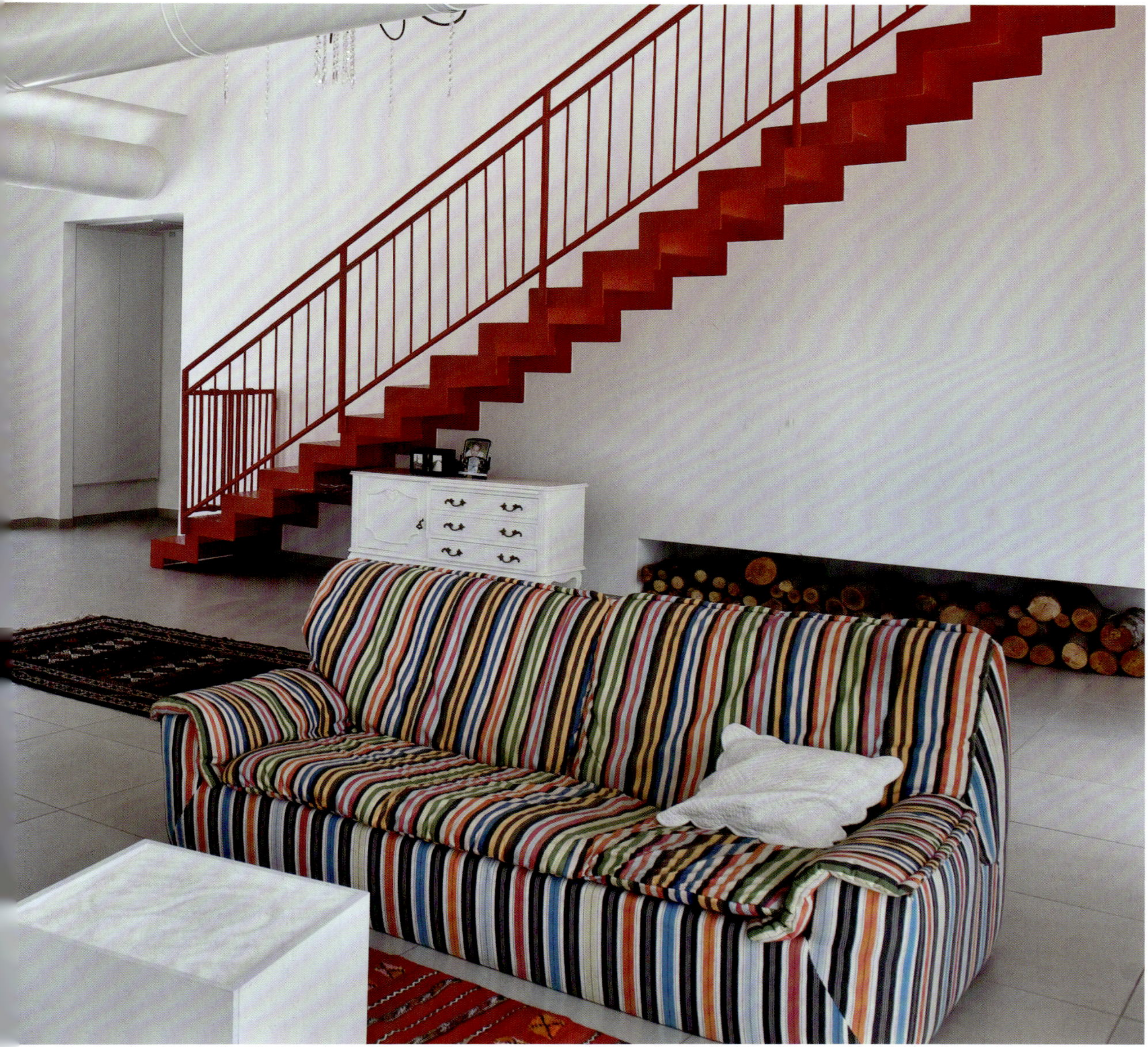

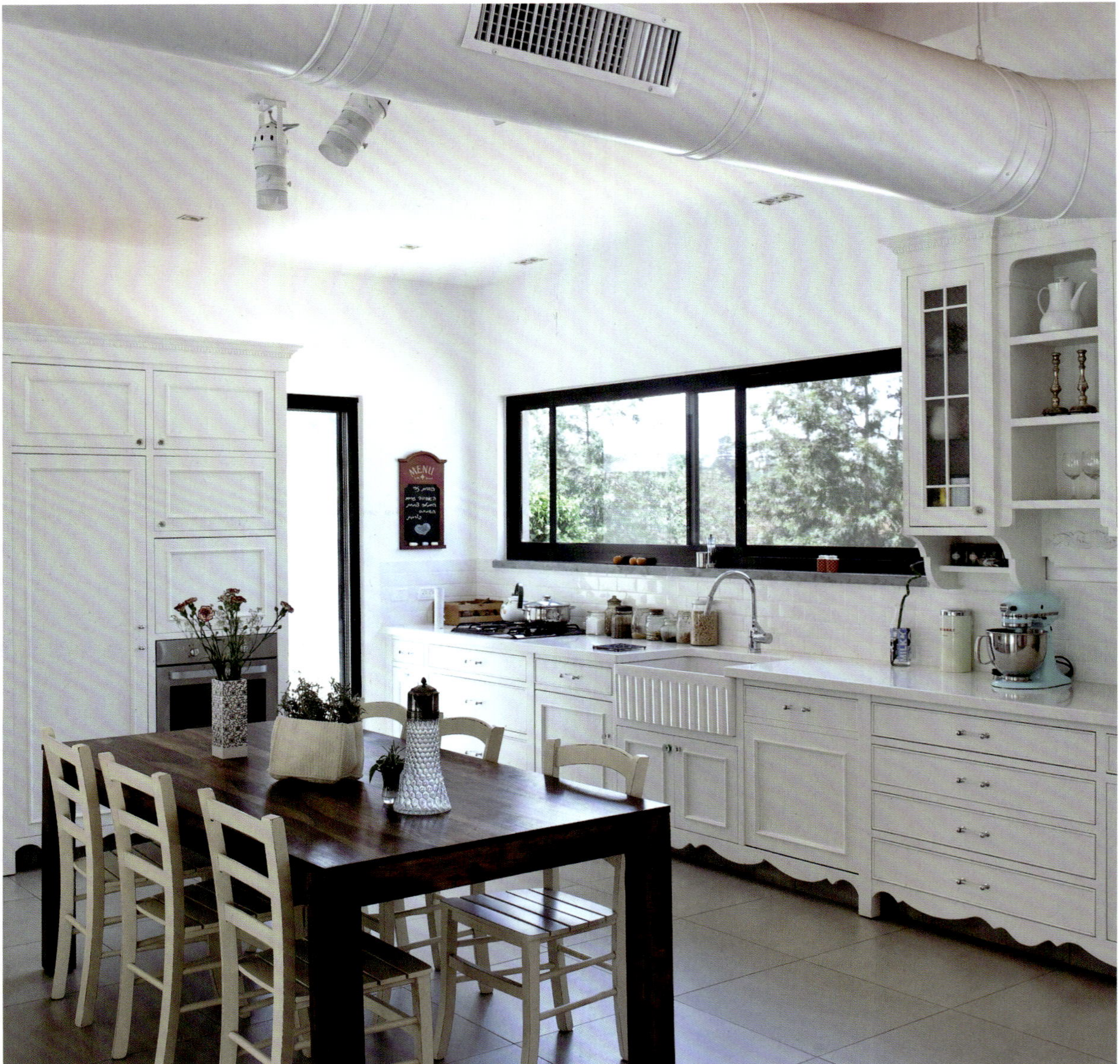
MENU

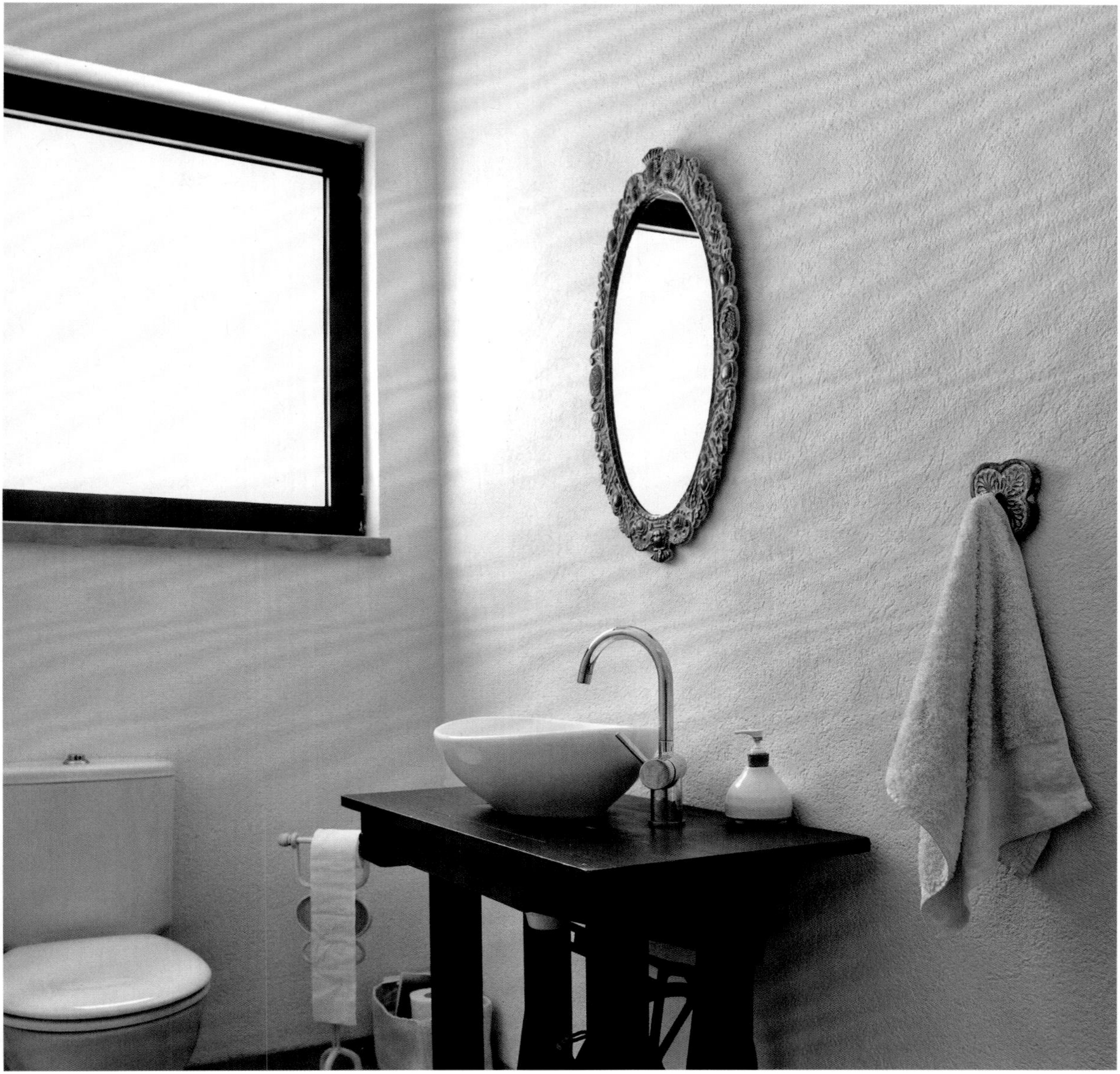

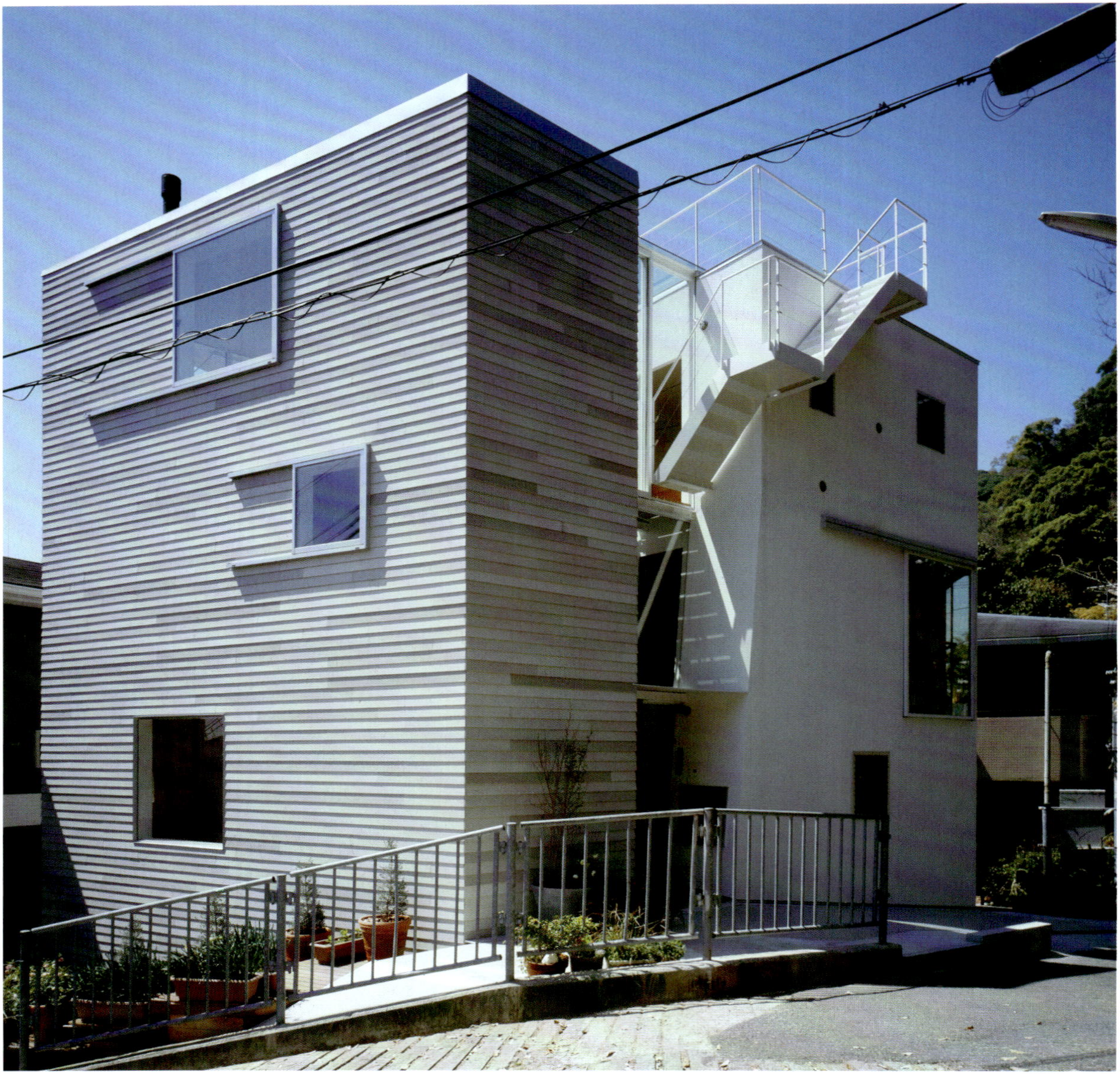

TATO HOUSE

Tato Architects
Kobe, Hyogo, Japan
© Satoshi Shigeta

This three-storey house is characterized by its narrowness and its structure. It is composed of two blocks joined by an internal staircase that ascends to the roof. The space between the blocks is covered by a glass wall that helps to heat the house in the winter. In summer the upper windows can be opened to increase airflow.

Cette maison à trois étages se caractérise par son étroitesse et sa structure composée de deux blocs réunis par un escalier interne qui monte jusqu'à la toiture. L'espace entre les deux blocs est recouvert d'un mur vitré qui permet de réchauffer la maison en hiver. En été, les fenêtres supérieures s'ouvrent pour créer un courant d'air.

Dieses dreistöckige Haus wird geprägt durch seine Schmalheit und seine Zusammensetzung, die aus zwei Blöcken besteht. Diese werden von einer innen liegenden Treppe miteinander verbunden, die bis zum Dach führt. Der Raum zwischen den beiden Blöcken wurde mit einer Glaswand überspannt, die es ermöglicht, das Haus im Winter zu heizen. Im Sommer werden die oberen Fenster geöffnet, sodass Durchzug entsteht.

De karakteristieke elementen van dit huis, dat drie etages heeft, zijn de smalheid en de bouwstructuur. Het huis bestaat uit twee blokken die met elkaar verbonden zijn via een interne trap die doorloopt tot het dak. De ruimte tussen de twee blokken heeft een glazen muur, waardoor het huis in de winter voldoende warmte krijgt. In de zomer zorgen de open ramen op de bovenste etage ervoor dat het huis goed geventileerd kan worden.

Esta casa de tres plantas se caracteriza por su estrechez y su estructura, compuesta por dos bloques unidos por una escalera interna que asciende hasta la cubierta. El espacio entre ambos bloques está revestido de un muro de cristal que permite calentar la casa en invierno. En verano se abren las ventanas superiores, obteniendo así corriente de aire.

Questa casa di tre piani è caratterizzata dal suo essere stretta e dalla sua struttura, costituita da due blocchi uniti da una scala interna che sale fino al tetto. Lo spazio fra i due blocchi è ricoperto da un muro di vetro che permette di riscaldare la casa in inverno. D'estate si aprono le finestre superiori, ottenendo così una corrente d'aria.

Esta casa de três andares caracteriza-se por ser muito estreita e pela sua estrutura, formada por dois blocos unidos por uma escada interior que sobe até ao telhado. O espaço entre ambos os blocos está preenchido por uma parede de vidro, que permite aquecer a casa no inverno. No verão, abrem-se as janelas superiores, de modo a criar uma corrente de ar.

Detta trevåningshus kännetecknas av sitt smala utrymme och sin konstruktion, som består av två husblock, förenade genom en innertrappa som går upp till taktäckningen. Utrymmet mellan de båda husblocken har en vägg av glas som gör att huset kan värmas upp på vintern. Under sommaren öppnas de övre fönstren för att ge korsdrag.

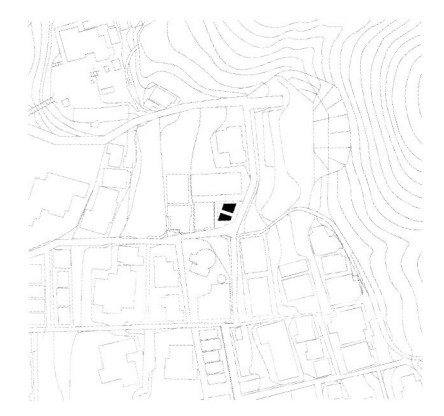

Site plan / Plan du site

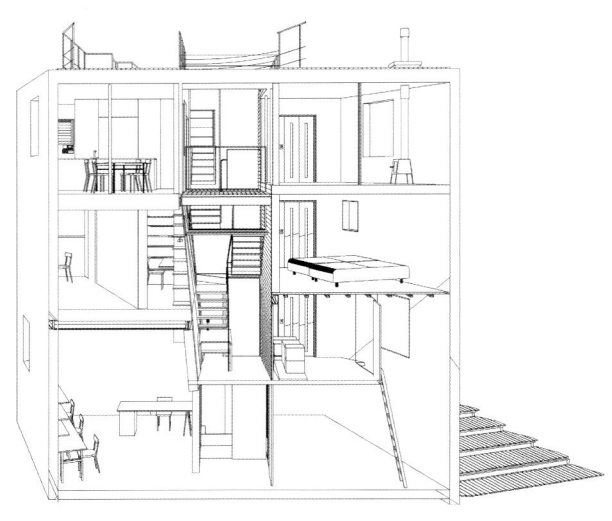

Section / Coupe

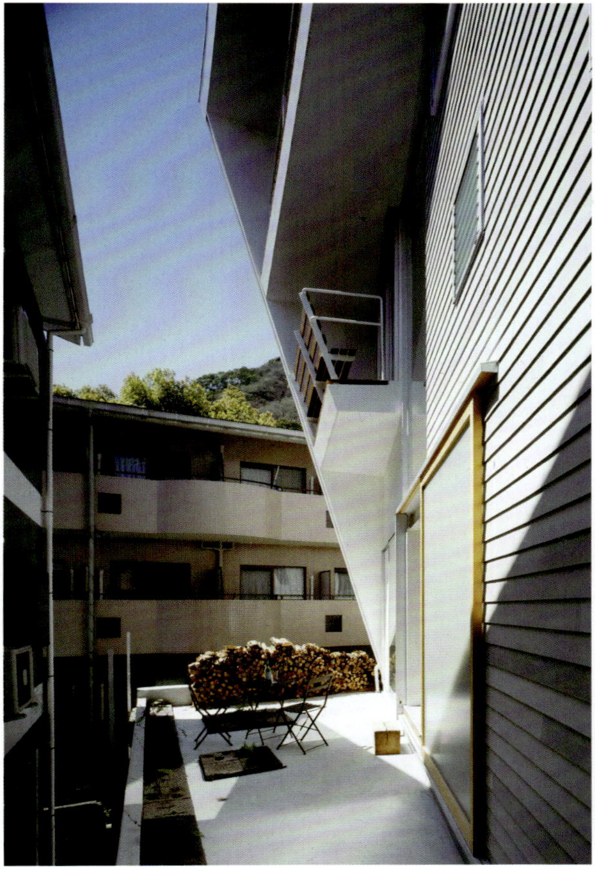

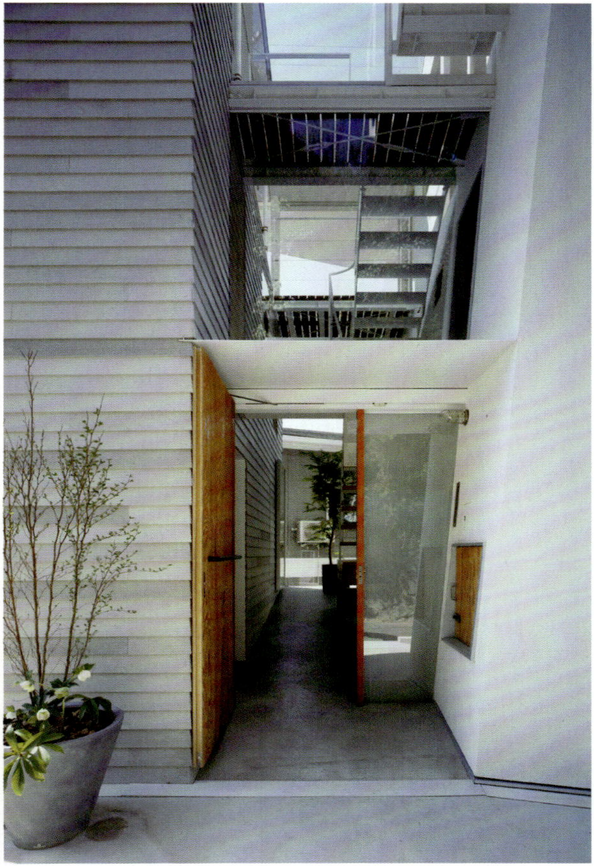

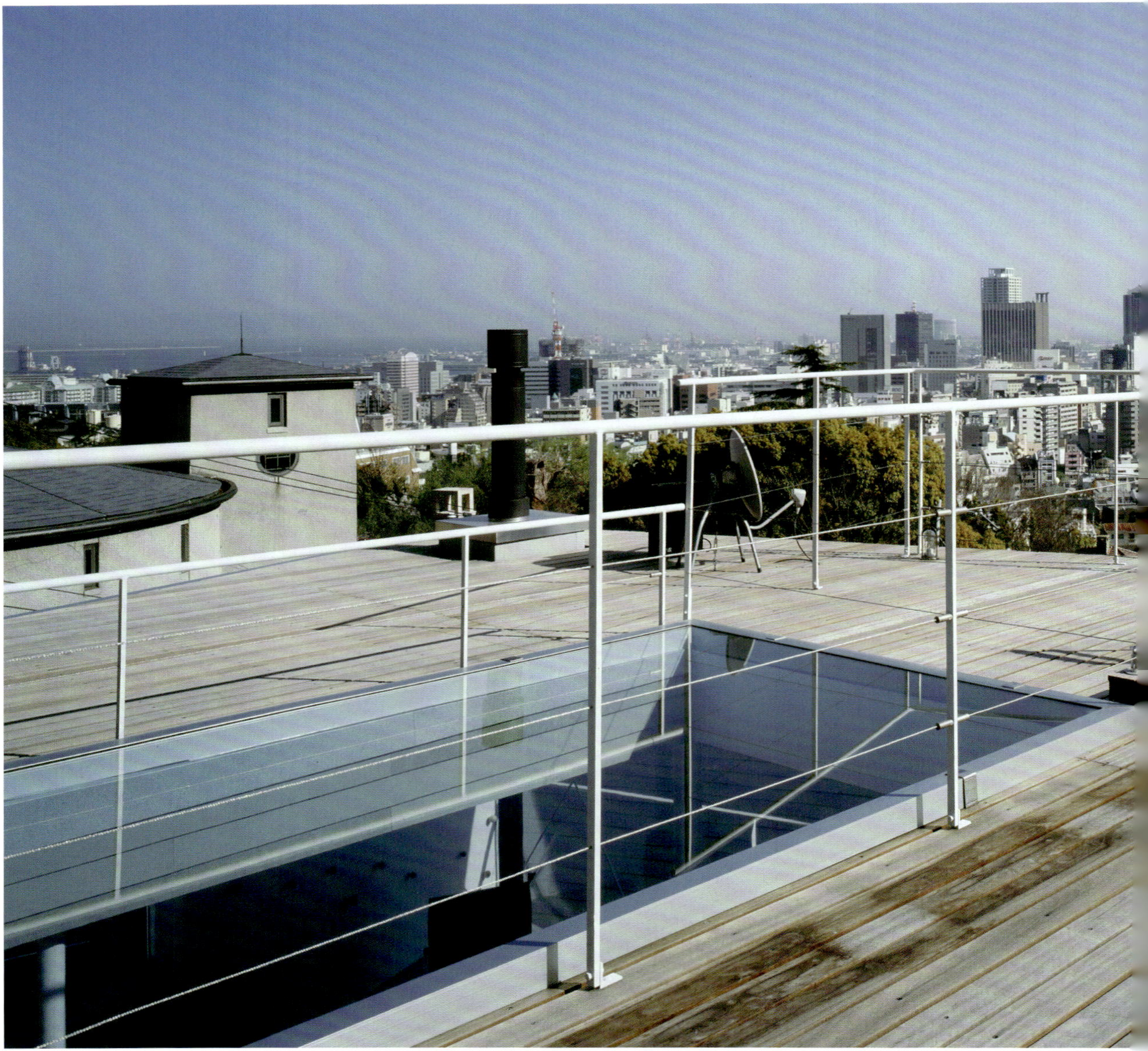

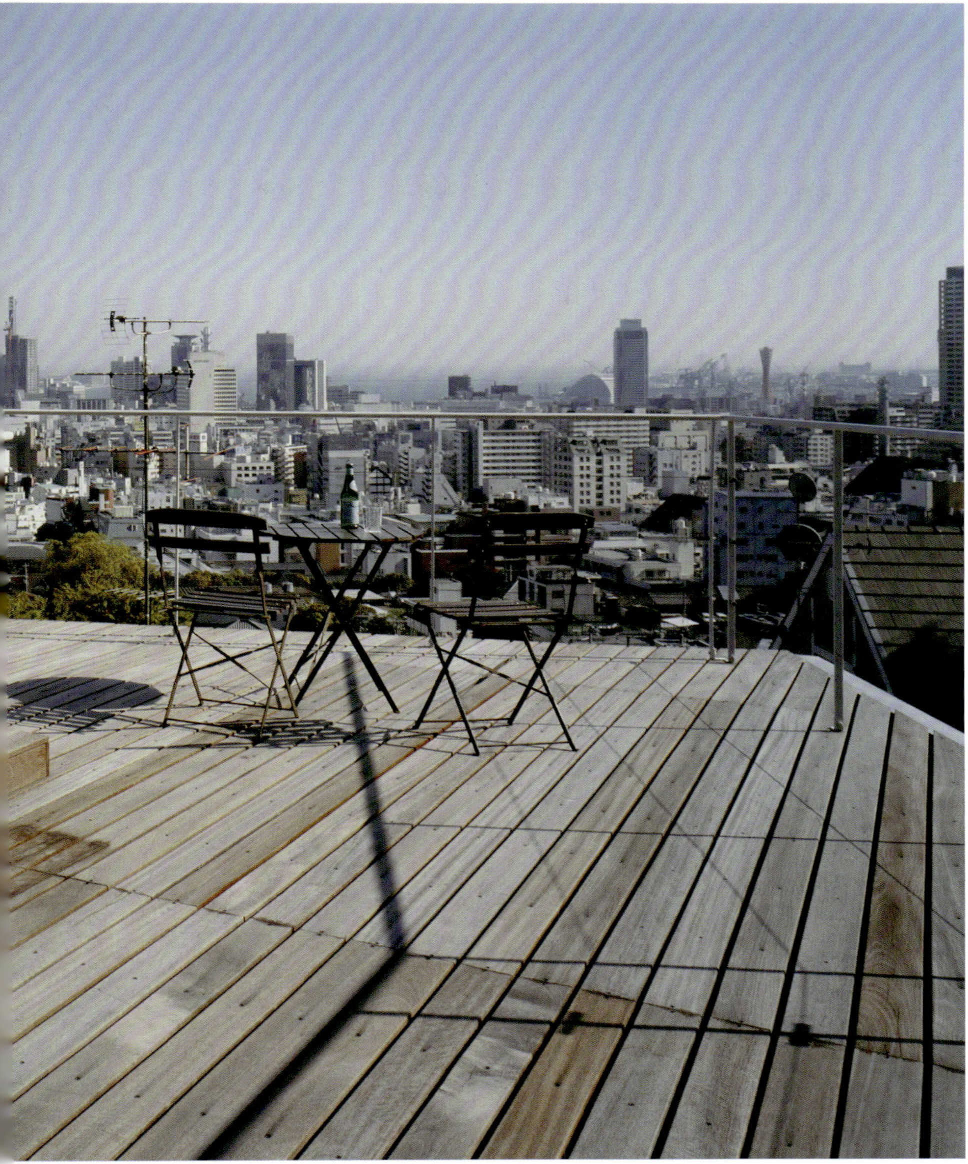

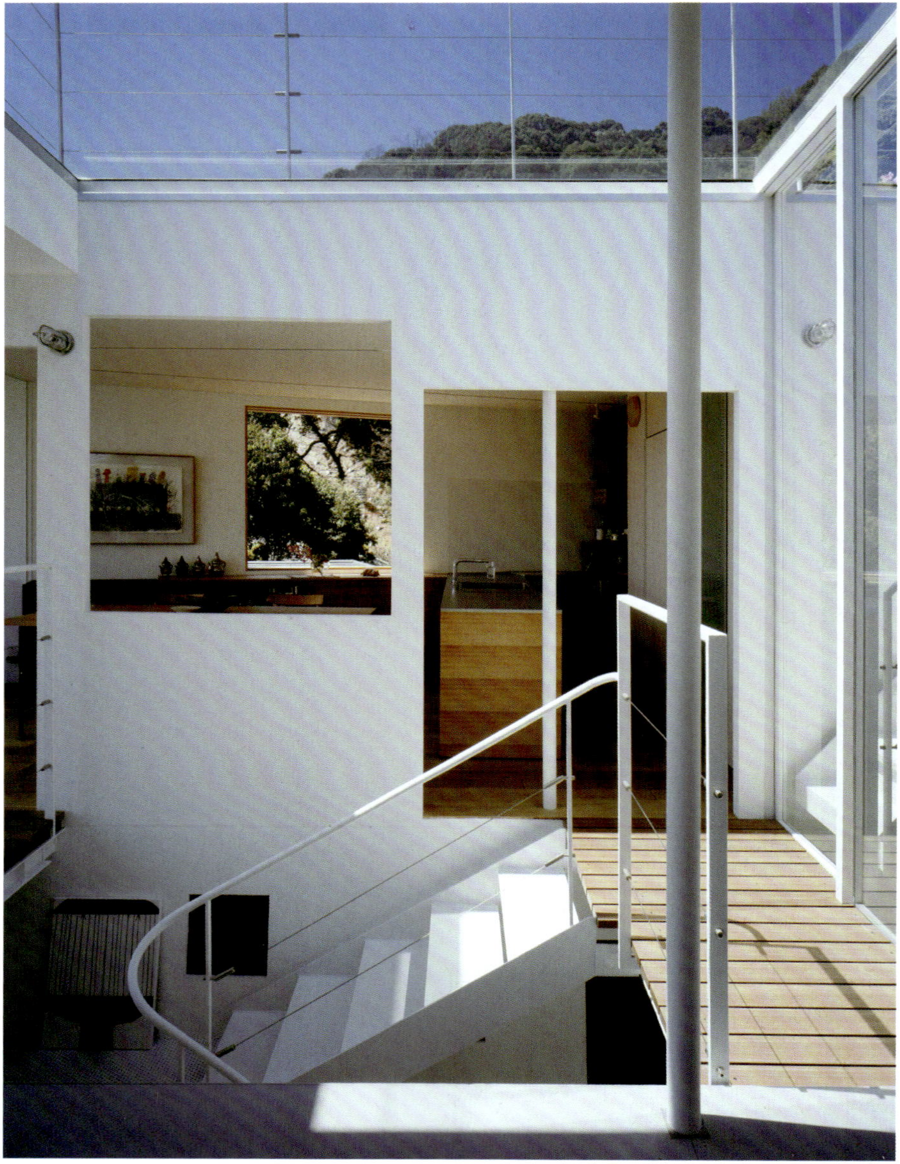

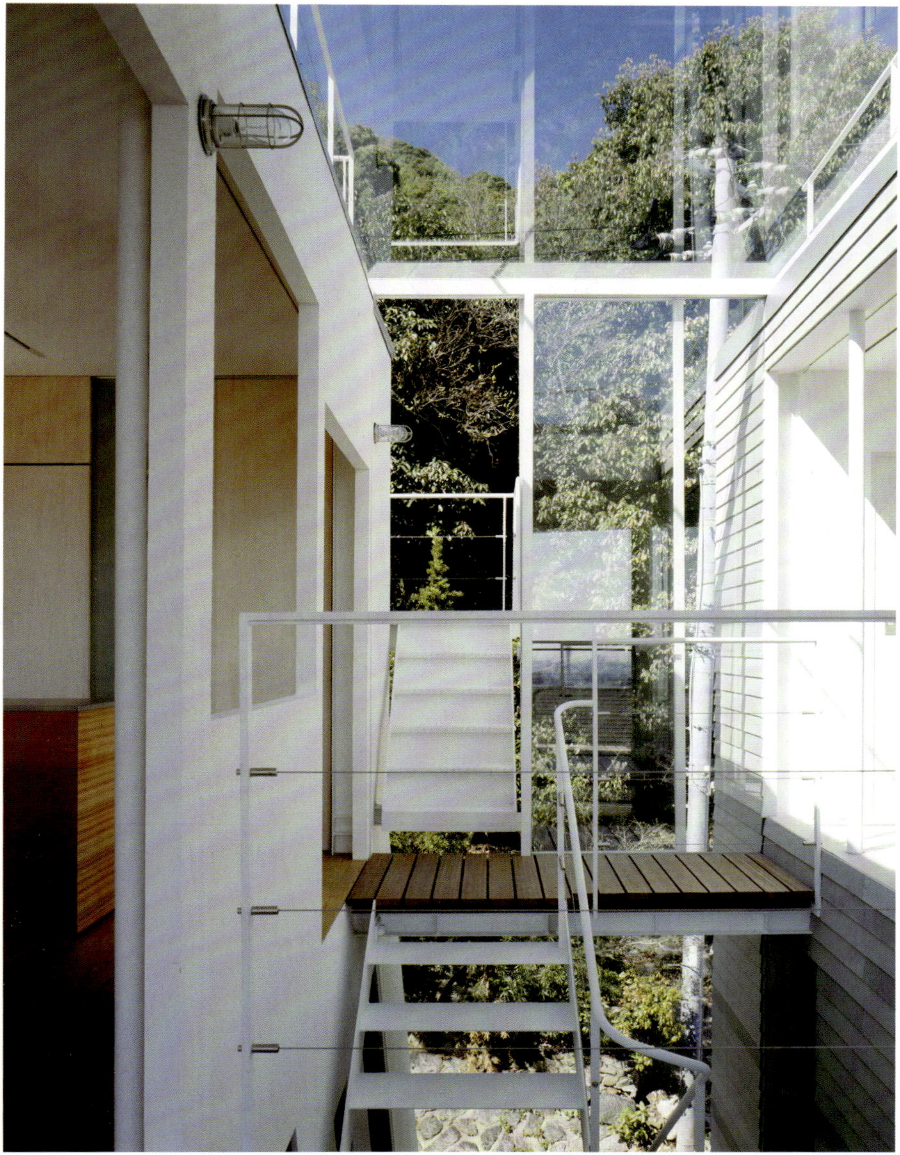

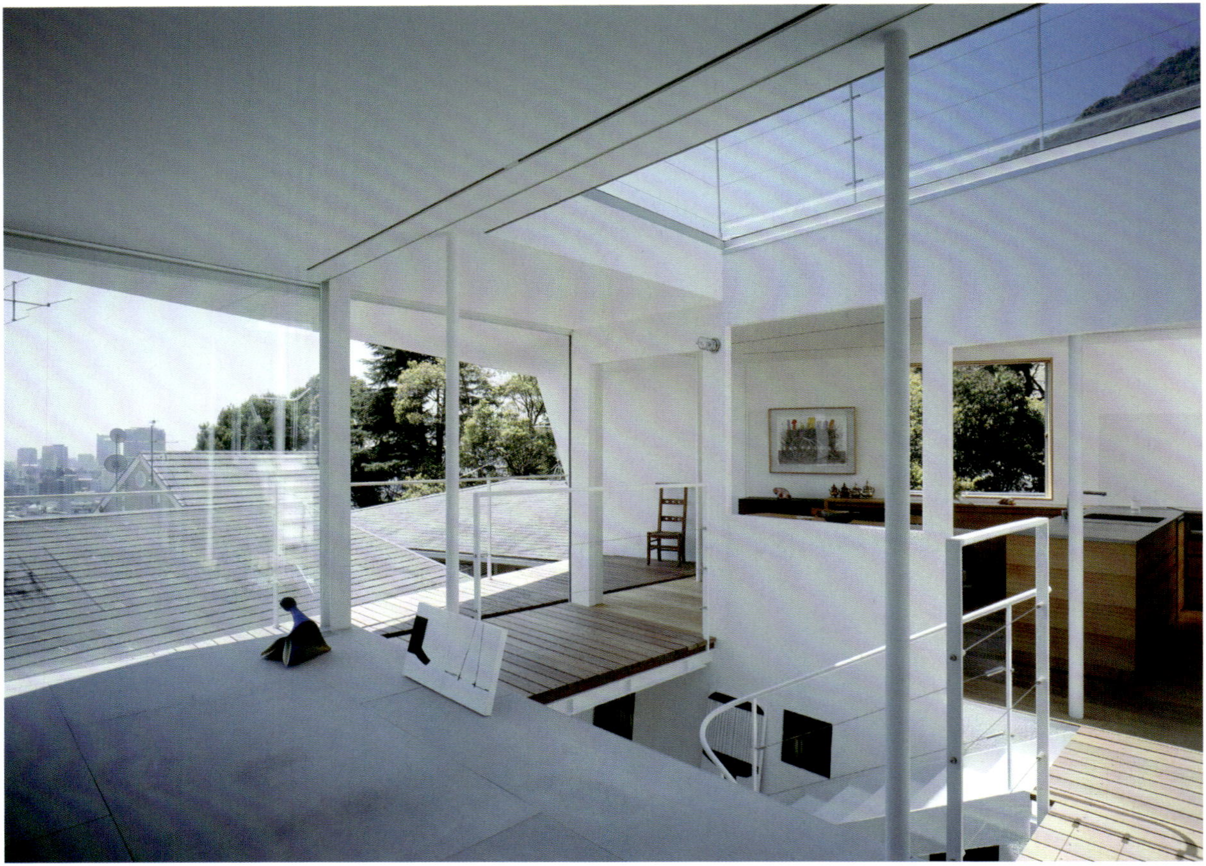

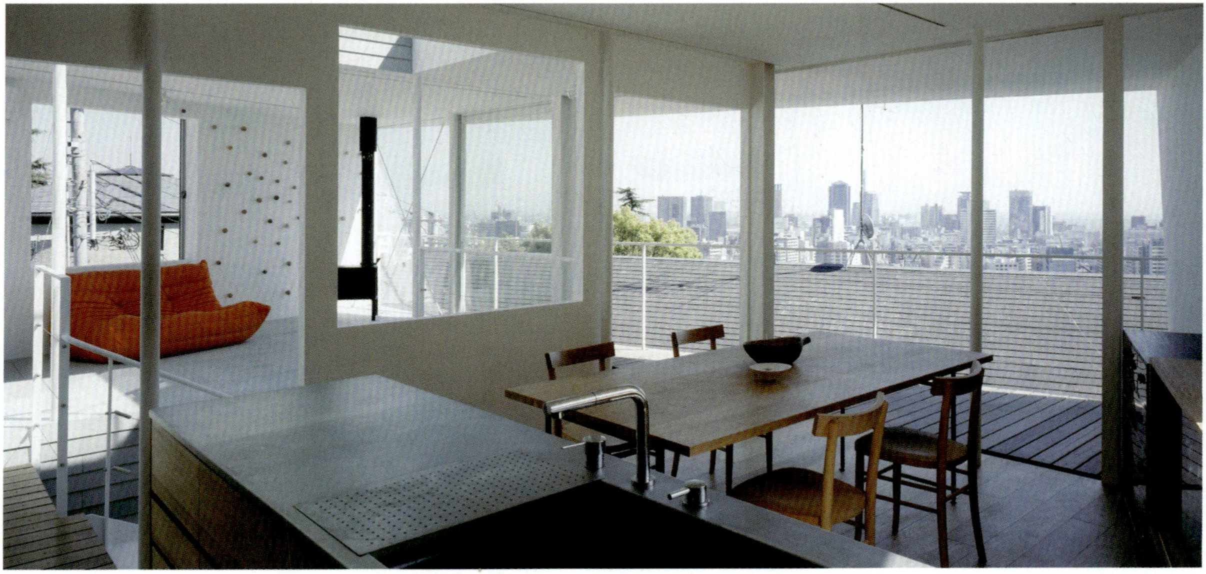

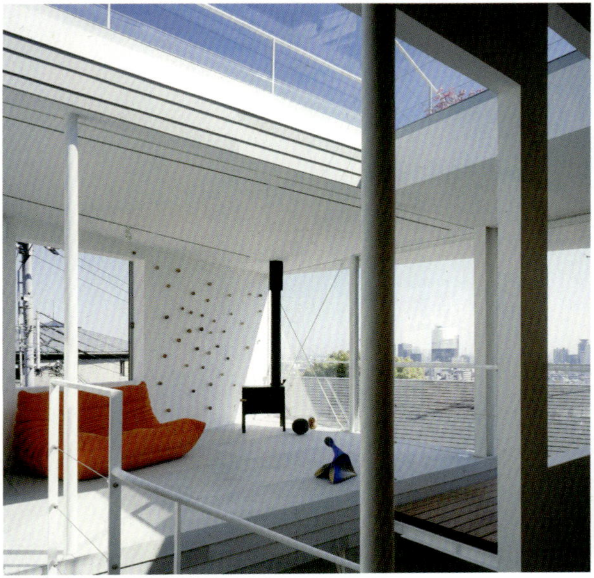

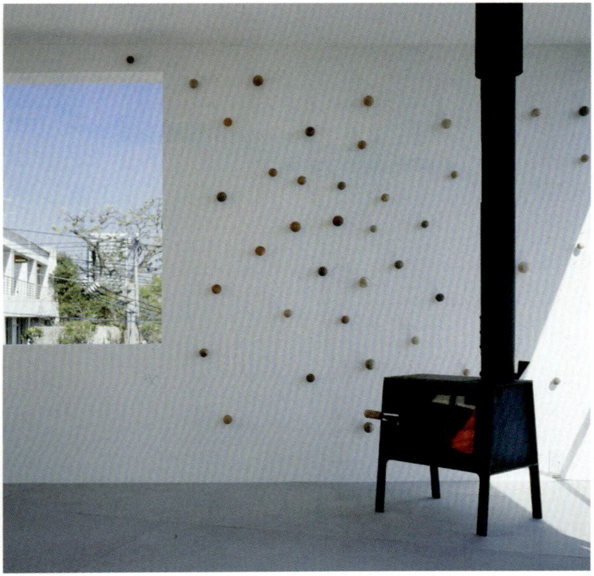

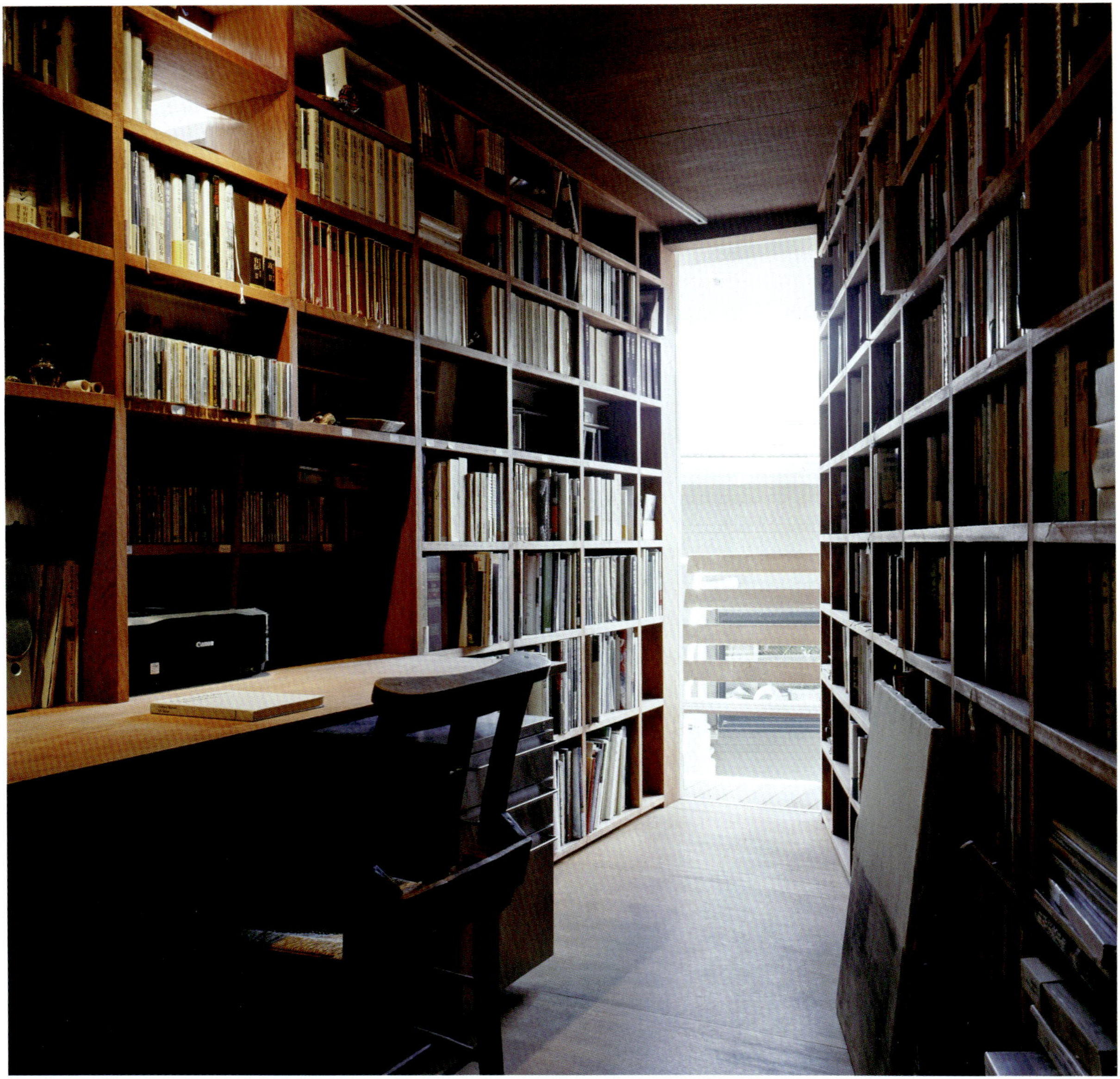

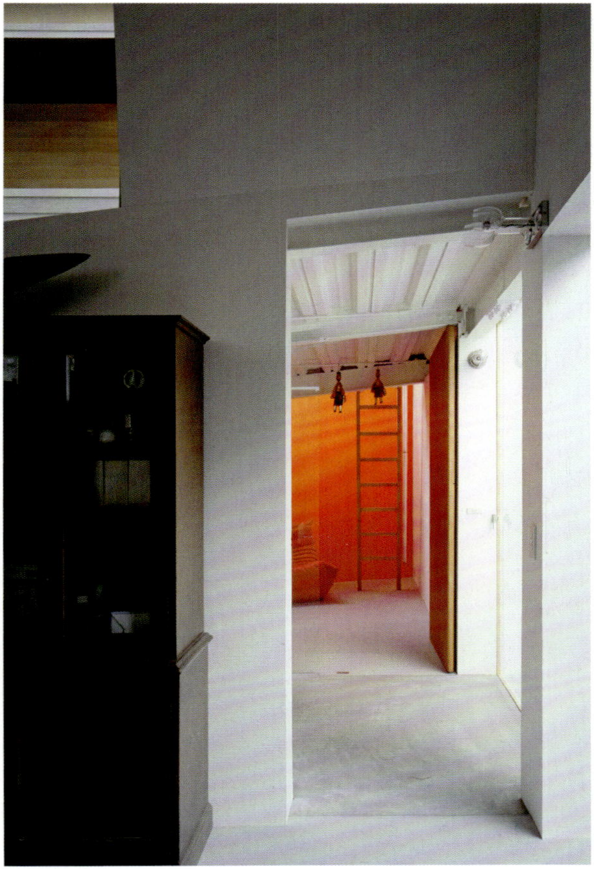

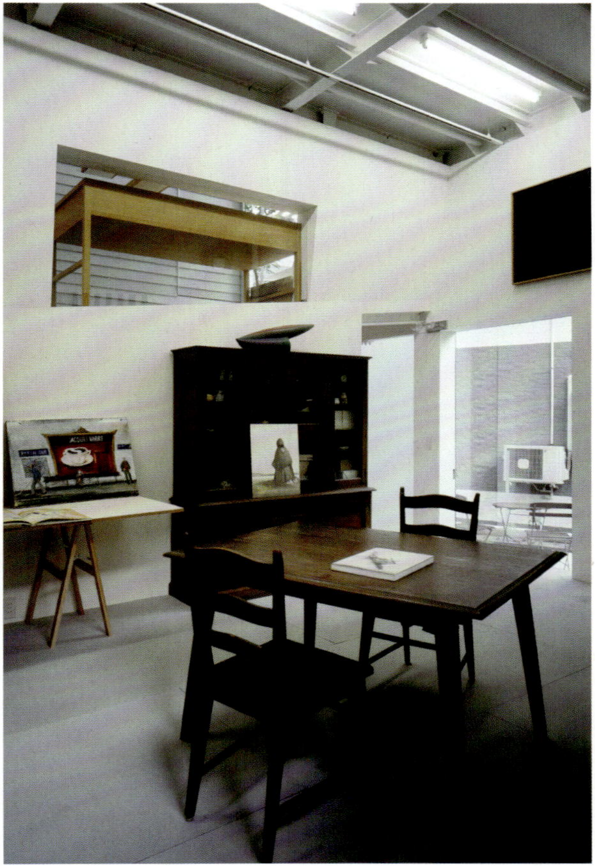

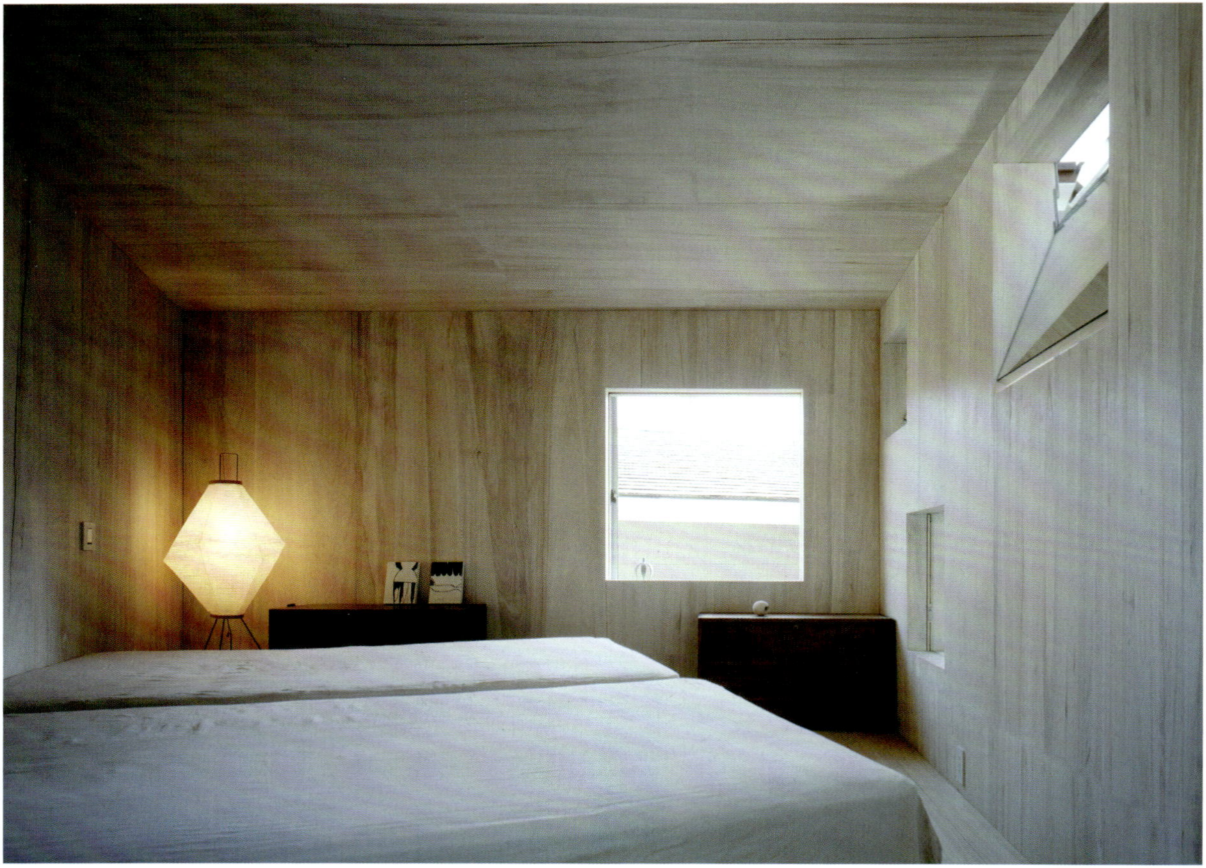

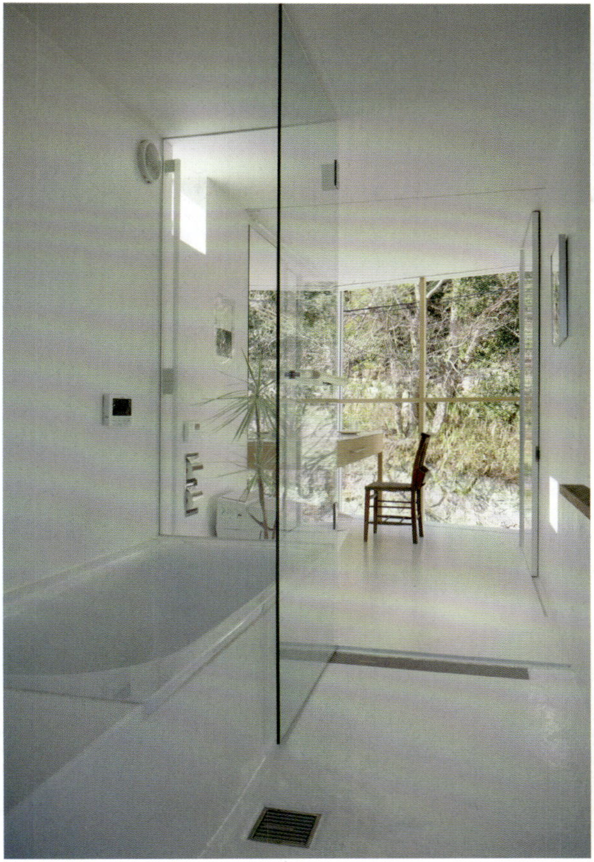

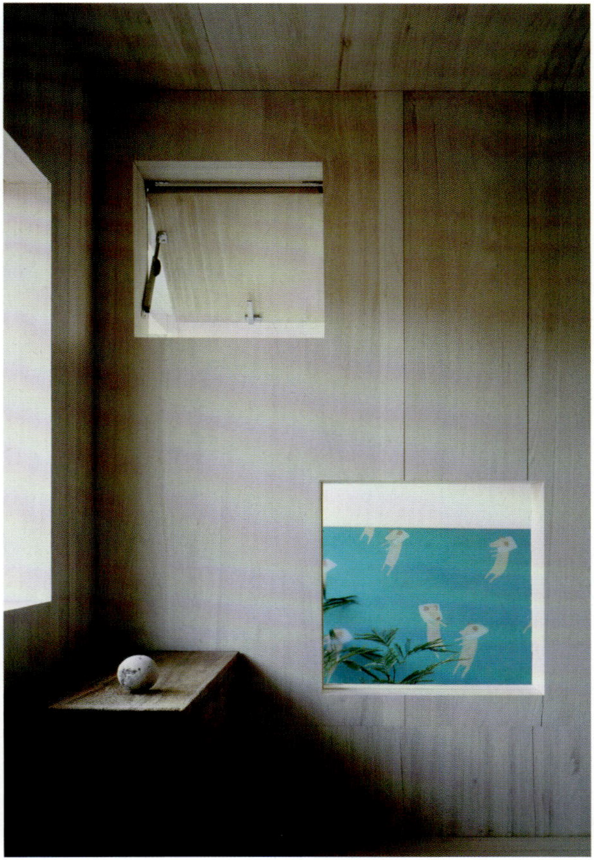

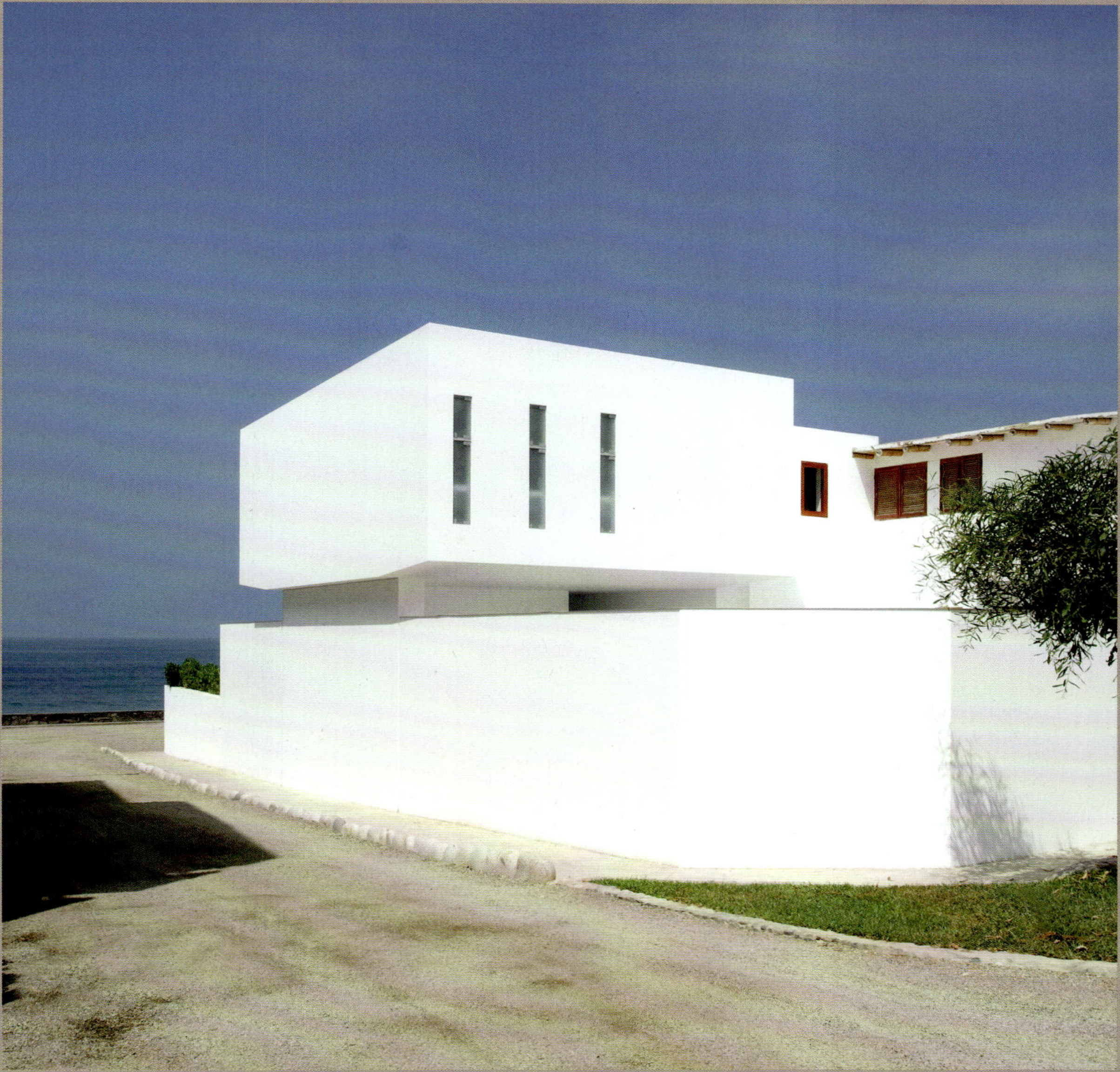

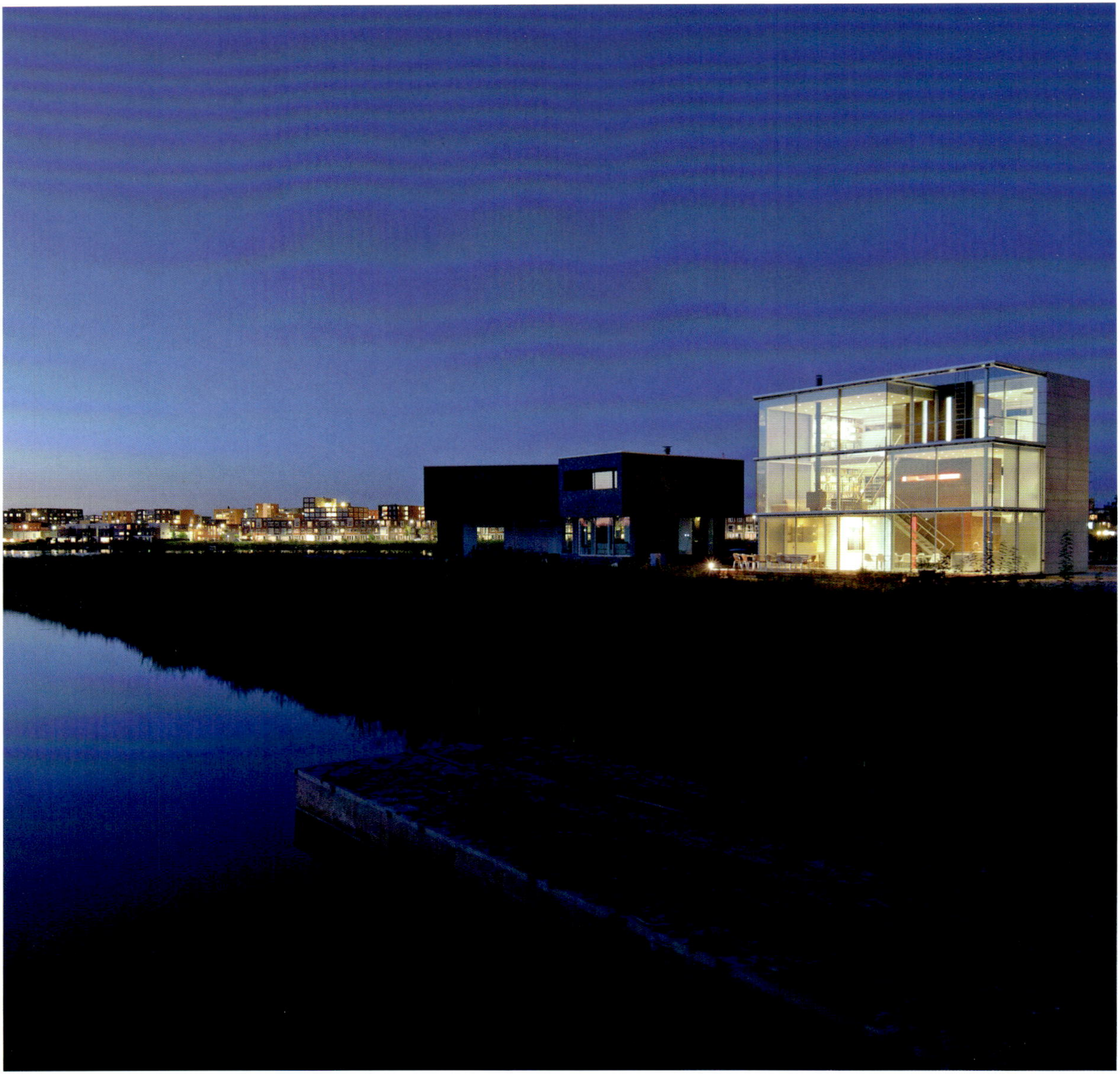

RIETEILAND HOUSE

Hans van Heeswijk Architects
Amsterdam, The Netherlands
© Imre Csany / Csany Studio

This house is hidden behind a façade of aluminium sheeting and the back wall is made of glass, which opens up the house to the sunset. In the centre of the house is the 'magic box'; a large hollow column that goes through the three floors and contains bathrooms and storage spaces.

Cette maison se cache derrière une façade en panneaux d'aluminium à l'avant, tandis que la façade arrière s'ouvre au coucher du soleil par le biais d'un mur en verre. Au centre de l'habitation se trouve la boîte magique, une grande colonne creuse qui traverse les trois étages et dans laquelle se trouvent les salles de bains et des espaces de rangement.

Der vordere Teil dieses Hauses versteckt sich hinter einer Fassade aus Aluminiumplatten, während sich die hintere Fassade mithilfe einer verglasten Wand dem Sonnenuntergang öffnet. In der Mitte des Hauses findet man den "magischen Raum", eine große hohle Säule, die sich über alle drei Stockwerke erstreckt und in der sich Badezimmer und Stauräume befinden.

Dit huis is aan de voorzijde verborgen achter aluminium platen, maar aan de achtergevel opent het huis zich naar buiten via een glazen wand om de zonsondergang te kunnen bewonderen. In het midden van het huis staat de "magische doos", een grote, holle kolom die zich door drie verdiepingen heen boort en waarin zich de toiletten en de berging bevinden.

Esta casa se esconde detrás de una fachada de placas de aluminio por la parte delantera, mientras que la fachada trasera se abre a la puesta de sol mediante una pared acristalada. En el centro de la vivienda se encuentra la caja mágica, una gran columna hueca que atraviesa las tres plantas y en las que se hallan baños y espacios de almacenaje.

Questa casa si nasconde dietro ad una facciata di lastre di alluminio nella parte anteriore, mentre la facciata posteriore si apre sul tramonto attraverso una parete vetrata. Al centro dell'edificio si trova la scatola magica, una grande colonna vuota che attraversa i tre piani e in cui sono presenti bagni e zone ripostiglio.

Esta casa fica escondida por detrás de uma fachada de placas de alumínio na parte da frente, ao passo que as traseiras se abrem para o pôr-do-sol através de uma parede envidraçada. No centro da vivenda encontra-se a «caixa mágica», uma grande coluna oca que atravessa os três andares, onde se encontram as casa de banho e as zonas de arrumação.

Detta hus döljs bakom en fasad av aluminiumplattor på framsidan, medan den bakre fasaden öppnar sig mot solnedgången genom en glasvägg. I mitten av bostaden ligger den magiska lådan, en stor ihålig pelare som går genom de tre våningarna och i vilka det finns badrum och förvaringsutrymmen.

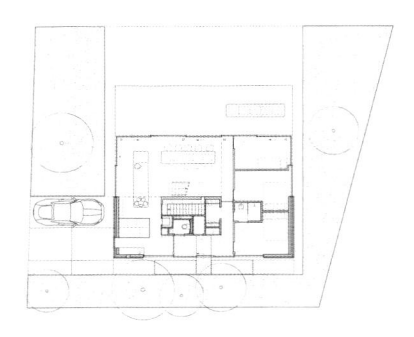

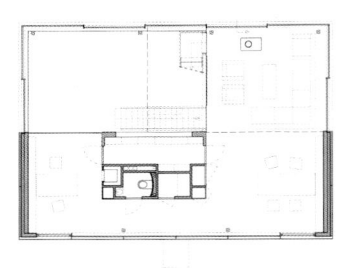

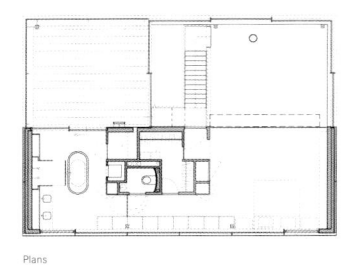

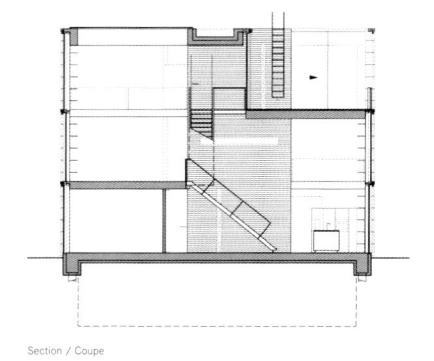

Plans

Section / Coupe

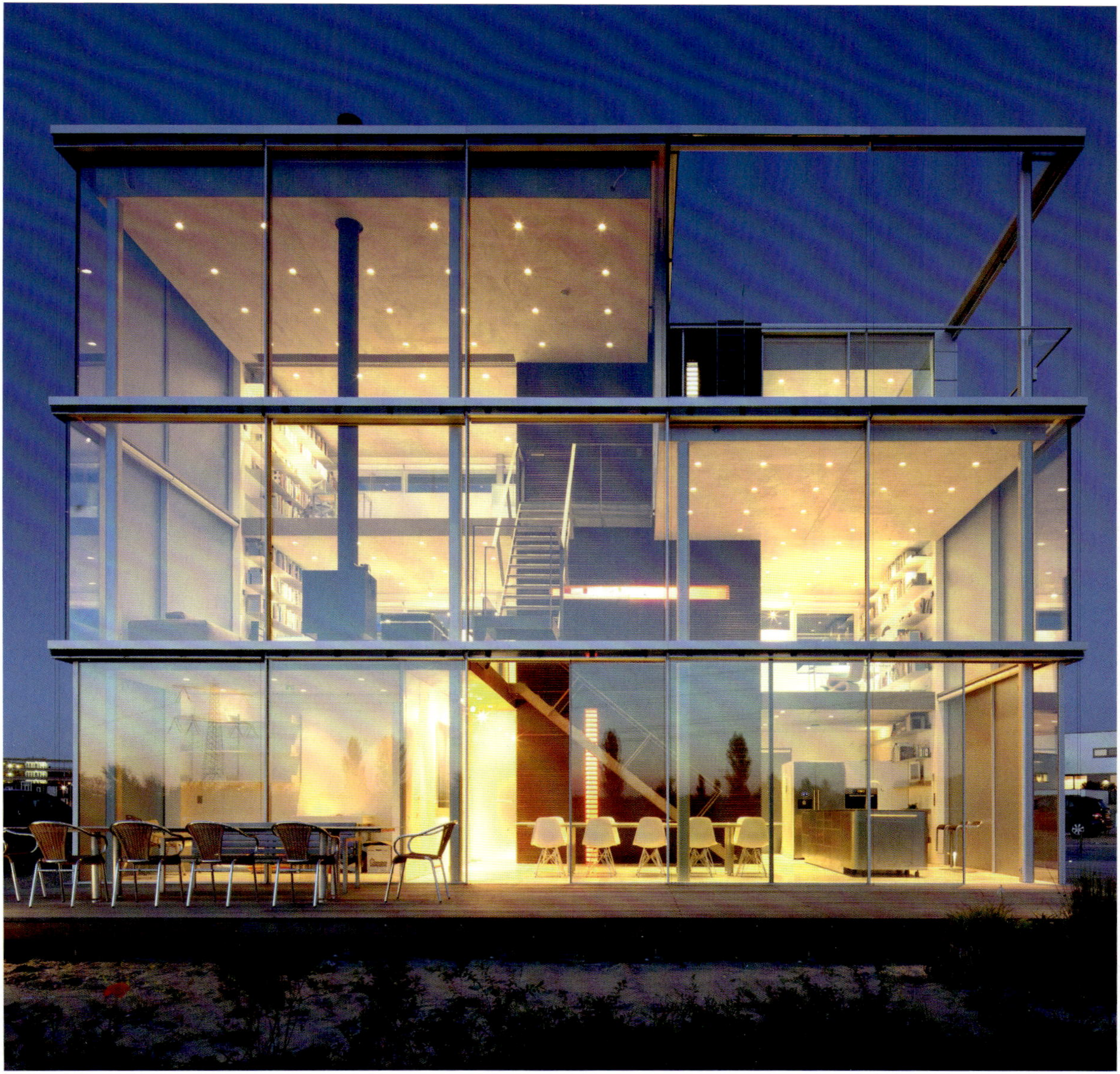

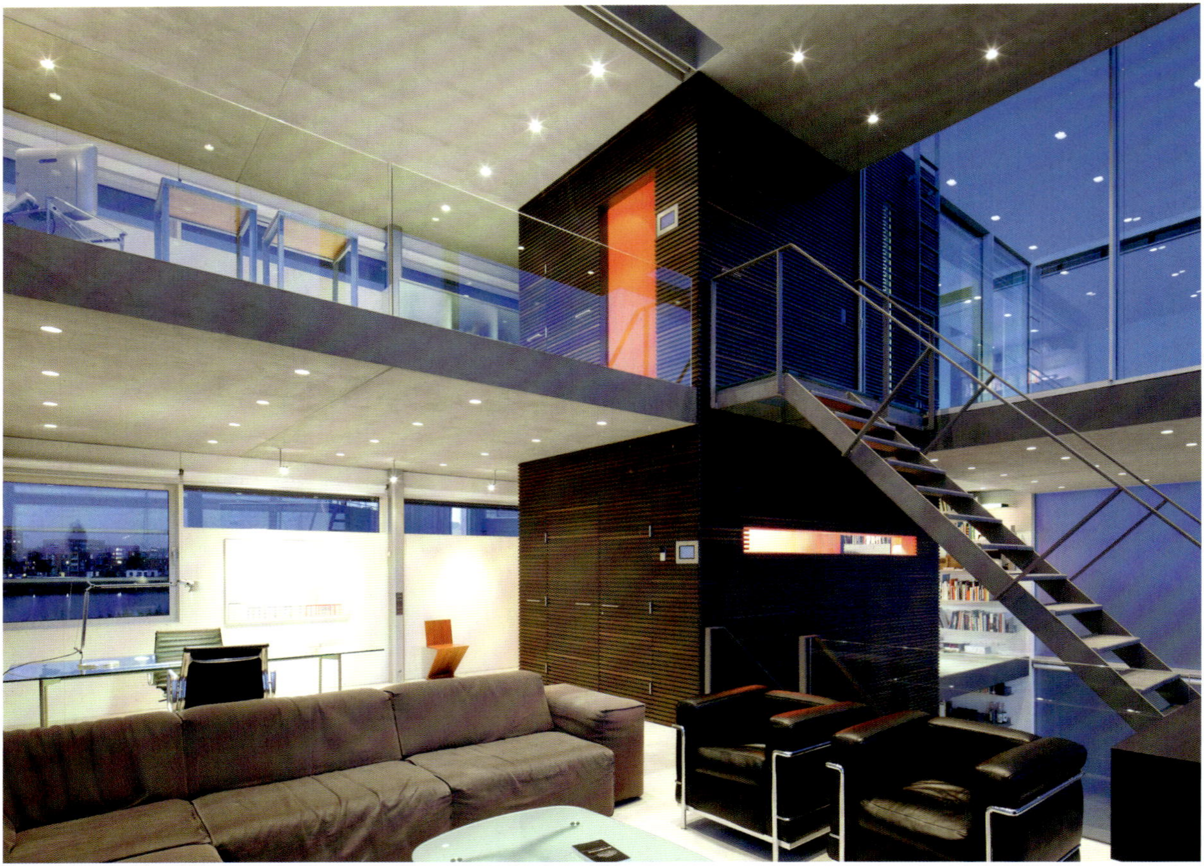

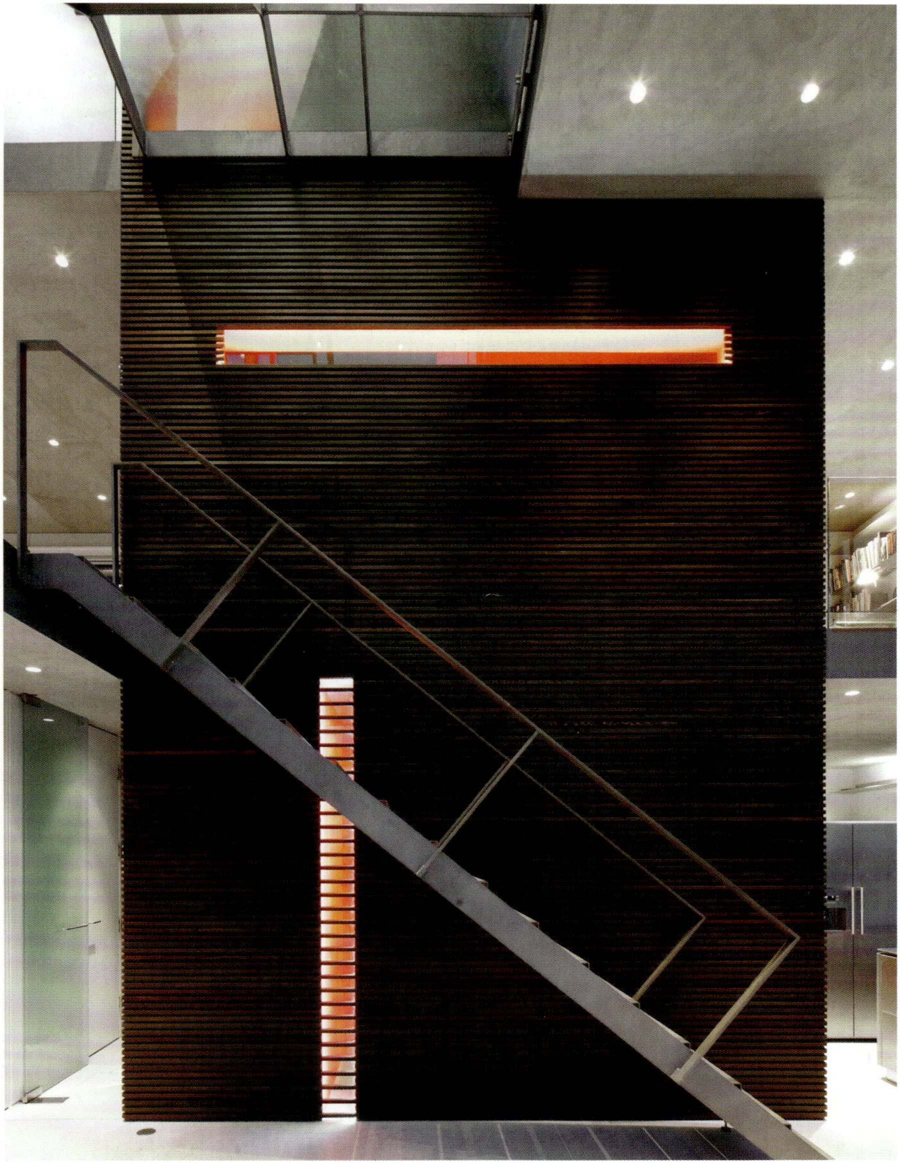

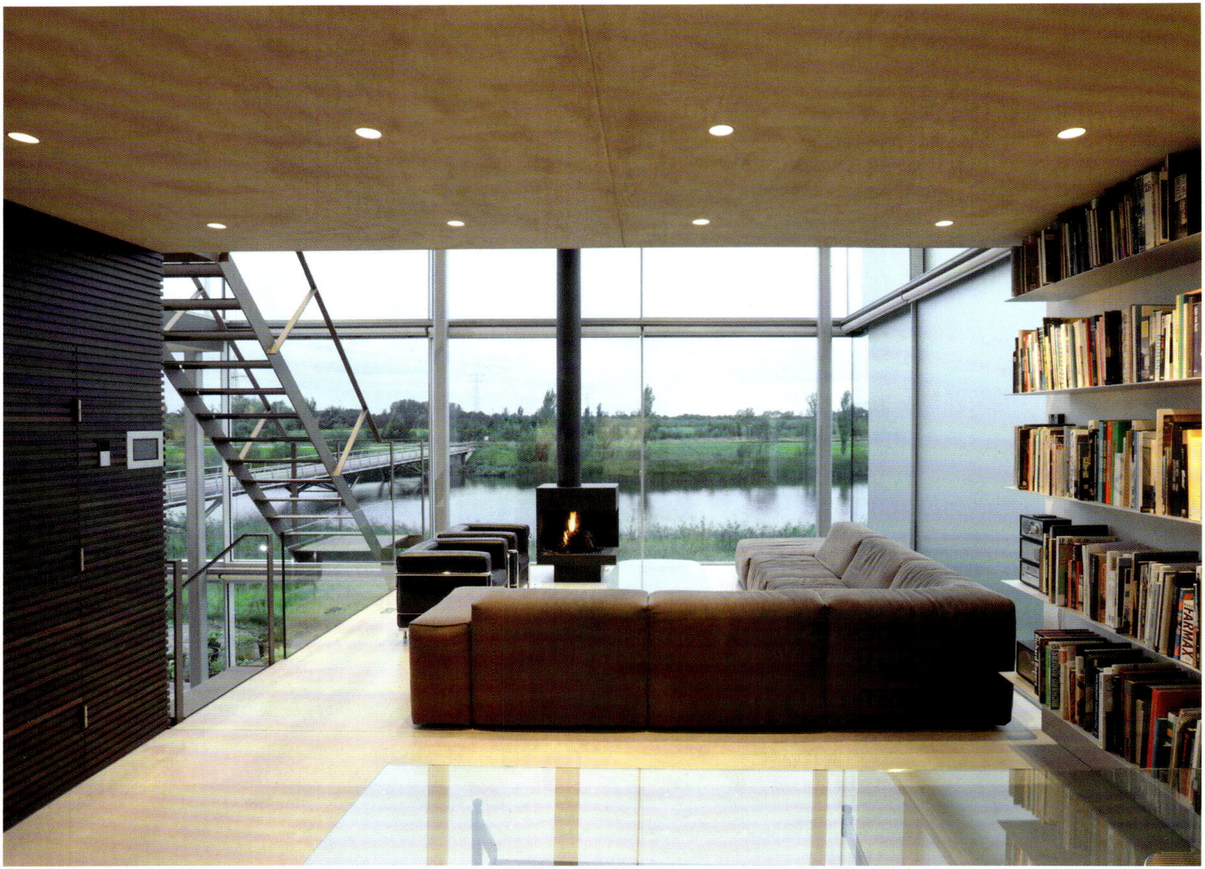
FARMAX

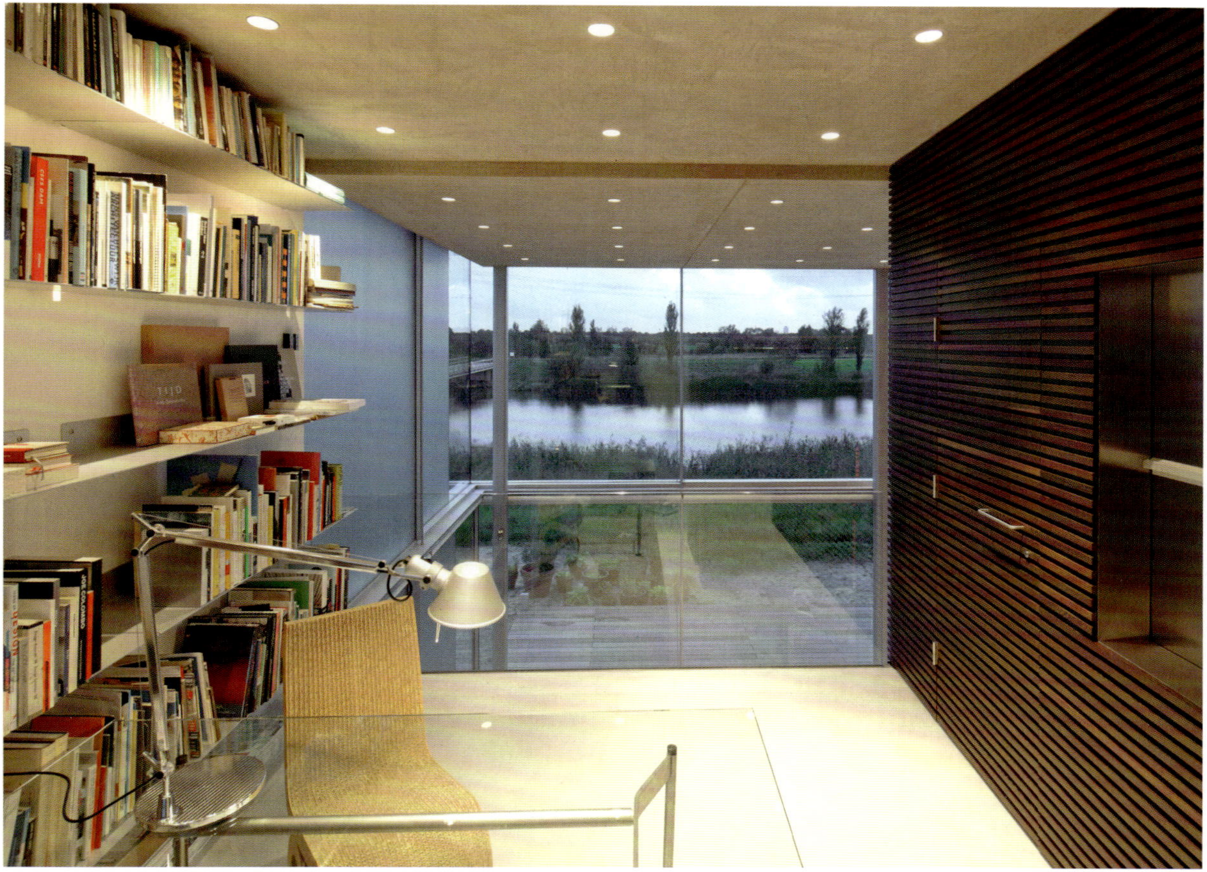

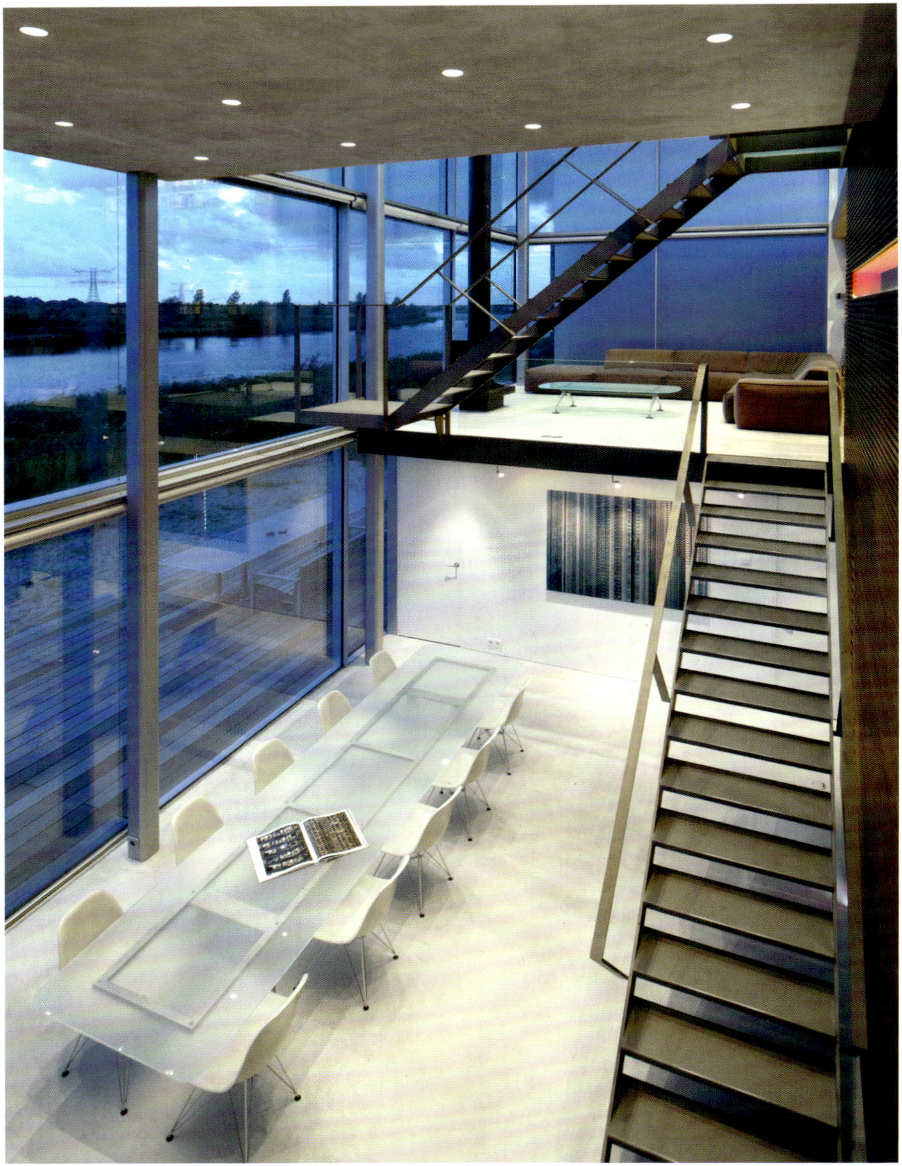

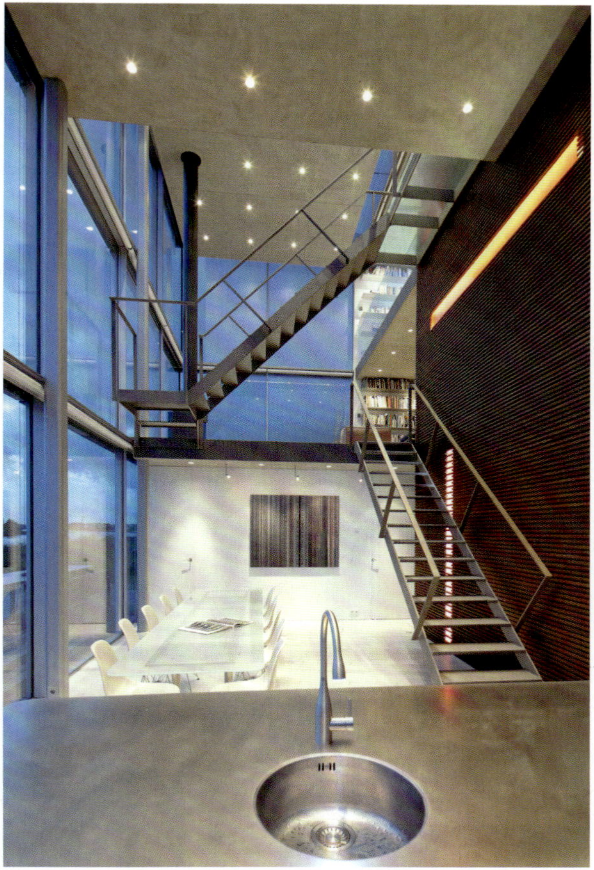

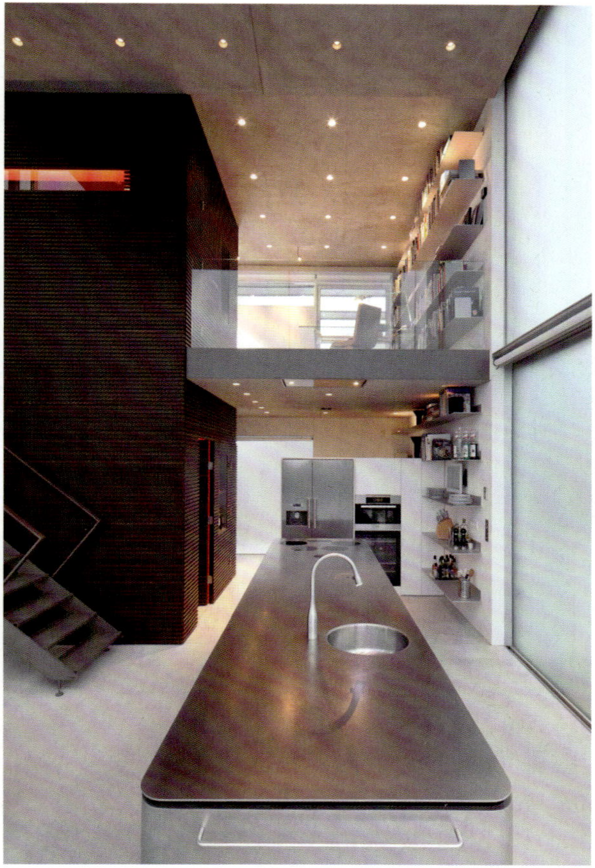

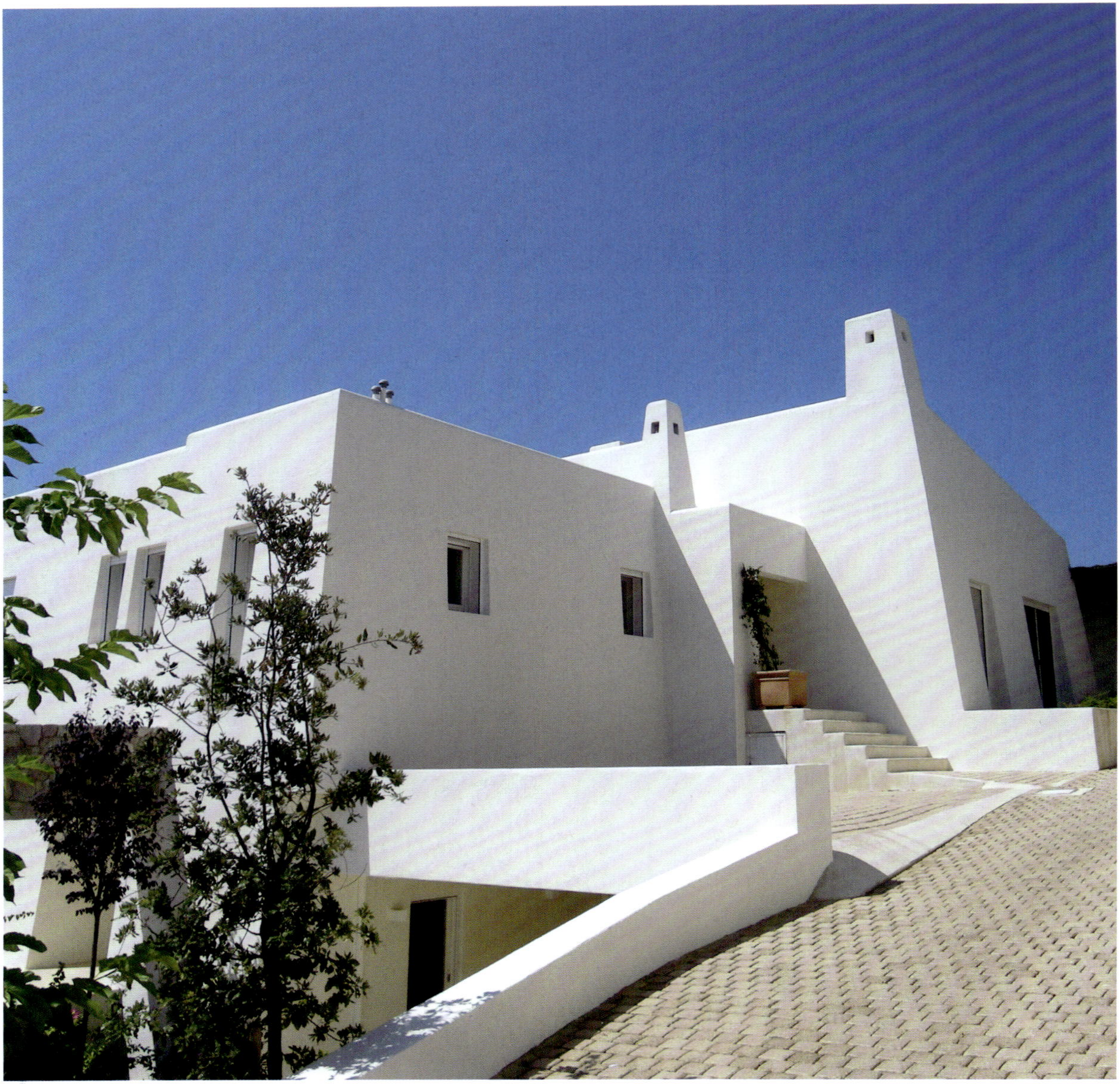

CASA **ECONOMU-VOSNIADES**

Javier Barba
Greece
© Javier Barba

This small residential complex belongs to one family. The two houses at the rear were constructed by the sons, while the apartment above the main house was designed by the daughter. The complex also incorporates a tennis court, a sports area, a veranda with barbeque, a swimming pool and a solarium.

Ce petit complexe résidentiel appartient à la même famille. Les deux maisons de l'arrière ont été construites pour les fils, tandis que l'appartement situé au-dessus de la maison principale a été conçu pour la fille. Le complexe est également équipé d'un terrain de tennis, d'un espace de sport, d'un porche avec barbecue, d'une piscine et d'un solarium.

Dieser kleine Wohnkomplex gehört einer einzigen Familie. Alle hinten liegenden Häuser wurden für die Söhne gebaut, während das Apartment über dem Haupthaus für die Tochter entworfen wurde. Die Einheit verfügt über einen Tennisplatz, einen Sportbereich, eine Veranda mit Grill, ein Schwimmbecken und ein Solarium.

Dit kleinschalige wooncomplex is volledig eigendom van dezelfde familie. De twee achterste huizen werden gebouwd voor de zonen, terwijl het appartement boven het hoofdgebouw voor de dochter is ontworpen. Het complet beschikt ook over een tennisveld, een sportveld, een veranda met barbecue, een zwembad en een solarium.

Este pequeño complejo residencial pertenece todo a la misma familia. Las dos casas traseras fueron construidas para los hijos, mientras que el apartamento situado sobre la casa principal fue diseñado para la hija. El conjunto también incorpora una pista de tenis, una zona para deportes, un porche con barbacoa, una piscina y un solárium.

Questo piccolo complesso residenziale appartiene tutto ad un'unica famiglia. Le due case retrostanti furono costruite per i figli, mentre l'appartamento situato nella casa principale fu progettato per la figlia. Il complesso include anche un campo da tennis, una zona per praticare sport, un portico con barbecue, una piscina e un solarium.

Este pequeno complexo residencial pertence todo à mesma família. As duas casas das traseiras foram construídas para os filhos e o apartamento que fica sobre a casa principal, desenhado para a filha. O conjunto inclui ainda campo de ténis, área para a prática desportiva, alpendre com churrasco, piscina e solário.

Hela detta mindre villakomplex tillhör samma familj. De två bakre husen byggdes för sönerna, medan den mindre våningen ovanför huvudbyggnaden utformades för dottern. Anläggningen har även en tennisbana, en idrottsplan, en veranda med grill, en pool och en solterrass.

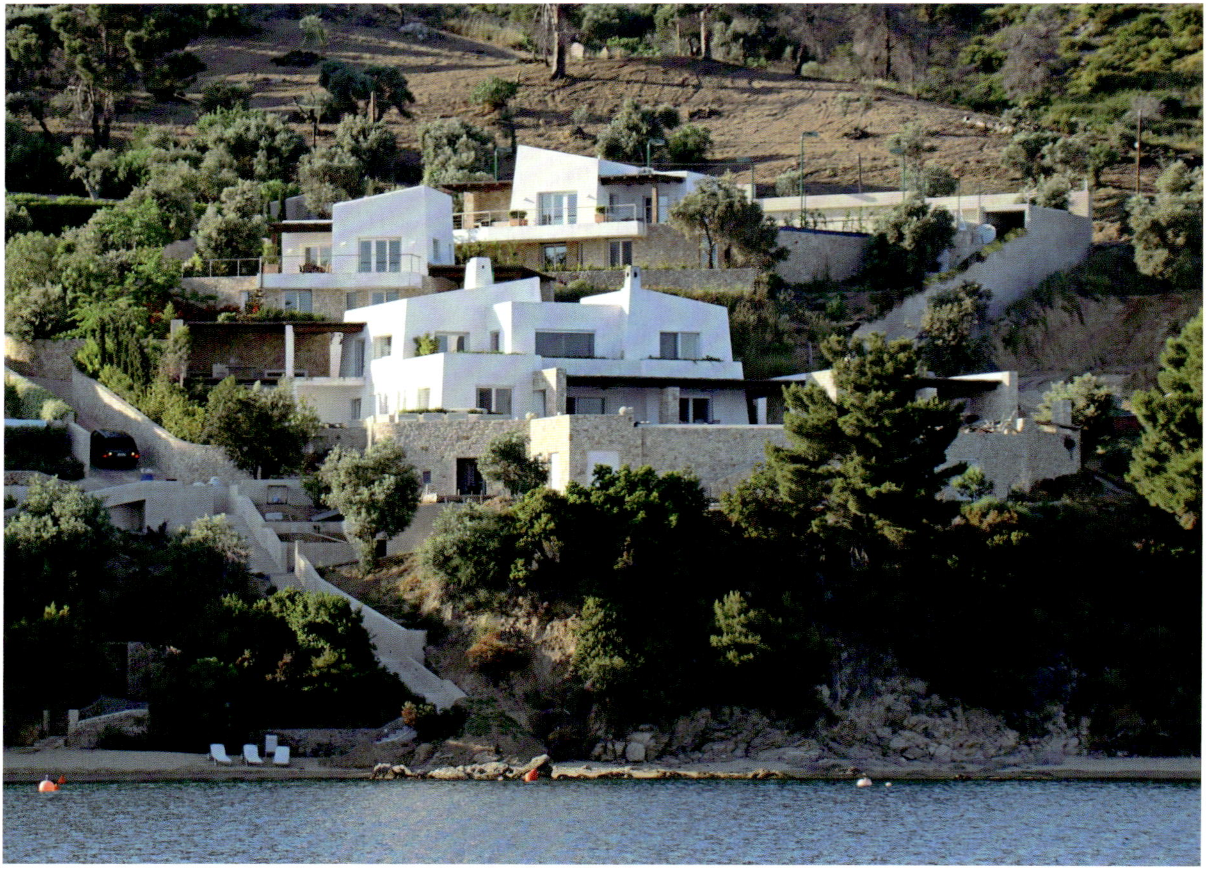

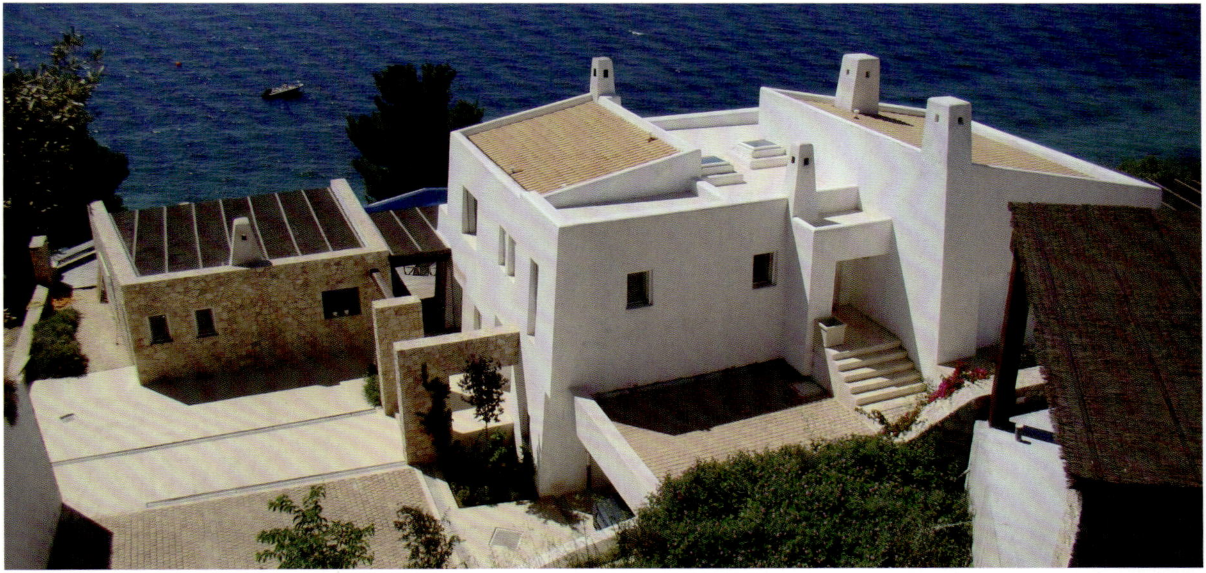

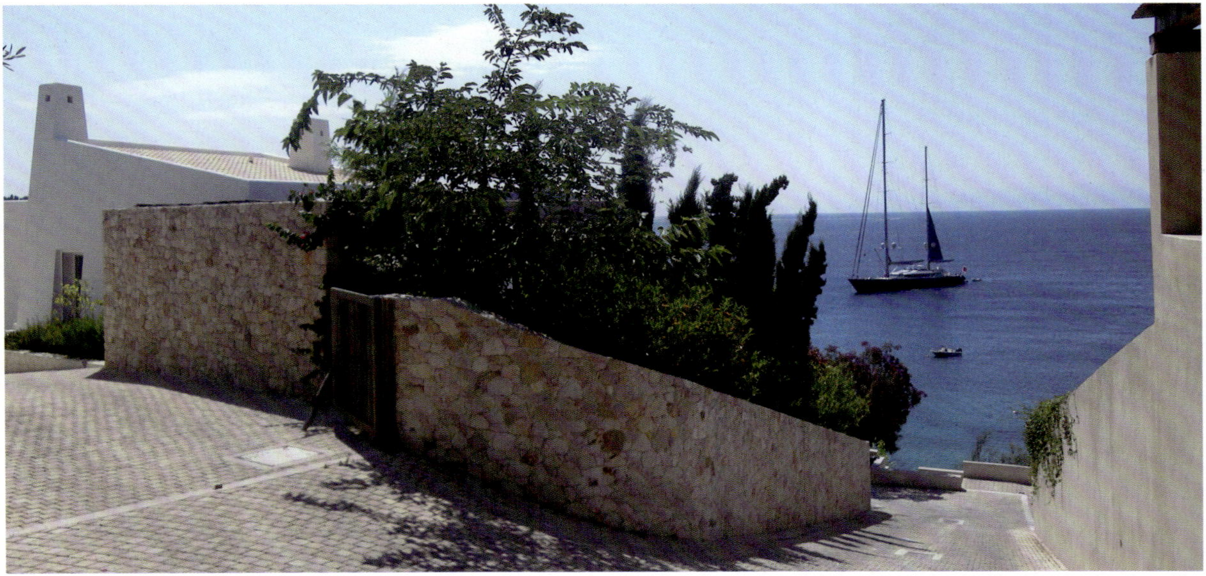

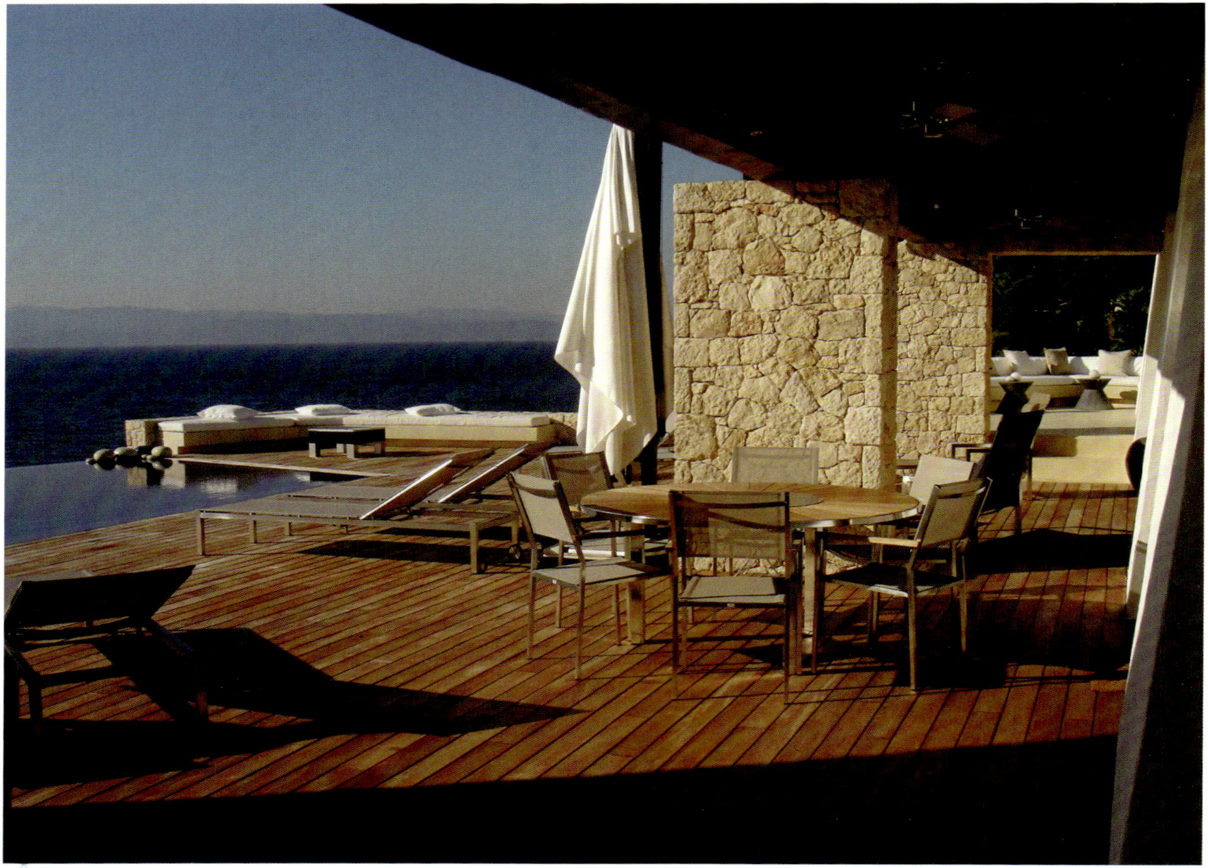

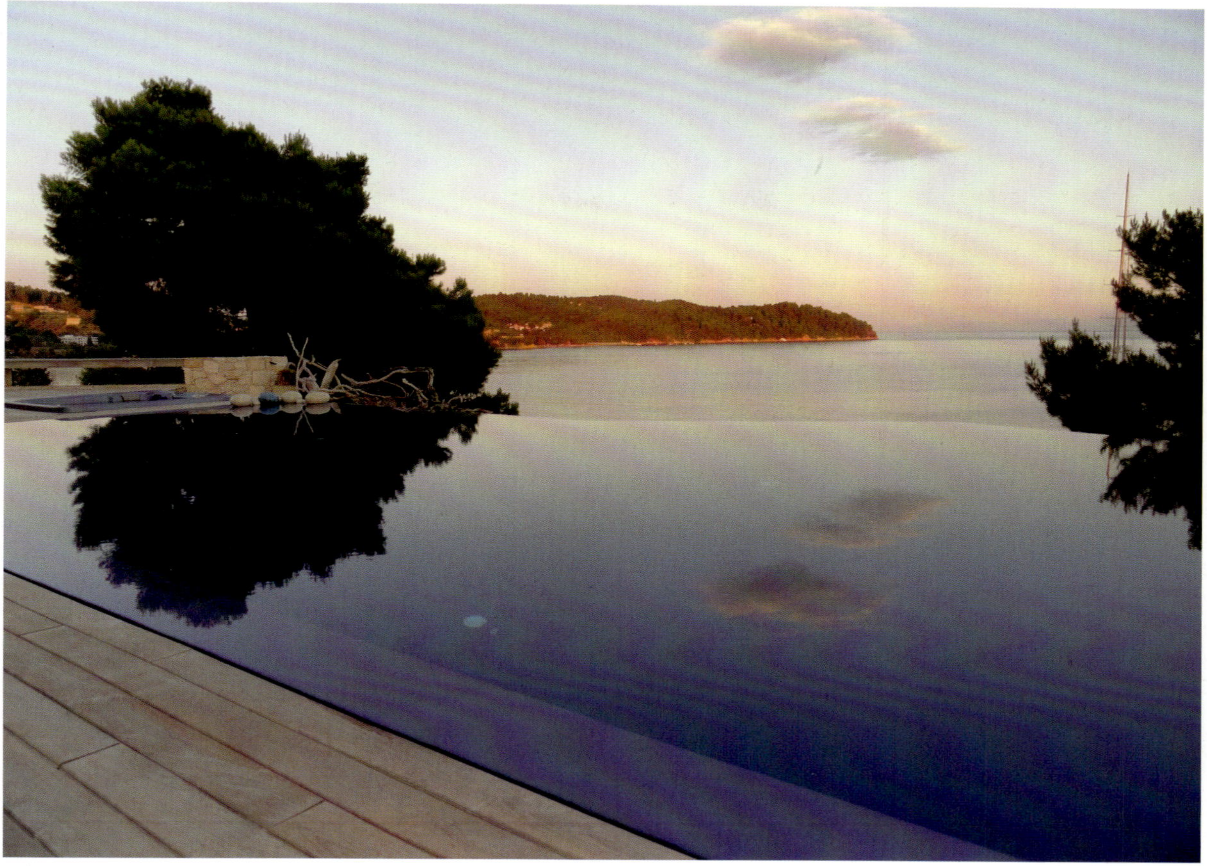

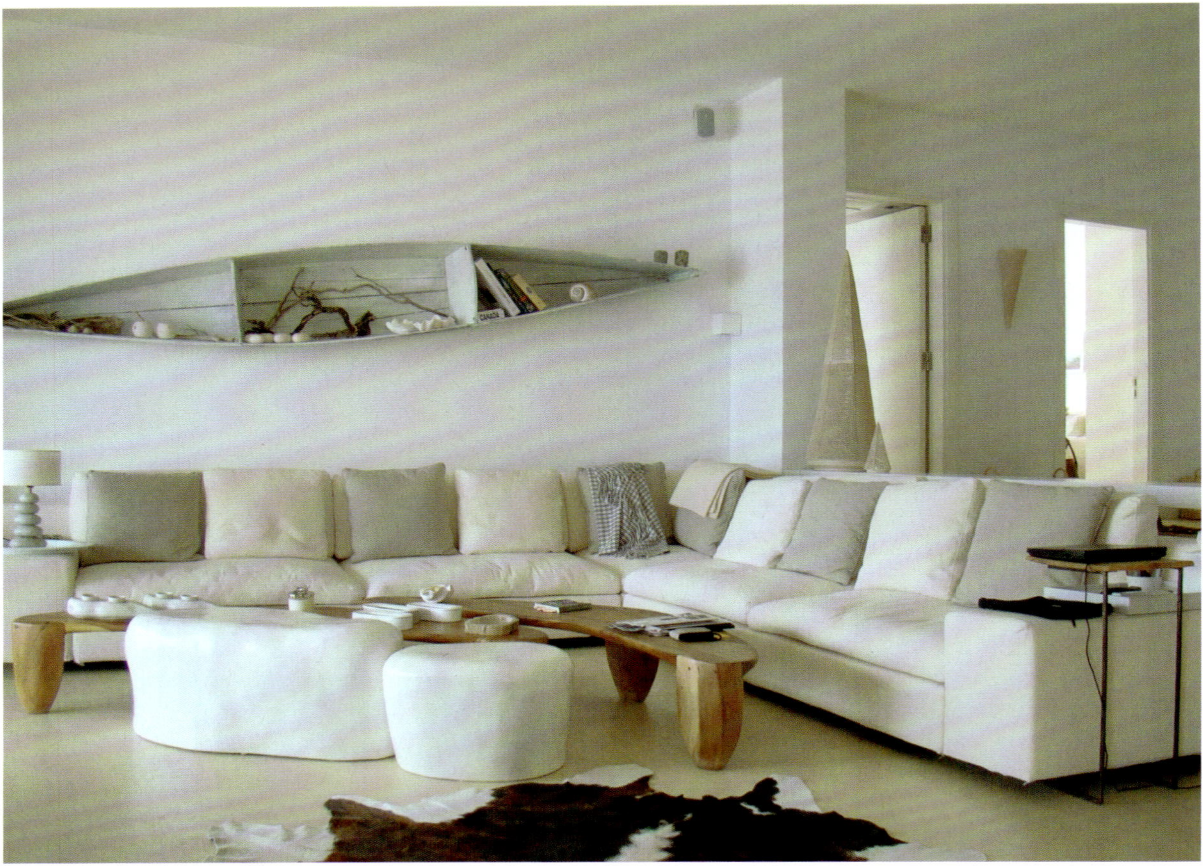

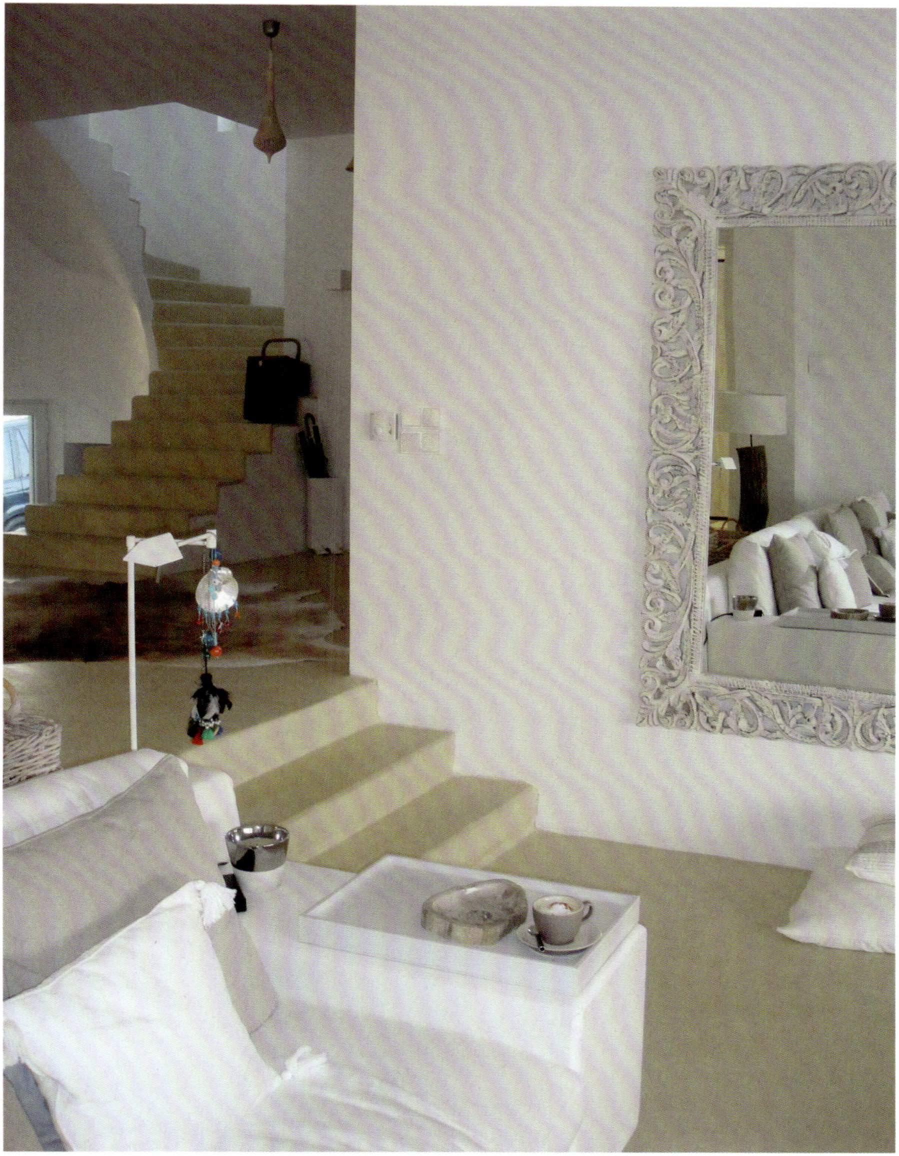

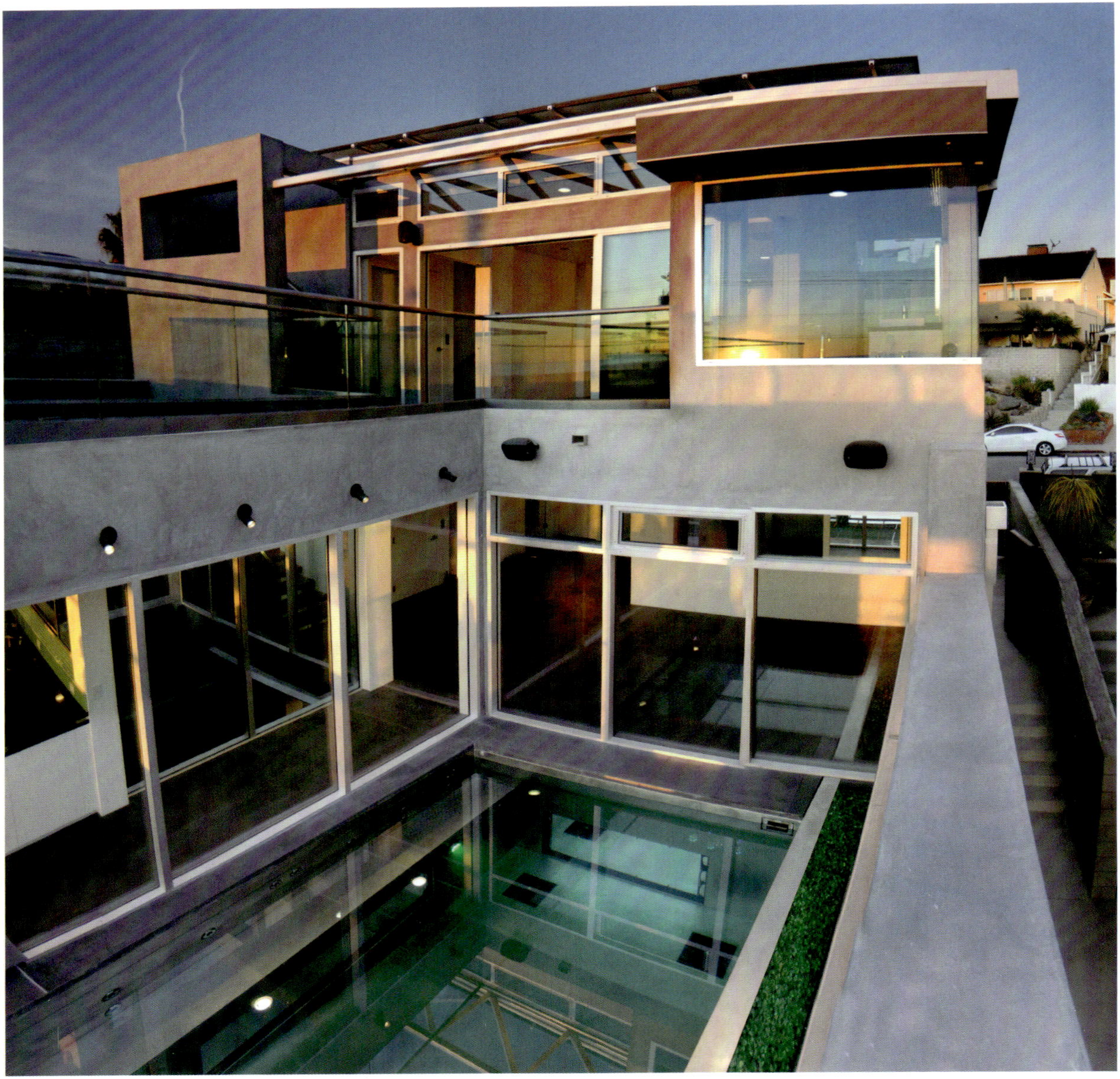

…

HERMOSA HOUSE

David Hertz, FAIA Architect
Hermosa Beach, CA, USA
© Carson Leh, David Hertz

This five-storey house was built on a small coastal plot. The structure comprises steel and cement, and the home is equipped with solar panels that generate electricity and heat water, making the house self-sufficient. It also has an exercise pool with windows facing the house and a roof garden.

Cette maison à cinq étages a été construite sur un petit terrain côtier. Avec une structure en acier et en ciment, l'habitation est équipée de panneaux solaires pour la production d'électricité et le chauffage de l'eau, si bien que la maison est autosuffisante. Elle possède également une piscine conçue pour l'entraînement avec des baies vitrées orientées vers la maison et une toiture paysagère.

Dieses Haus mit seinen fünf Stockwerken wurde auf einem kleinen Grundstück an der Küste gebaut. Die Konstruktion ist aus Stahl und Beton und das Wohnhaus wurde mit Solarzellen bedeckt, die Strom erzeugen und das Wasser erwärmen. Auf diese Weise kann sich das Haus selbst versorgen. Außerdem verfügt es über ein Schwimmbecken, das für die sportliche Nutzung gedacht ist. Es hat große Fenster zum Haus hin und ein begrüntes Dach.

Dit vijf etages tellende huis is gebouwd op een klein perceel langs de kust. De structuur is van staal en beton. Het huis heeft zonnepanelen die voldoende elektriciteit en warm water genereren om zelfvoorzienend te zijn. Er is ook een zwembad (specifiek bedoeld voor conditietraining). Het huis heeft grote ramen die uitzicht bieden op het zwembad. Daarnaast is er een daktuin.

Esta casa de cinco plantas fue edificada sobre un pequeño terreno costero. La estructura es de acero y cemento, y la vivienda está dotada de placas solares que generan electricidad y calientan el agua, lo que hace que la casa sea autosuficiente. También tiene una piscina específica para hacer ejercicio con ventanales hacia la casa y una cubierta ajardinada.

Questa casa di cinque piani è stata costruita su un piccolo terreno costiero. La struttura è di acciaio e cemento, e l'edificio è dotato di pannelli solari che generano elettricità e riscaldano l'acqua, permettendo alla casa di essere autosufficiente. È provvista anche di una piscina adatta all'attività fisica con finestroni che danno sulla casa e un tetto a giardino pensile.

Esta casa de cinco andares foi construída num terreno de pequenas dimensões junto à costa. A estrutura é de aço e cimento, e a moradia está equipada com painéis solares para a produção de eletricidade e aquecimento da água, o que faz com que a casa seja autossuficiente. Tem também uma piscina própria para fazer exercício, com grandes janelas que dão para a casa, e um telhado ajardinado.

Detta femvåningshus uppfördes på en liten kustnära tomt. Stommen är av stål och cement, och bostaden är försedd med solpaneler som genererar elektricitet och varmt vatten, vilket gör att huset är självförsörjande. Det finns också en simbassäng med stora fönster mot huset och på taket finns det en trädgård.

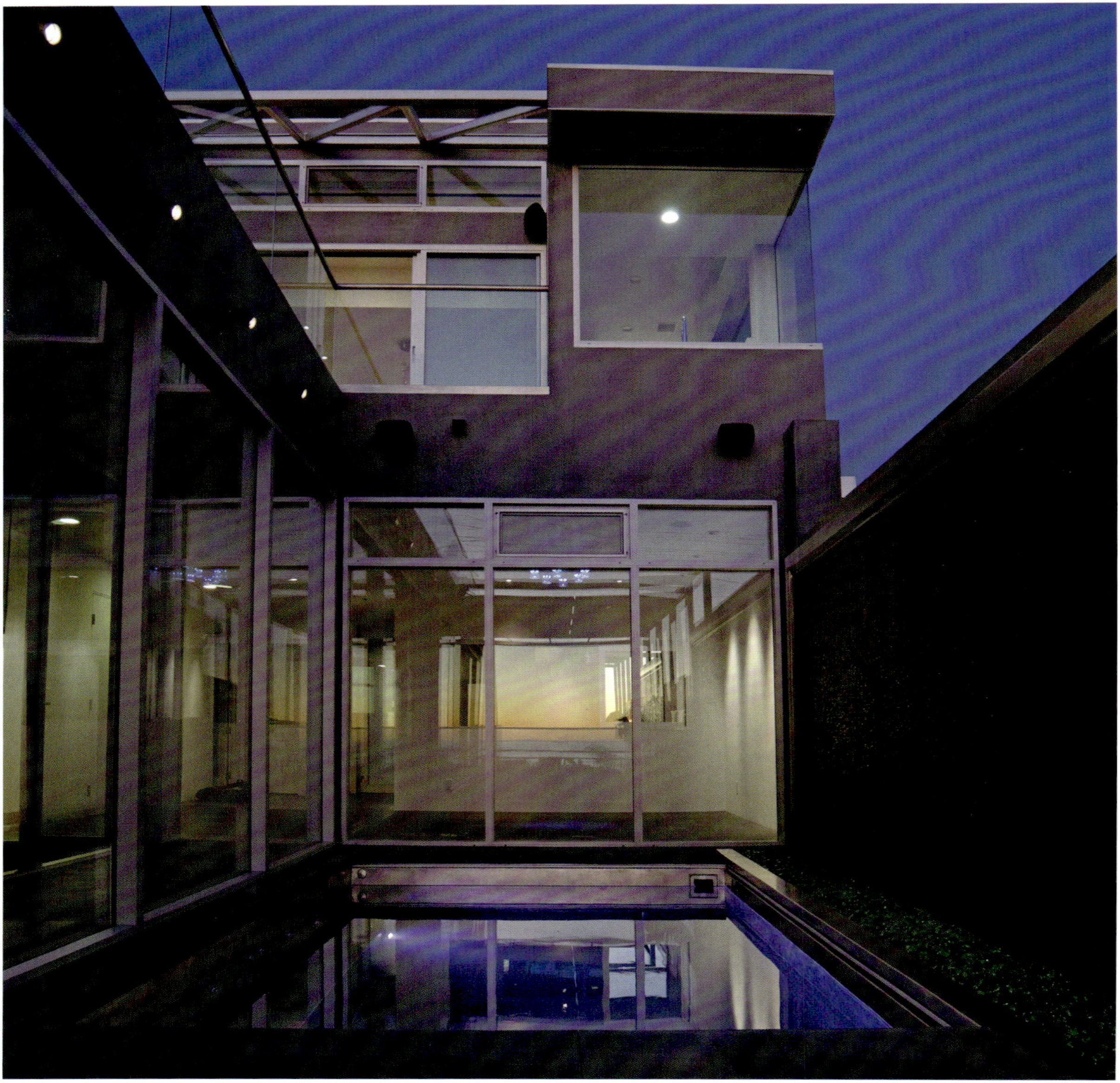

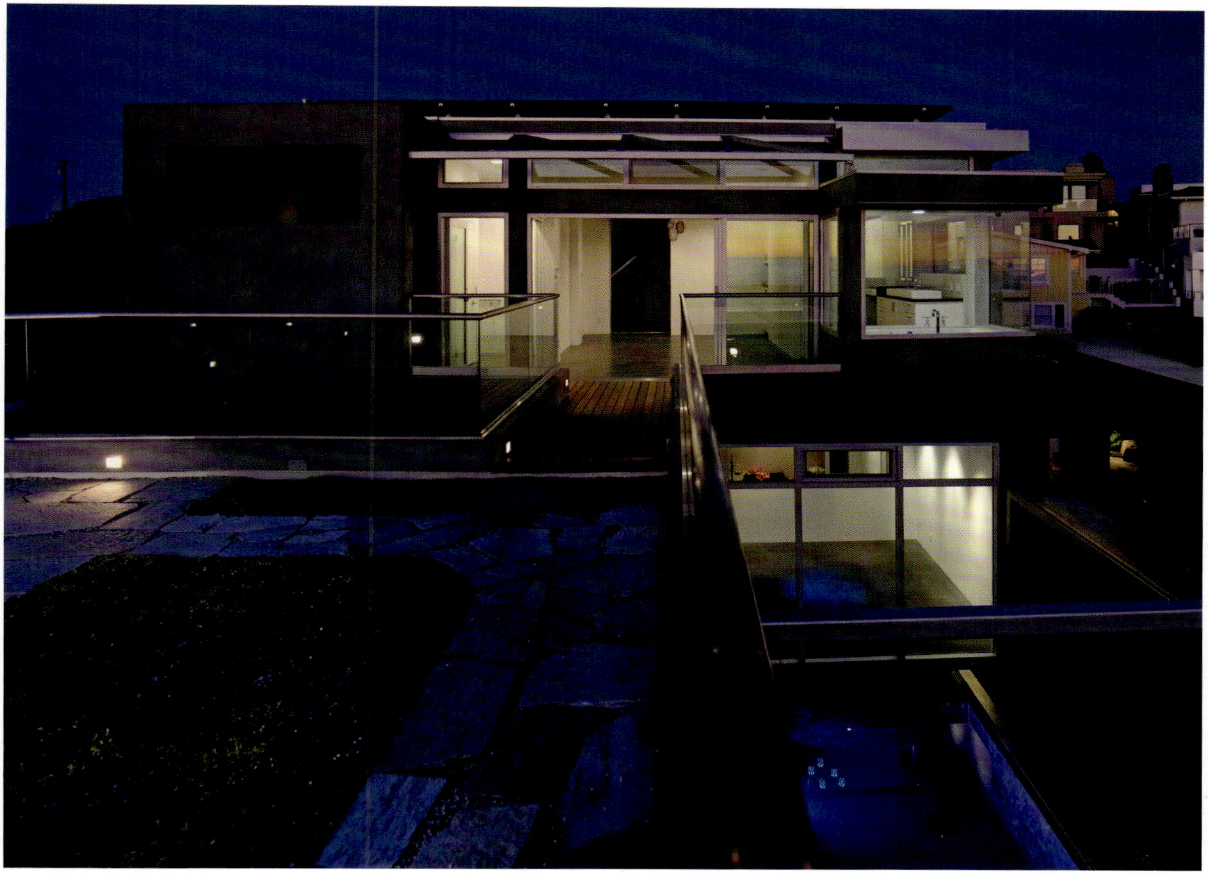

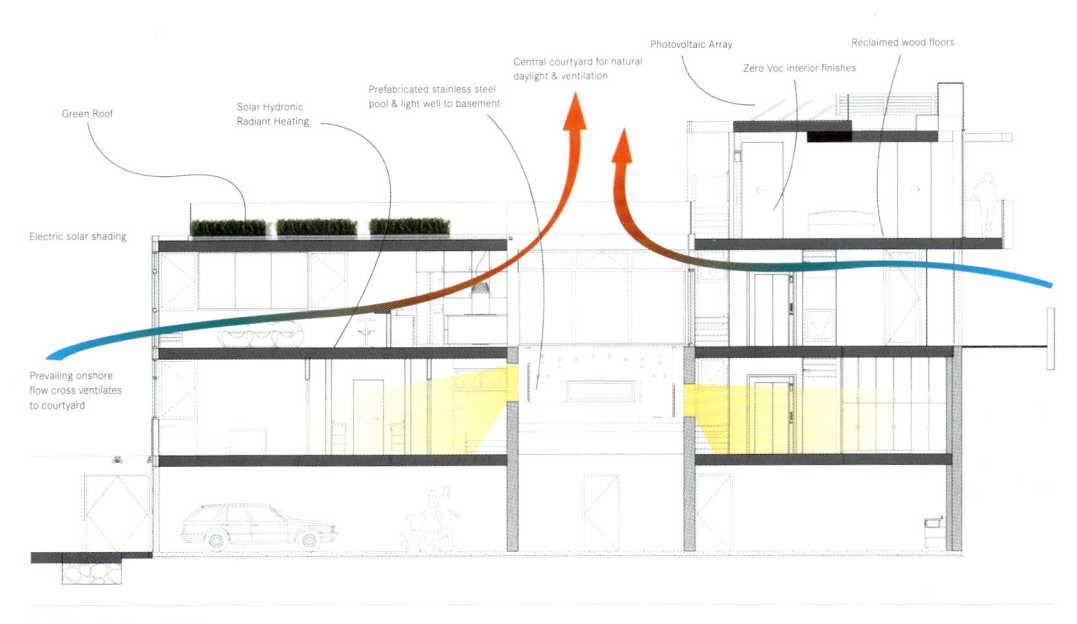

Bioclimatic section / Coupe bioclimatique

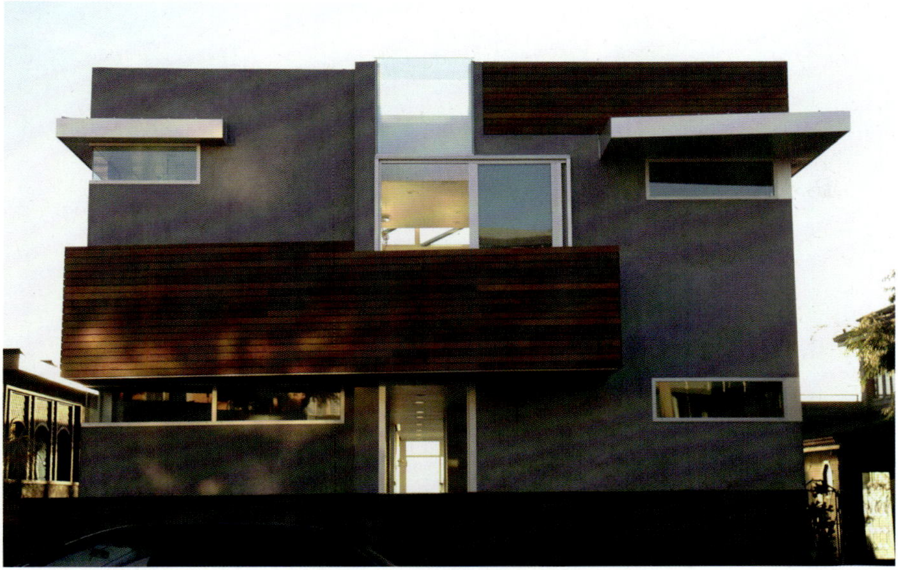

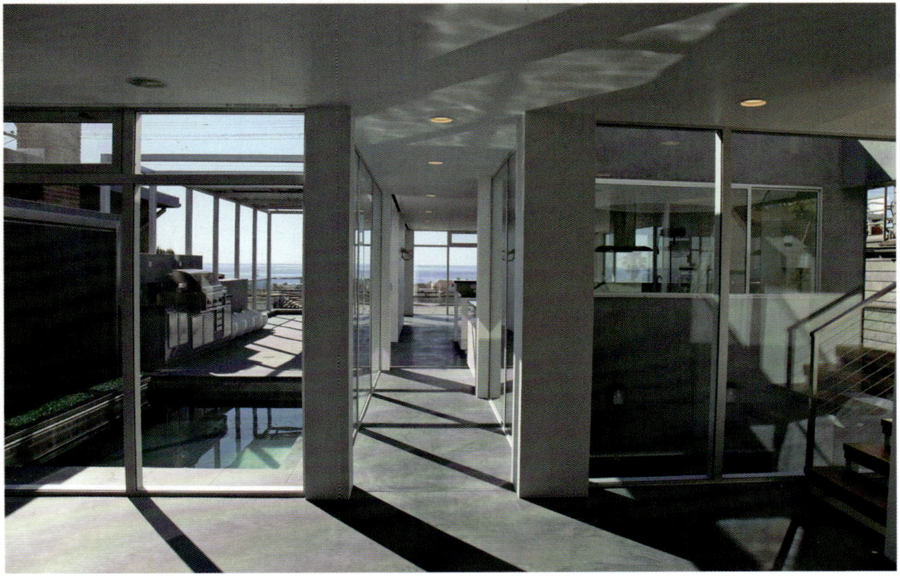

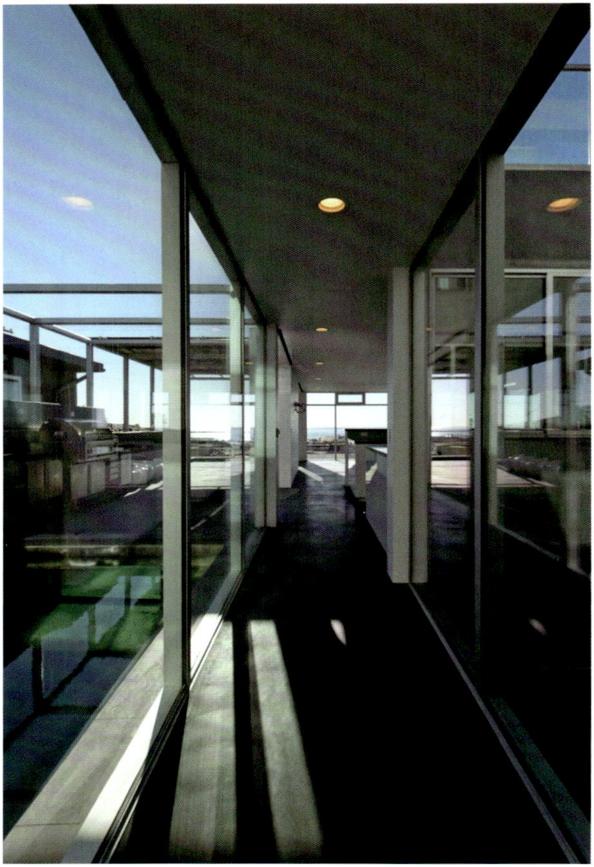

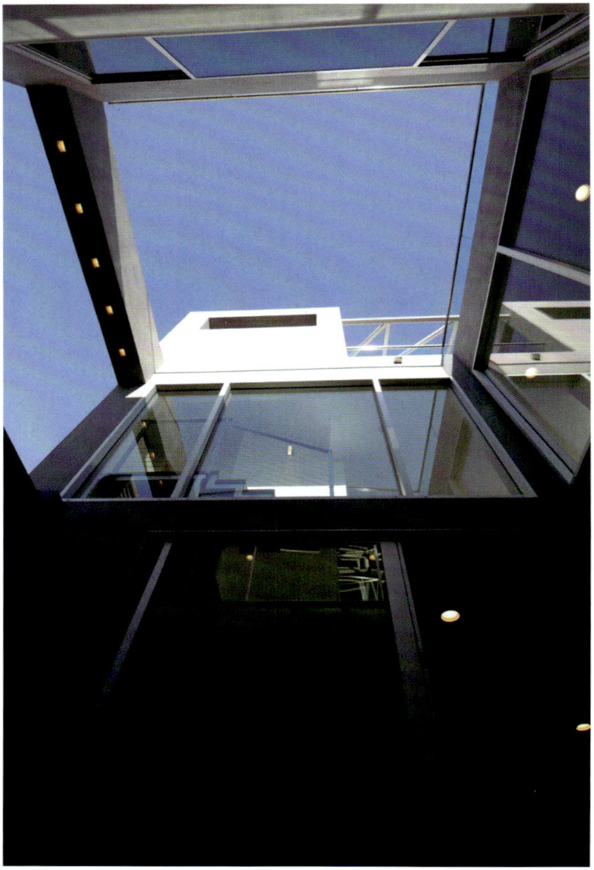

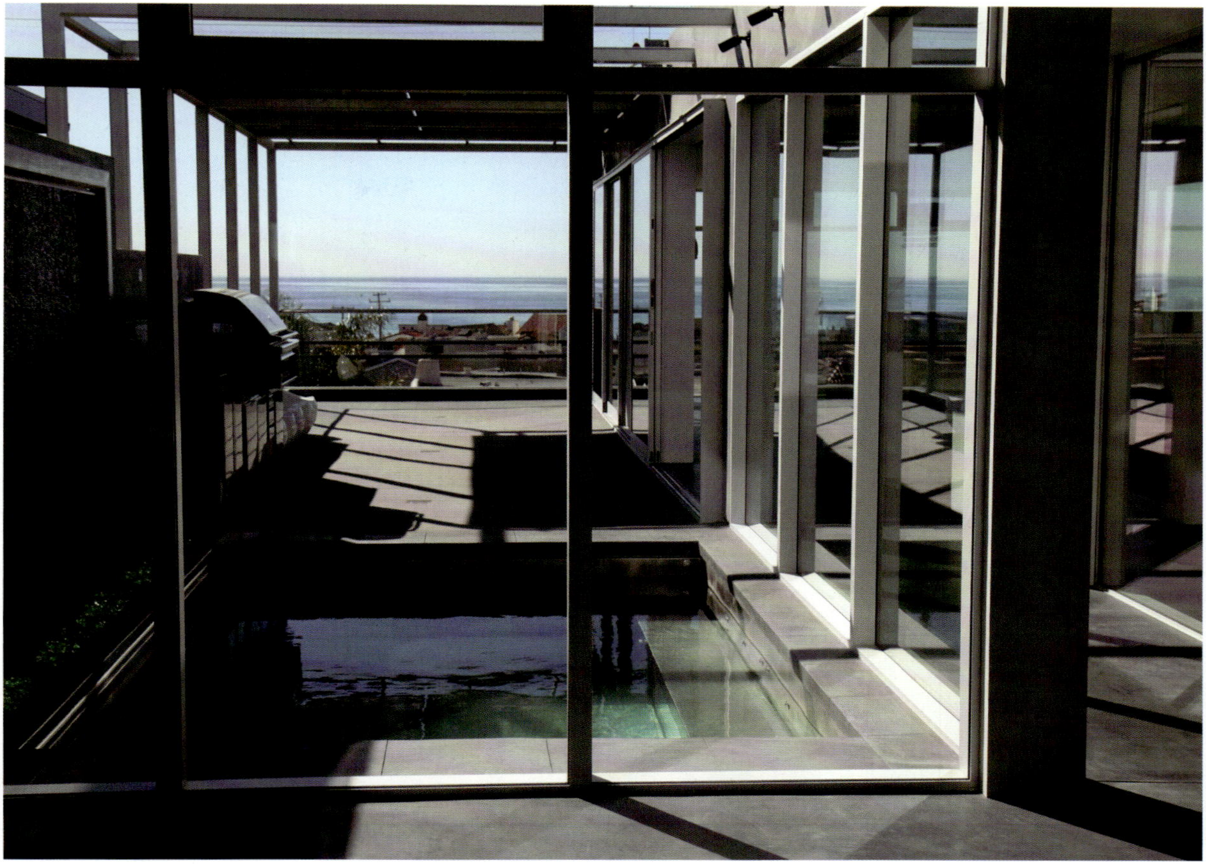

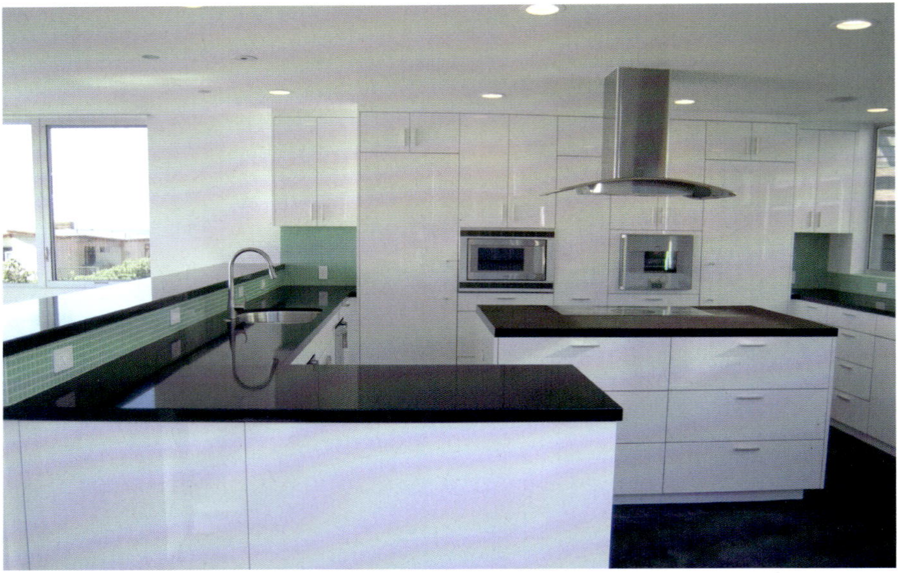

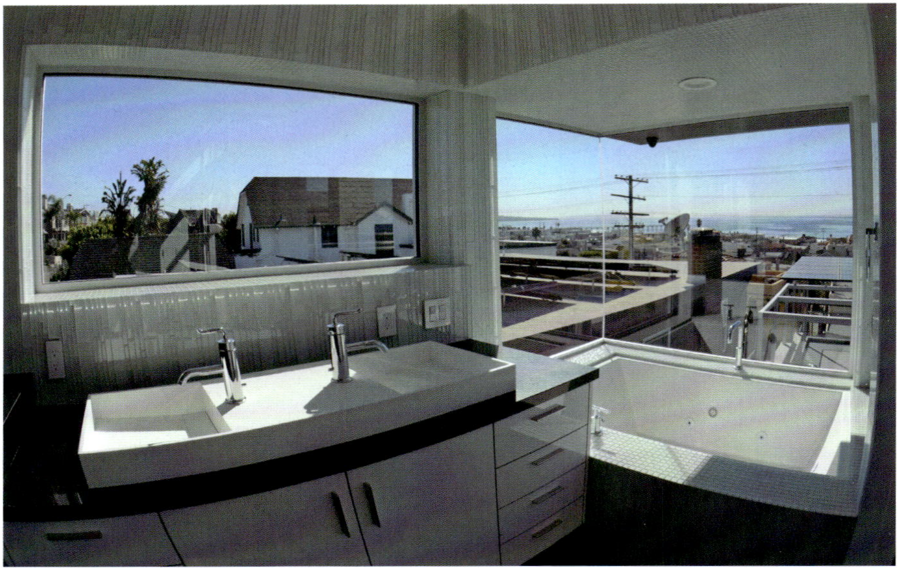

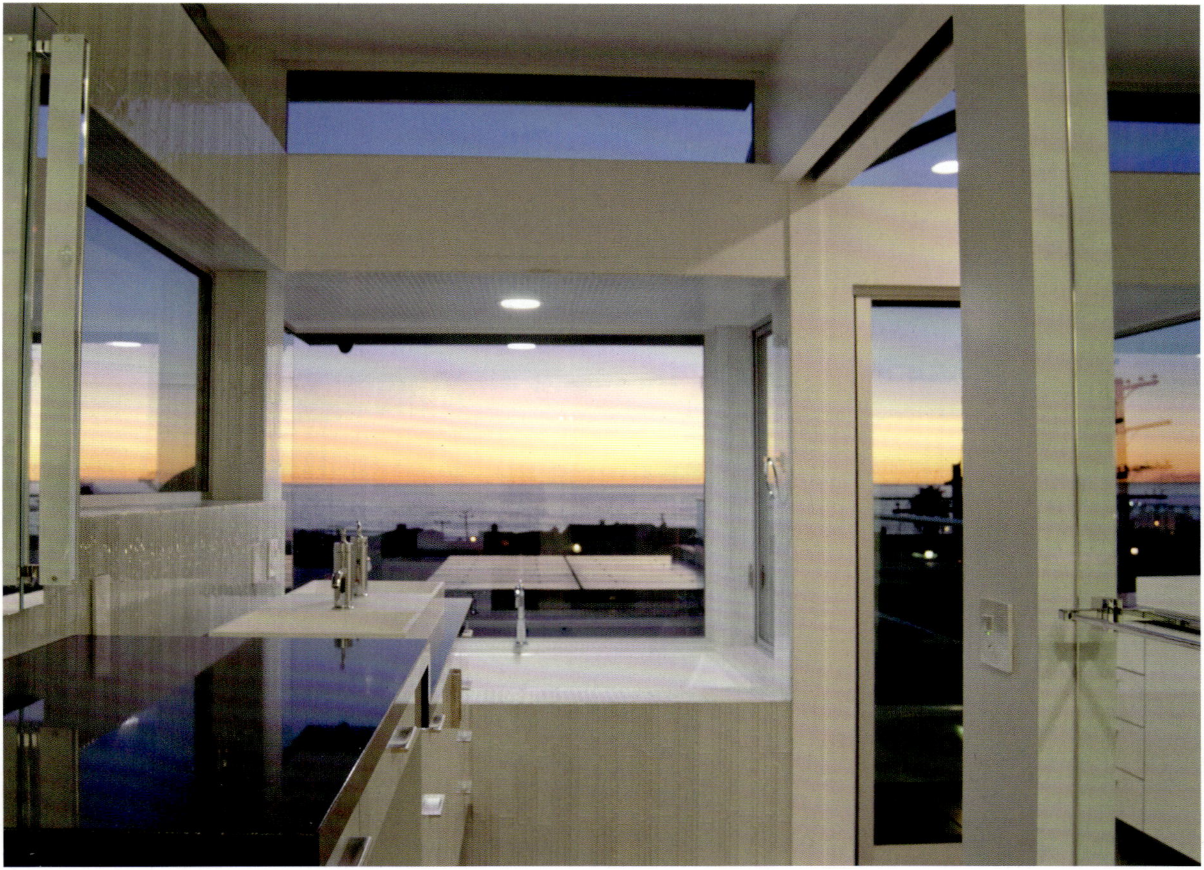

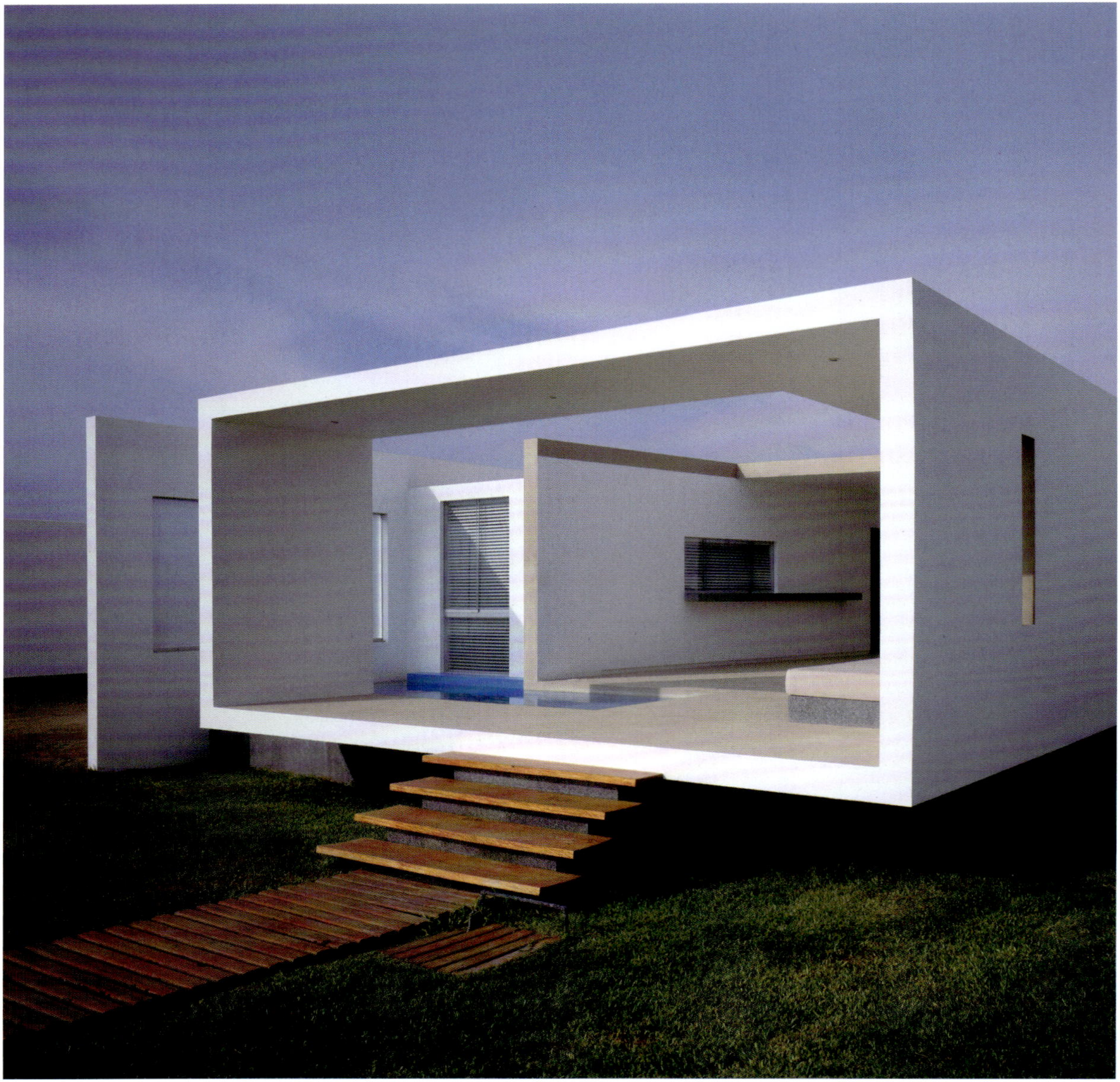

CASA **EN LAS ARENAS**

Javier Artadi
Lima, Peru
© Alexander Kornhuber

This house is built on a beach, which is one hundred kilometres from the city of Lima (Peru). The small house is a self-contained box – a total space that integrates the living-dining room and the terrace with swimming pool – into which multi-purpose elements have been designed. The architectural volumes are strategically perforated to control the levels of sunlight and the views.

Cette maison a été construite sur une plage, à cent kilomètres de la ville de Lima. La petite habitation se compose d'un «conteneur», un espace global qui intègre la salle à manger et la terrasse avec piscine, dans laquelle plusieurs éléments à usage multiple ont été conçus. Le volume présente des perforations pour contrôler l'apport en lumière et la vue.

Dieses Haus liegt am Strand, etwa hundert Kilometer von der Stadt Lima entfernt. Das kleine Wohnhaus besteht aus einem „Container". Es ist ein Gesamtraum, der den Wohn-/Essbereich und die Terrasse mit Schwimmbecken bildet, in dem man verschiedene Elemente mit vielen Nutzungsmöglichkeiten entworfen hat. Der Raum ist mit Löchern versehen, um den Sonneneinfall zu regulieren und nach draußen schauen zu können.

Dit huis werd aan het strand gebouwd, op 100 kilometer afstand van de stad Lima. De kleine woning is een "alles-in-één-huis" en beslaat een totaalruimte met een woon-eetkamer en een terras met zwembad. Specifieke elementen zijn ontworpen voor multifunctioneel gebruik. In het geheel zijn ronde openingen aangebracht om het zonlicht binnen te laten en om van het uitzicht te genieten.

Esta casa se construyó en una playa, a cien kilómetros de la ciudad de Lima. La pequeña vivienda consiste en una «caja contenedora», un espacio total que integra la sala-comedor y la terraza con piscina, en la cual se han diseñado distintos elementos de múltiples usos. El volumen tiene perforaciones para controlar la entrada de luz solar y las vistas.

Questa casa fu costruita su di una spiaggia, a cento chilometri dalla città di Lima. La piccola abitazione consiste in una "scatola recipiente", uno spazio totale che integra la sala da pranzo e la terrazza con piscina, in cui sono stati progettati differenti elementi ad uso molteplice. Il volume è dotato di fori per controllare l'entrata di luce solare e la vista.

Esta casa foi construída numa praia, a cem quilómetros da cidade de Lima. A pequena vivenda consiste num «contentor», um espaço único que integra a sala de estar e de refeição, e o terraço com piscina, onde foram incluídos diversos elementos multiúsos. O volume apresenta-se perfurado por aberturas que permitem a entrada da luz do sol e apreciar a vista.

Detta hus byggdes på en strand, 100 kilometer från staden Lima. Den lilla bostaden består av en "behållare", ett helhetsutrymme som får matsalen och terrassen med pool att bilda en helhet, i vilken man har utformat olika delar för flera användningsområden. Utrymmet har perforeringar för att reglera insläppet av solljus och ge utsikt.

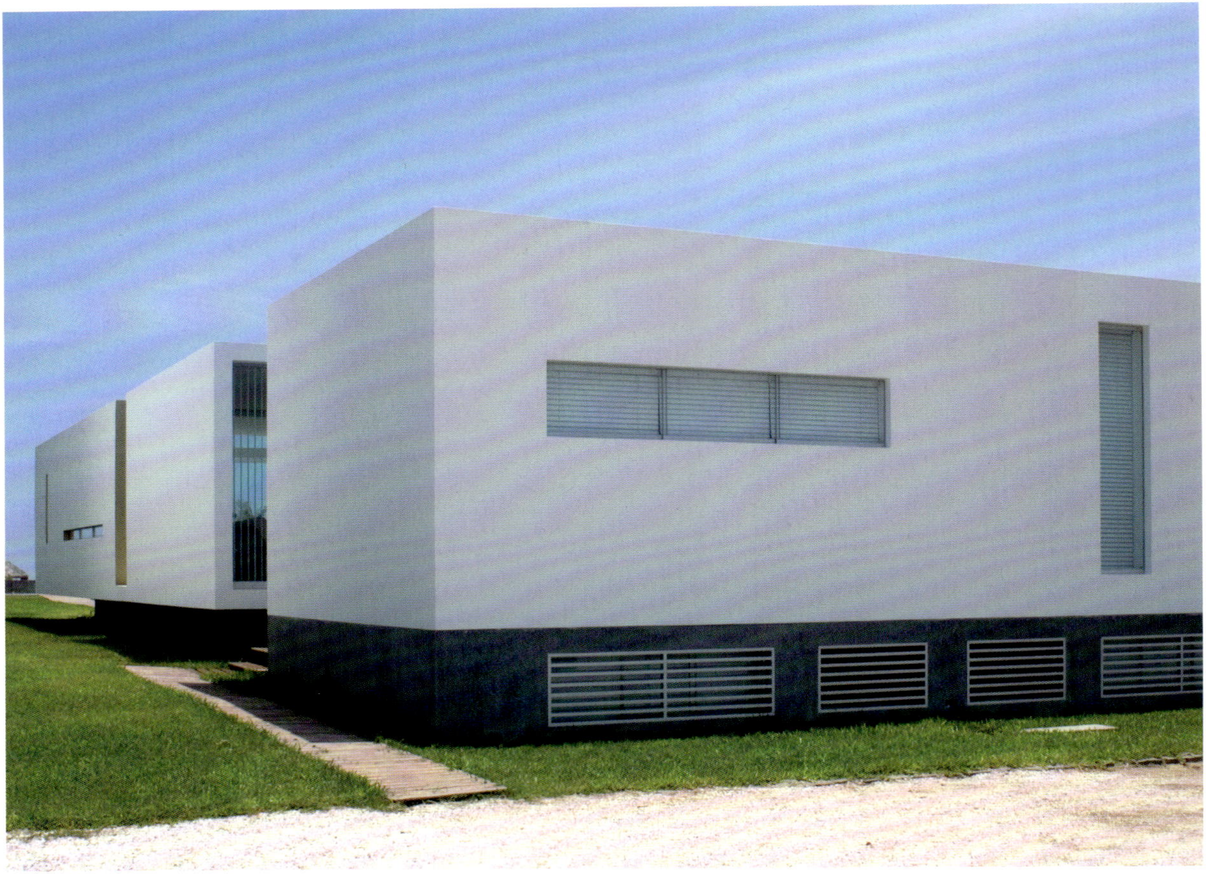

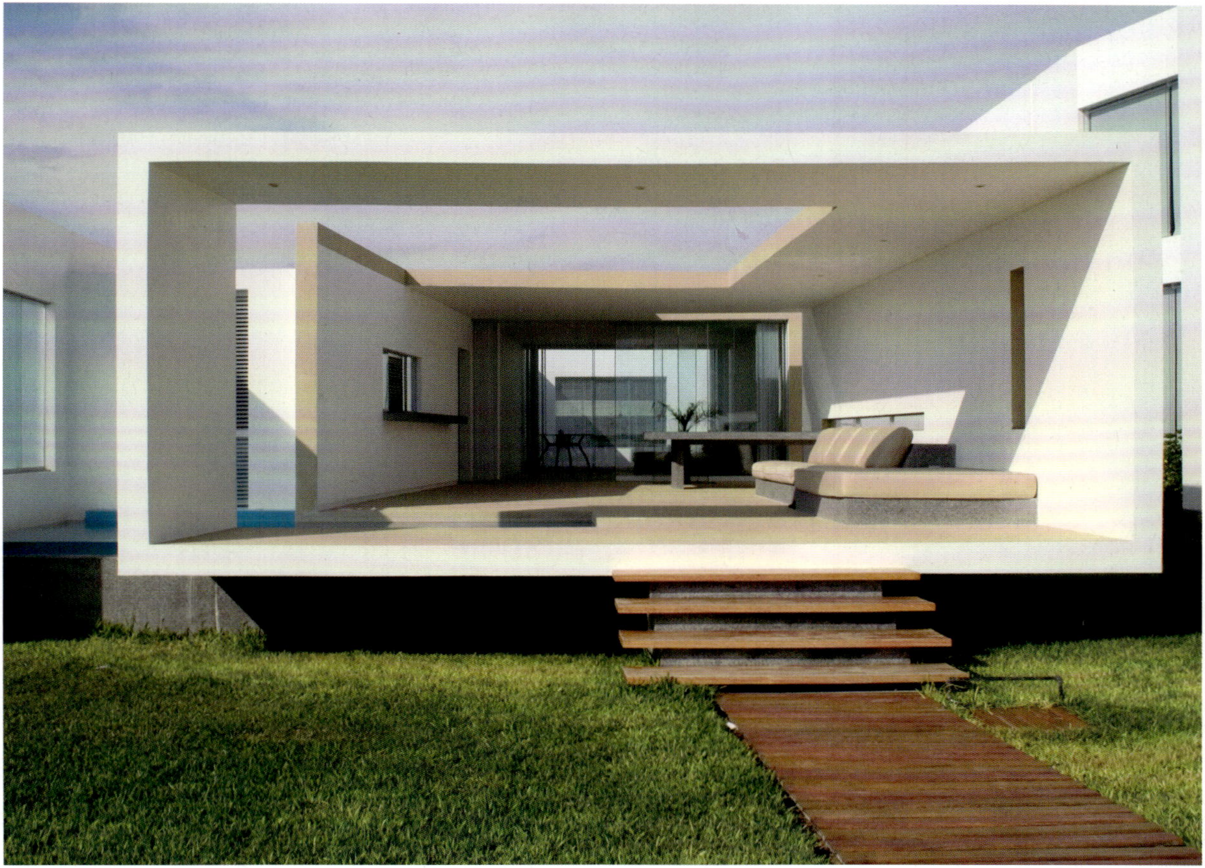

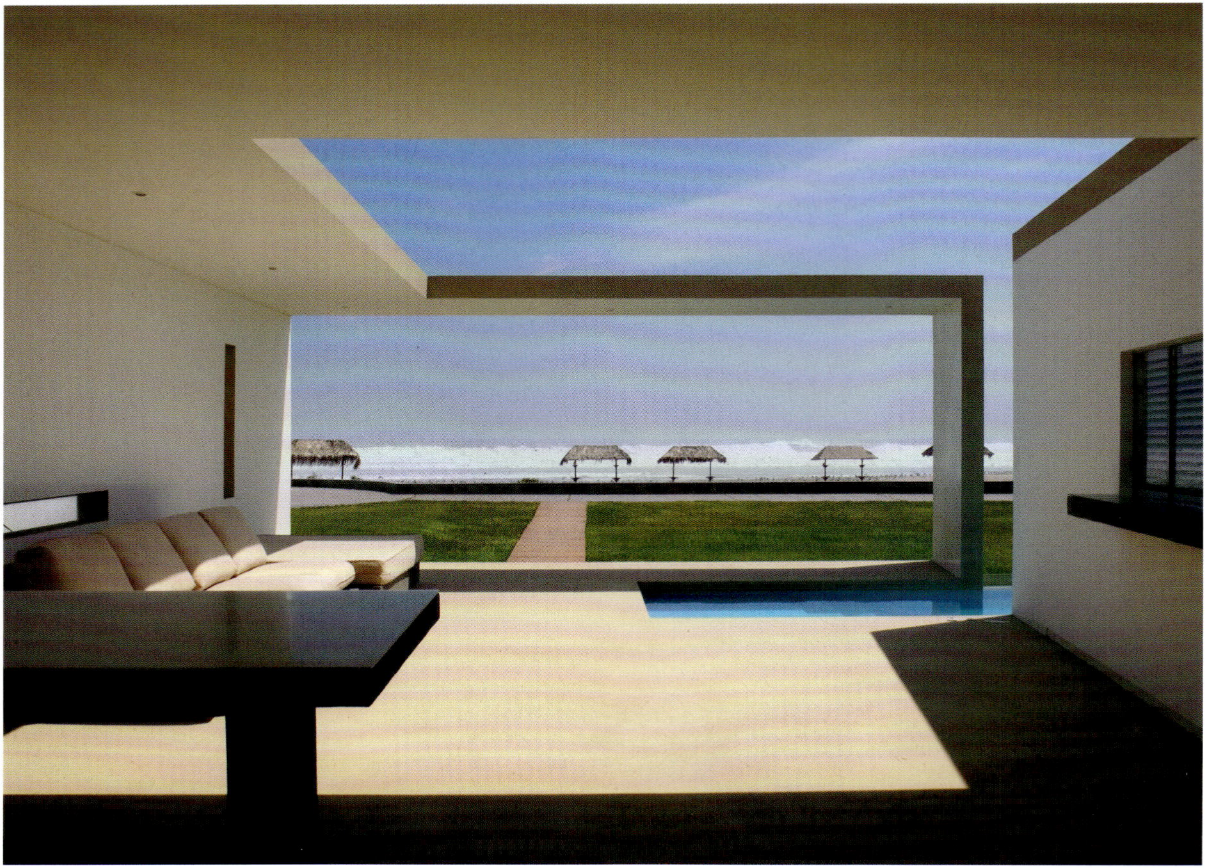

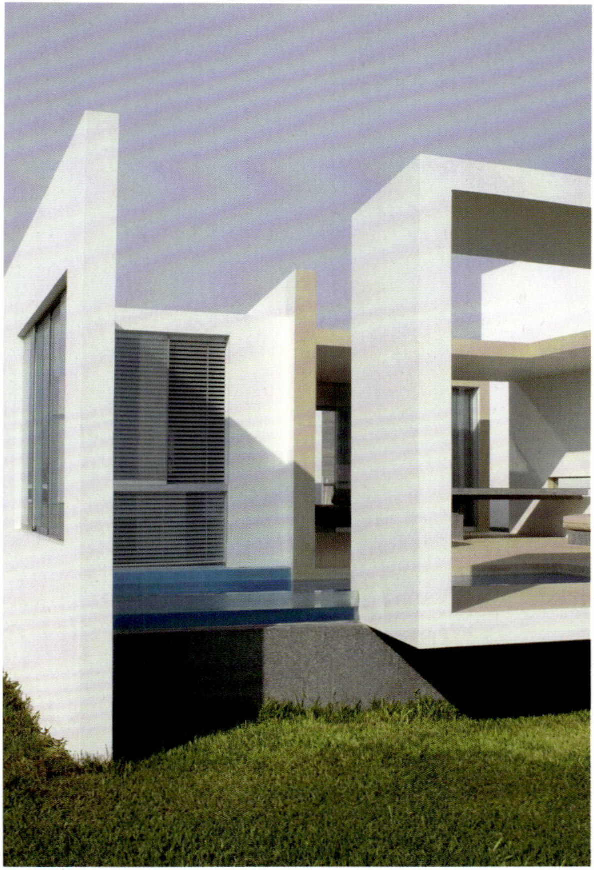

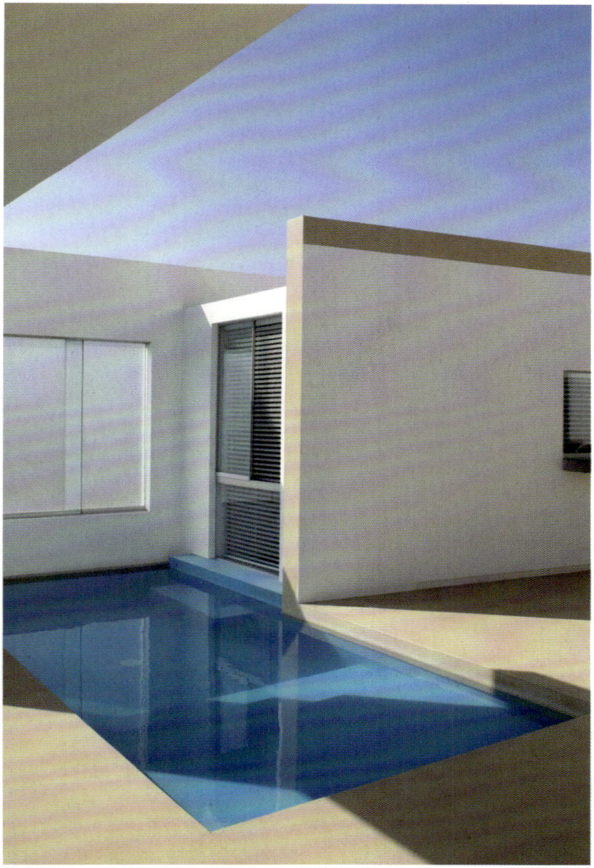

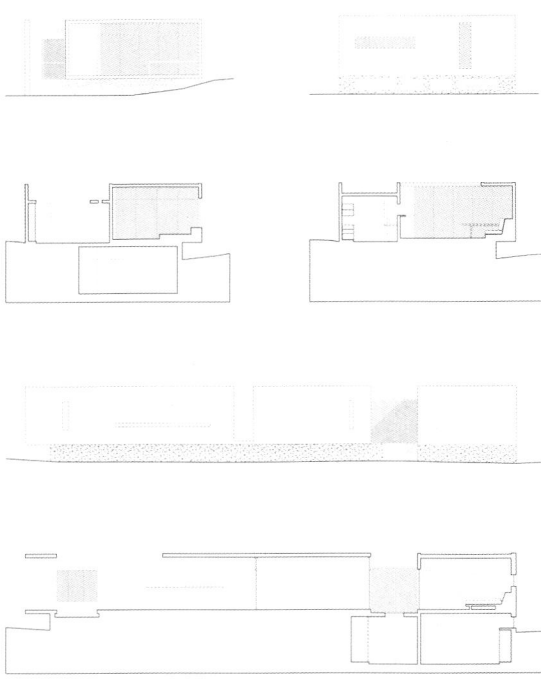

Sections / Coupes

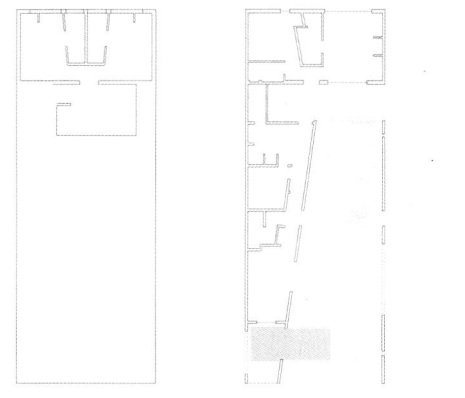

Plans

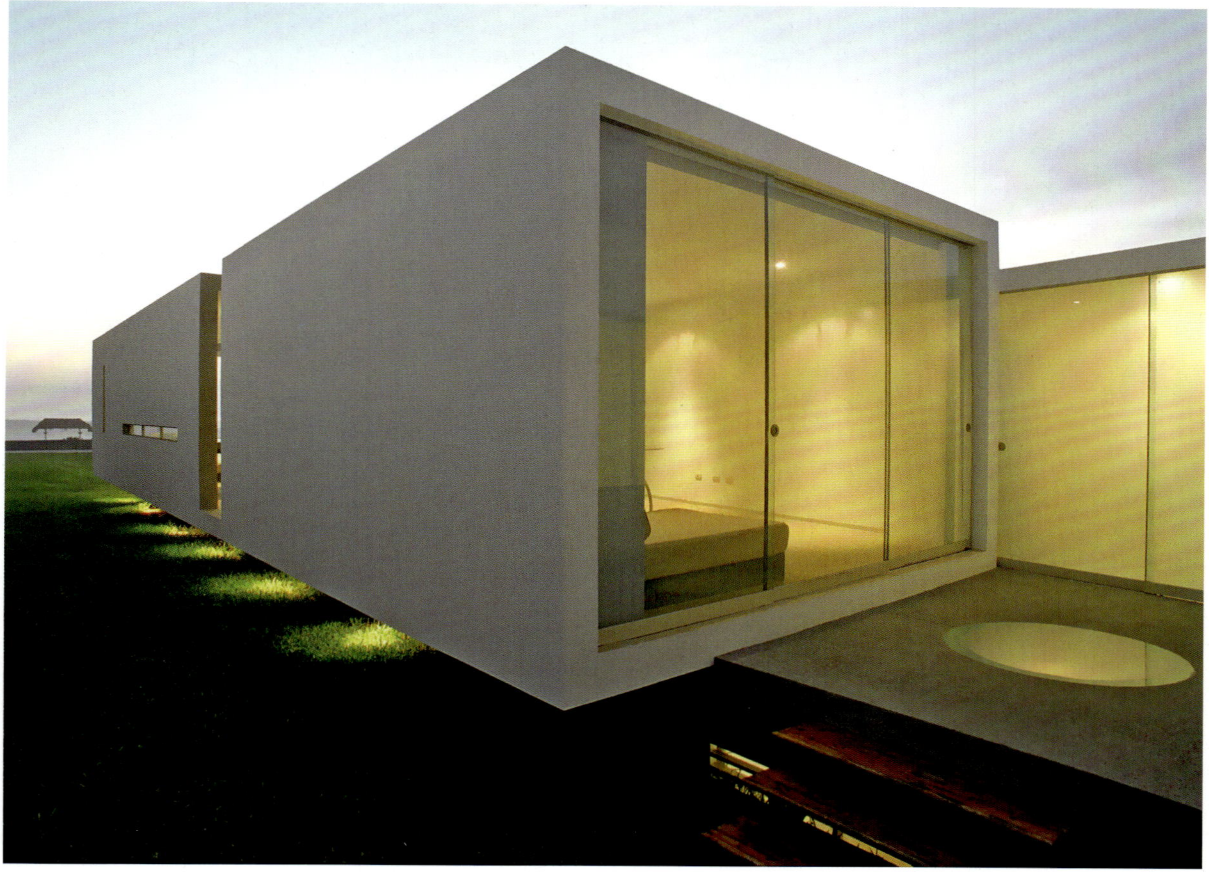

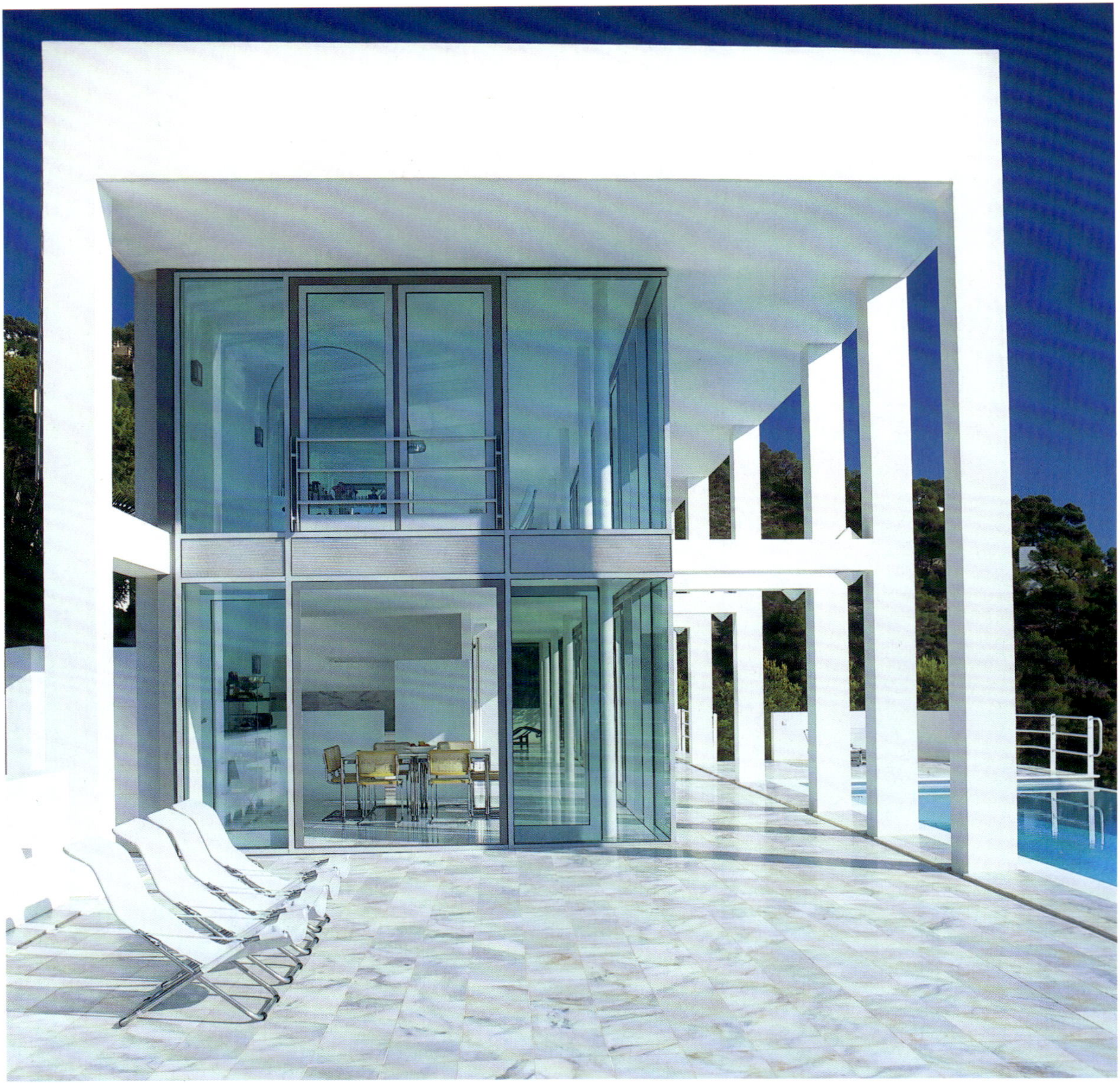

CASA **VENINO**

Jürgen G. Venino
Ibiza, Spain
© Conrad White

This house, situated high on a hill, offers some spectacular views. Although the ground floor is surrounded by a concrete wall, the top floor opens out onto its surroundings. The house is almost totally white; with Greek marble flooring and a row of pillars giving it the air of an ancient temple.

Cette maison située en haut d'une colline offre une vue spectaculaire. Bien que le rez-de-chaussée soit entouré d'un mur en béton, l'étage s'ouvre aux alentours. La maison est presque entièrement blanche, avec un sol en marbre gris et une rangée de piliers qui lui donne des airs de temple antique.

Dieses Haus, das auf einem Hügel liegt, bietet eine spektakuläre Aussicht. Obwohl das Erdgeschoss von einer Betonmauer umgeben ist, öffnet sich das obere Stockwerk zur Umgebung hin. Das Haus ist fast ganz in weiß gehalten, mit einem Boden aus griechischem Marmor und einer Säulenreihe, die an einen alten Tempel erinnert.

Dit huis, gelegen op de top van een heuvel, biedt een spectaculair uitzicht. De begane grond is omgeven door een betonnen muur, maar de bovenste etage biedt een opening naar de omgeving. Het huis is bijna geheel wit, heeft een vloer van Grieks marmer en een zuilengalerij in de stijl van een Griekse tempel.

Esta casa situada en lo alto de una colina ofrece unas vistas espectaculares. Si bien la planta baja está rodeada por un muro de hormigón, la planta superior se abre a sus alrededores. La casa es blanca casi en su totalidad, con el suelo de mármol griego y una hilera de pilares que le da un aire de templo antiguo.

Questa casa, situata sulla cima di una collina, offre una vista spettacolare. Anche se il pianoterra è circondato da un muro di cemento, il piano superiore si apre all'ambiente circostante. La casa è quasi completamente bianca, con il pavimento di marmo greco e una fila di colonne che le conferiscono un aspetto di tempio antico.

Esta casa, situada no alto de uma colina, oferece vistas espetaculares. Embora o andar de baixo esteja rodeado por um muro de betão, o andar de cima abre-se para o meio envolvente. A casa é quase toda branca, com pavimento de mármore grego e uma fiada de pilares que lhe confere um ar de templo antigo.

Detta hus på toppen av en kulle erbjuder spektakulära vyer. Medan första våningen är omgiven av en betongmur, har den översta våningen utsikt över omgivningen. Huset är nästan helt och hållet vitt, med golv av grekisk marmor och en rad av pelare som ger det en prägel av ett antikt tempel.

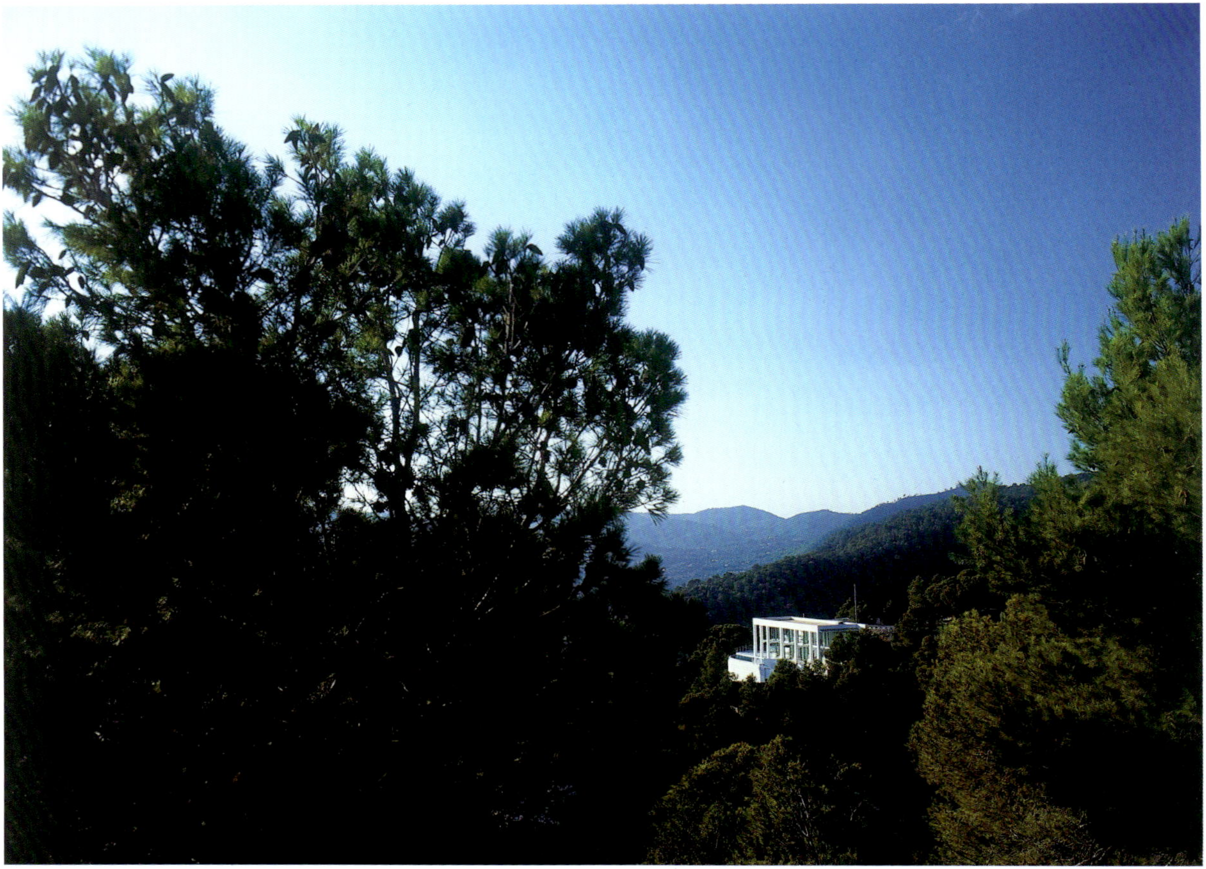

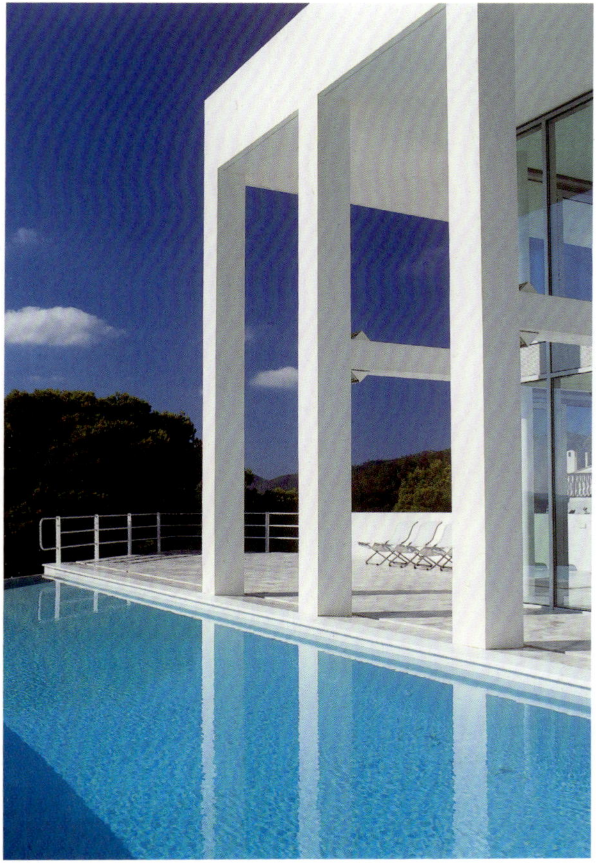

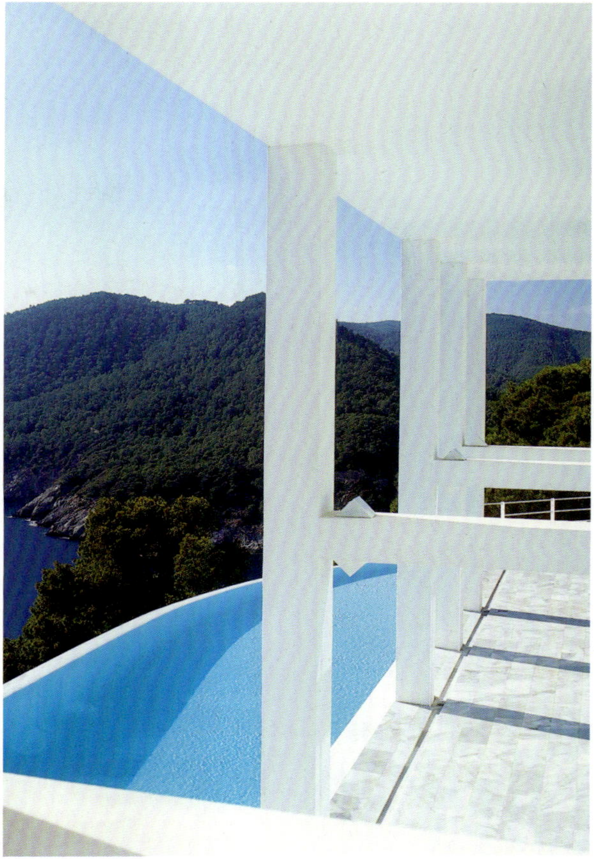

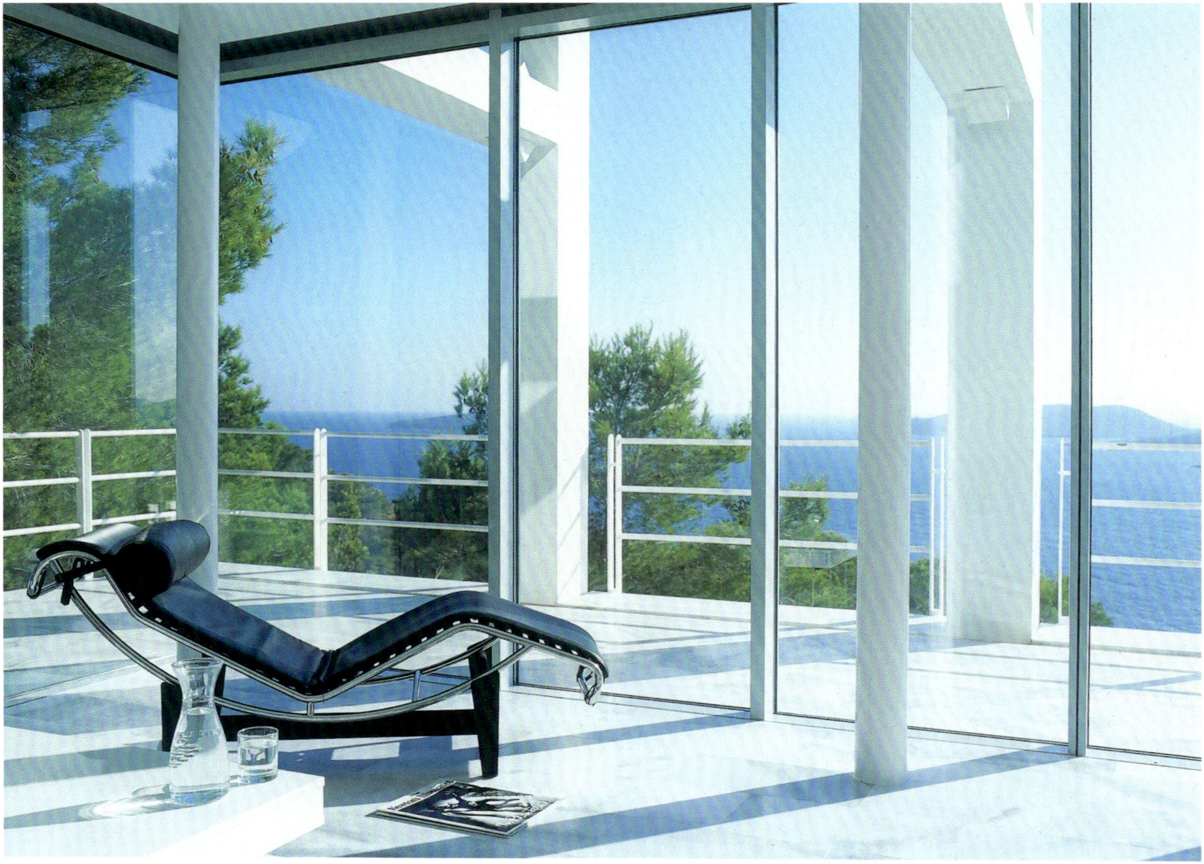

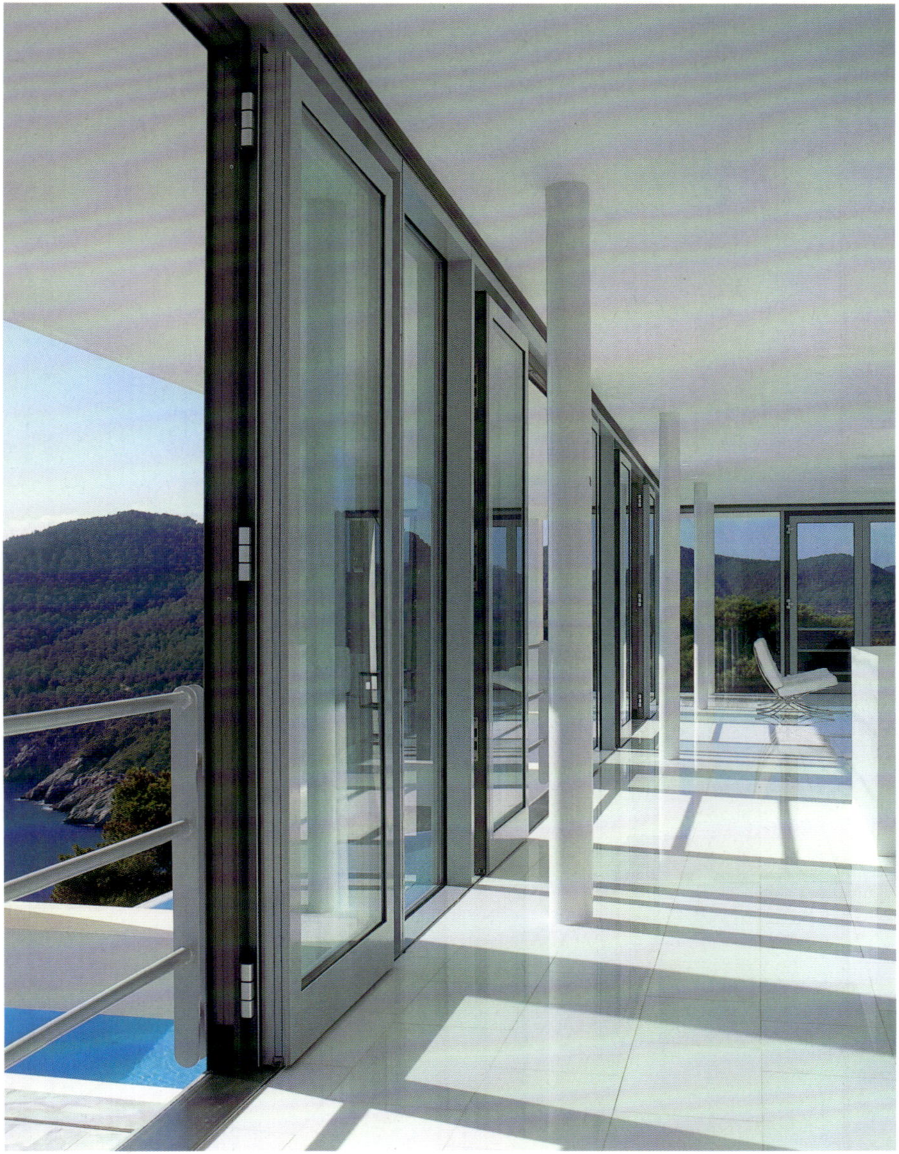

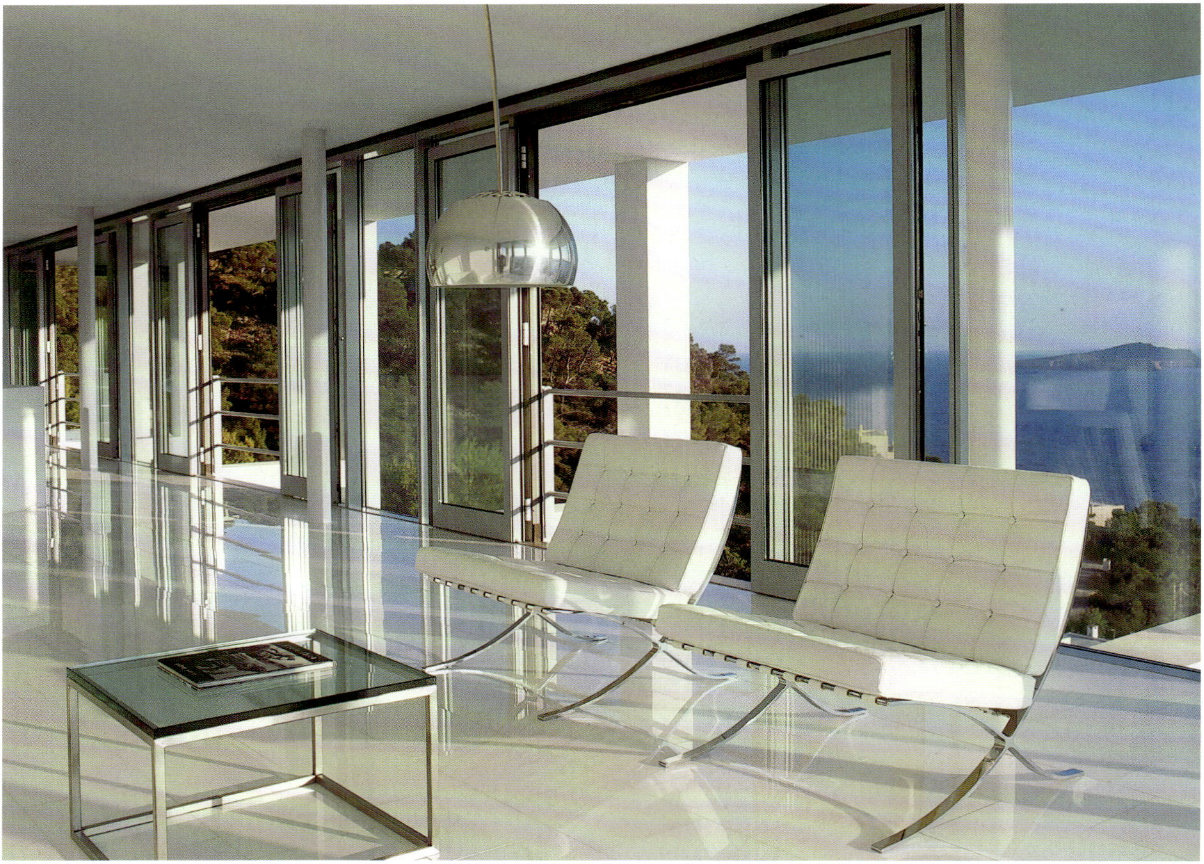

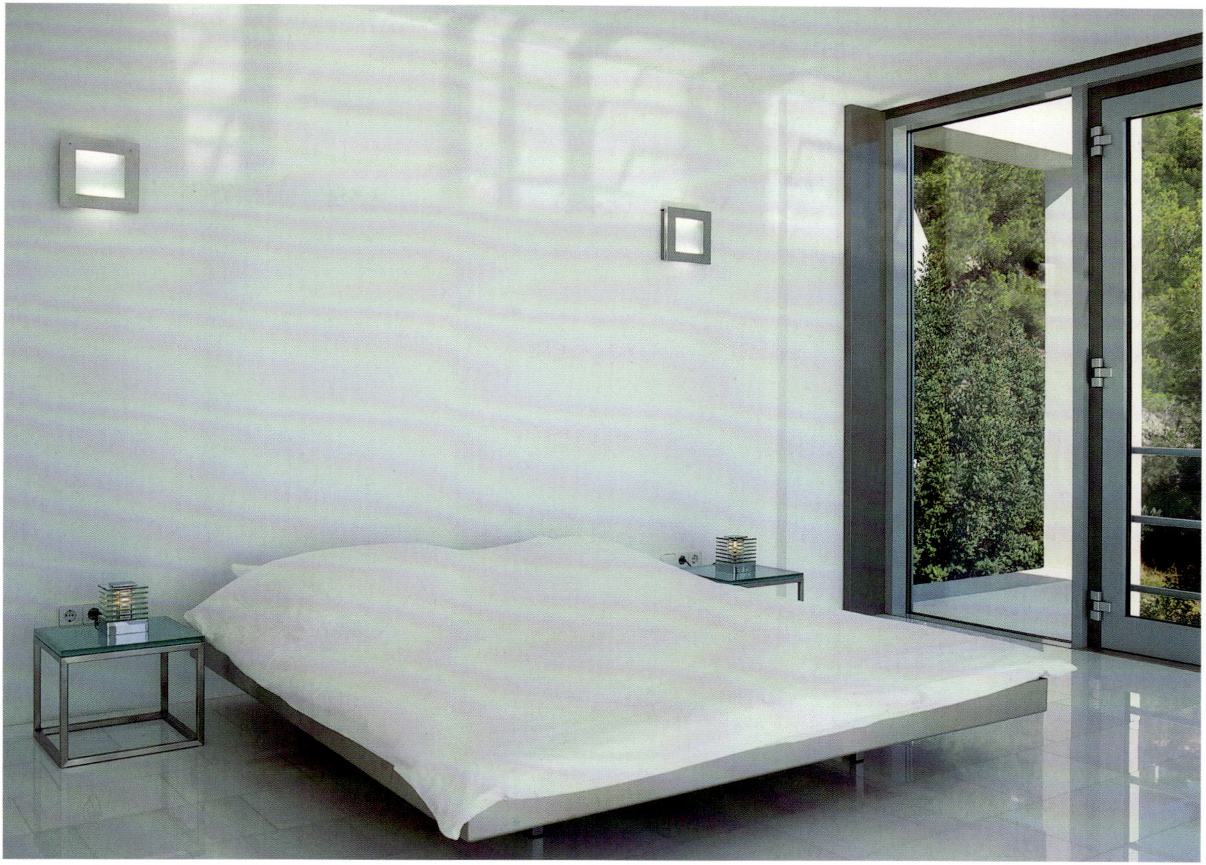

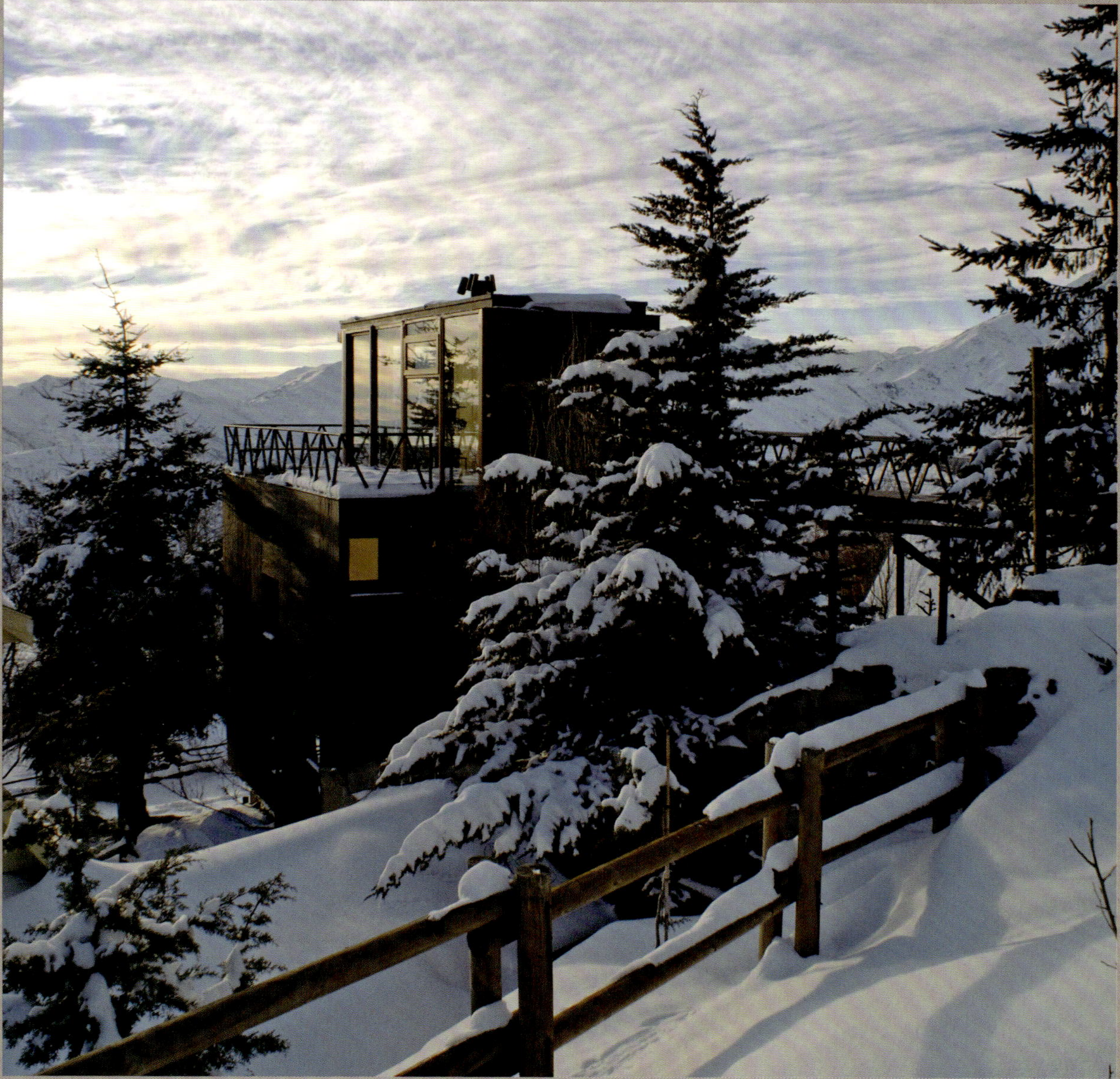

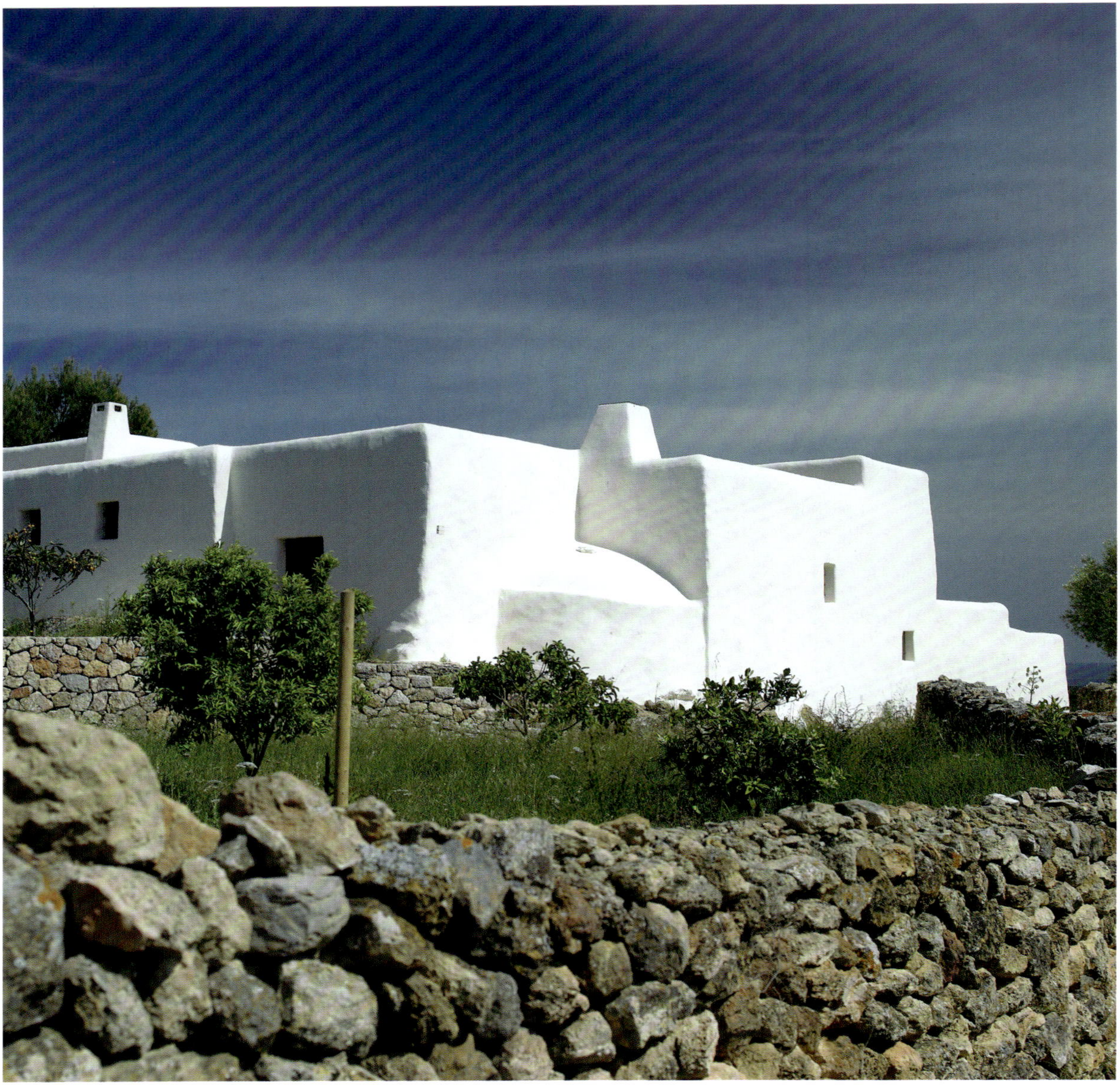

CAN **TONI MARTINA**

Rolph & Rolf Blakstad
Ibiza, Spain
© Conrad White

Can Toni Martina is inspired by the old Phoenician *bit-hilani* buildings and, although it was completely reconstructed, the original rural-style of the house has been maintained. The rustic furnishings reinforce the historic character of the house. Modern elements have been added; such as the infinity swimming pool that overlooks the entire valley and as far as the sea.

Can Toni Martina s'inspire des anciens bâtiments phéniciens de type *bit-hilani*, tout en gardant le style original de la maison rurale après une reconstruction totale. Le mobilier rustique renforce le caractère historique de la maison. Des éléments modernes ont été ajoutés, comme une piscine à débordement offrant une vue sur toute la vallée avec la mer en arrière-plan.

Can Toni Martina wurde von den alten phönizischen Gebäuden *Bit-Hilani* inspiriert und obwohl das Gebäude vollständig wieder aufgebaut wurde, hat man den Originalstil des Landhauses erhalten. Die rustikalen Möbel verstärken den historischen Charakter des Hauses. Es wurden moderne Elemente hinzugefügt, wie beispielsweise ein Schwimmbad mit Blick über das gesamte Tal und das Meer im Hintergrund.

Can Toni Martina is geïnspireerd op een "bit-hilani", een paleis uit de tijd van de Feniciërs. Hoewel helemaal gereconstrueerd, is de originele stijl van het plattelandshuis behouden. De rustieke meubels versterken het historische karakter van het huis. Er zijn moderne elementen toegevoegd, zoals een onmetelijk groot zwembad dat een uitzicht biedt op de gehele vallei tot aan de zee in de verte.

Can Toni Martina está inspirada en las antiguas edificaciones fenicias *bit-hilani* y, aunque fue completamente reconstruida, se ha mantenido el estilo original de la casa rural. El mobiliario rústico refuerza el carácter histórico de la casa. Se han añadido elementos modernos, como una piscina infinita con vista a todo el valle con el mar al fondo.

Can Toni Martina è ispirata agli antichi edifici fenici *bit-hilani* e, sebbene sia stata completamente ricostruita, si è mantenuto lo stile originale della casa rurale. L'arredo rustico rafforza il carattere storico della casa. Sono stati aggiunti elementi moderni, come una piscina infinita con vista su tutta la valle e il mare sullo sfondo.

A Can Toni Martina inspira-se nos antigos edifícios fenícios conhecidos como *Bit-hilani* e, embora tenha sido completamente reconstruída, manteve o seu estilo de casa rural. O mobiliário rústico reforça o caráter histórico da casa. Foram acrescentados alguns elementos modernos, como uma enorme piscina com vista para o vale e com o mar ao fundo.

Can Toni Martina är inspirerat av de gamla feniciska byggnaderna *bit-hilani*, och även om det är helrenoverat har man bevarat lanthusets ursprungliga stil. Det rustika möblemanget förstärker husets historiska karaktär. Moderna inslag, som en enorm pool med utsikt över dalen och havet i fjärran, har lagts till.

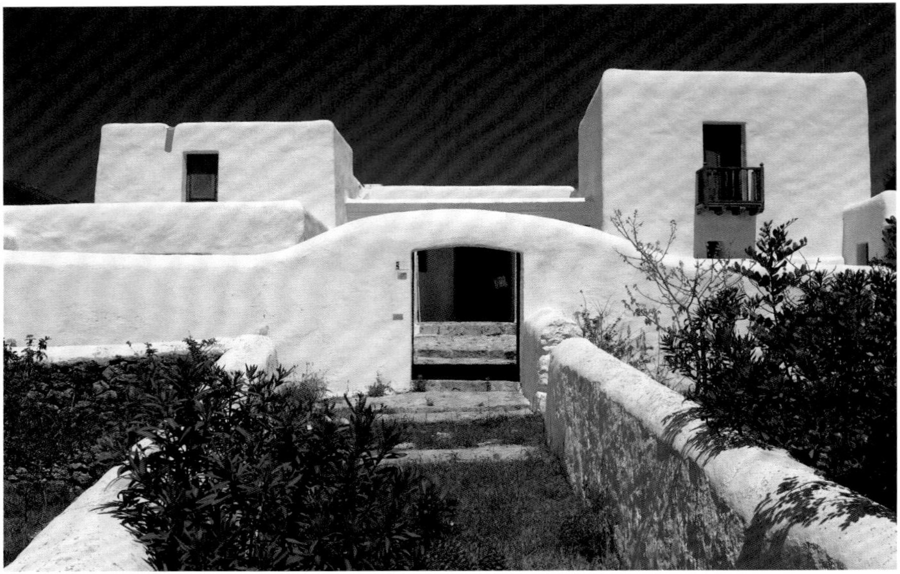

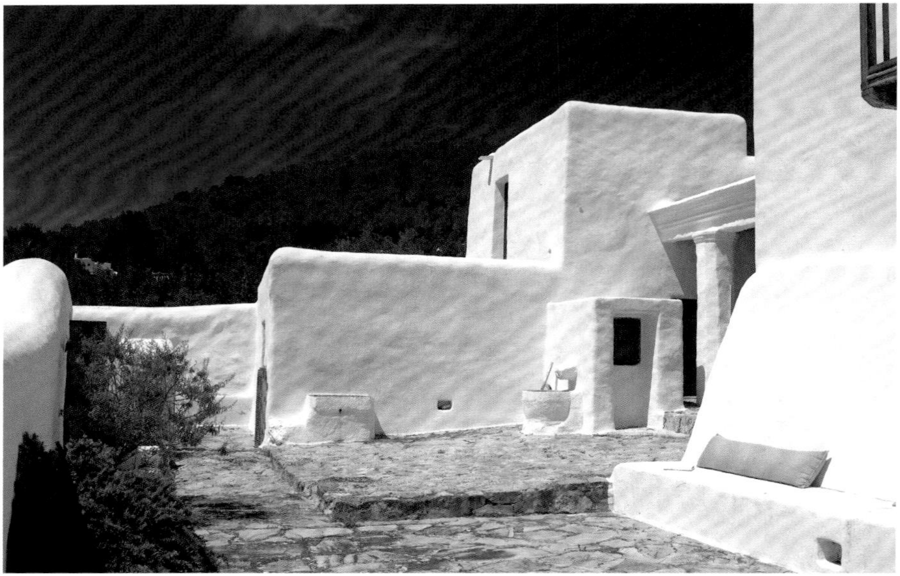

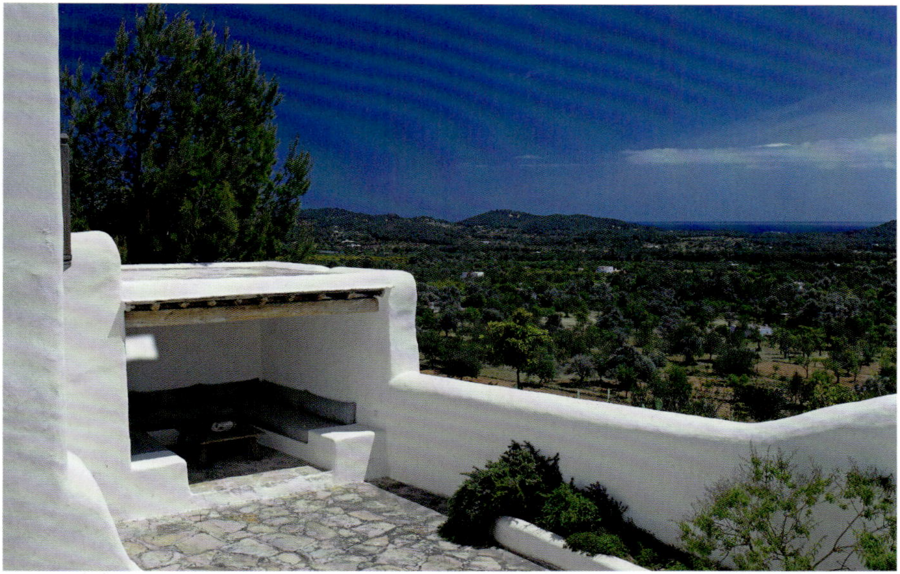

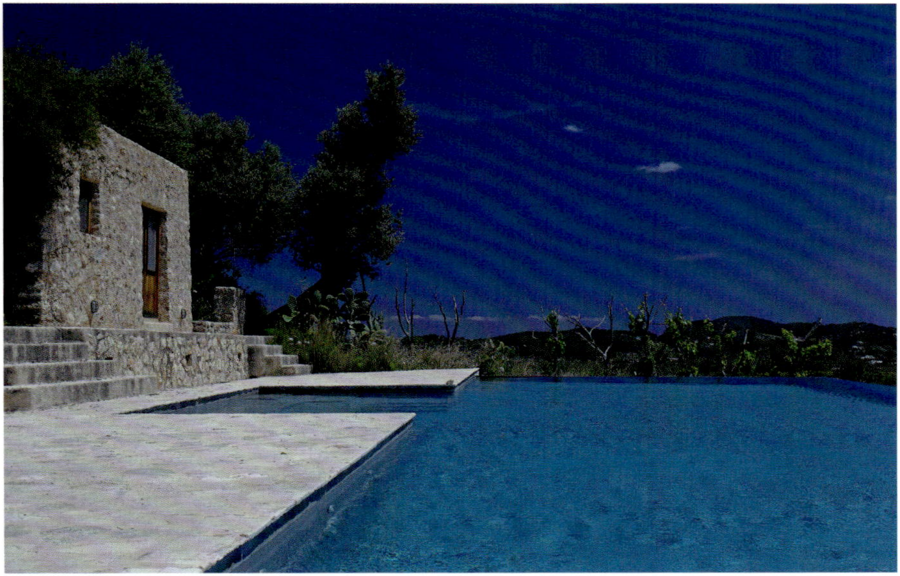

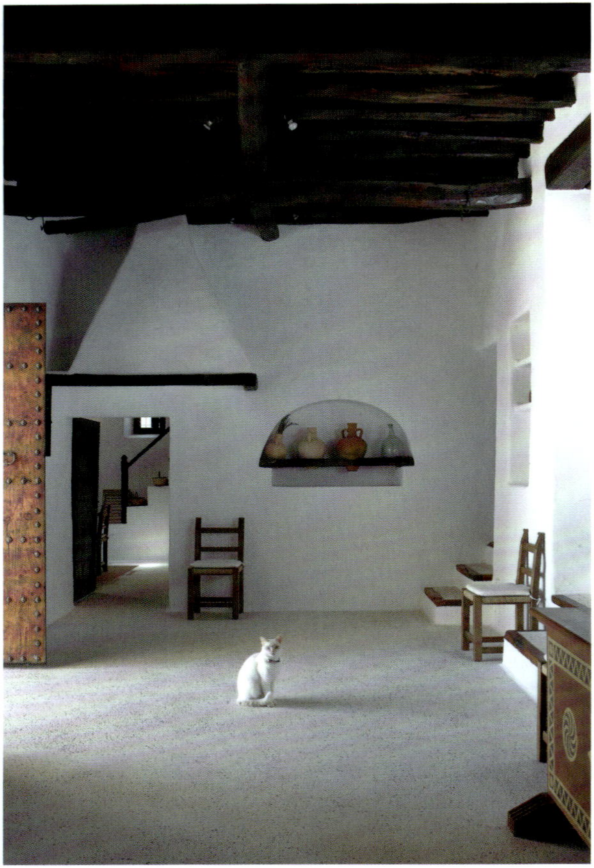

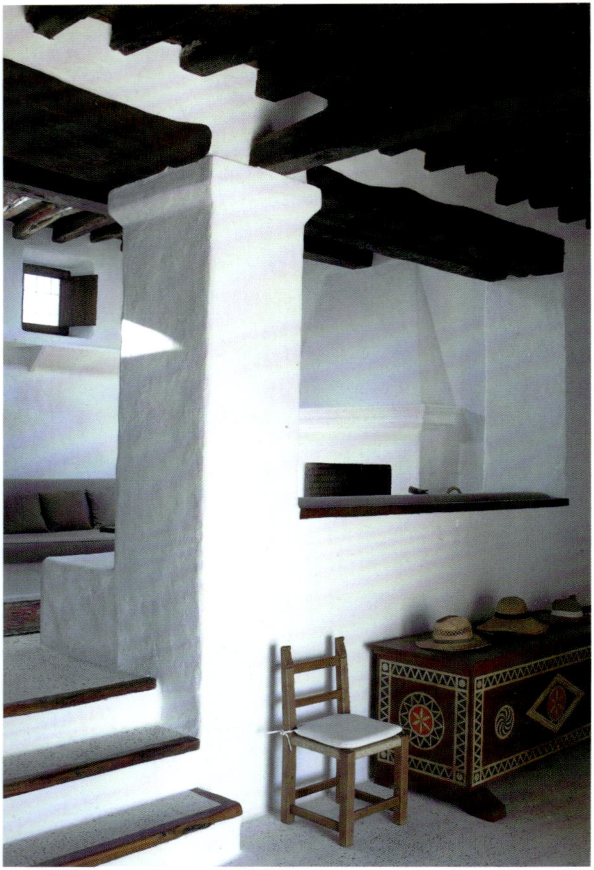

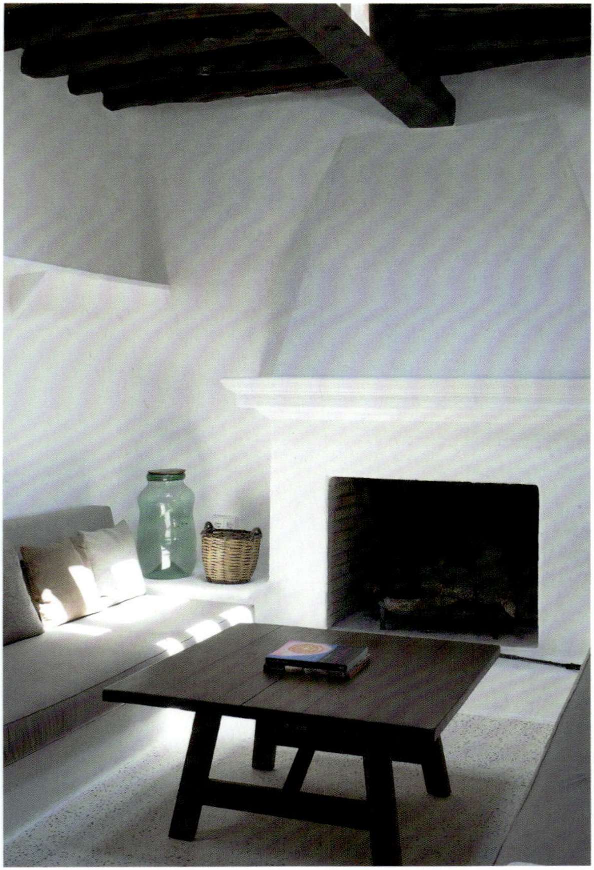

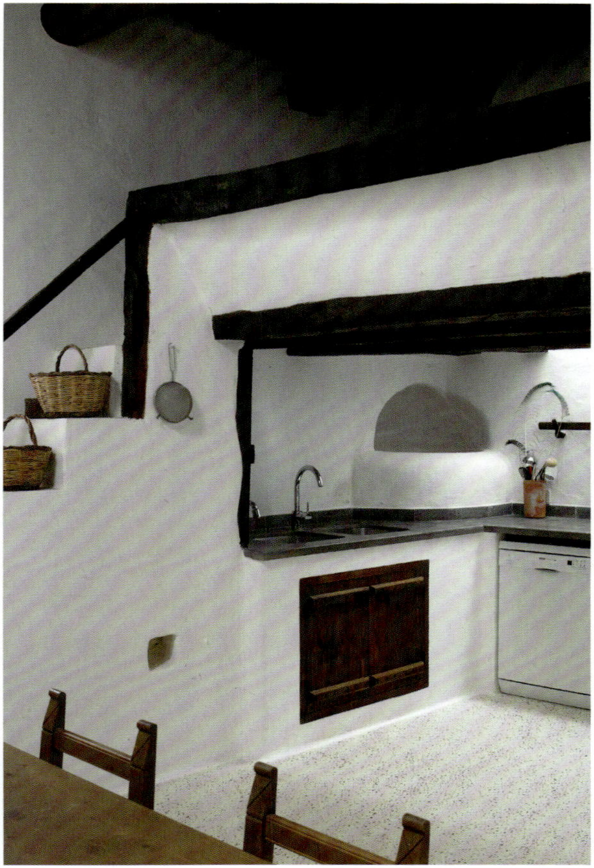

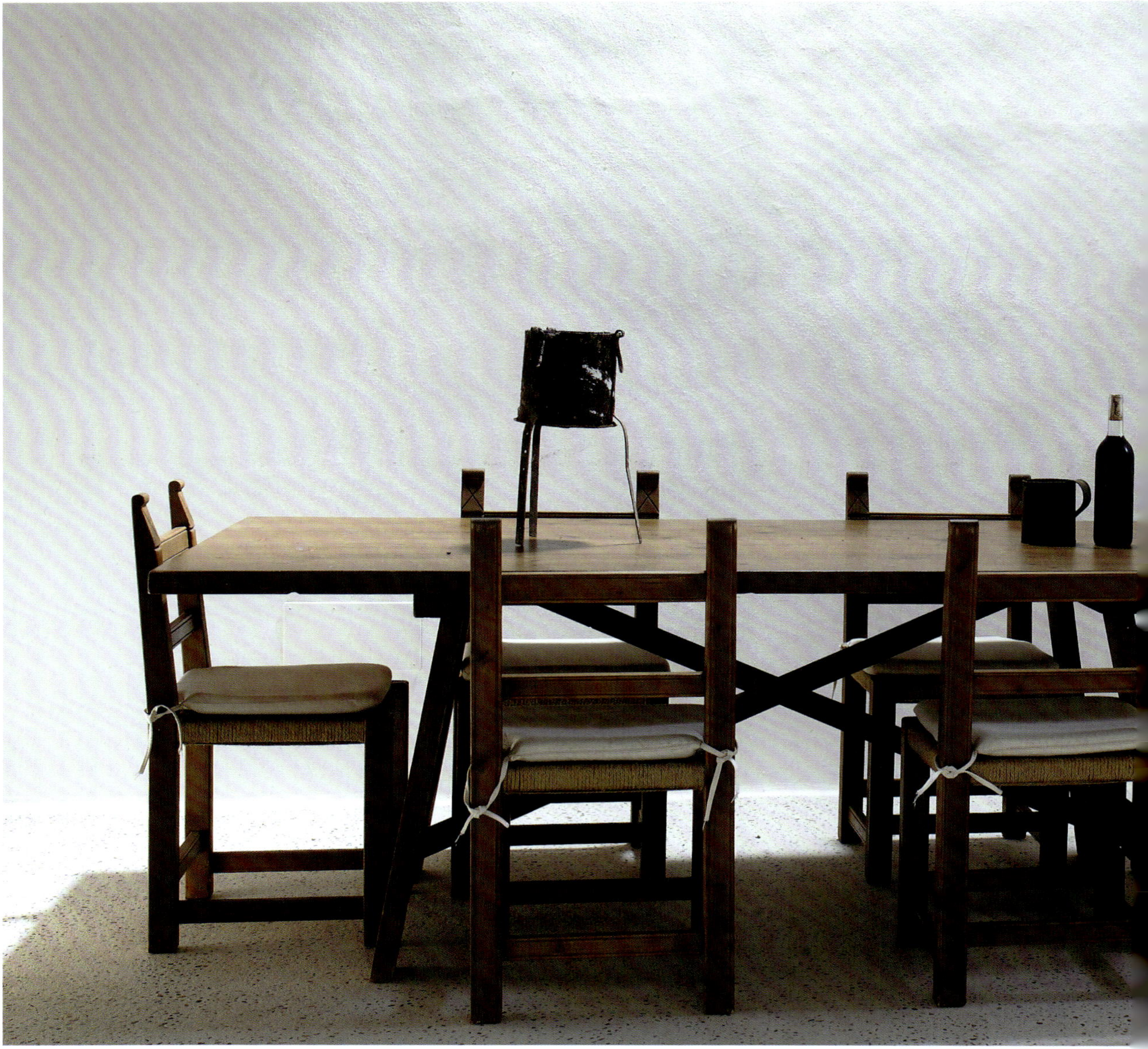

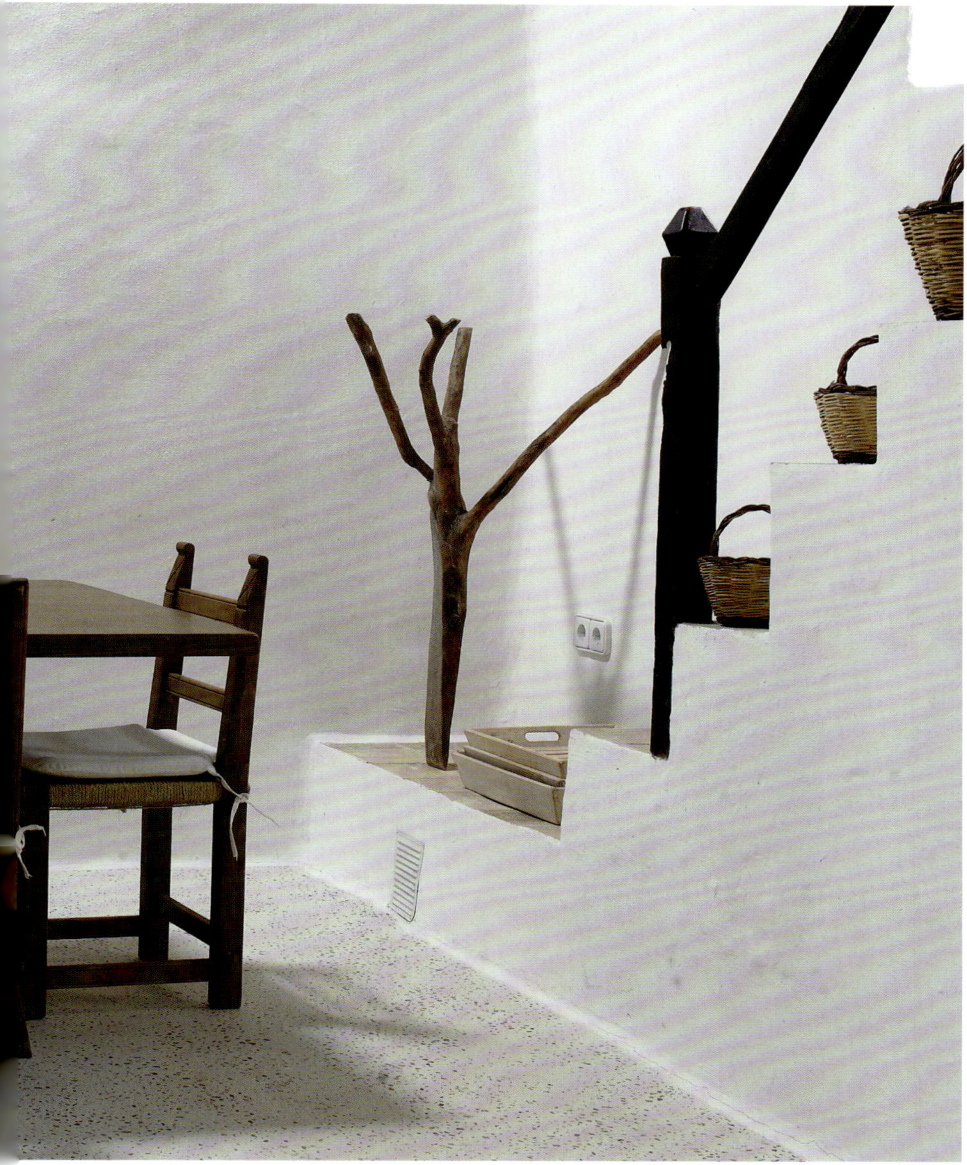

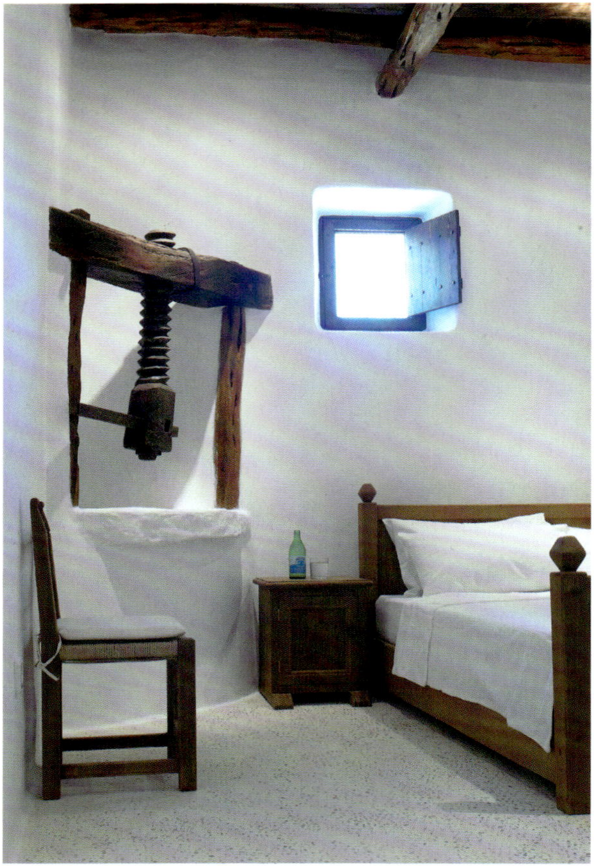

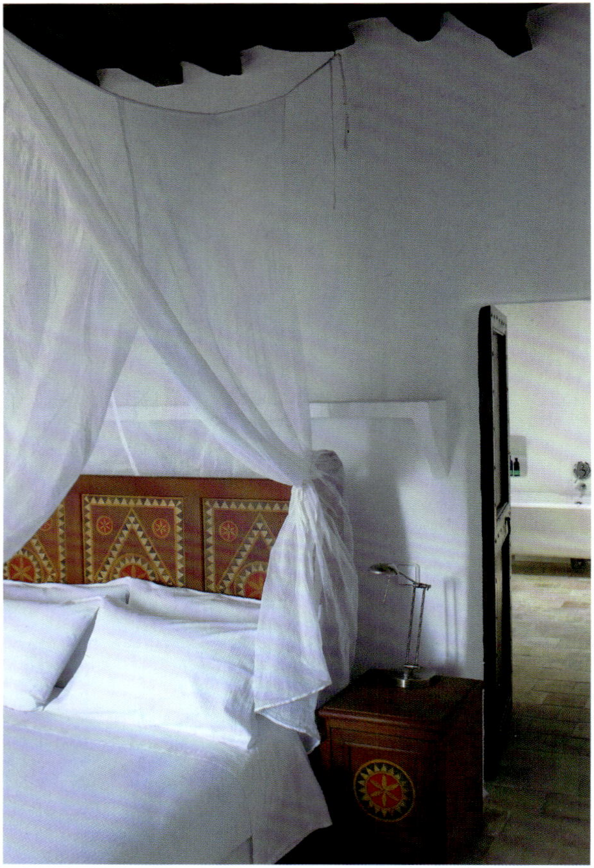

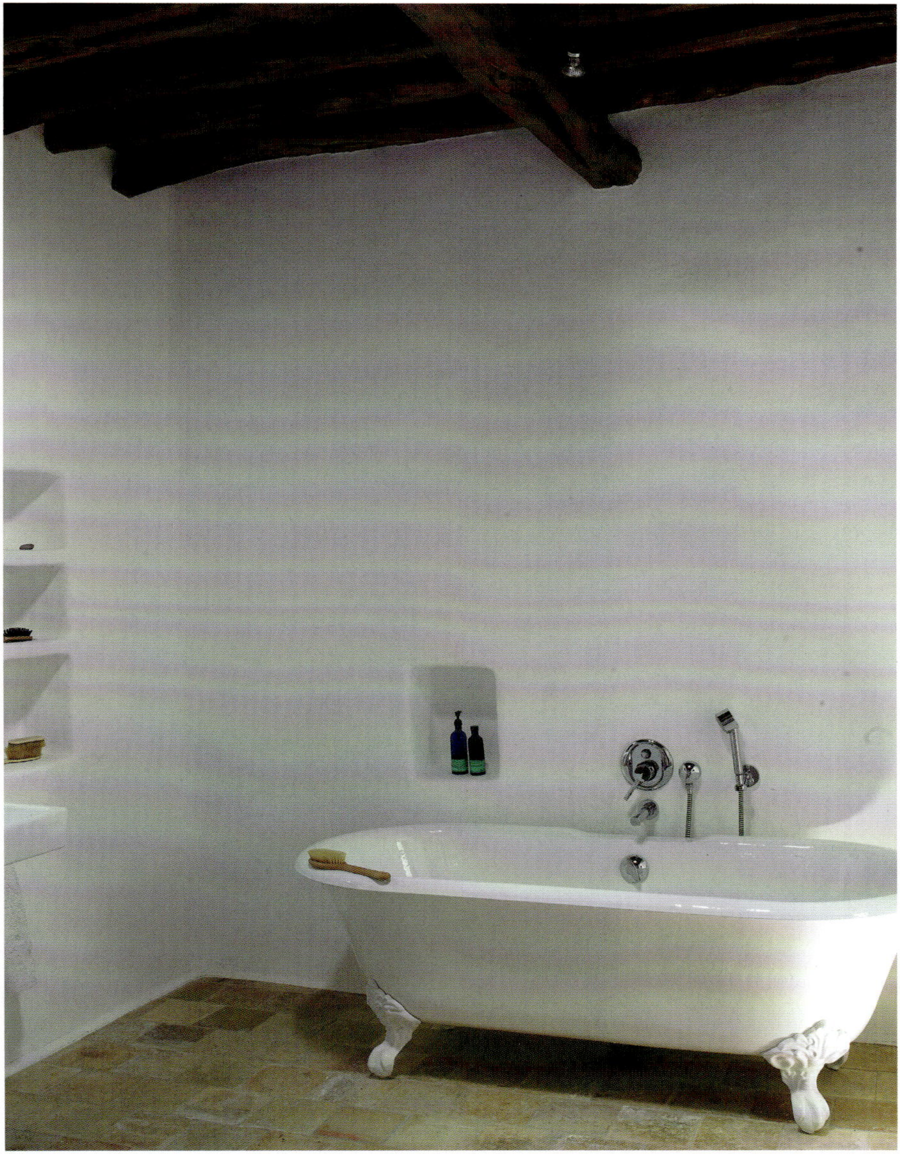

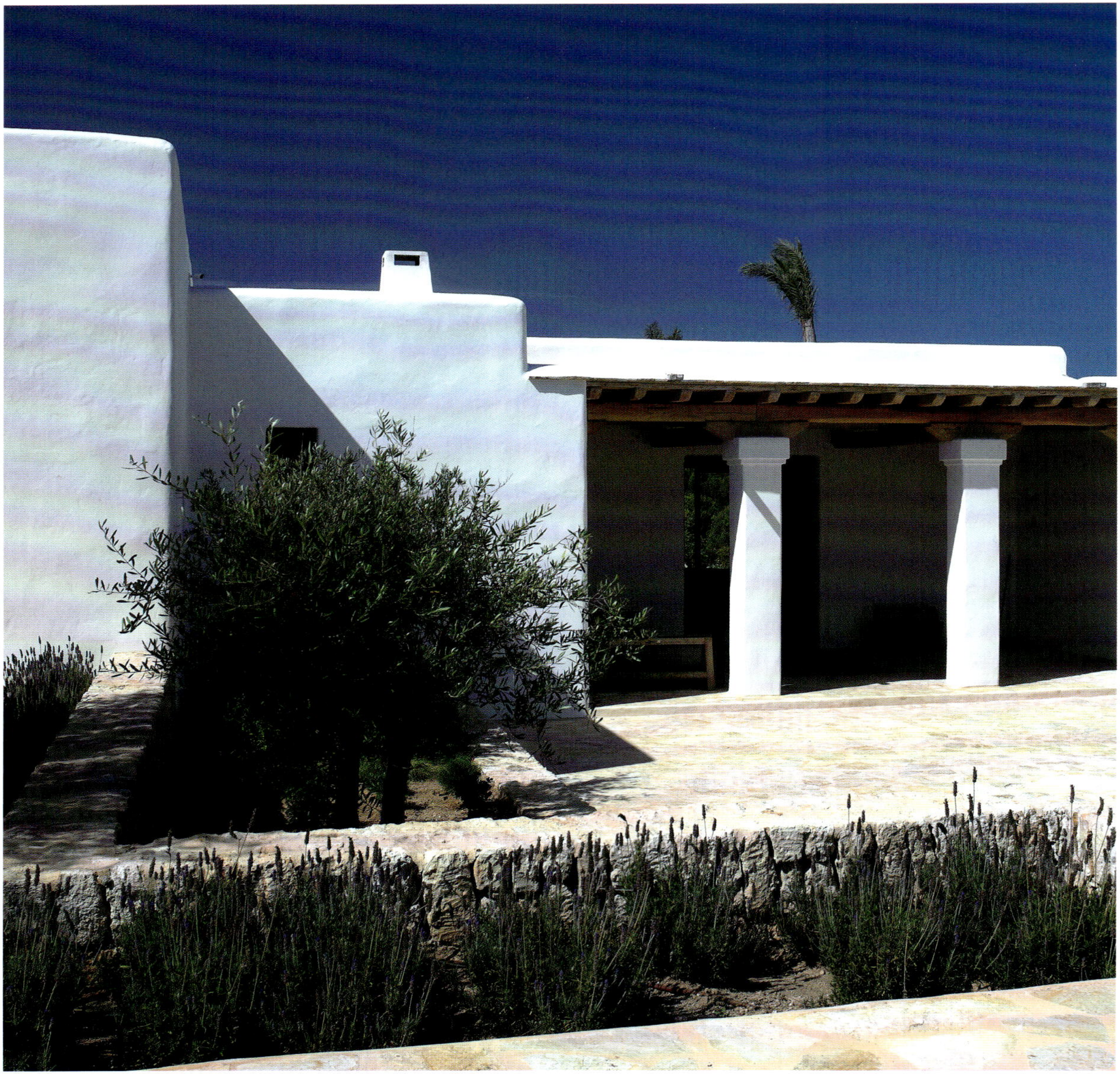

CAN **XICO ESCANDELL**

Rolf Blakstad
Ibiza, Spain
© Conrad White

Situated on a small hill of agricultural terraces, Can Xico Escandell preserves the traditional spirit of the old, rural house at its front. The original entrance is the entrance to one of the gardens and the interior of the house combines modern finishes with traditional woodwork and rustic surfaces.

Située sur une petite colline de terrasses agricoles, Can Xico Escandell conserve l'esprit traditionnel de la vieille maison rurale dans la partie avant. L'entrée d'origine de la maison a été intégrée au portail d'entrée de l'un des jardins. L'intérieur associe des finitions modernes à des menuiseries et des superficies rustiques.

Auf einem kleinen Hügel mit landwirtschaftlich genutzten Terrassen liegt Can Xico Escandell. Auf der Vorderseite des Gebäudes blieb der traditionelle Geist eines alten Landhauses erhalten. Der Originaleingang des Hauses wurde in den Torweg integriert, der zu einem der Gärten führt. Im Inneren des Hauses wurden moderne Oberflächenstrukturen mit Holzarbeiten und rustikalen Oberflächen kombiniert.

Can Xico Escandell is gelegen op een heuvel met agrarische terrassen. Aan de voorkant van het huis is nog goed te zien dat het de traditionele aard van een oud plattelandshuis behouden heeft. De oorspronkelijke ingang van het huis is nu geïntegreerd in de doorgang naar een van de tuinen. In het interieur van het huis wordt een moderne afwerking afgewisseld met rustiek houtwerk.

Situada en una pequeña colina de bancales agrícolas, Can Xico Escandell conserva el espíritu tradicional de la antigua casa rural en la parte frontal de la casa. La entrada original de la casa está ahora integrada en el portal de entrada a uno de los jardines. El interior de la casa combina acabados modernos con carpintería y superficies rústicas.

Situata su una piccola collina di appezzamenti agricoli, Can Xico Escandell conserva lo spirito tradizionale dell'antica casa rurale nella parte anteriore della casa. L'ingresso originale della casa è ora integrato nel portone di entrata ad uno dei giardini. L'interno della casa combina finiture moderne con serramenti e superfici rustiche.

Situada numa pequena colina com socalcos para utilização agrícola, a Can Xico Escandell conserva na fachada principal o espírito tradicional da antiga casa rural. A entrada original da casa está agora integrada no portal de entrada para um dos jardins. O interior da casa combina acabamentos modernos com carpintaria e superfícies rústicas.

Can Xico Escandell är beläget på en liten kulle med odlingsterrasser och bevarar den traditionella andan från det gamla lanthuset på framsidan. Husets ursprungliga ingång har nu integrerats i ingången till en av trädgårdarna. Interiören i huset förenar modern finish med snickerier och rustika ytor.

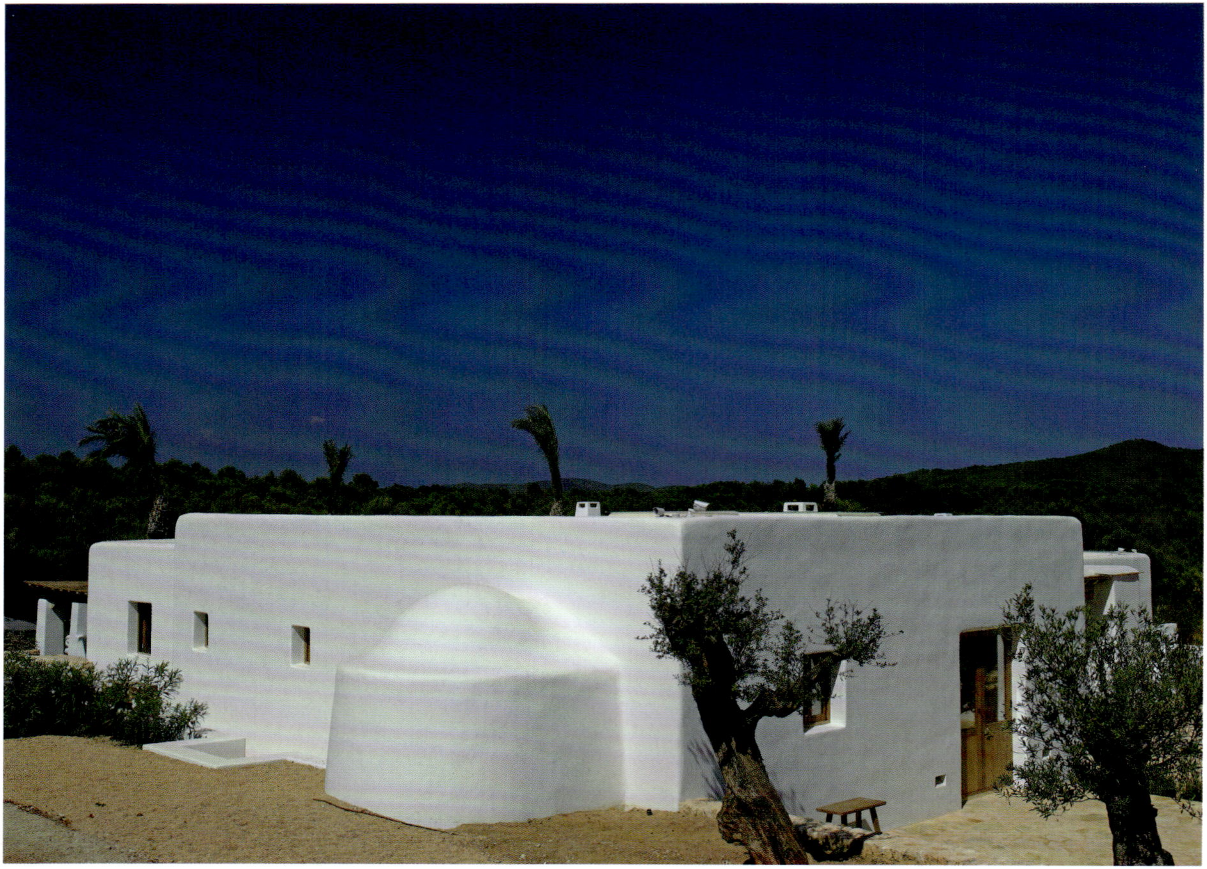

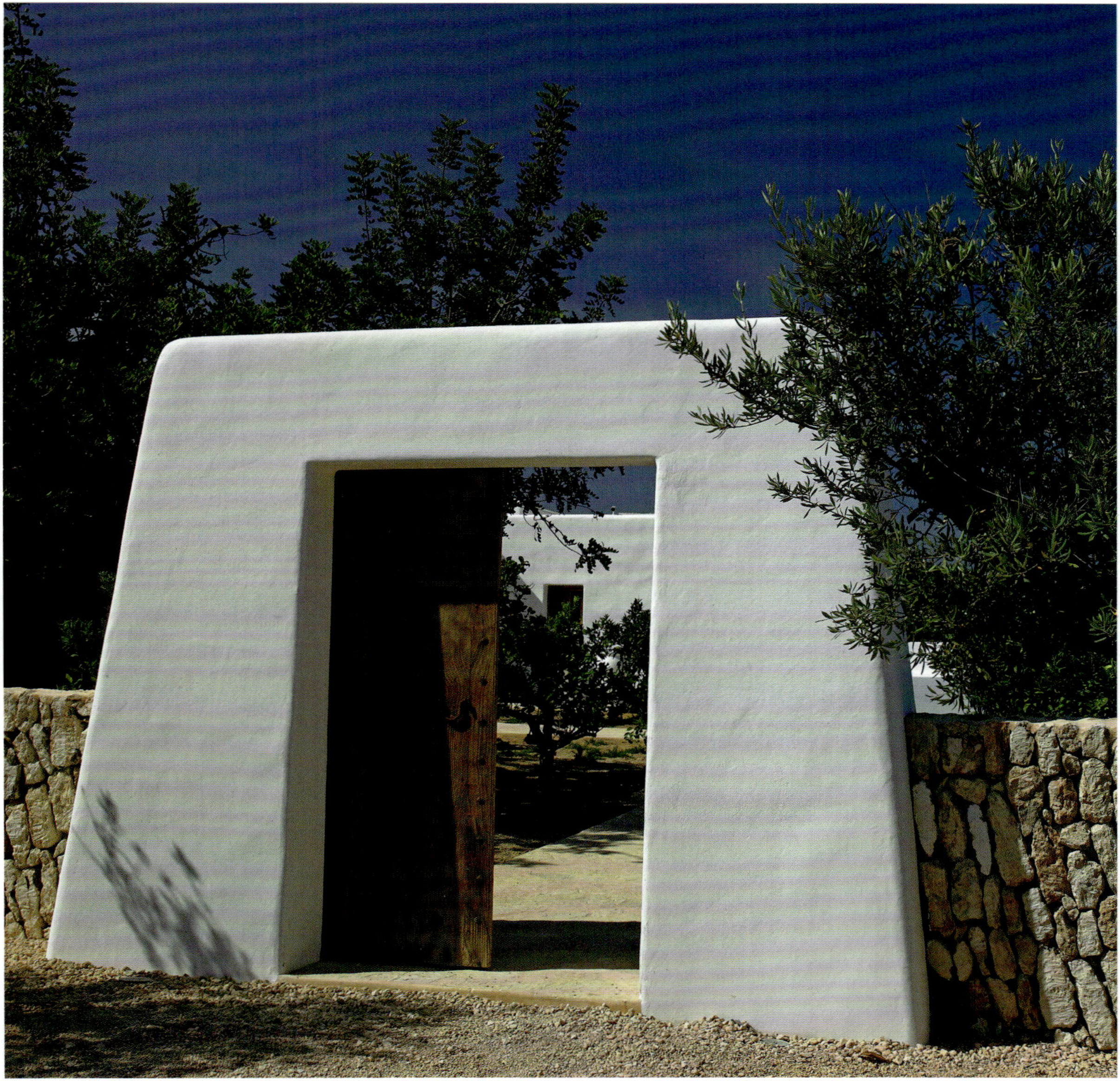

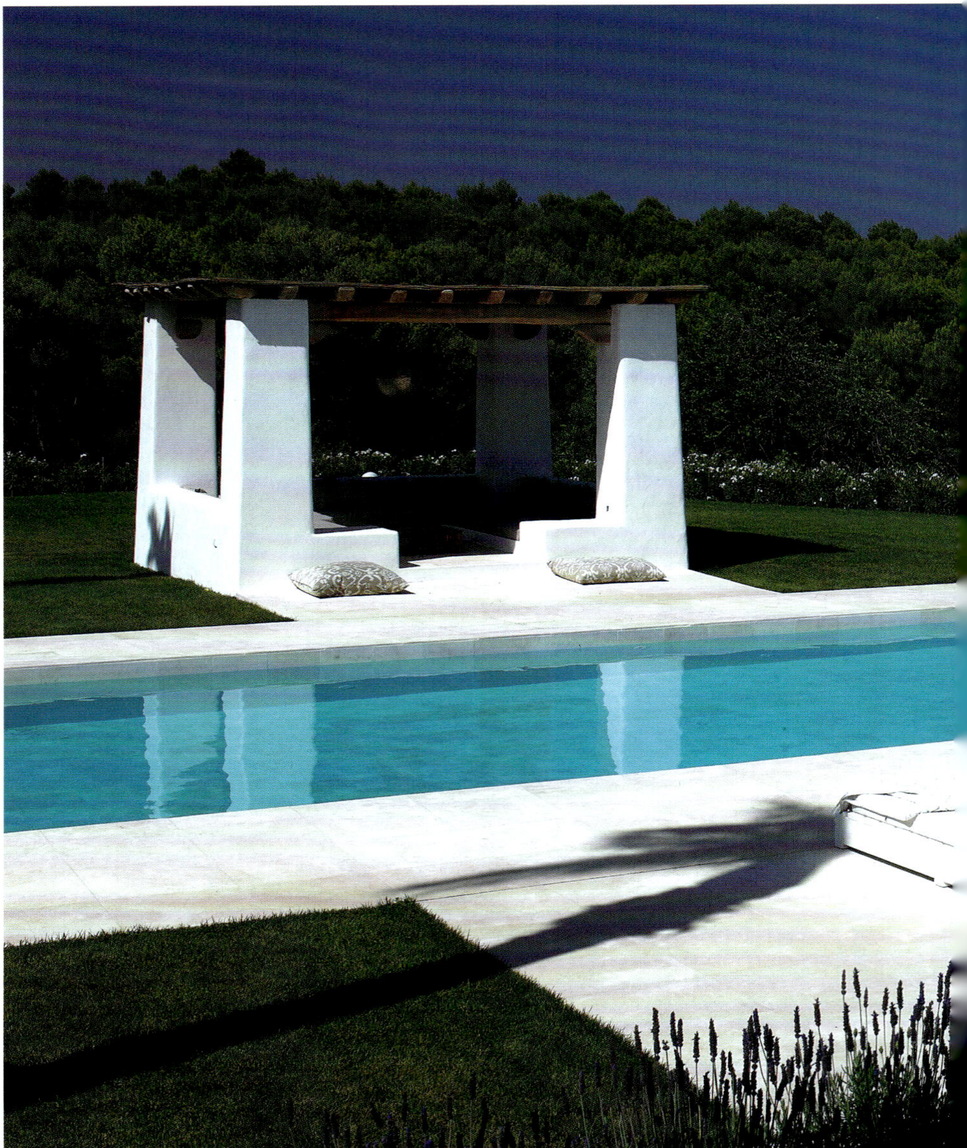

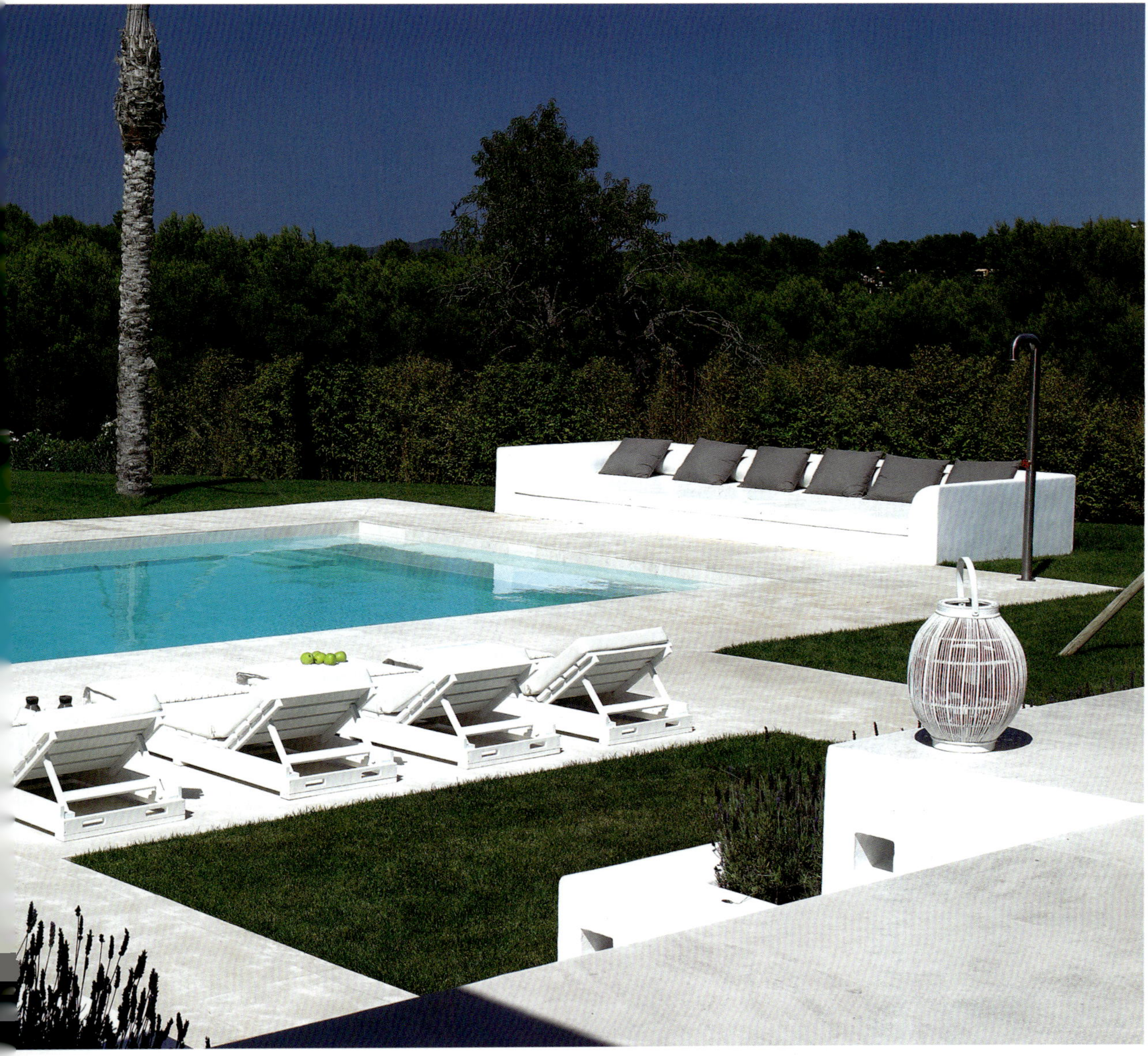

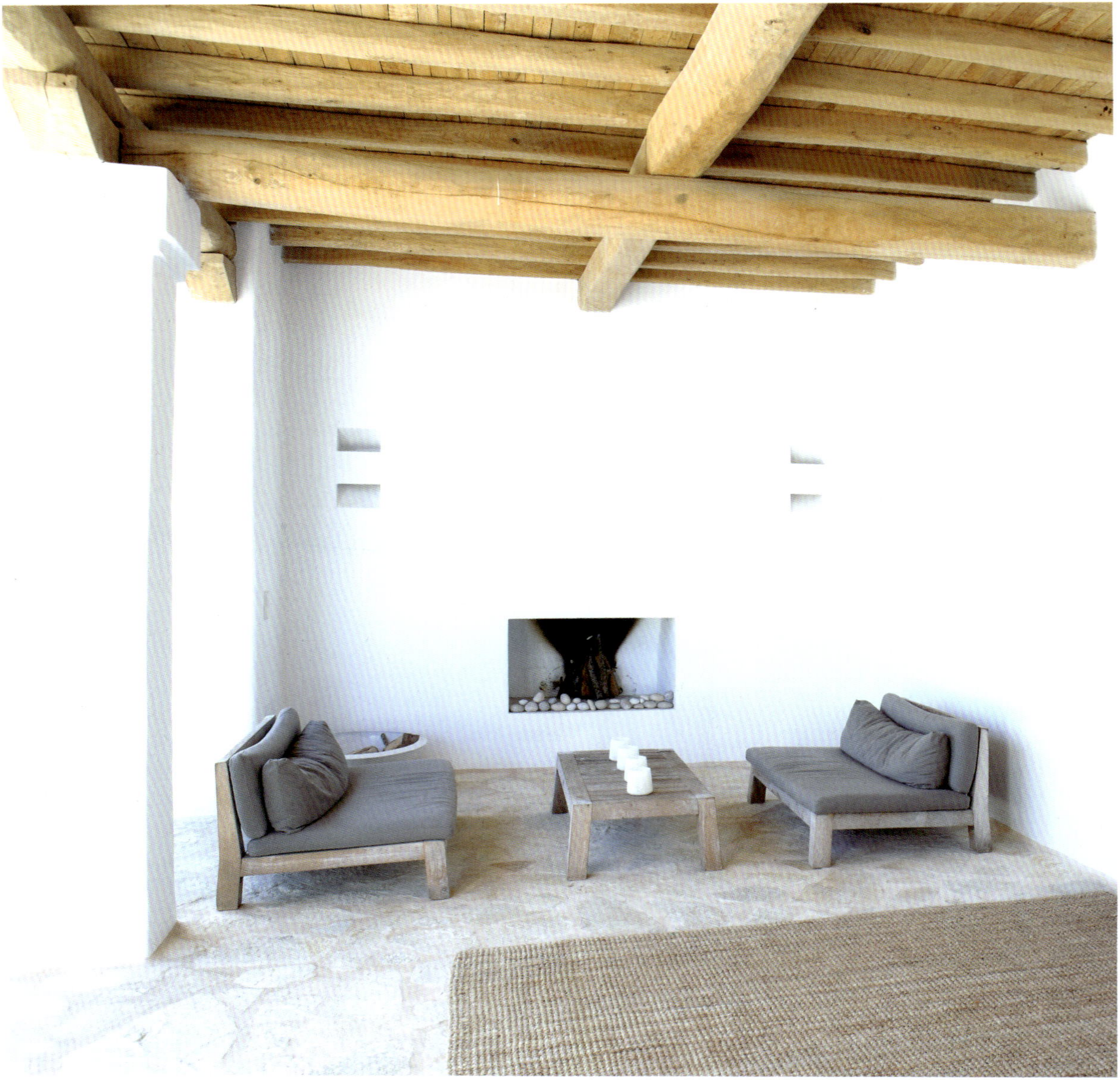

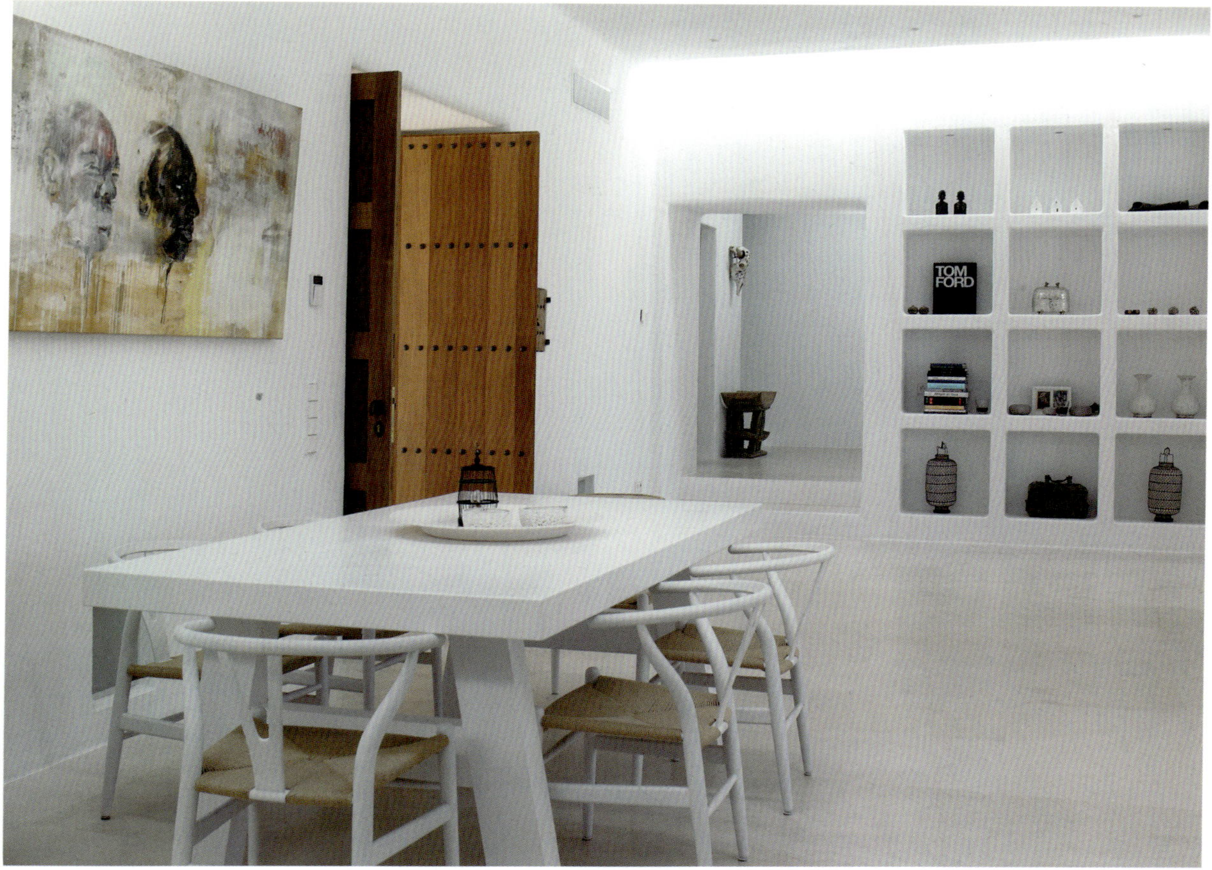
TOM FORD

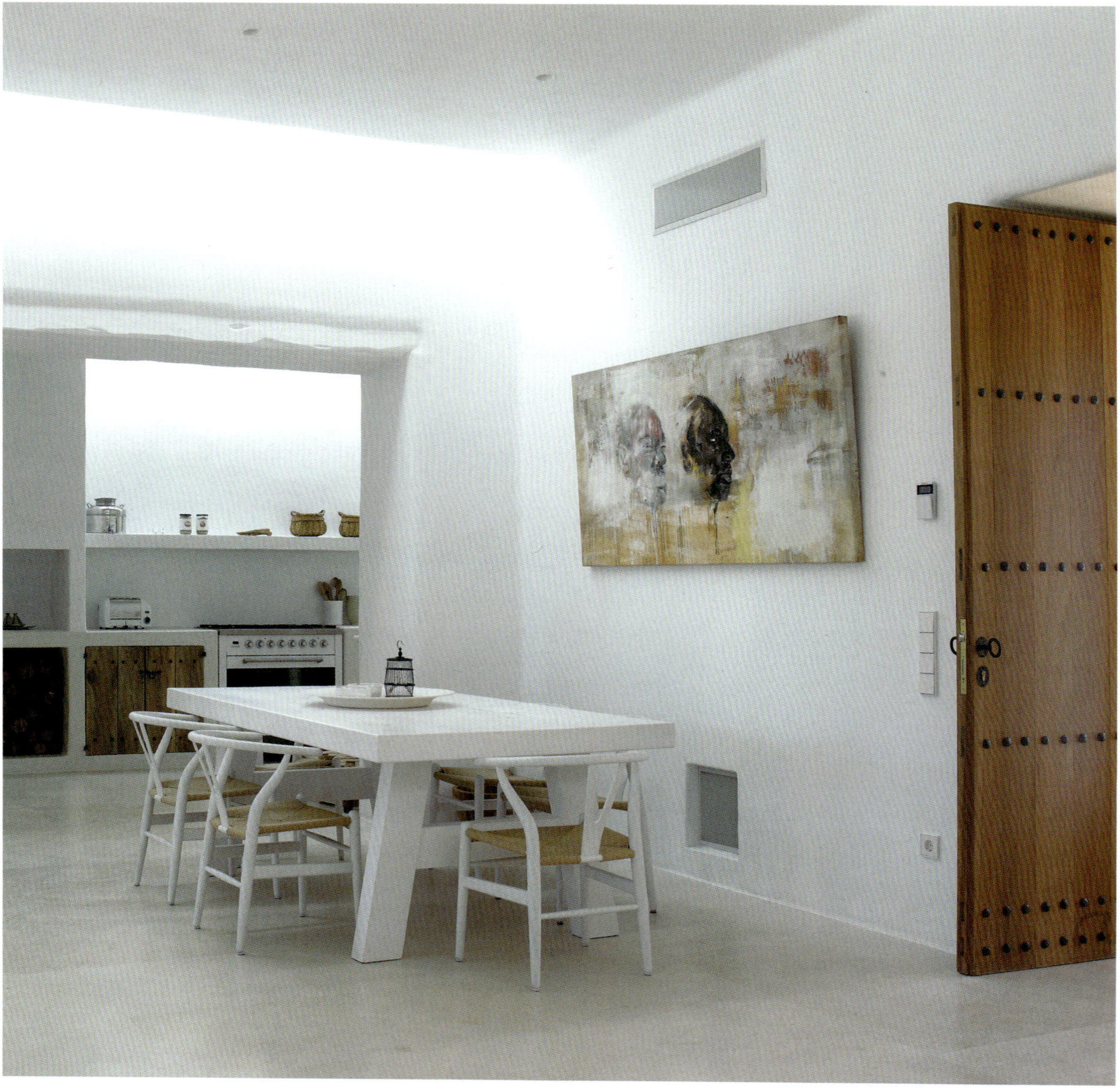

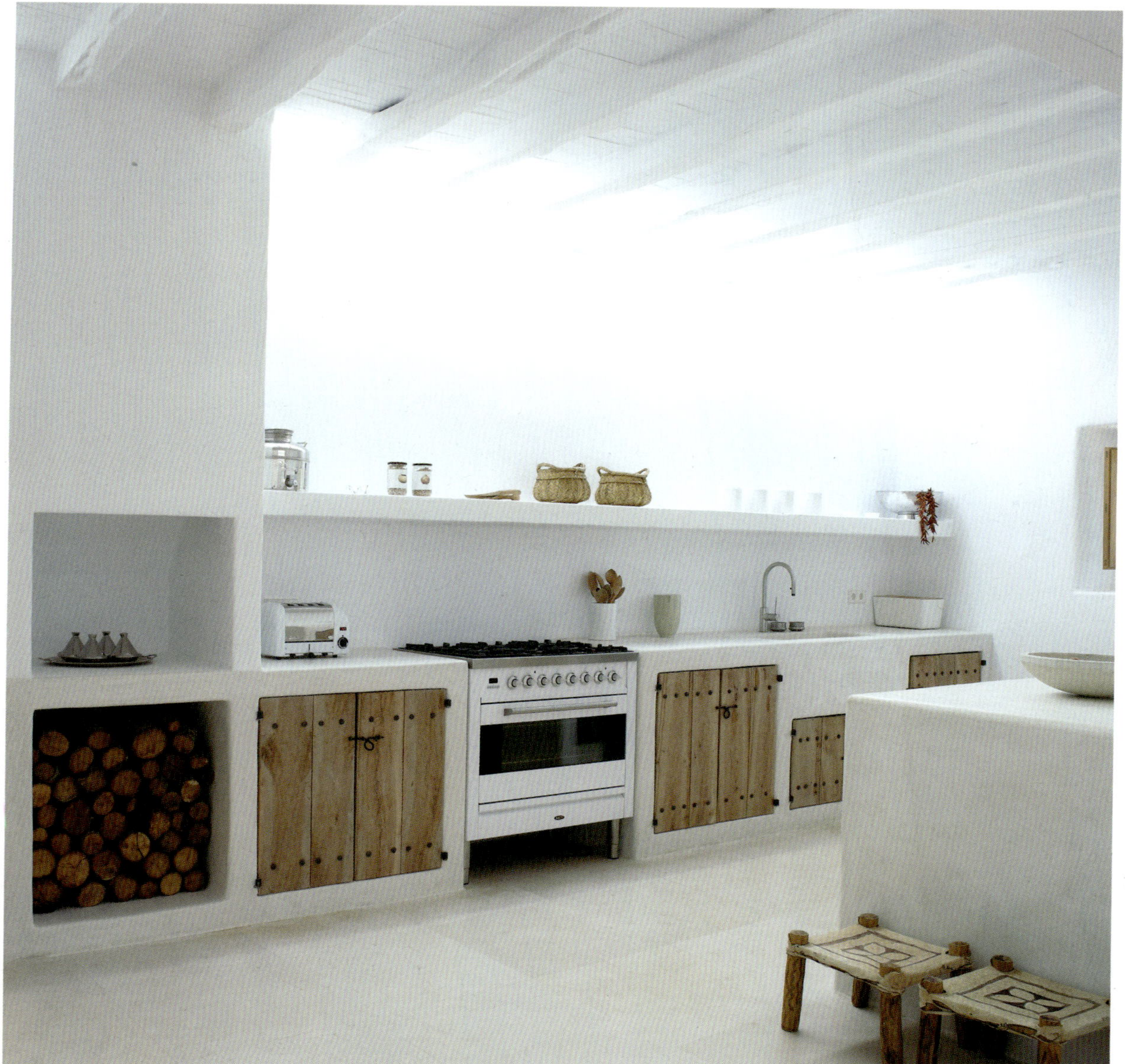

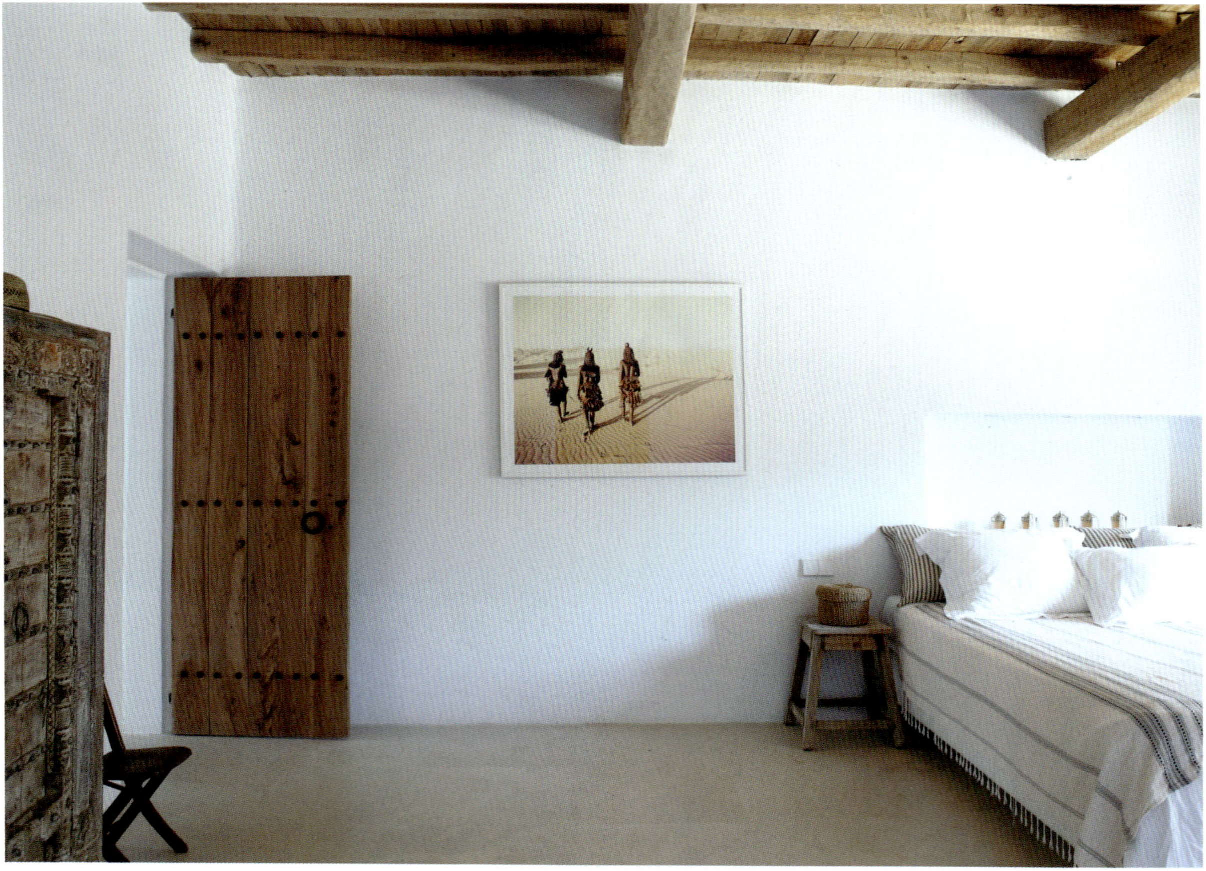

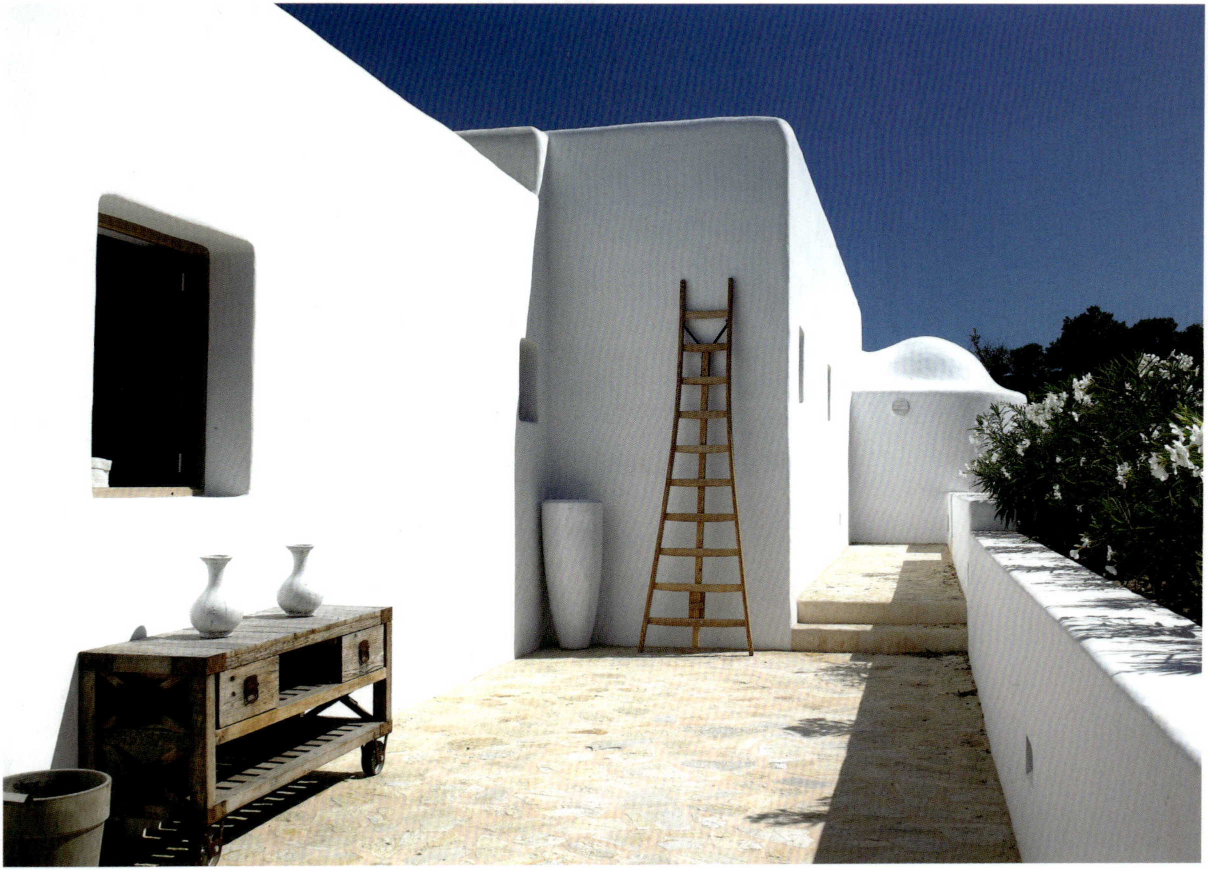

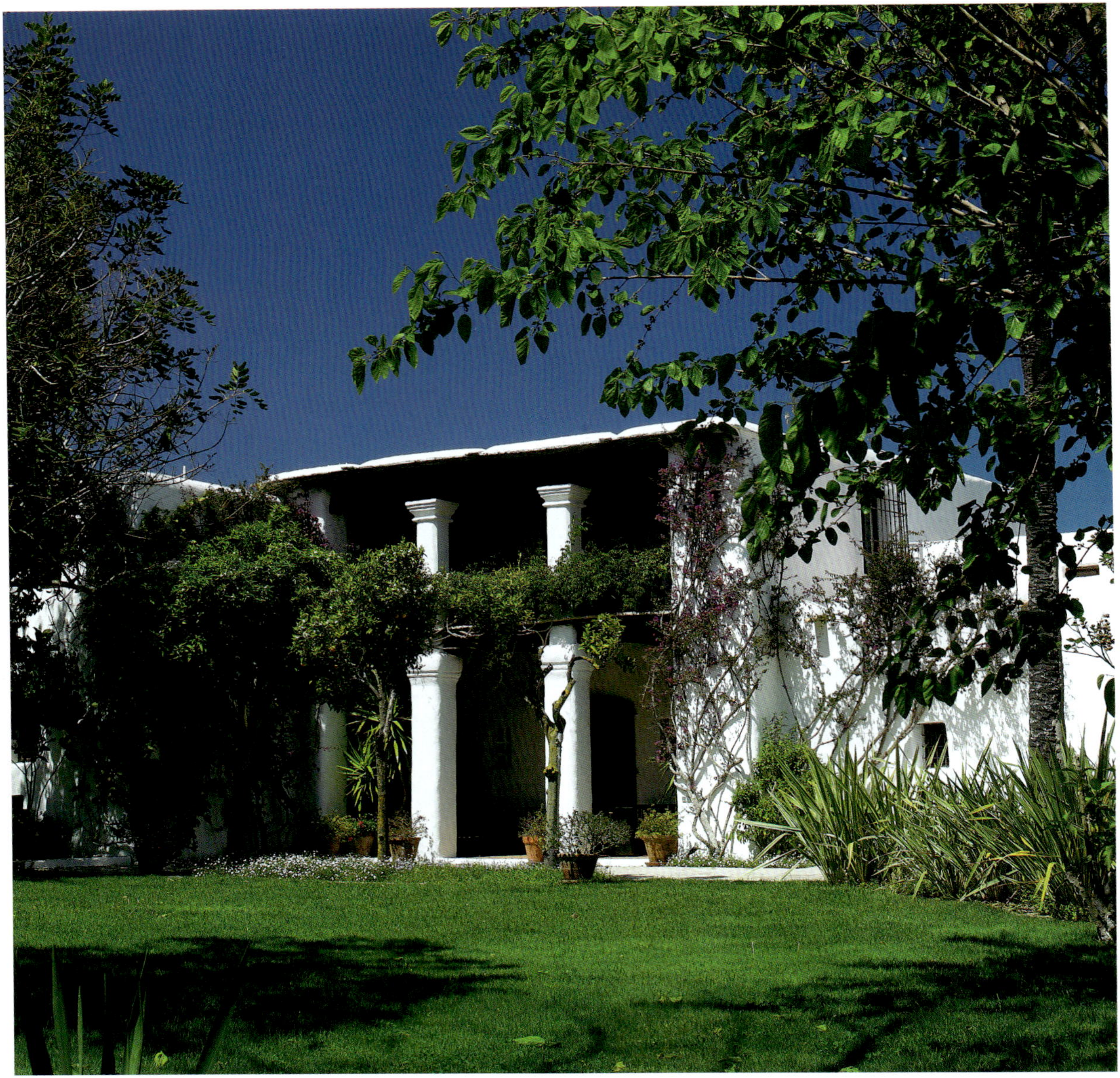

CAN **MIQUEL TONI**

Rolph Blakstad
Ibiza, Spain
© Conrad White

Can Miquel Toni is surrounded by underground, freshwater springs and the interior is decorated with ochre-coloured geometrical drawings based on the old cult of the Goddess Tanit. All of the bedrooms are joined together to create a sensation of space and warmth. A bedroom was added as an extension to the rear of the property.

Can Miquel Toni est entourée de sources souterraines d'eau douce et l'intérieur est décoré de formes géométriques de couleur ocre qui remontent au culte ancien de la déesse Tanit. Les pièces communicantes créent une impression d'ampleur et de chaleur. Une chambre a été ajoutée dans la partie arrière.

Can Miquel Toni ist von unterirdischen Süßwasserquellen umgeben und die Innenräume wurden mit geometrischen, ockerfarbenen Zeichnungen dekoriert, die den antiken Kult der Göttin Tanit heraufbeschwören. Alle Zimmer sind direkt miteinander verbunden und kreieren den Eindruck von Weite und Wärme. Als Anbau wurde ein Schlafzimmer an den vorderen Teil angefügt.

Can Miquel Toni is omringd door ondergrondse zoetwaterbronnen. Het interieur is gedecoreerd met okerkleurige, geometrische figuren die teruggaan tot de antieke cultus van de godin Tanit. De kamers zijn met elkaar verbonden en stralen een gevoel van ruimte en warmte uit. Bij de verbouwing werd een slaapkamer aan de voorkant van het huis aangebouwd.

Can Miquel Toni está rodeada de fuentes subterráneas de agua dulce y sus interiores están decorados con dibujos geométricos de color ocre que se remontan al antiguo culto de la diosa Tanit. Las habitaciones están comunicadas entre sí y crean una sensación de amplitud y calidez. En la ampliación se añadió un dormitorio en la parte posterior.

Can Miquel Toni è circondata da sorgenti sotterranee d'acqua dolce e i suoi interni sono decorati con disegni geometrici di color ocra che fanno riferimento all'antico culto della dea Tanit. Le stanze sono comunicanti tra di loro e danno una sensazione di vastità e calore. Nell'ampliamento è stata aggiunta una camera da letto nella parte posteriore.

A Can Miquel Toni está rodeada de nascentes subterrâneas de água doce e os seus interiores estão decorados com desenhos geométricos de cor ocre, relacionados com o culto da deusa Tanit. Os espaços comunicam entre si, criando uma sensação de amplitude e ao mesmo tempo de aconchego. Quando foi ampliada acrescentou-se um quarto na parte de trás.

Can Miquel Toni är omgiven av underjordiska sötvattenskällor och interiören består av geometriska mönster i ockra, som går tillbaka till den antika dyrkan av gudinnan Tanit. Rummen har förbindelse med varandra och skapar en känsla av rymd och värme. I utbyggnaden lade man till ett sovrum i den bakre delen.

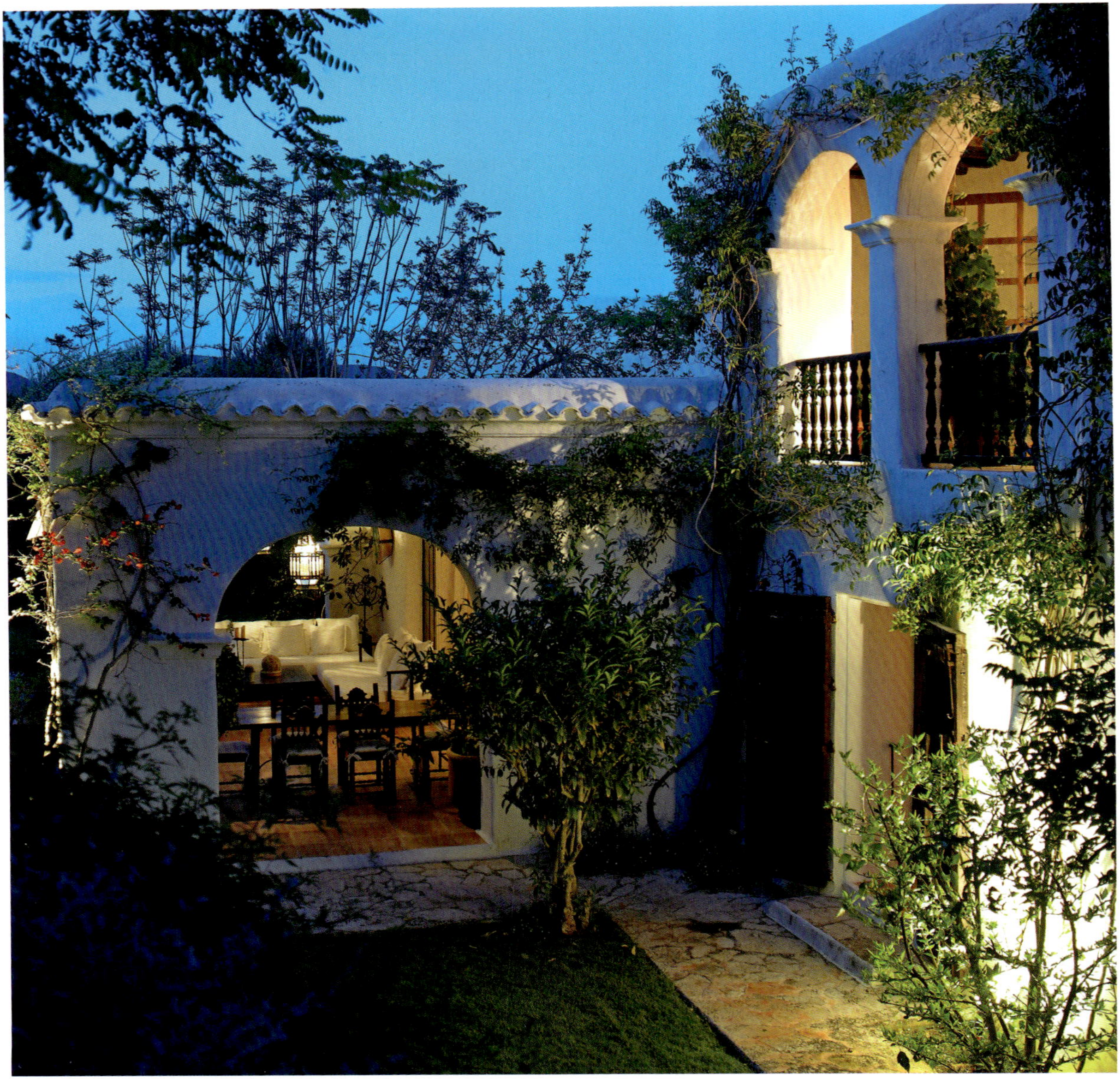

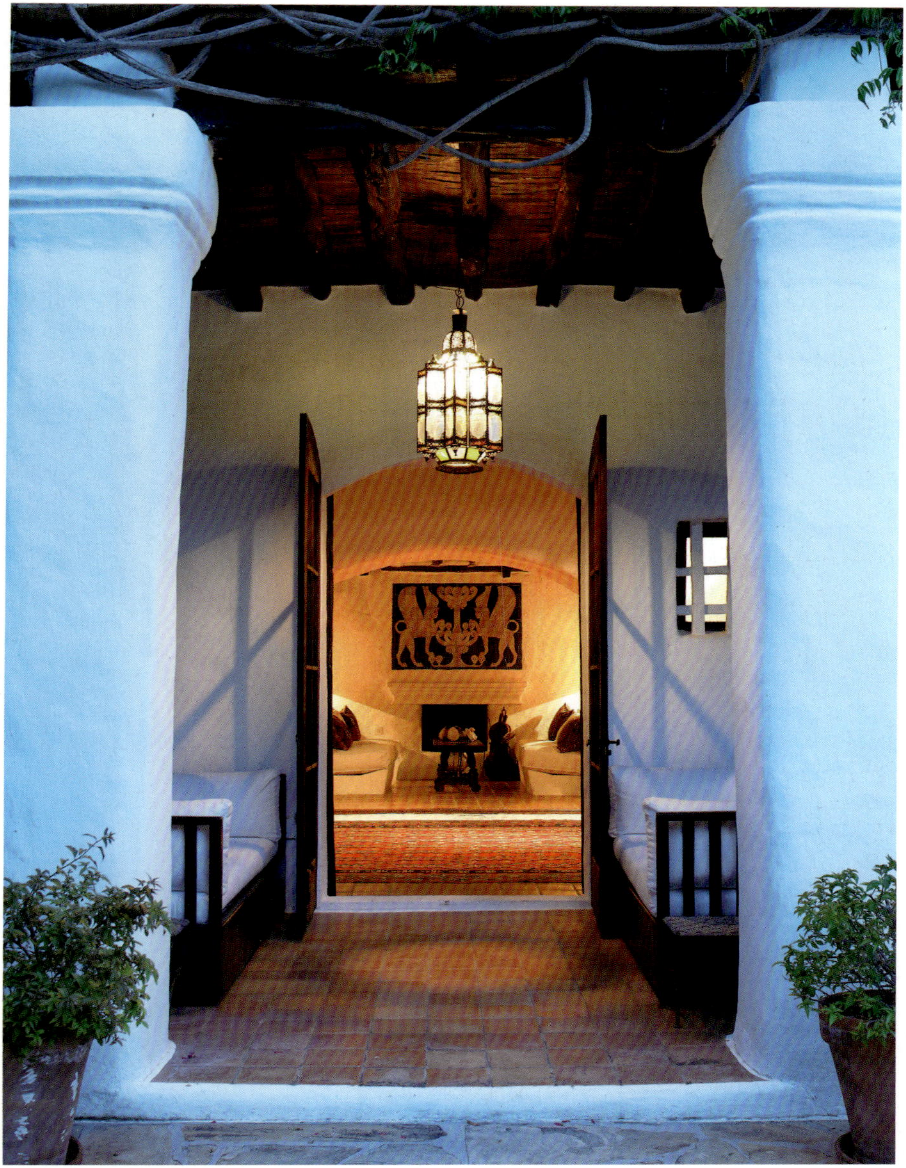

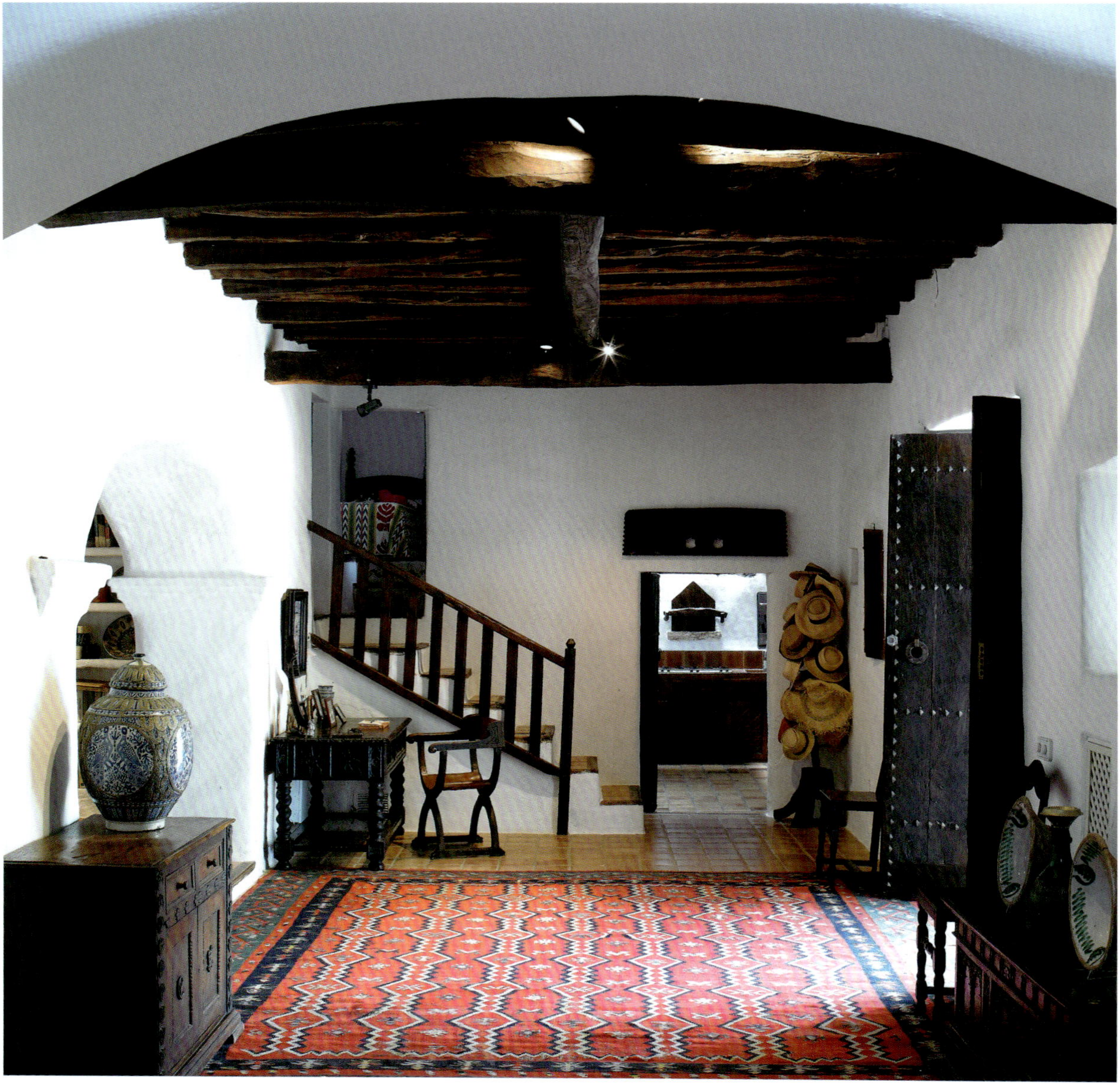

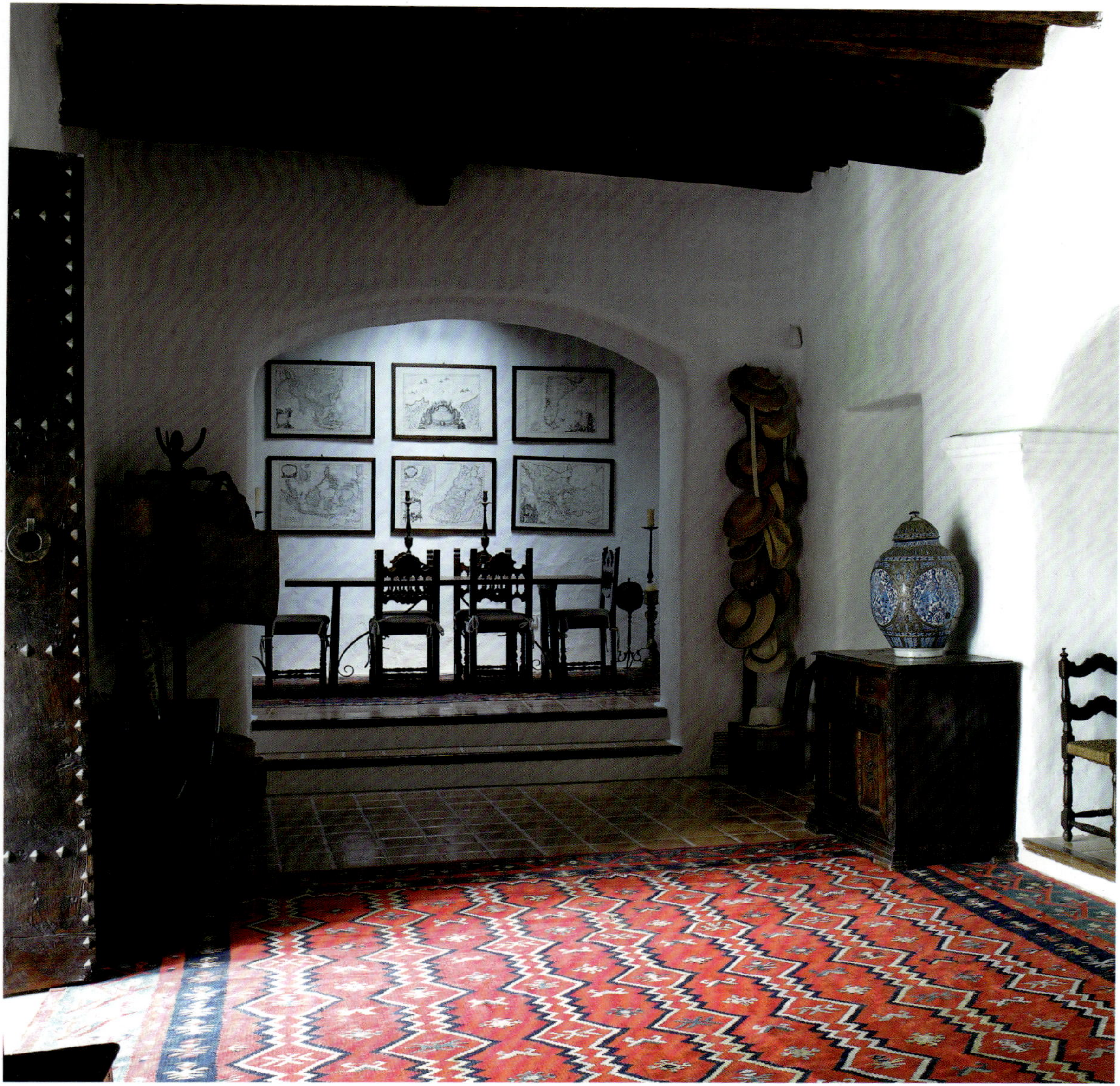

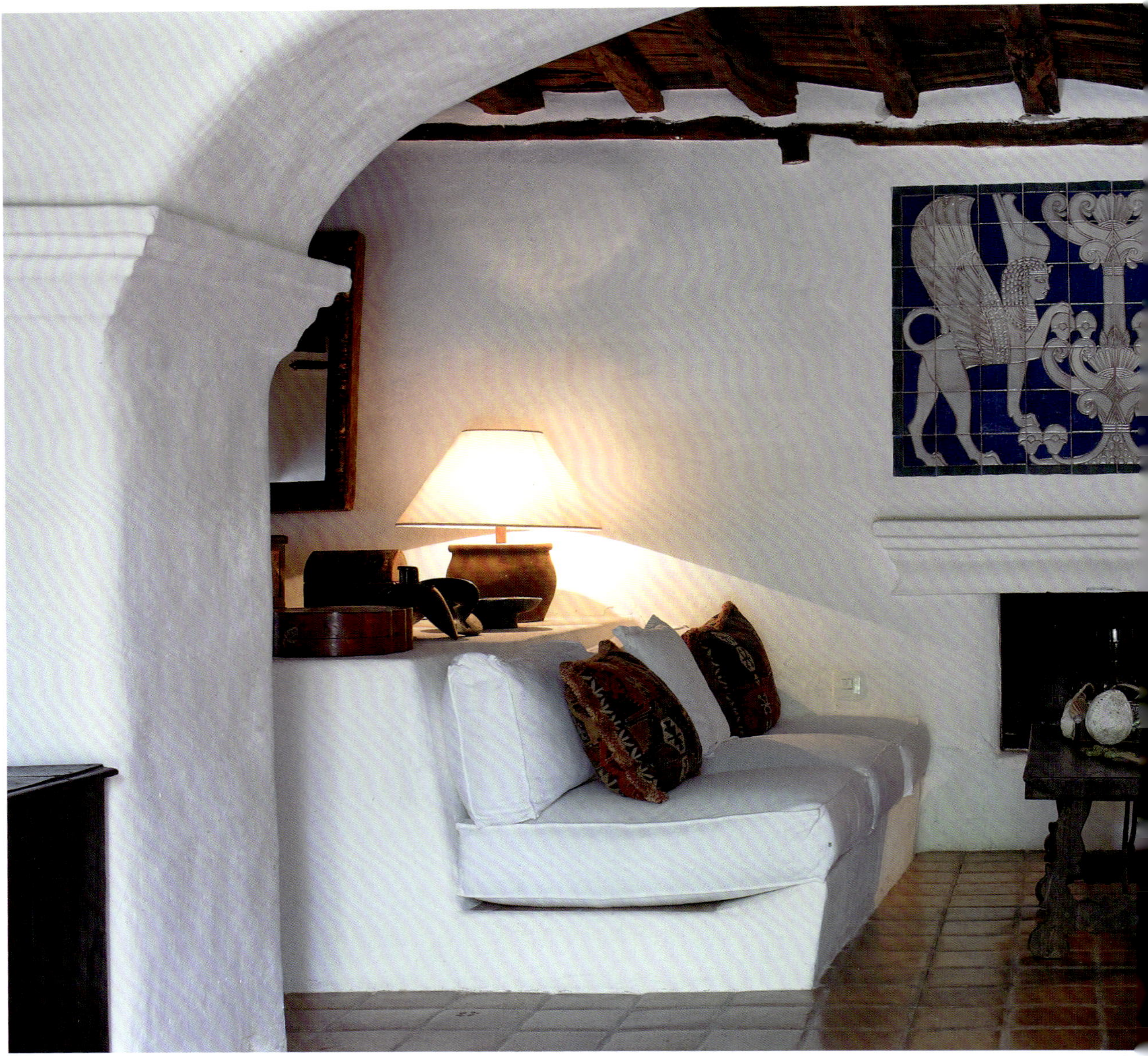

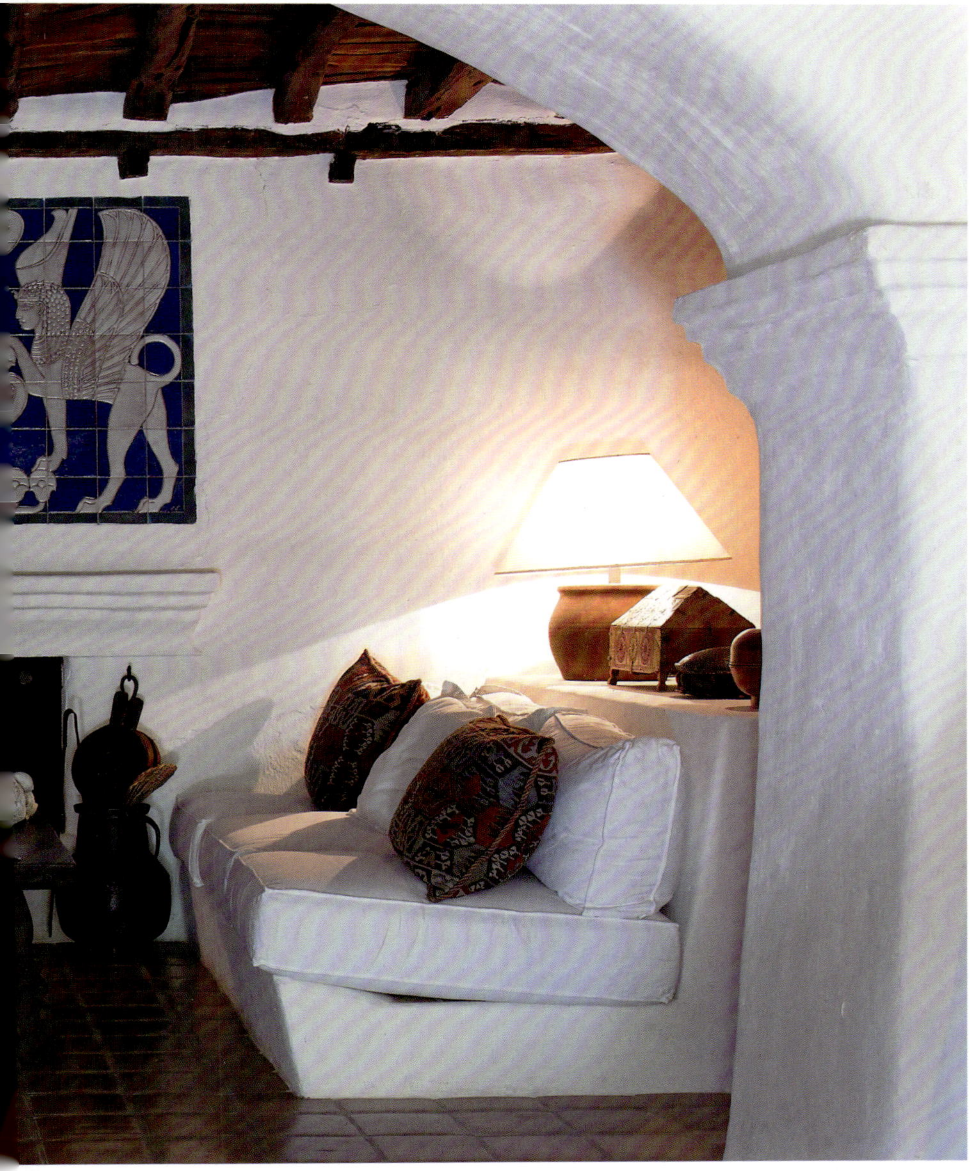

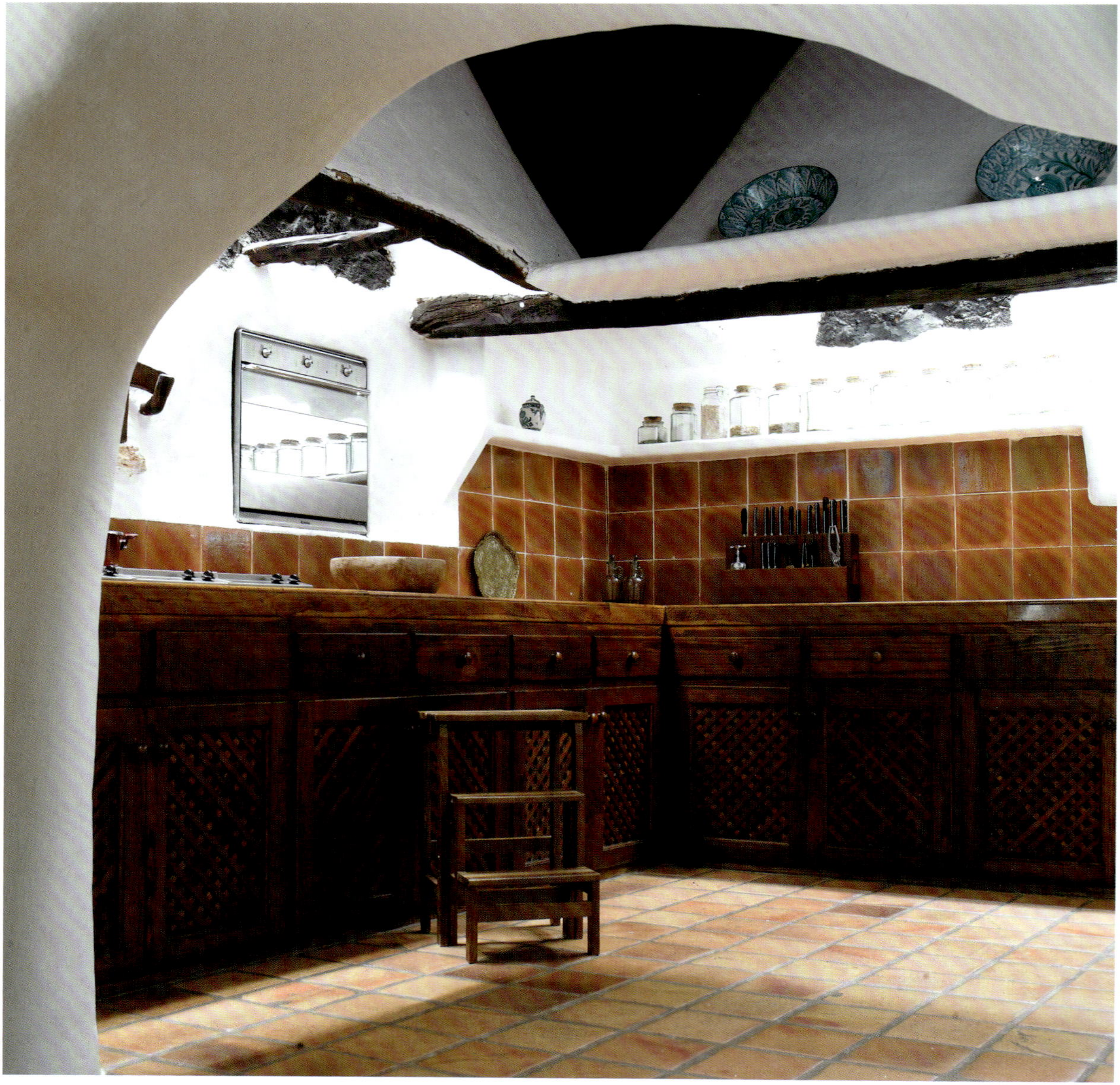

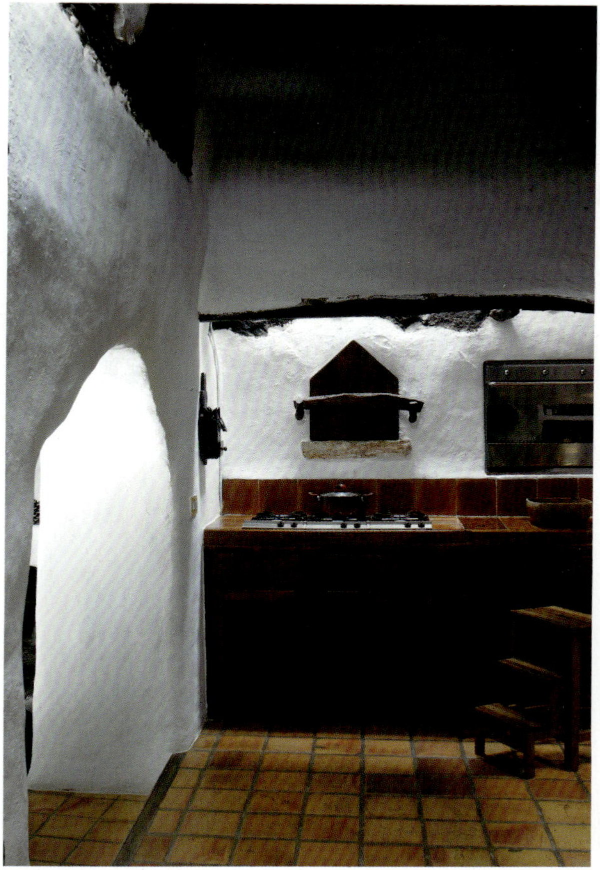

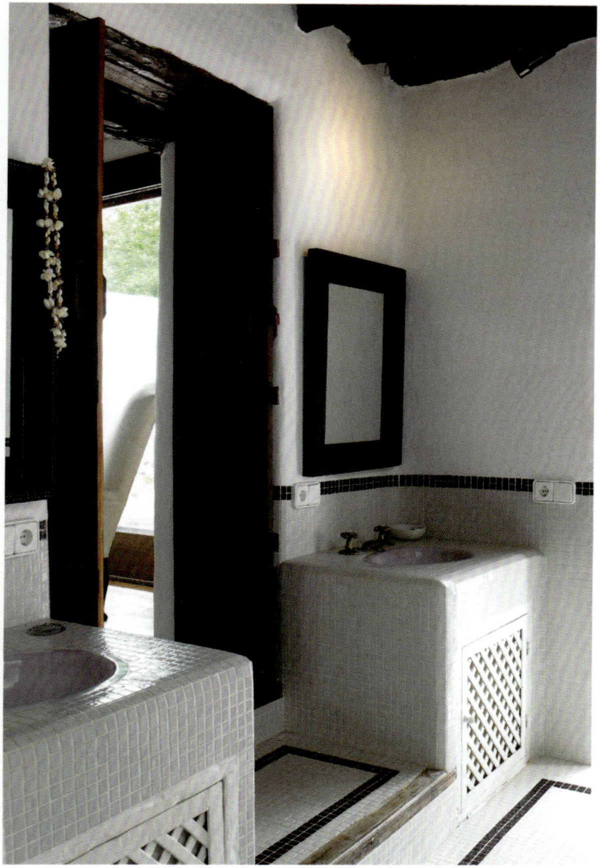

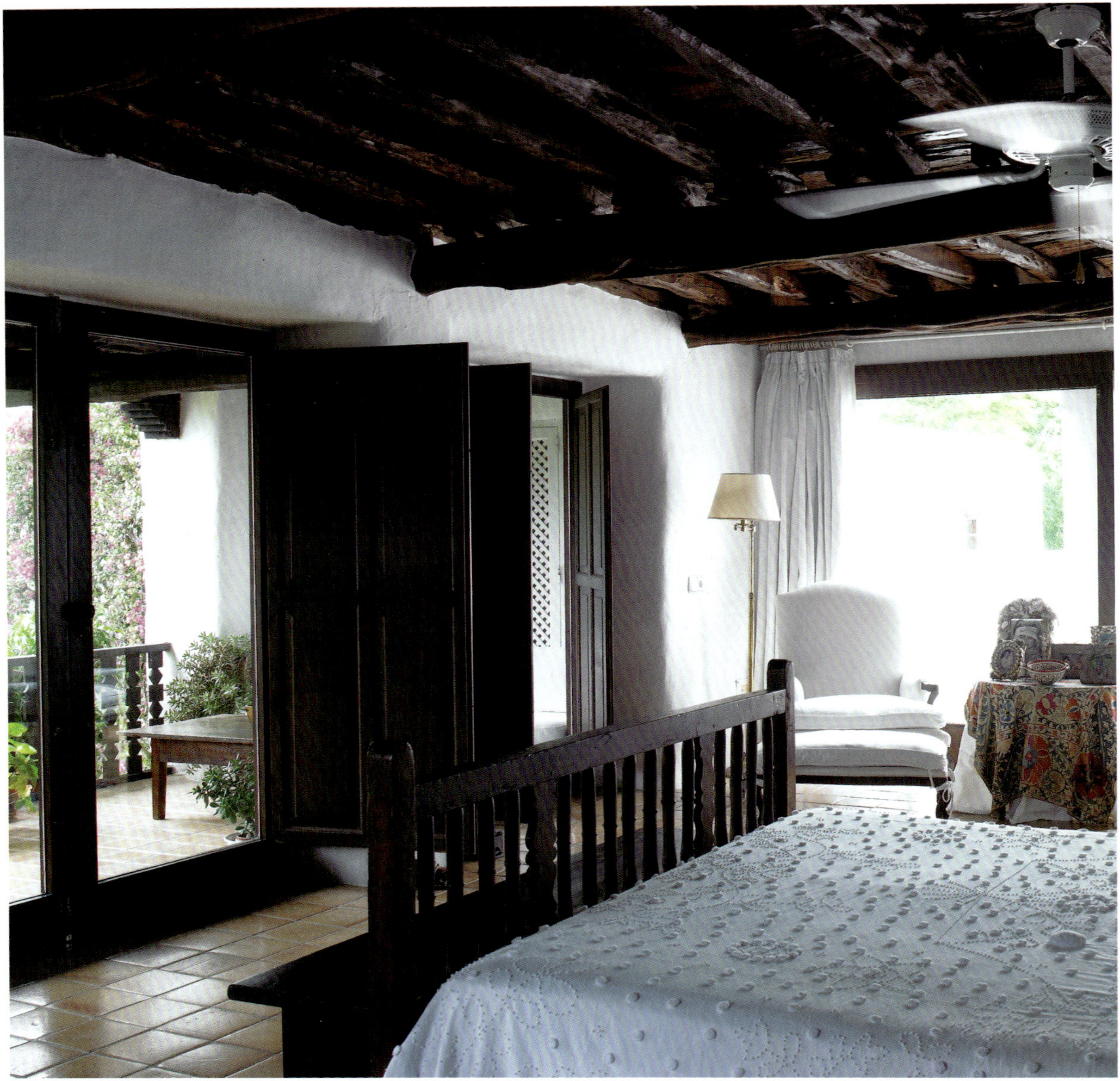

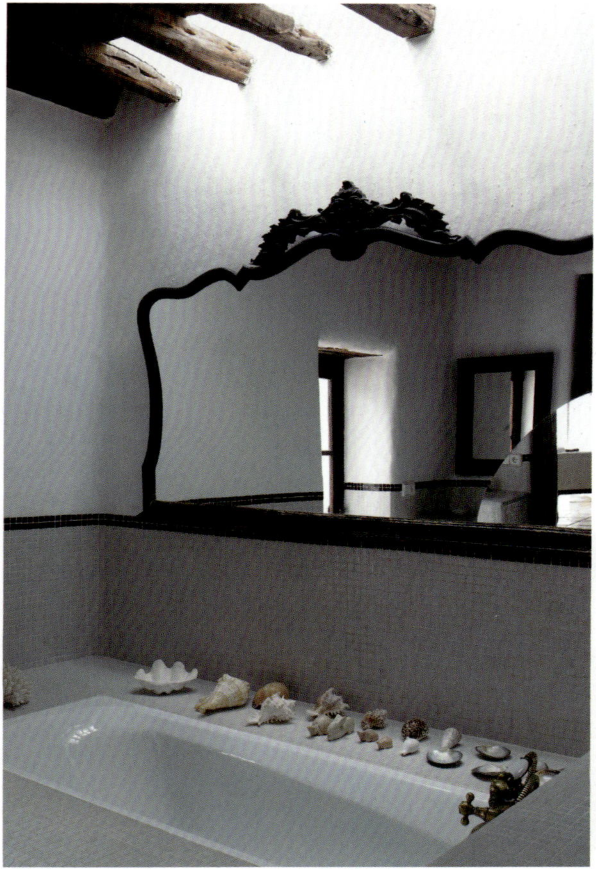

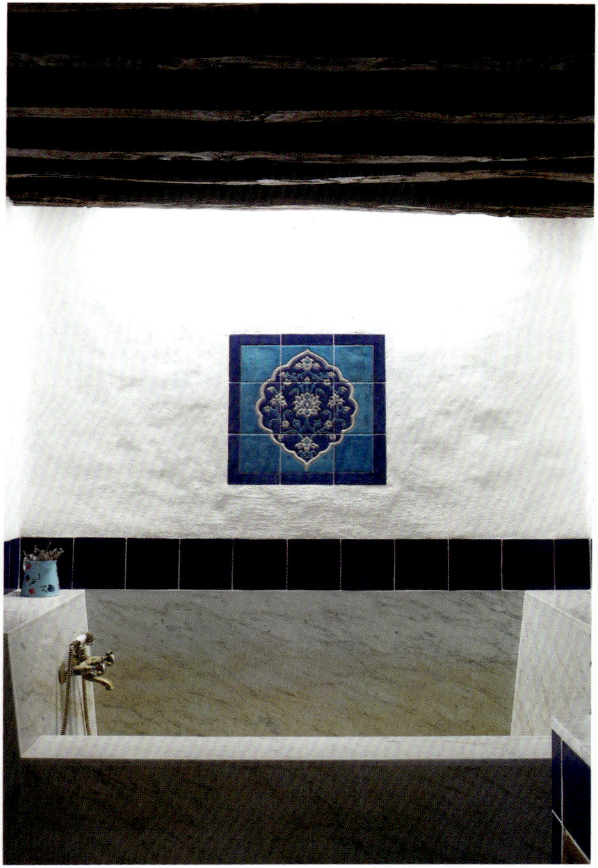

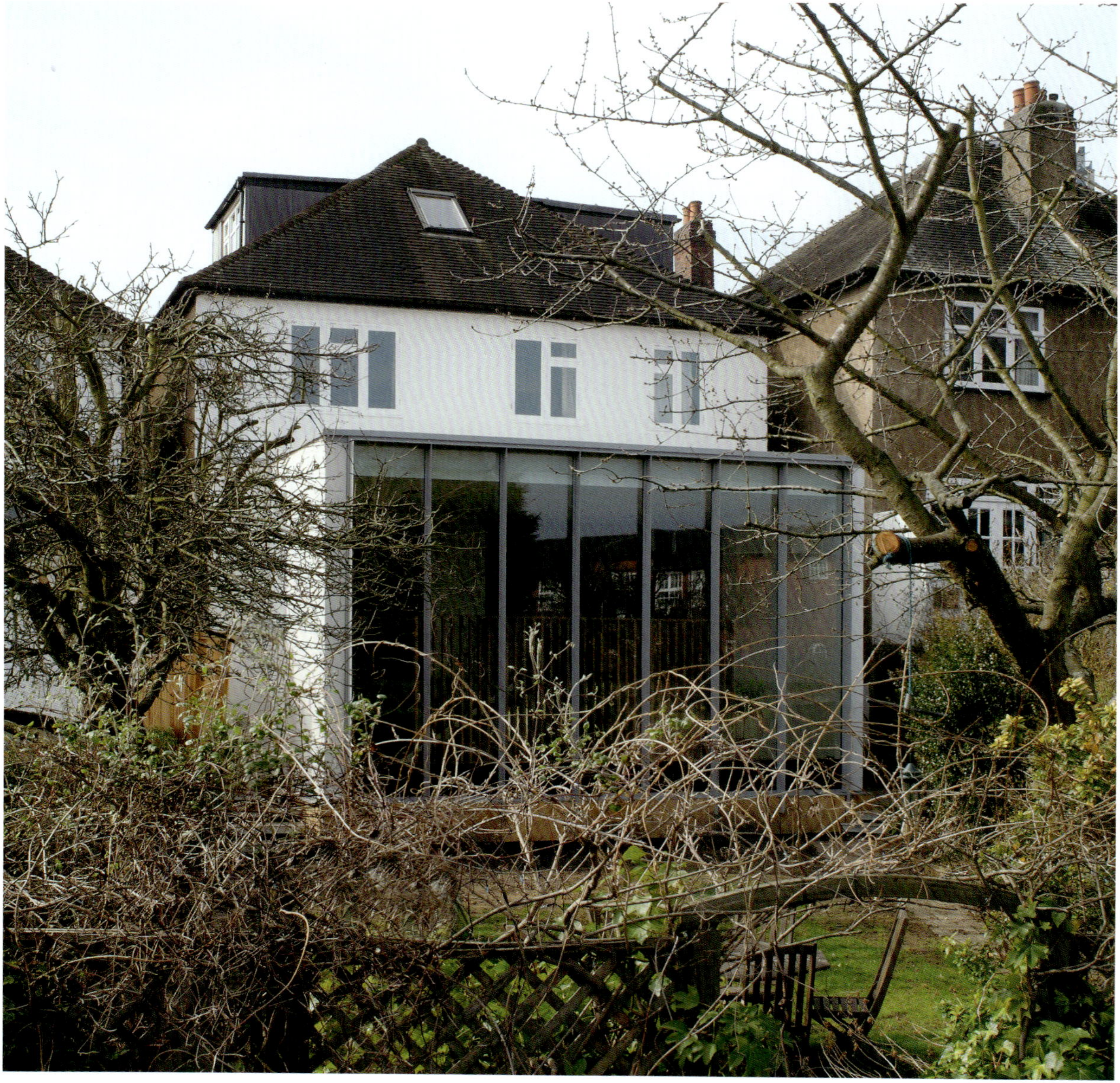

THE ORANGERY

Liddicoat & Goldhill
London, UK
© Keith Collie

This house was built on a hill in the thirties. Before the family expanded, it was decided that remodelling was needed. To correct the irregularity, the architects decided to construct a type of greenhouse on the rear of the property and demolish the original façade. This resulted in the gain of natural illumination for the whole of this area.

Cette maison a été édifiée sur une colline dans les années trente. Avant que la famille s'agrandisse, une transformation s'imposait. Pour compenser le dénivelé, les architectes ont décidé de construire un genre de serre à l'arrière, en abattant la façade d'origine, obtenant ainsi une nouvelle source de lumière pour éclairer toute cette zone.

Dieses Haus wurde in den 30er Jahren auf einem Hügel erbaut. Noch vor dem Familienzuwachs entschied man sich für eine Umgestaltung. Um den Höhenunterschied auszugleichen, beschlossen die Architekten, eine Art Wintergarten an der Rückseite zu errichten und die ursprüngliche Fassade abzureißen. Dadurch wurde ein neuer Eintritt für das Licht geschaffen, sodass der ganze Bereich erhellt wird.

Dit huis is gebouwd op een heuvel, in de jaren dertig van de vorige eeuw. Reeds voor de geplande gezinsuitbreiding werd tot een verbouwing besloten. Om het hoogteverschil te corrigeren, besloten de architecten de originele gevel aan de achterkant van het huis af te breken en er een soort serre aan te bouwen. Zodoende werd het mogelijk meer natuurlijk licht binnen te laten komen aan deze gehele zijde van het huis.

Esta casa fue construida sobre una colina en los años treinta. Ante el crecimiento de la familia, se decidió que necesitaba una remodelación. Para corregir el desnivel, los arquitectos decidieron construir una especie de invernadero en la parte trasera, derribando la fachada original y obteniendo una nueva entrada de luz para iluminar toda esa zona.

Questa casa fu costruita su una collina negli anni Trenta. Di fronte alla crescita della famiglia, si rese necessaria una ristrutturazione. Per correggere il dislivello, gli architetti decisero di costruire una specie di serra nella parte posteriore, abbattendo la facciata originale e ottenendo una nuova entrata di luce per illuminare tutta questa zona.

Esta casa tinha sido construída no alto de uma colina, nos anos 30. Em virtude do crescimento da família, achou-se que precisava de uma remodelação. Para corrigir o desnível, os arquitetos decidiram construir uma espécie de estufa nas traseiras, demolindo a fachada original e conseguindo desse modo uma nova entrada de luz para iluminar toda essa zona.

Detta hus byggdes på en höjd på 1930-talet. Inför familjens tillökning bestämde man sig för att renovera. För att korrigera nivåskillnaderna valde arkitekterna att bygga ett slags växthus på baksidan. Den ursprungliga fasaden revs och en ny öppning för ljuset skapades för att lysa upp hela området.

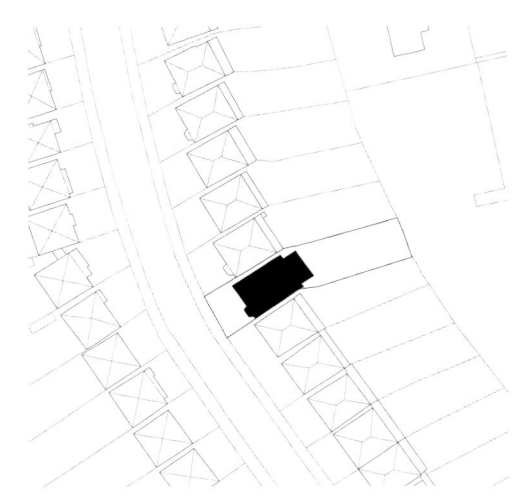

Site plan / Plan du site

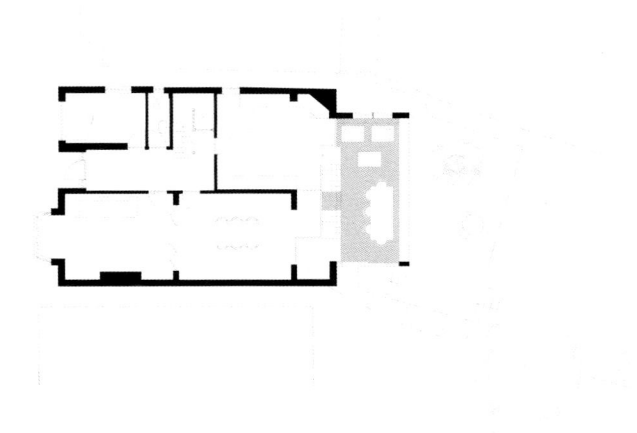

Plan

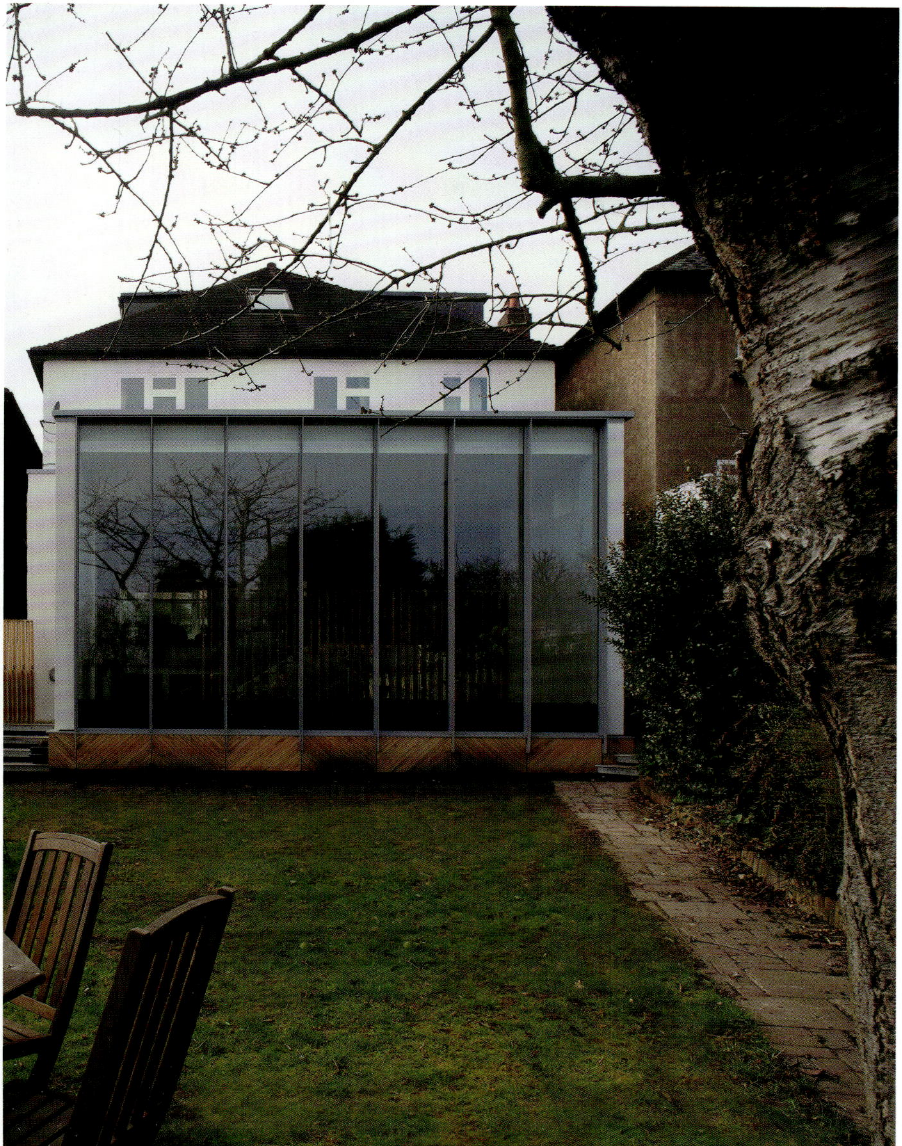

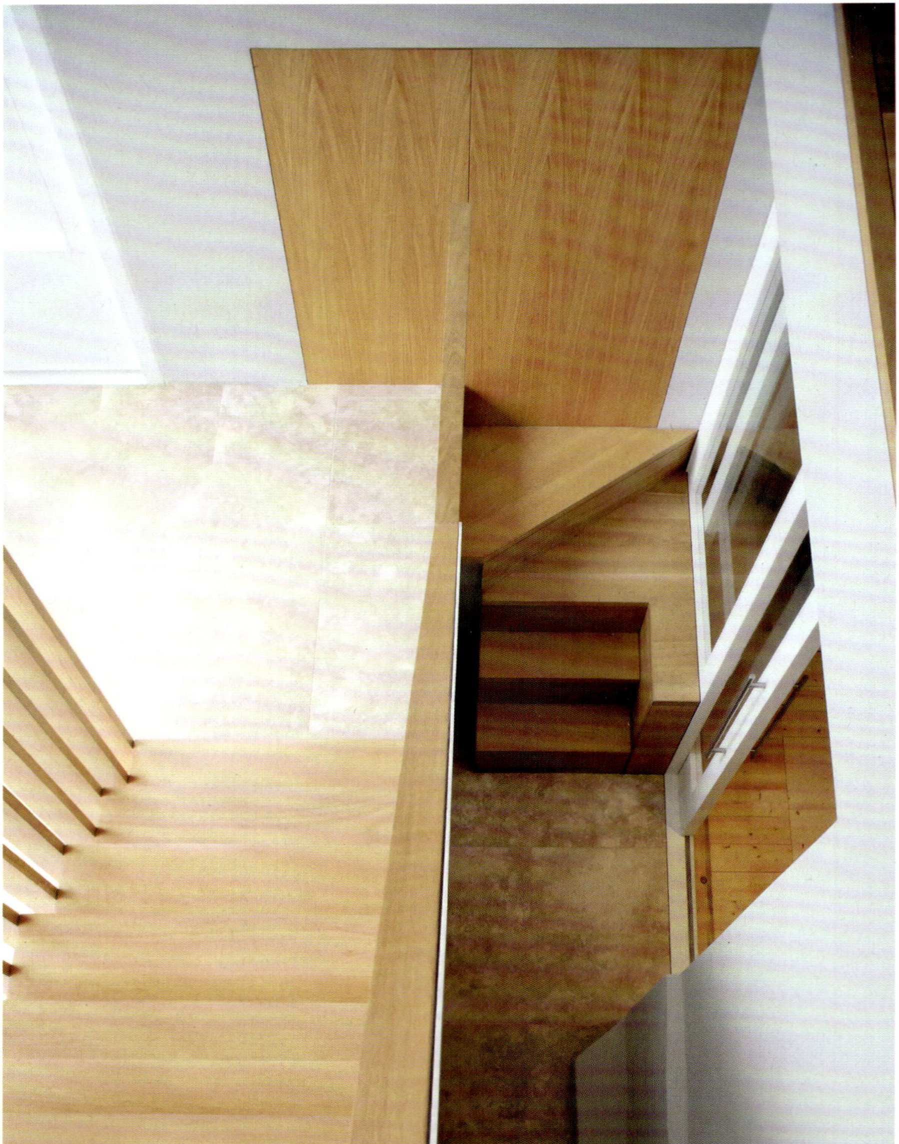

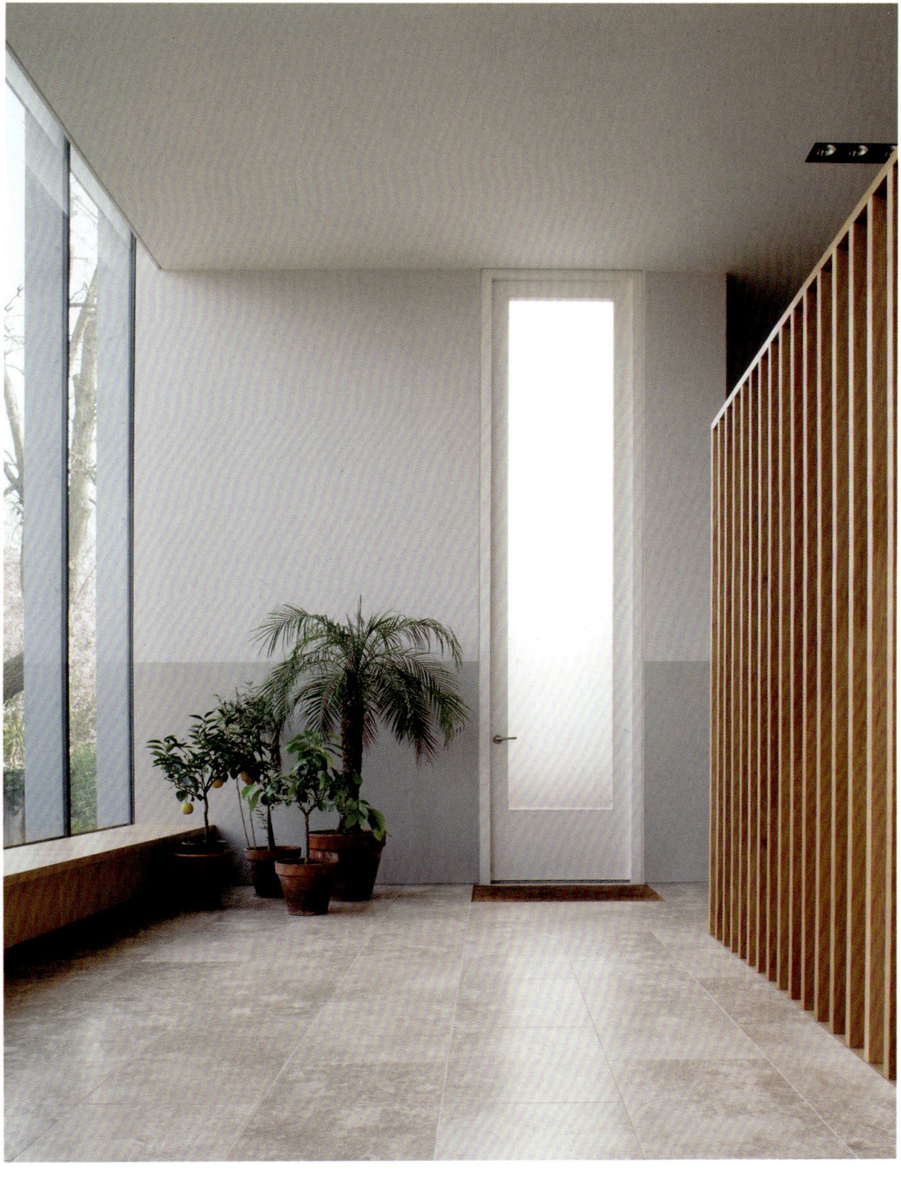

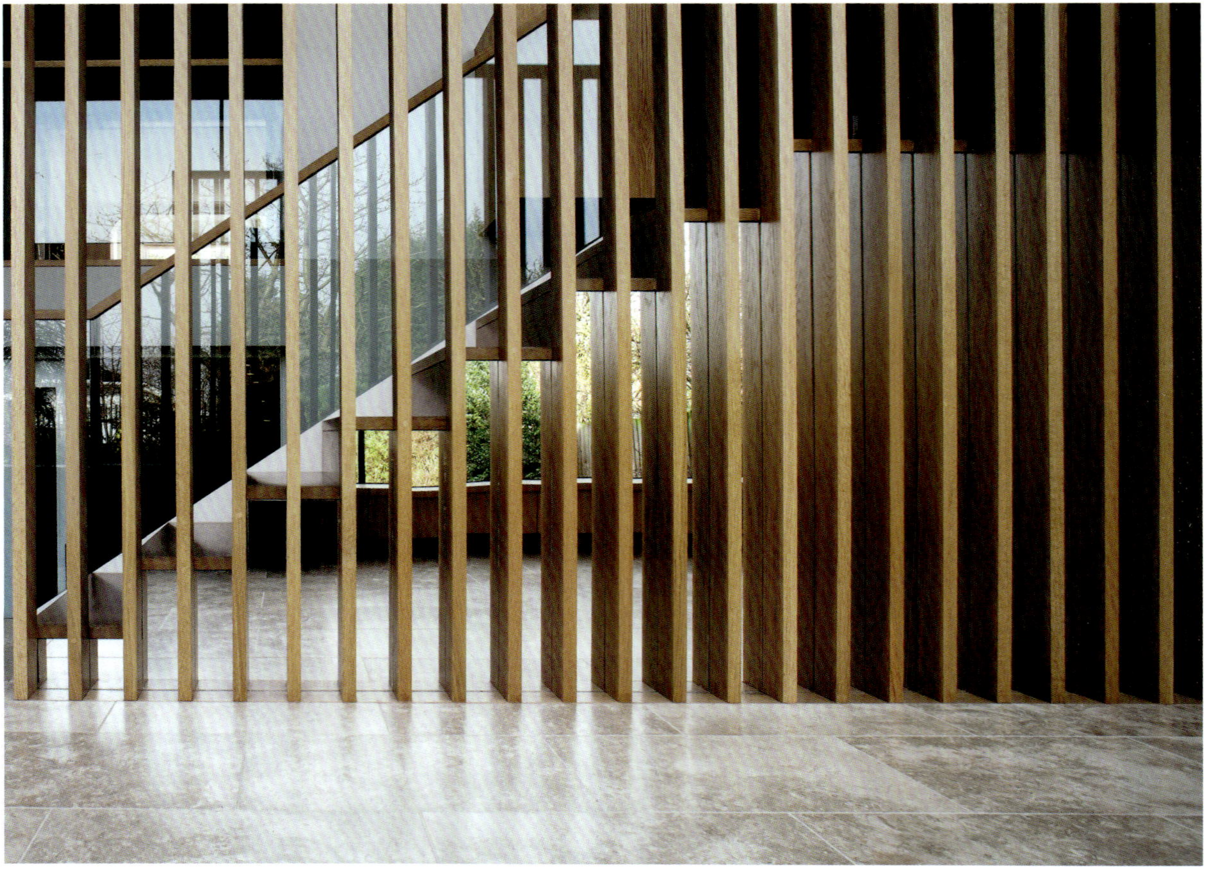

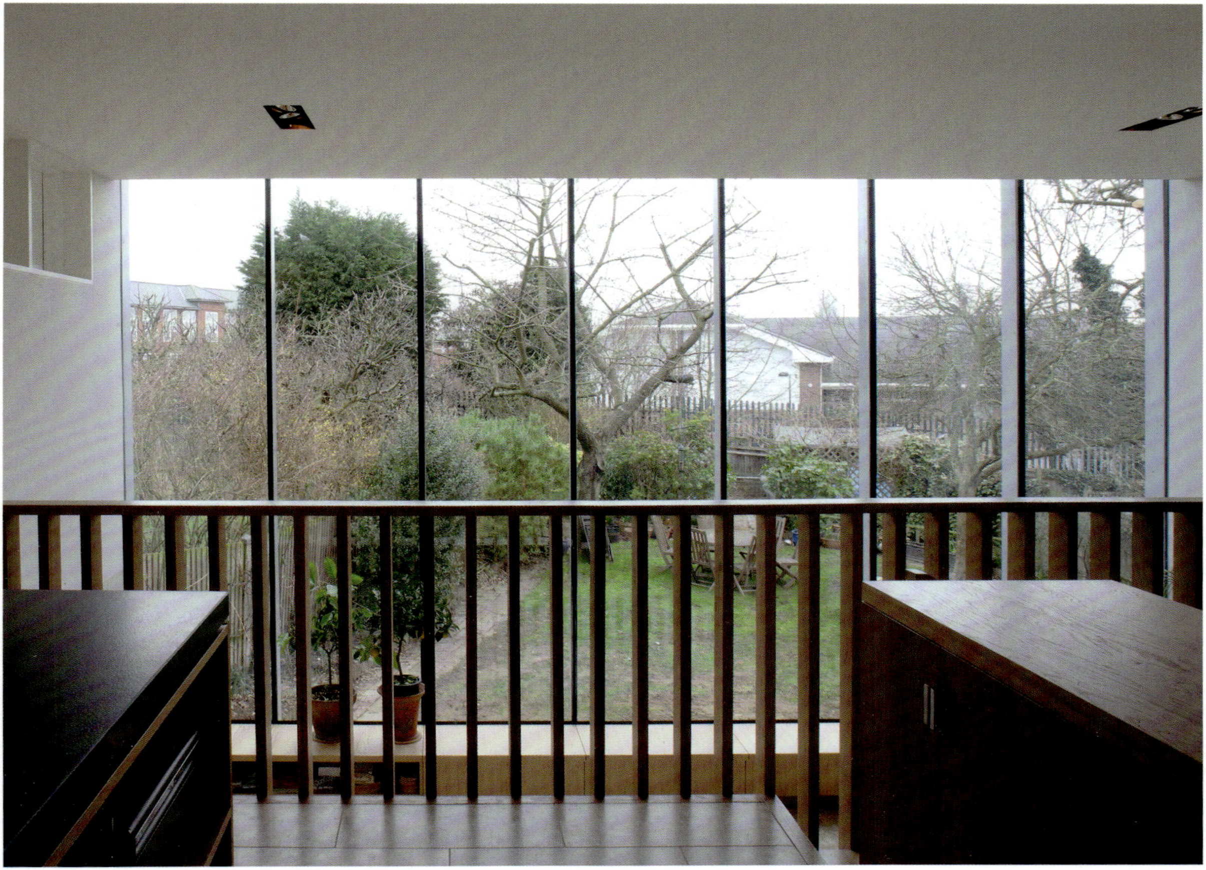

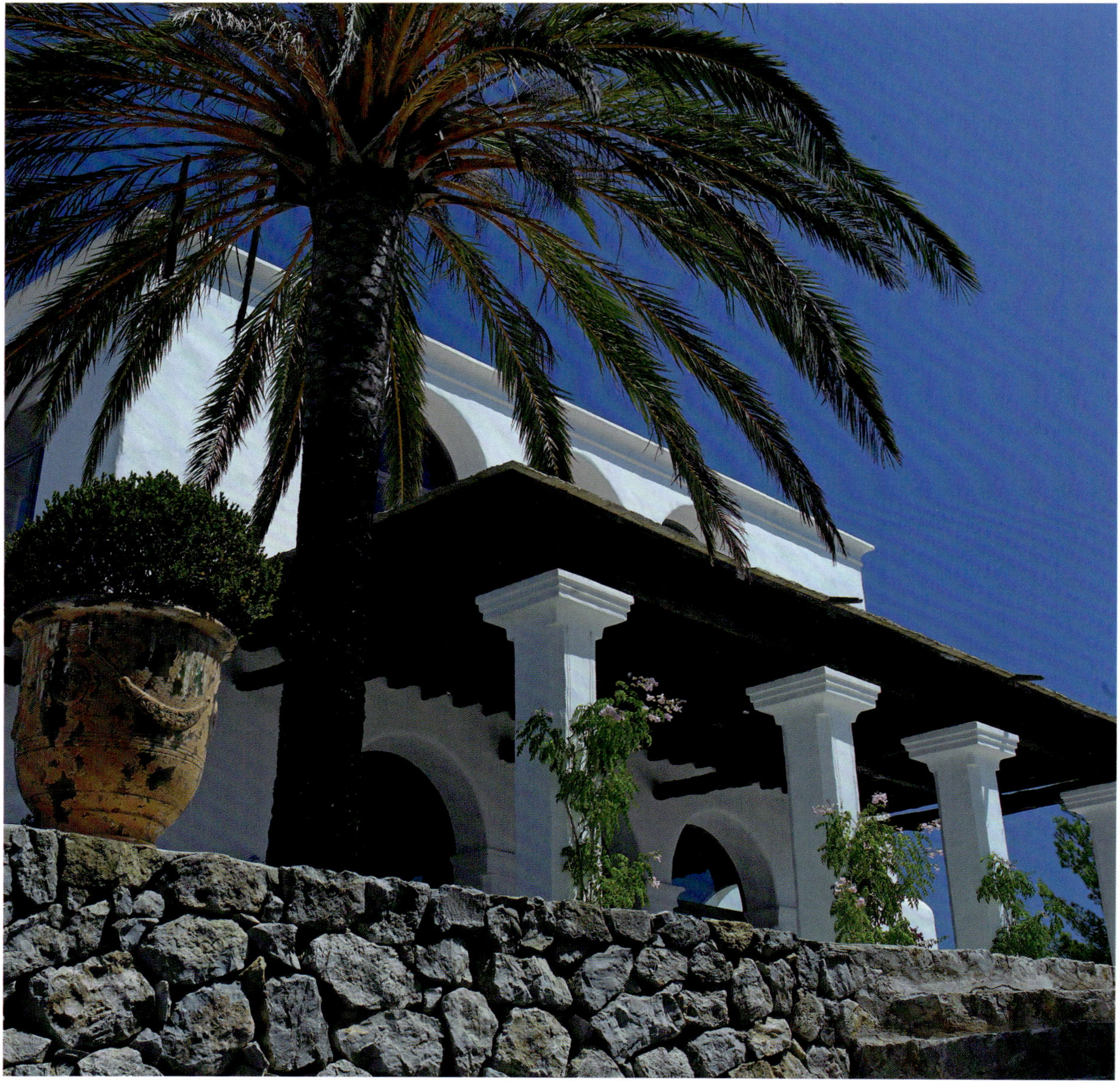

CAN **MARÈS**

Rolph Blakstad
Ibiza, Spain
© Conrad White

Can Marès is situated atop a high hill with splendid panoramic views over ground that is below sea level and prone to flooding. The house combines a traditional façade with a spacious double-height interior. In the living room, four tall columns form a *megaron*, creating a sense of great spaciousness.

Can Marès est située au sommet d'une colline qui offre une vue panoramique splendide sur un terrain facilement inondable, situé en dessous du niveau de la mer. La maison associe une façade traditionnelle avec un intérieur spacieux à hauteur double. Dans le séjour, quatre grandes colonnes forment un *mégaron*, qui donne une impression d'ampleur.

Can Marès liegt auf dem Gipfel einer Anhöhe und bietet einen prächtigen Panoramablick über ein Gelände, das oft überflutet wird, da es sich unterhalb des Meeresspiegels befindet. Das Haus kombiniert eine traditionelle Fassade mit einem großzügigen Innenraum von doppelter Höhe. Im Wohnzimmer bilden vier hohe Säulen ein *Megaron*, was den Eindruck großer Weite vermittelt.

Can Marès is gelegen op de top van een hoge heuvel met een fantastisch panoramisch uitzicht, boven een gebied dat vaak overstroomt omdat het onder zeeniveau ligt. Het huis combineert een traditionele gevel met een ruim interieur dat uit twee niveaus bestaat. In de woonkamer vormen vier hoge zuilen een "*megaron*", waardoor een gevoel van grote ruimte wordt gecreëerd.

Can Marès está situada en la cima de una alta colina con una espléndida vista panorámica, en un terreno que se inunda fácilmente ya que está por debajo del nivel del mar. La casa combina una fachada tradicional con un espacioso interior de doble altura. En la sala de estar, cuatro altas columnas forman un *megaron*, lo que le da una gran sensación de amplitud.

Can Marès è situata sulla cima di un'alta collina con una splendida vista panoramica su un terreno che si allaga facilmente, dato che si trova sotto il livello del mare. La casa combina una facciata tradizionale ad interni spaziosi a doppia altezza. Nel salotto, quattro alte colonne formano un *megaron*, conferendo una sensazione di grande vastità.

A Can Marès está situada no alto de uma colina bastante elevada, com esplêndidas vistas panorâmicas, num terreno que se inunda facilmente, uma vez que está abaixo do nível do mar. A casa combina uma fachada tradicional com um espaçoso interior de duplo pé-direito. Na sala de estar, quatro altas colunas formam um «*mégaron*», dando uma sensação de grande amplidão.

Can Marès ligger högst upp på en kulle med strålande panoramavy över mark som lätt översvämmas, eftersom det ligger under havsnivån. Huset kombinerar en traditionell fasad med rymlig insida med dubbel höjd. I vardagsrummet bildar fyra höga pelare en *megaron*, vilket bidrar till en känsla av rymd..

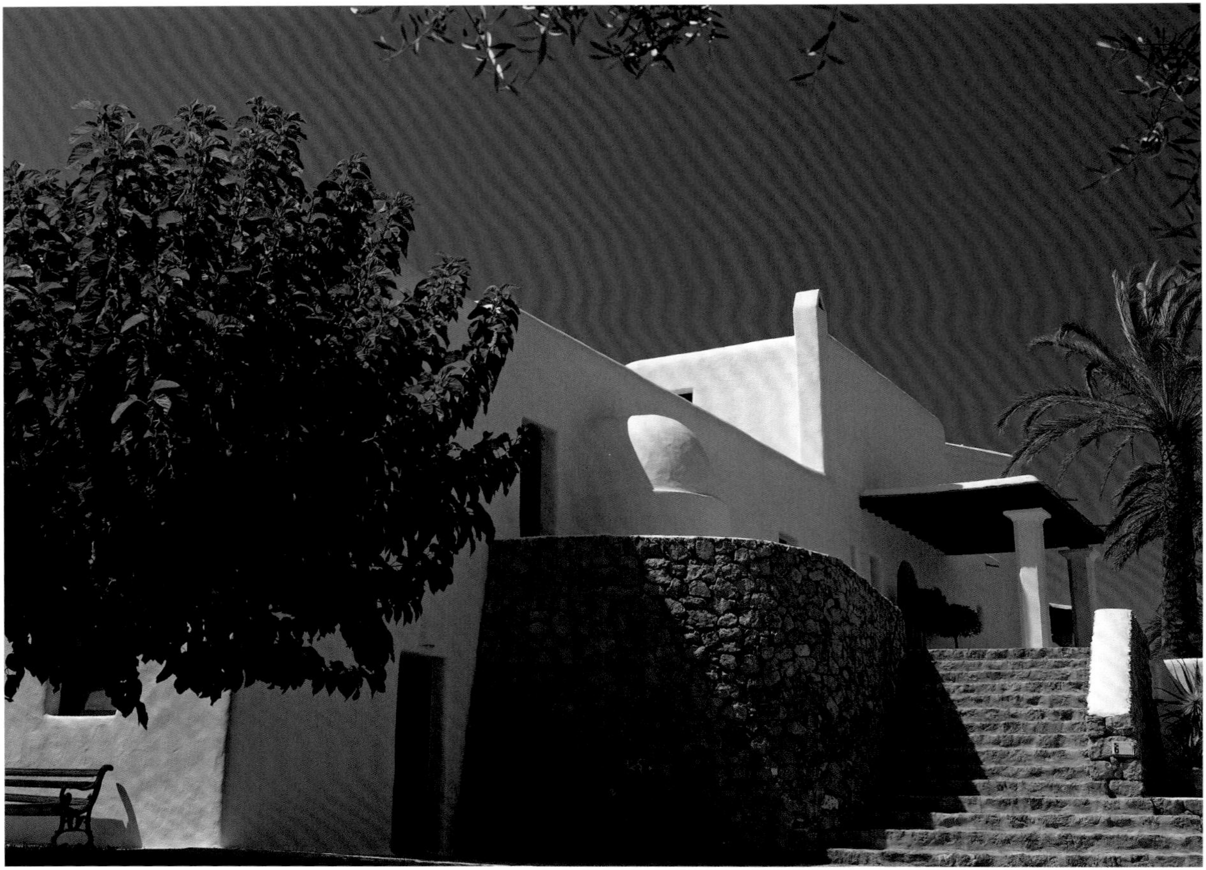

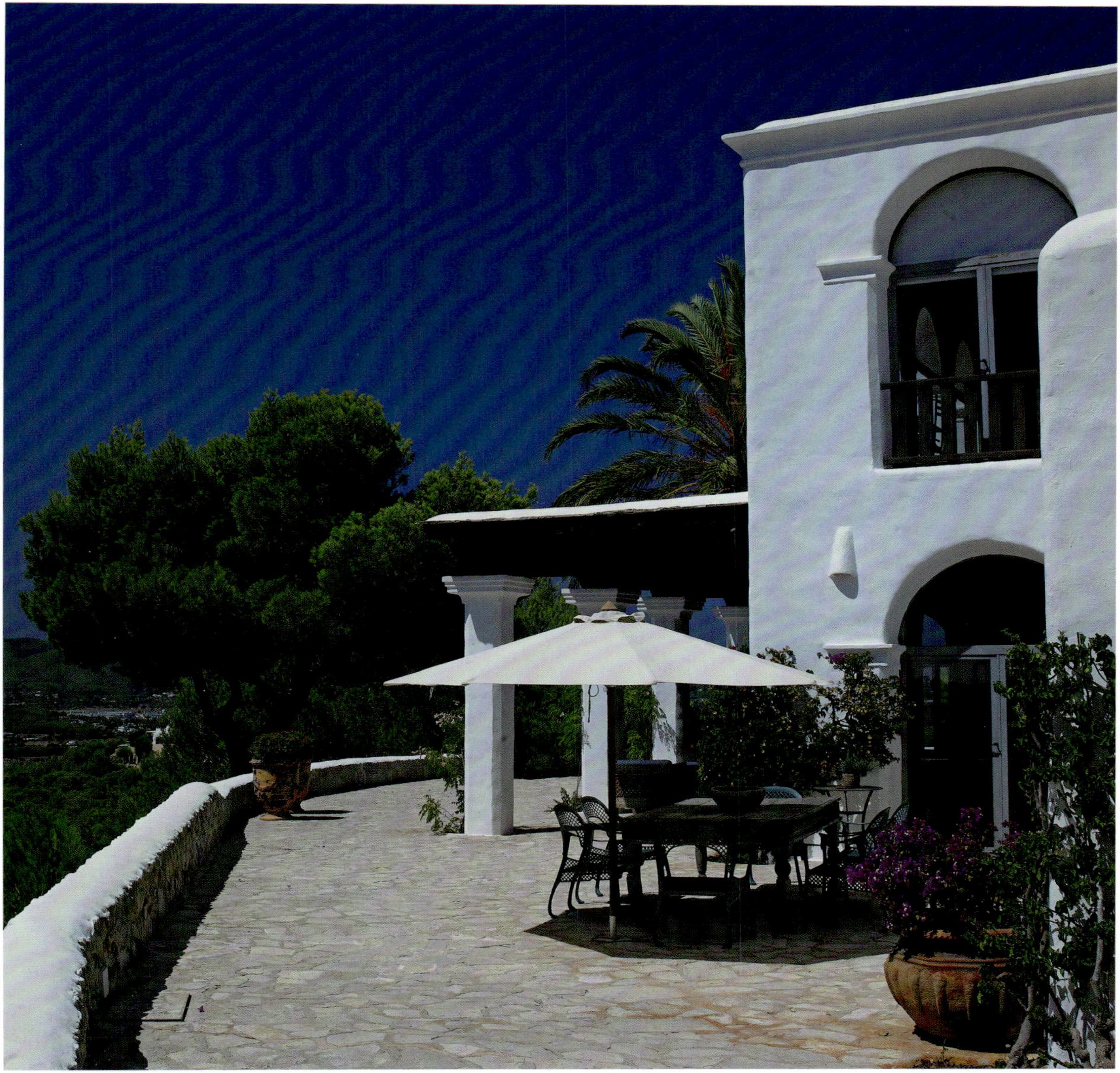

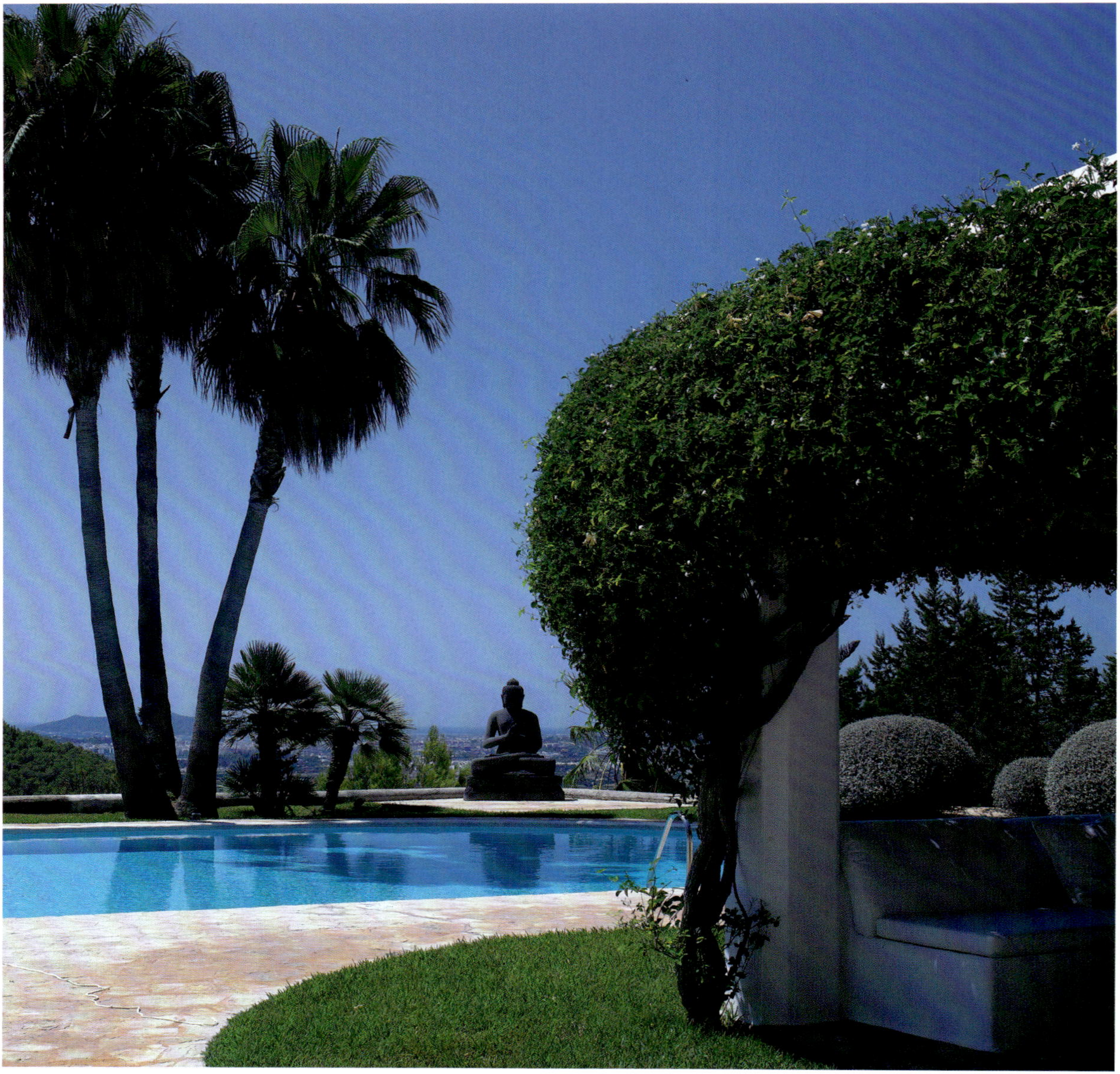

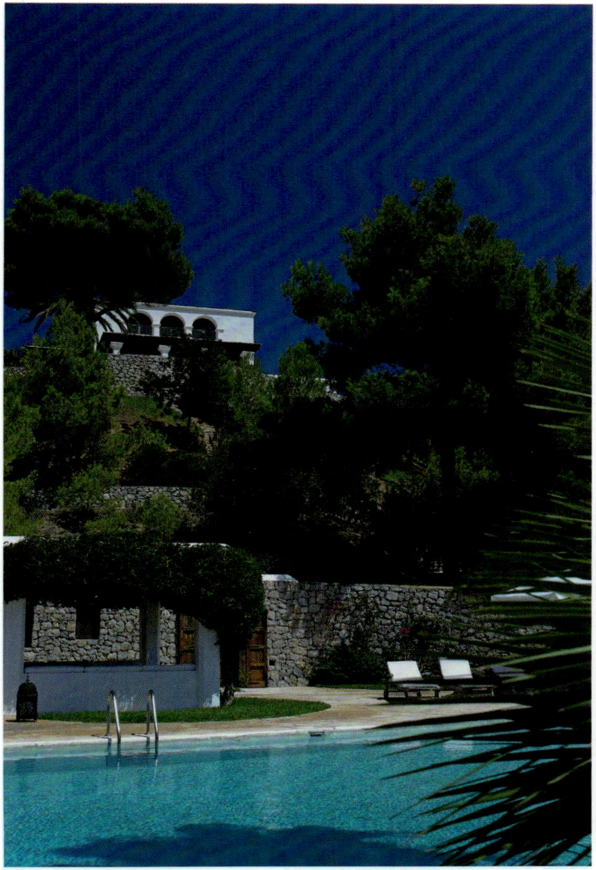

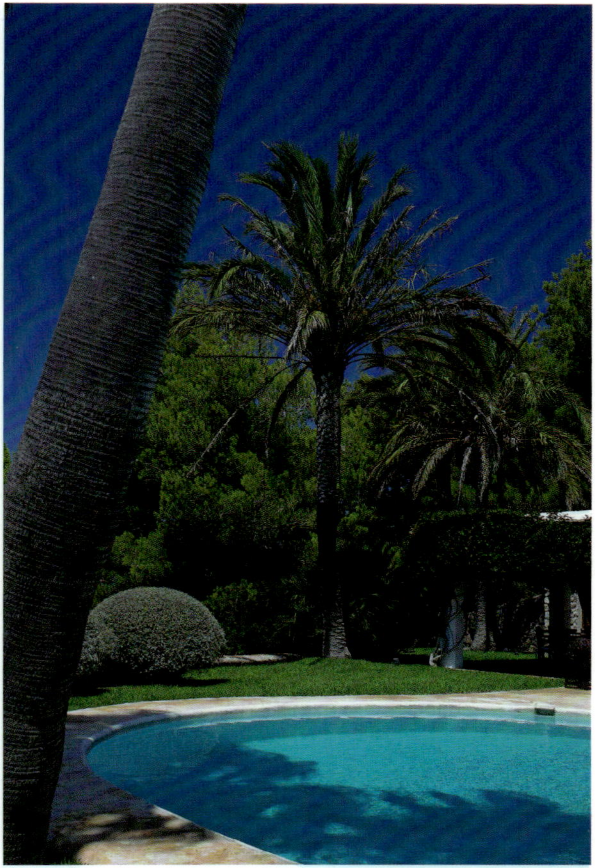

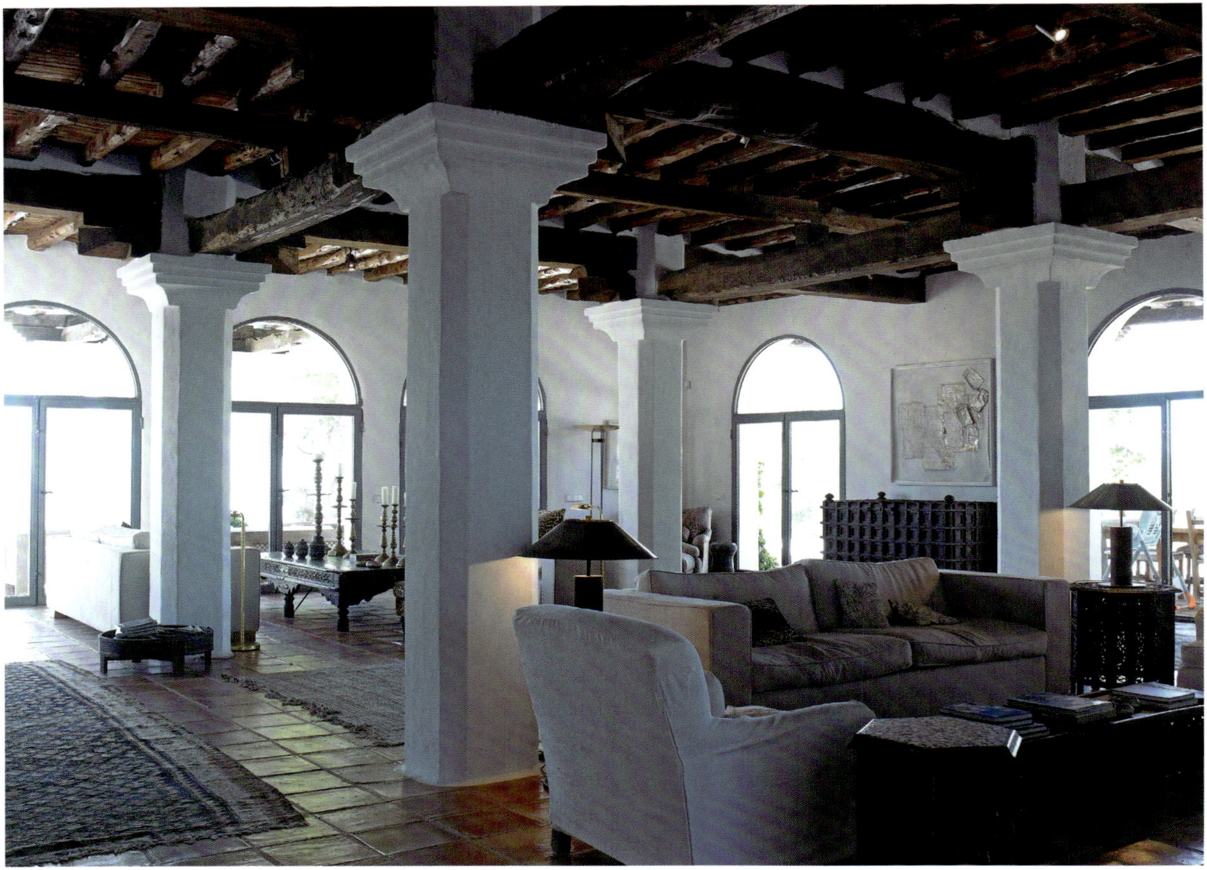

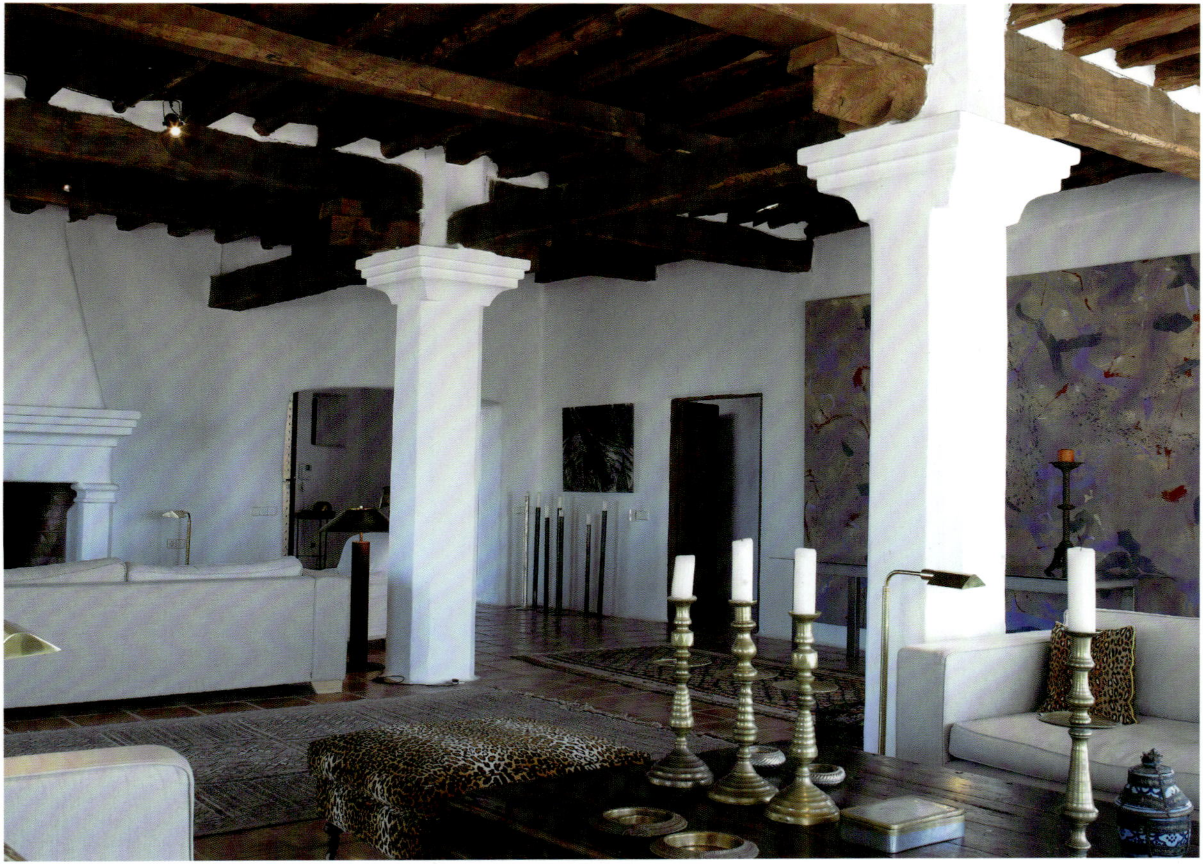

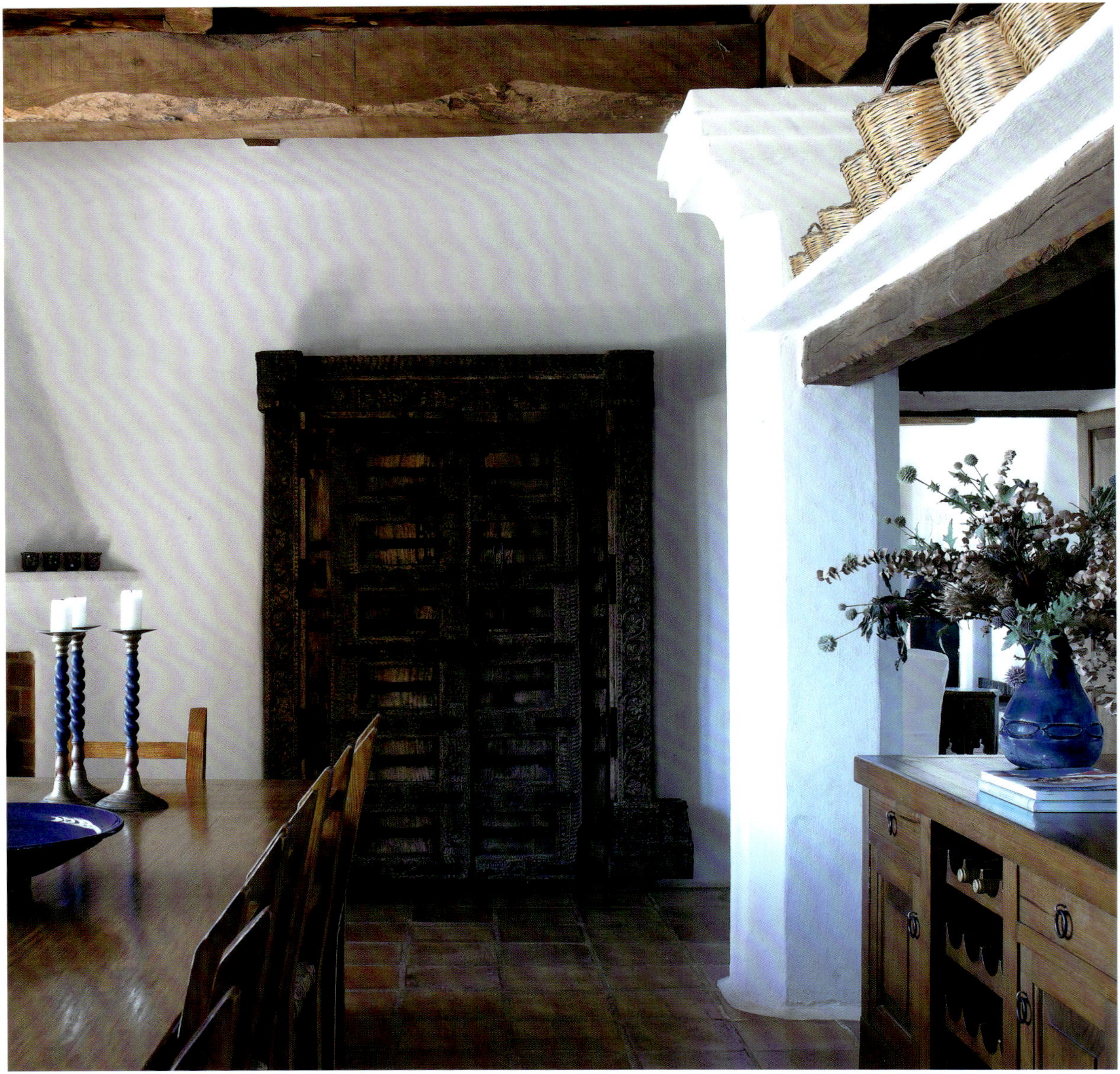

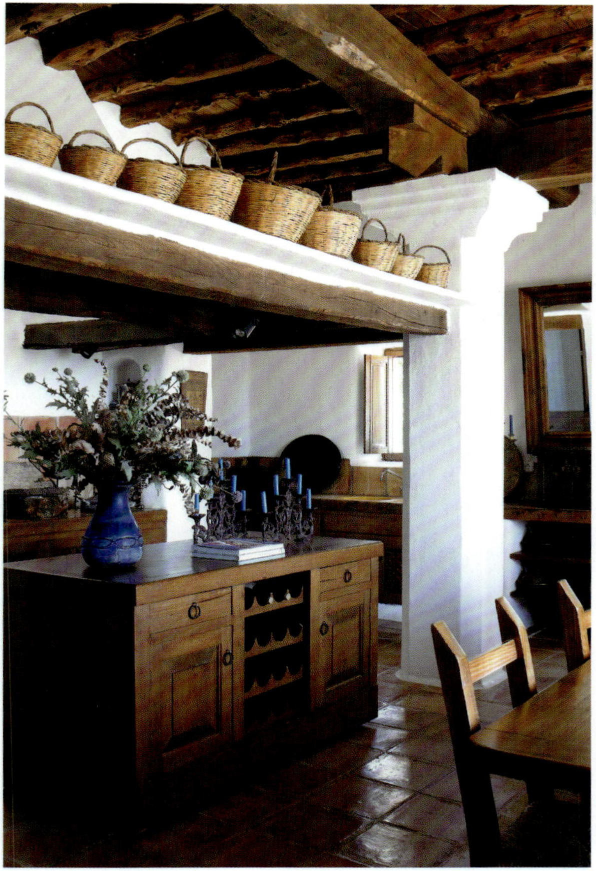

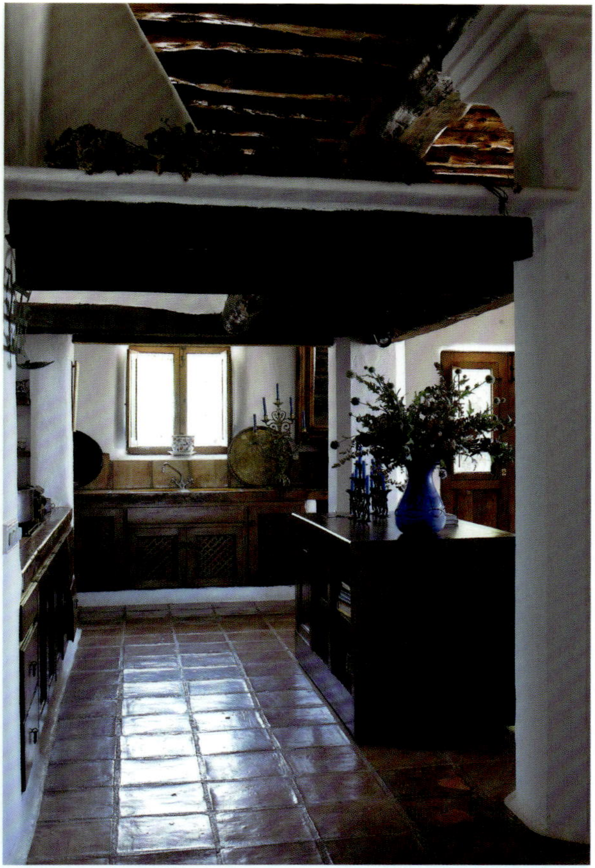

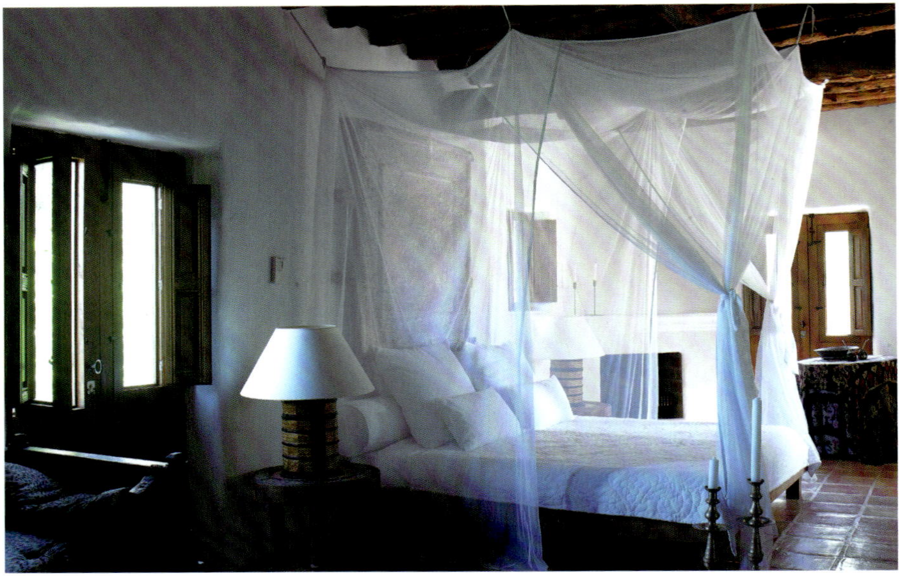

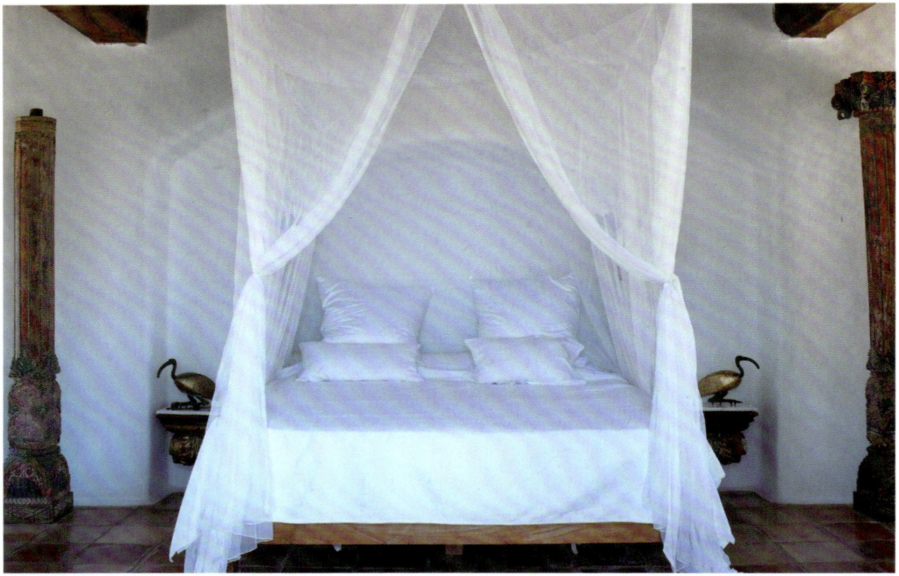

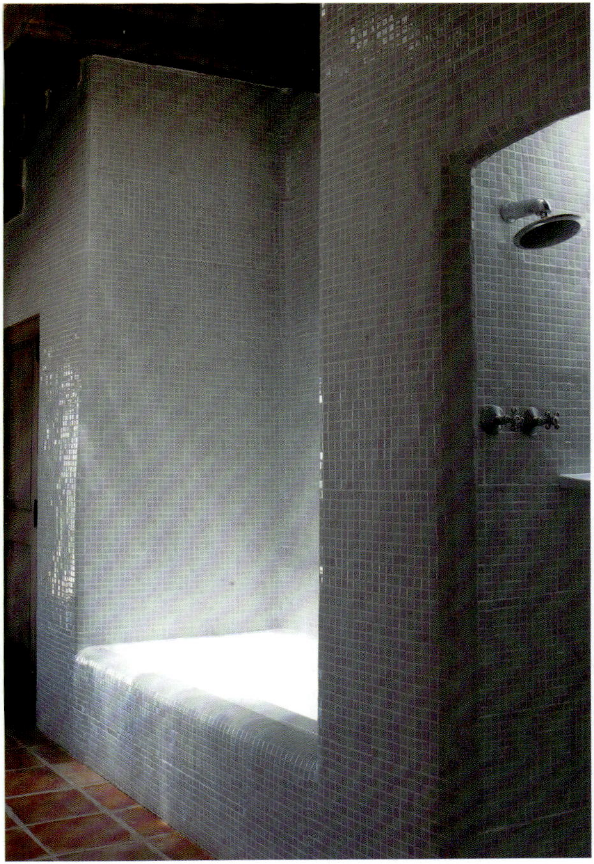
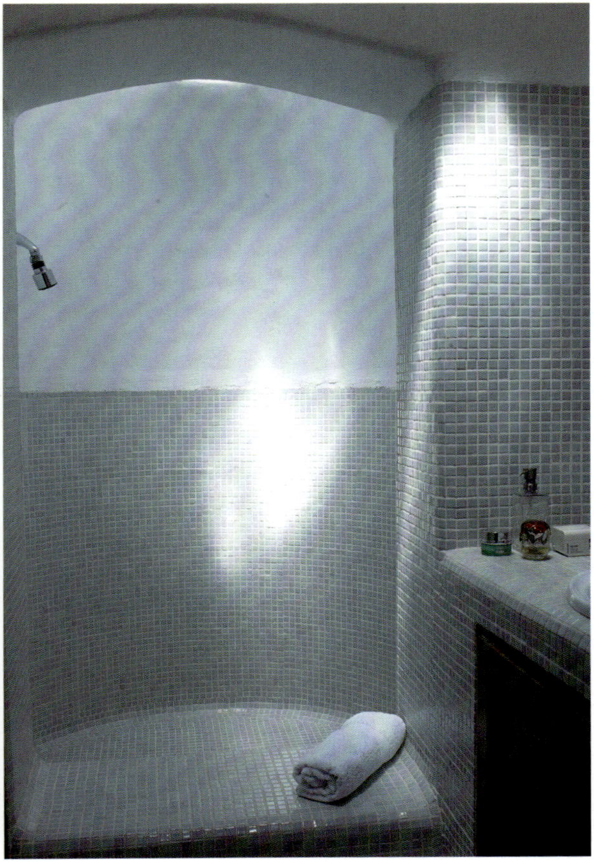

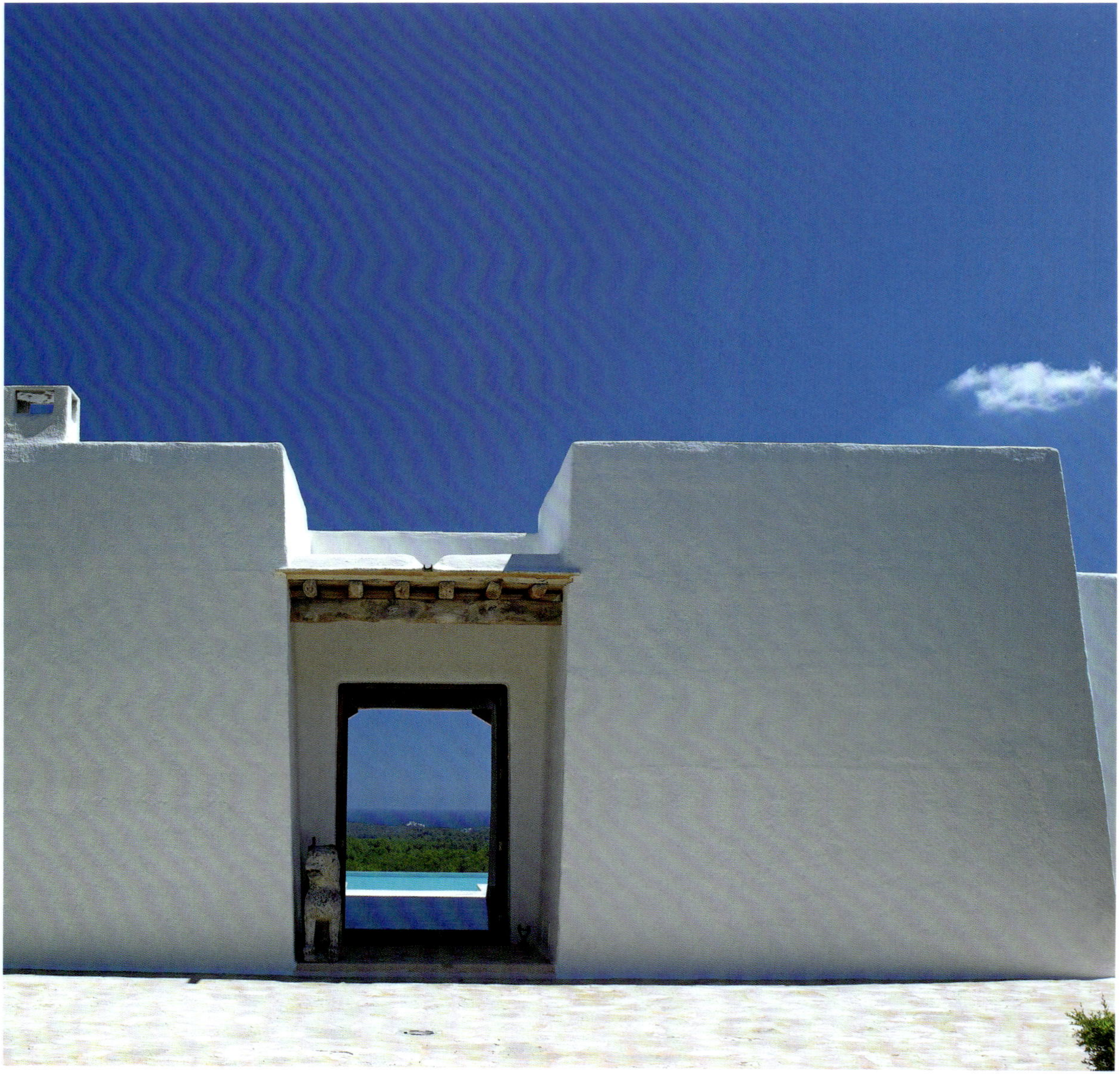

CAN **GALL**

Rolph & Rolf Blackstad
Ibiza, Spain
© Conrad White

This house is based on traditional forms, but with large, glass windows and contemporary finishes that give it a modern feel. The patio, based on a palace in Granada, serves as the entrance to the main house. From the garden pergola, there is a view over the living room and the veranda towards an infinity swimming pool.

Cette maison est fondée sur des formes traditionnelles, mais les grandes baies vitrées et plusieurs finitions contemporaines contribuent à lui donner un style plus moderne. La cour, influencée par un palais à Grenade, sert d'entrée à la maison principale. Depuis la pergola du jardin, la vue se déplace vers une piscine à débordement en passant par le salon et le porche.

Dieses Haus basiert auf traditionellen Formen, aber die großen Fensterfronten und einige der zeitgenössischen Oberflächenstrukturen tragen zum modernen Stil bei. Der Innenhof wurde inspiriert von einem Palast aus Granada und dient als Eingang zum Haupthaus. Vom Laubengang des Gartens aus wandert der Blick durch den Salon und die Veranda bis zu einem Schwimmbecken, das unendlich groß zu sein scheint.

Dit huis is in de traditionele stijl gebouwd, maar de grote ramen en de eigentijdse afwerking dragen tot een moderne inbreng bij. De patio, naar het voorbeeld van een paleis in Granada, vormt de toegang tot het hoofdgebouw. Vanaf de pergola in de tuin en via de salon en de veranda is het onmetelijk grote zwembad zichtbaar, dat uitnodigt tot een frisse duik.

Esta casa está basada en las formas tradicionales pero los grandes ventanales de cristal y algunos acabados contemporáneos contribuyen al estilo moderno. El patio, basado en un palacio de Granada, sirve de entrada a la casa principal. Desde la pérgola del jardín la vista se desplaza, a través del salón y el porche, hacia una piscina infinita.

Questa casa si basa su forme tradizionali, ma i grandi finestroni di vetro e alcune finiture contemporanee le attribuiscono uno stile moderno. Il cortile, che richiama un palazzo di Granada, funge da entrata alla casa principale. Dal pergolato del giardino la vista passa, attraverso il salone e il portico, a una piscina infinita.

Esta casa tem por base as formas tradicionais, mas as grandes janelas envidraçadas e alguns acabamentos contemporâneos conferem-lhe um estilo moderno. O pátio, inspirado num palácio de Granada, serve de entrada para a casa principal. Partindo da pérgula do jardim, a vista atravessa o salão e o alpendre, para se perder numa piscina que parece não ter fim.

Detta hus är baserat på traditionella former, men de stora perspektivfönstren och några exempel på nutida finish bidrar till den moderna stilen. Innergården, byggd med idé från ett slott i Granada, fungerar som ingång till huvudbyggnaden. Från pergolan i trädgården flyttas blicken genom vardagsrummet och verandan till en enorm simbassäng.

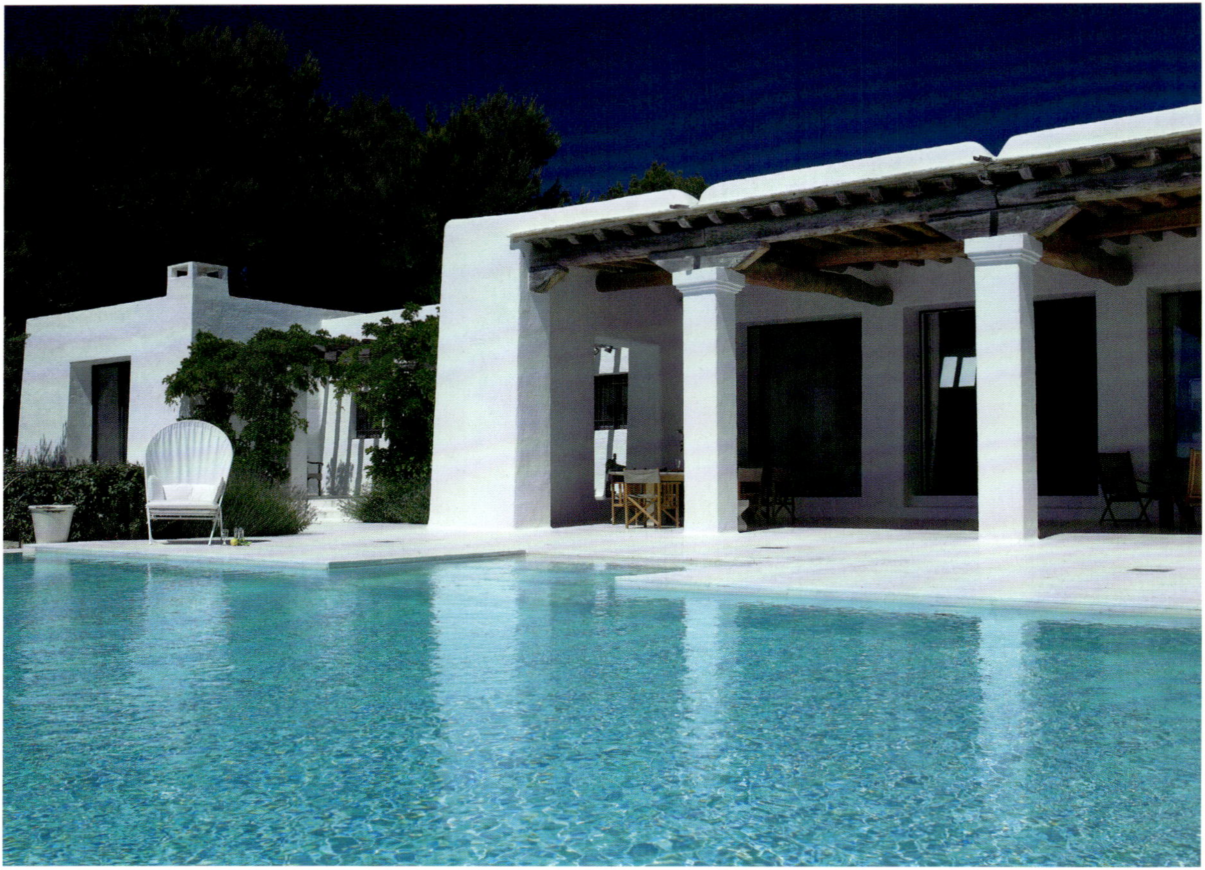

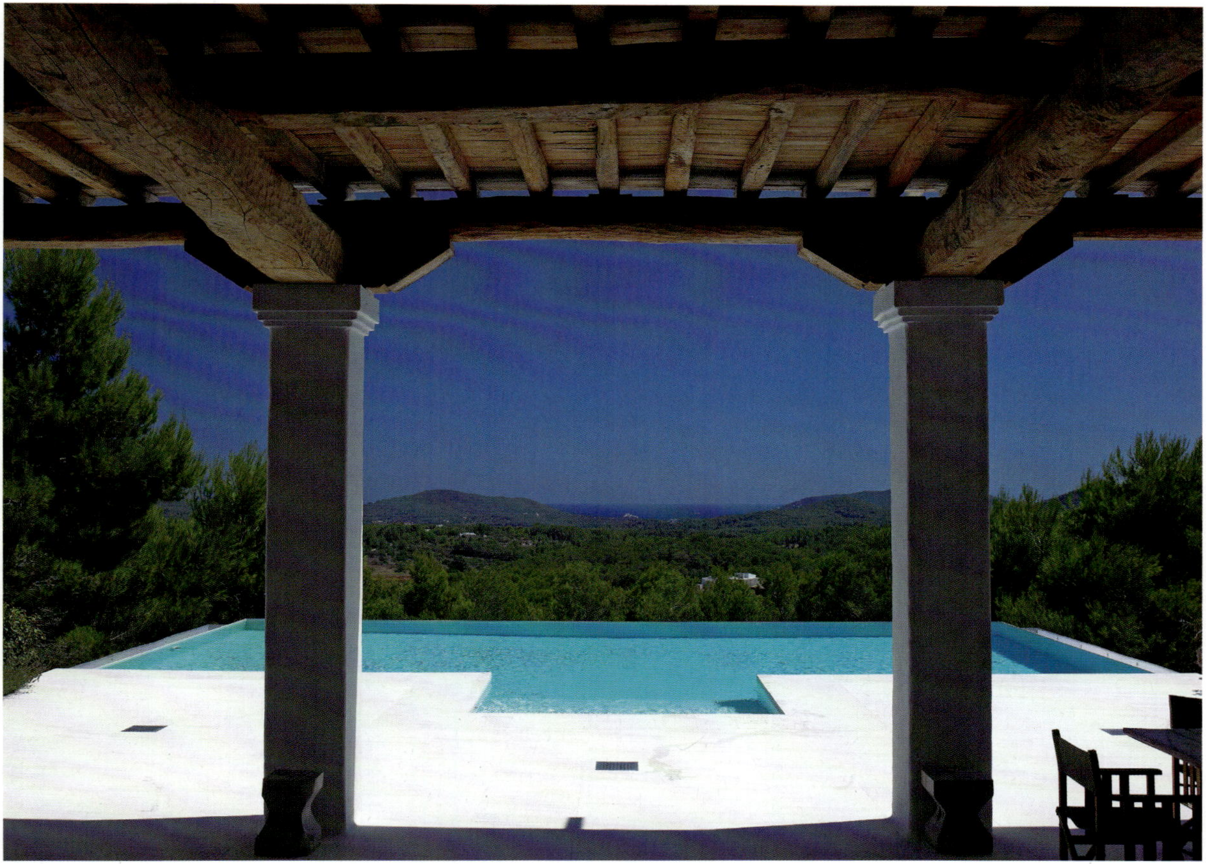

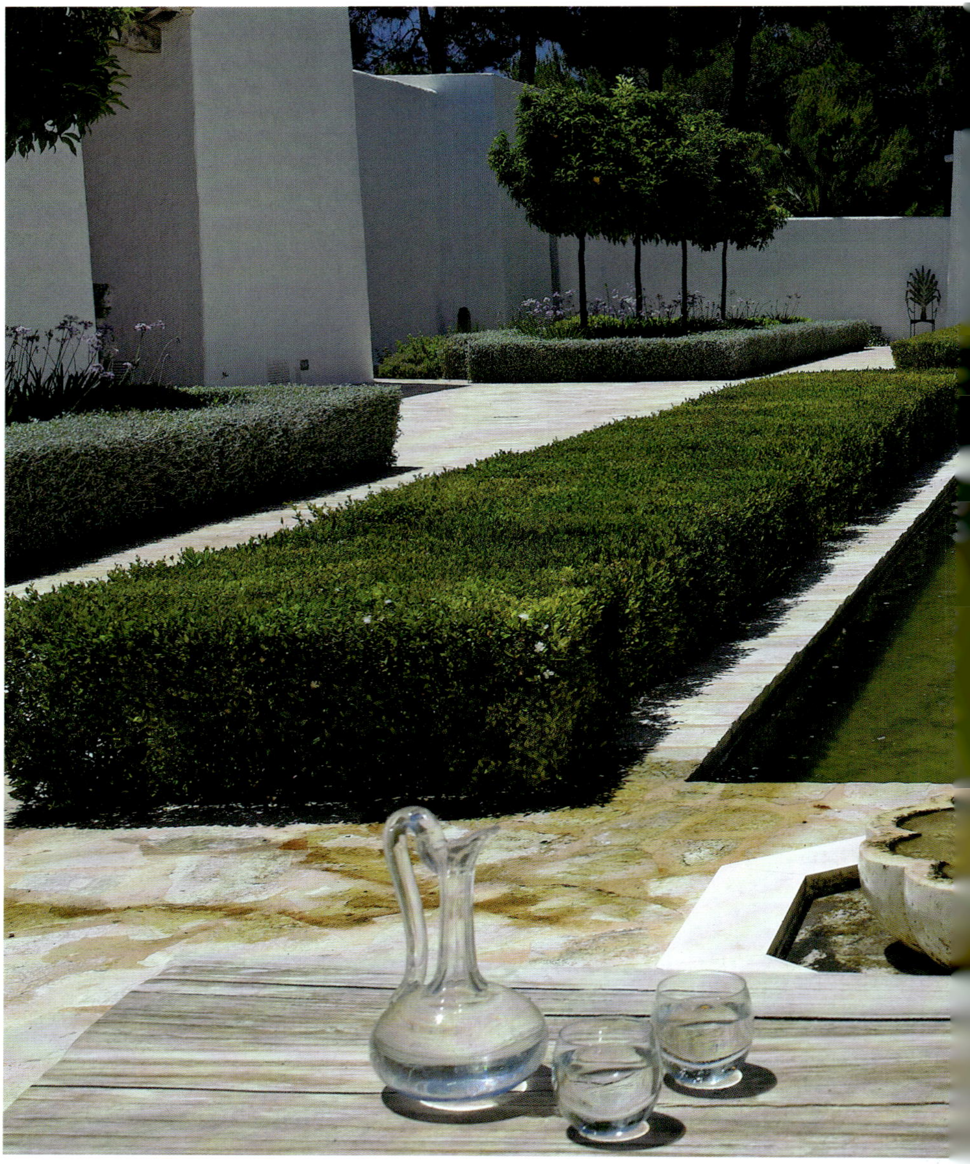

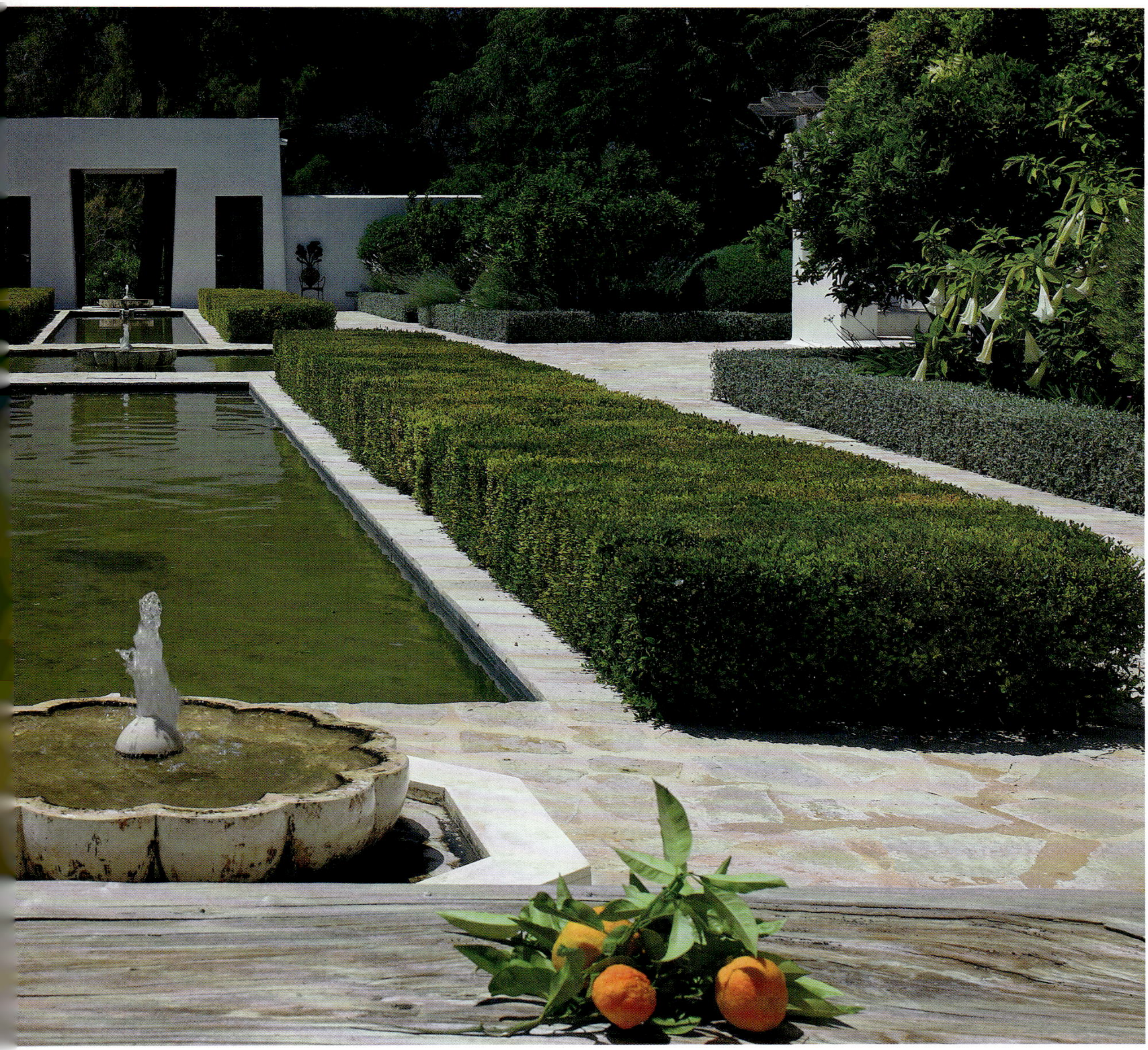

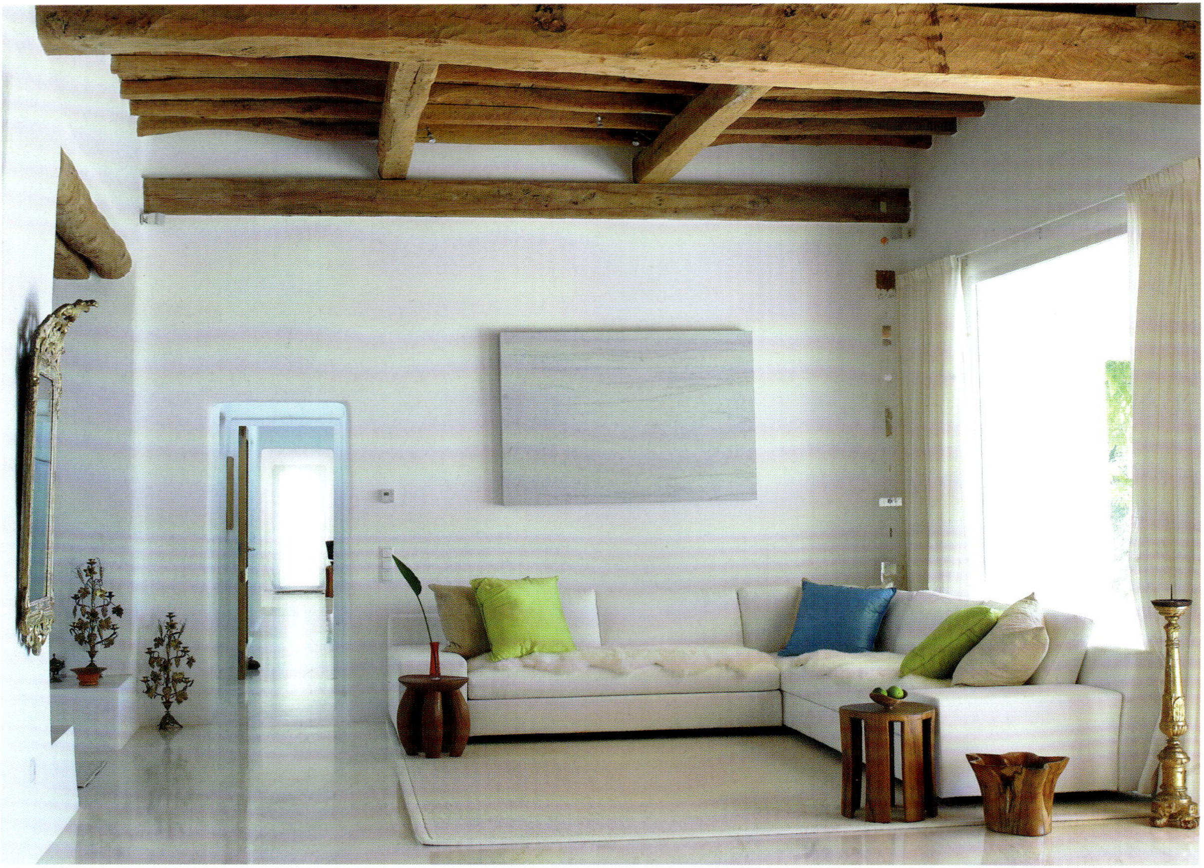

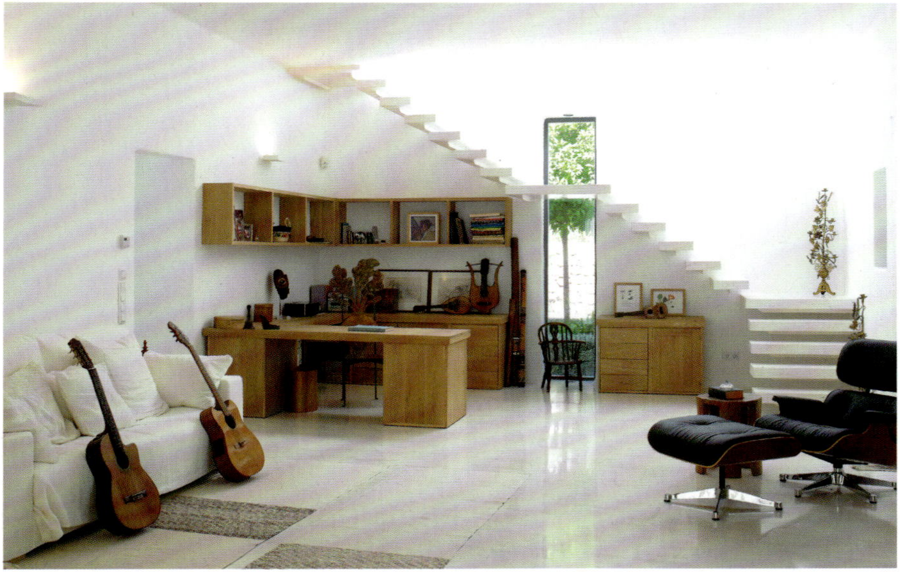

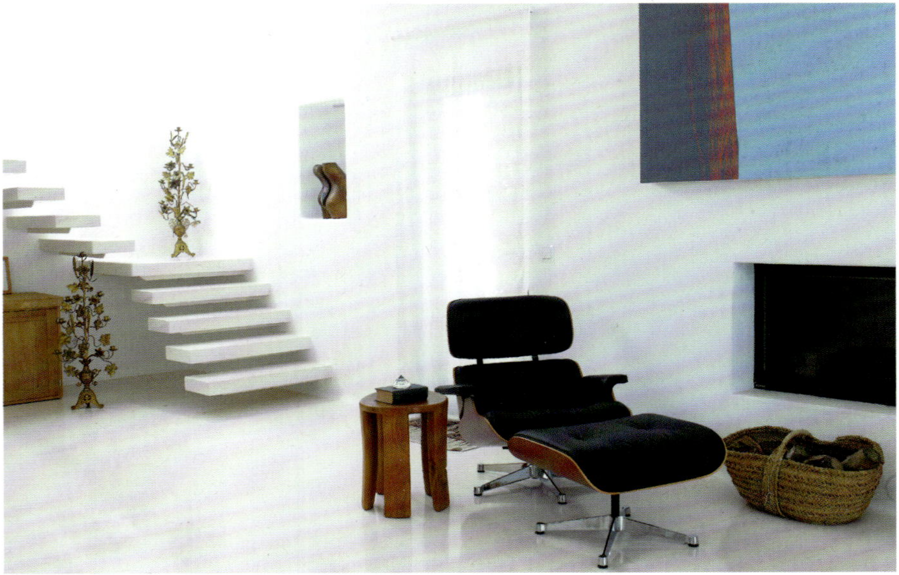

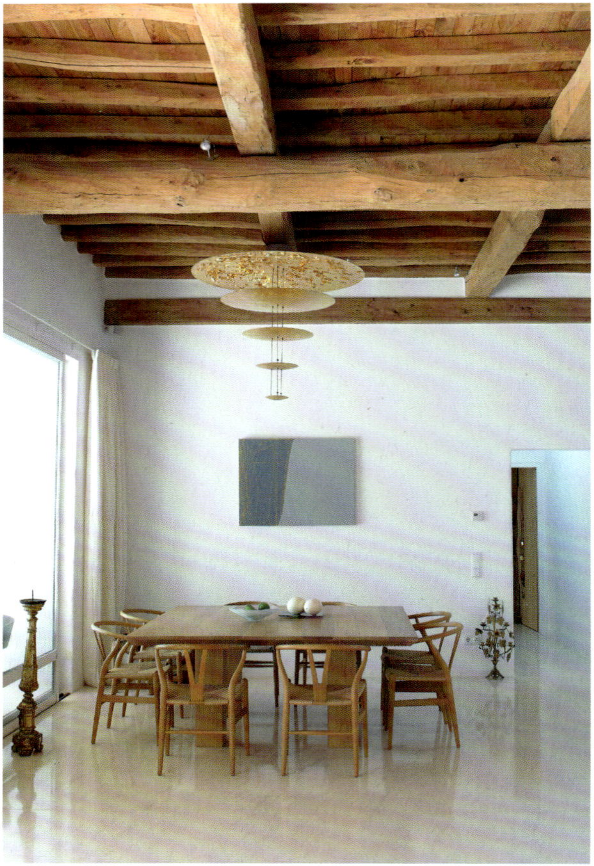

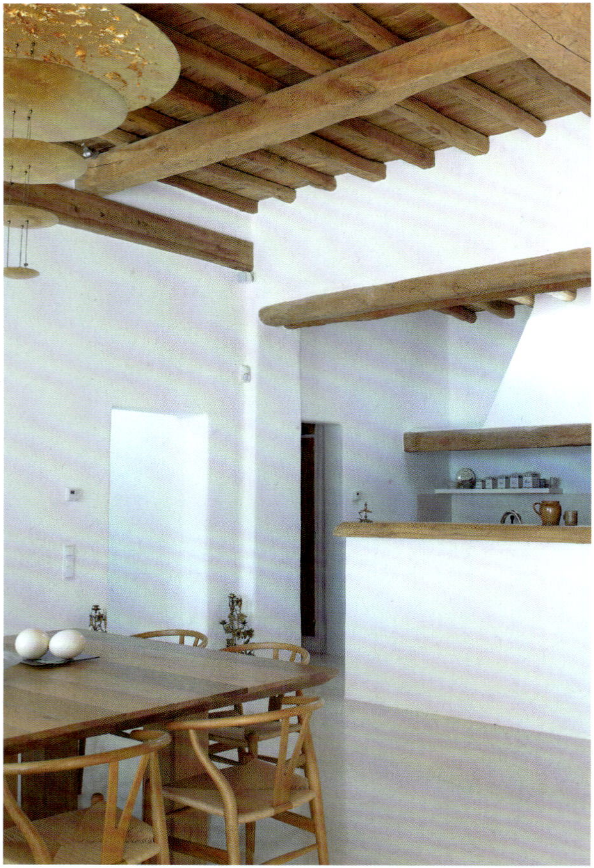

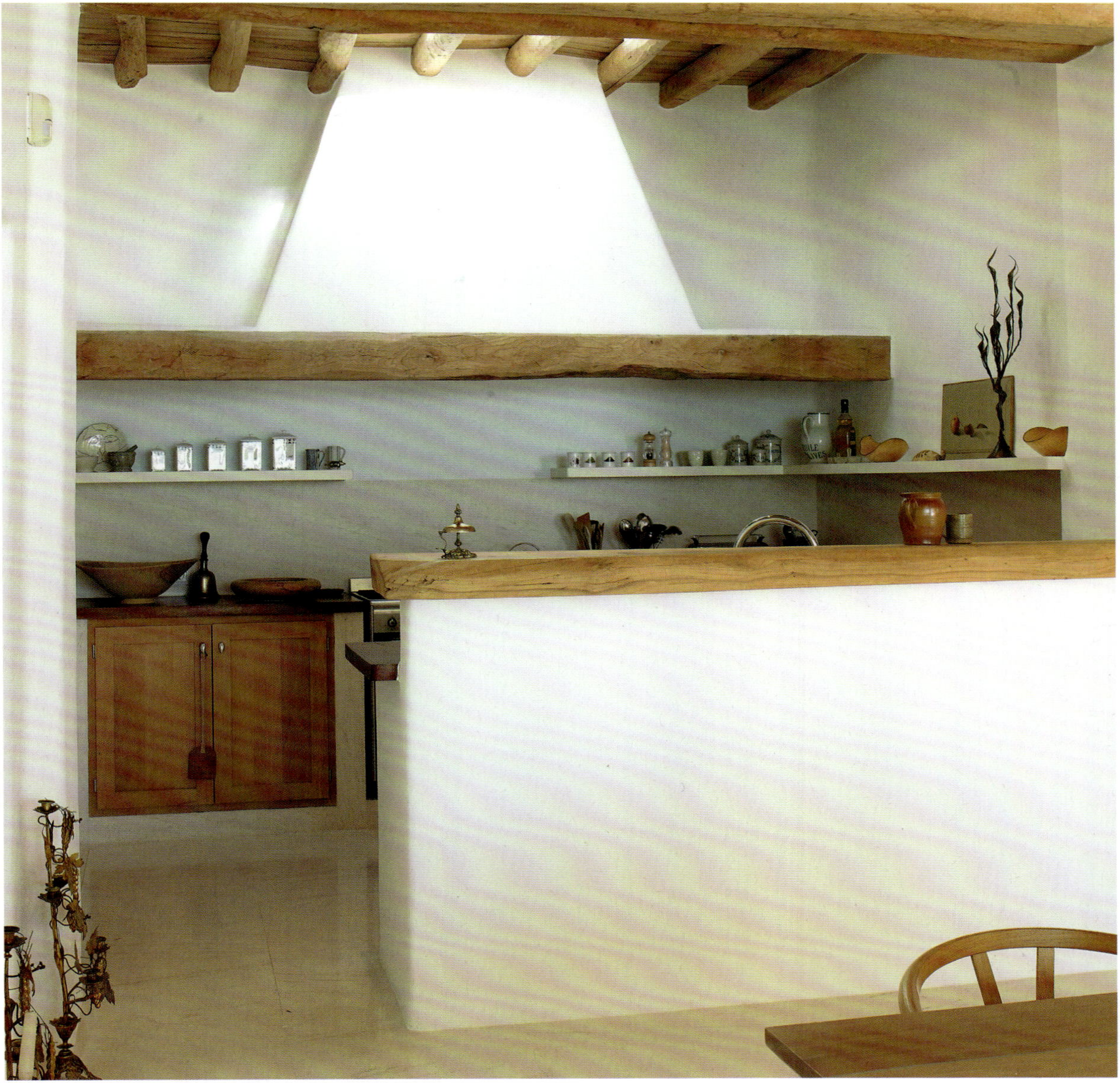

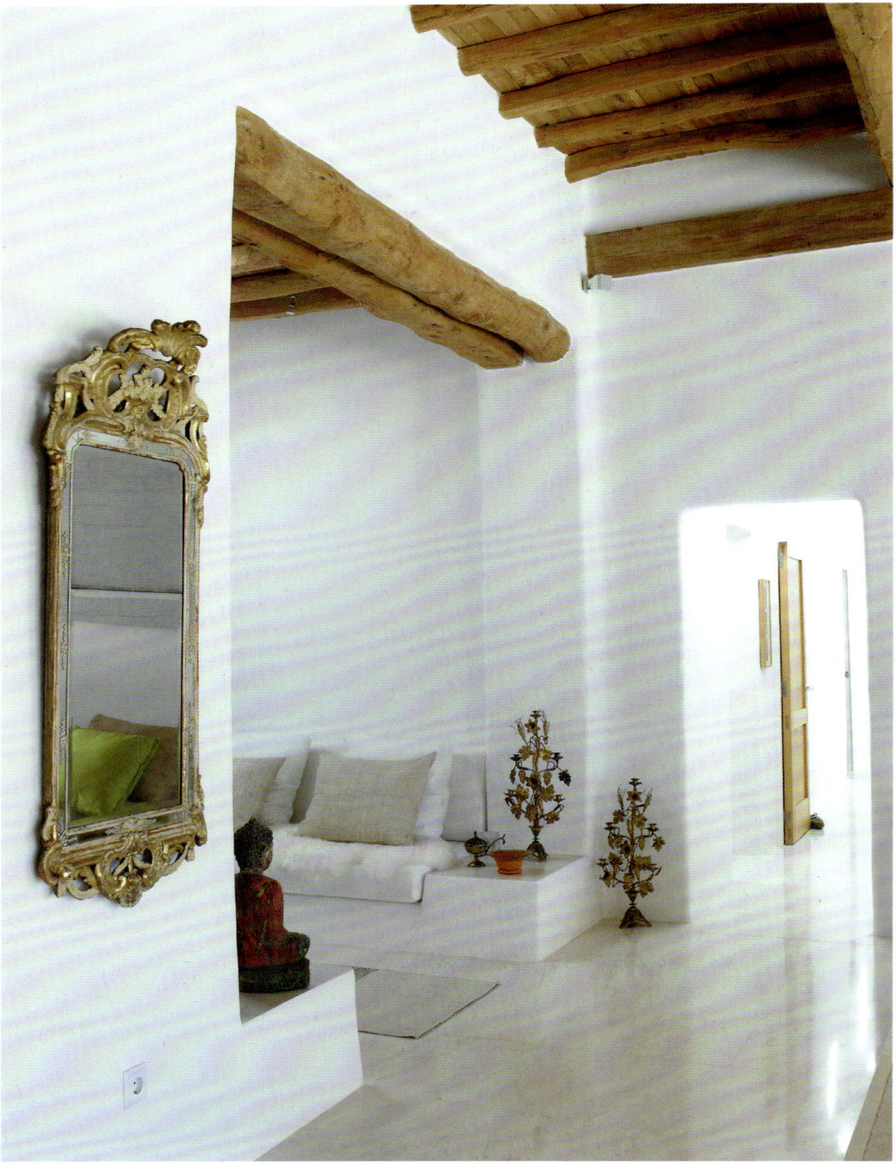

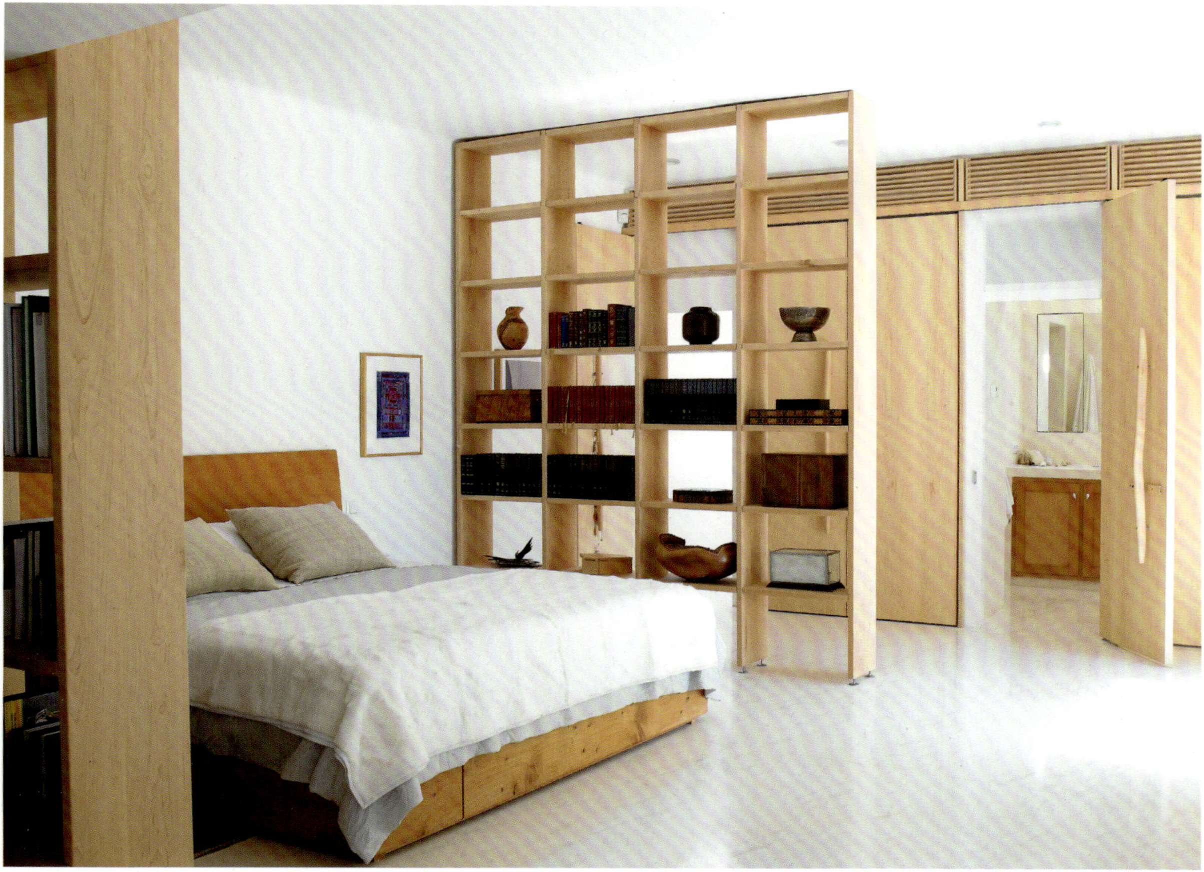

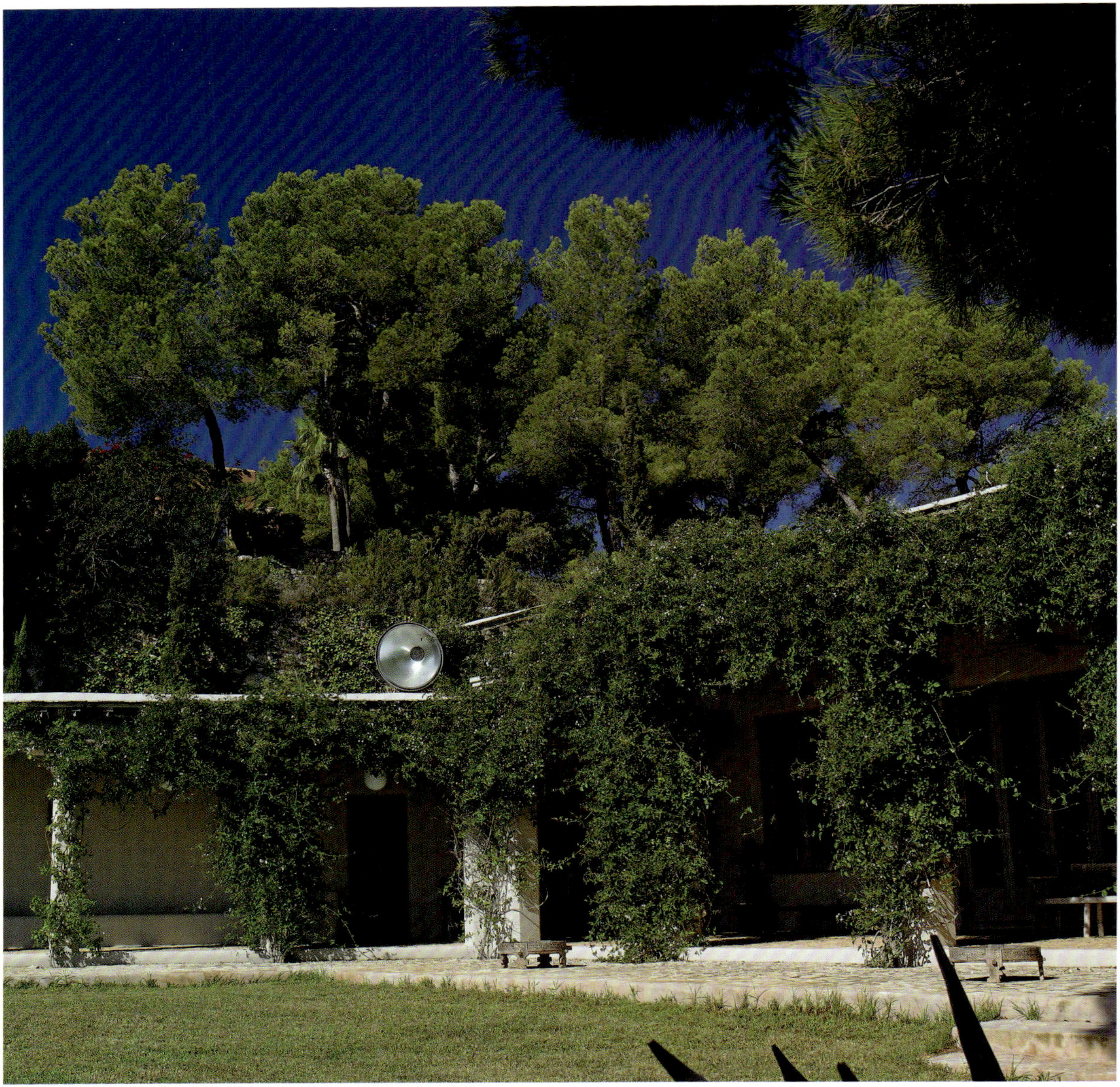

CAN **PUIG DE SA SERRA**

Rolph & Rolf Blakstad
Ibiza, Spain
© Conrad White

Can Puig de Sa Serra is located on a cliff in the mountains. The home is accessed via a path that leads to the main house and to several stone annexes with barrel vaults that are integrated into the hillside. The L-shape of the house and the columned terraces maximize the views and offer a lot of useable, exterior space.

Can Puig de Sa Serra est située sur une falaise dans les montagnes. L'accès à l'habitation se fait par une cour qui mène à la maison principale et aux nombreuses annexes en pierre avec des voûtes en berceau intégrées dans la colline. La forme en L de la maison et des terrasses avec colonnes permettent de profiter au mieux de la vue et offre un grand espace habitable à l'extérieur.

Can Puig de Sa Serra liegt an einer Felswand in den Bergen. Der Zugang zum Wohnhaus besteht aus einem Hof. Dieser führt zum Haupthaus und zu verschiedenen Nebengebäuden aus Stein mit Tonnengewölben, die in den Berg integriert wurden. Die L-Form des Hauses und der Terrassen mit den Säulen bietet die bestmögliche Aussicht und sorgt für viel bewohnbaren Außenraum.

Can Puig de Sa Serra is gelegen op een klif in de bergen. Een patio leidt naar het hoofdgebouw en naar de stenen bijgebouwen met tongewelven die in de heuvel zijn geïntegreerd. Door de L-vorm van het huis en de terrassen met zuilen is er rondom een geweldig uitzicht en biedt veel extra leefruimte buiten.

Can Puig de Sa Serra está situada en un acantilado en las montañas. El acceso a la vivienda consiste en un patio que conduce a la casa principal y a varios anexos de piedra con bóvedas de cañón integrados en la colina. La forma en L de la casa y de las terrazas con columnas aprovecha al máximo las vistas y proporciona mucho espacio exterior habitable.

Can Puig de Sa Serra è situata su una scarpata sulle montagne. L'accesso all'edificio consiste in un cortile che conduce alla casa principale e a vari annessi di pietra con volte a botte inserite nella collina. La forma a L della casa e delle terrazze con colonne sfrutta al massimo la vista ed offre uno spazio esterno abitabile.

A Can Puig de Sa Serra está situada numa encosta escarpada, nas montanhas. O acesso à vivenda faz-se por um pátio, que conduz à casa principal e a vários anexos de pedra com abóbadas de berço que penetram na colina. A forma em «L» da casa e dos terraços com colunas tira o máximo partido das vistas e proporciona um vasto espaço exterior habitável.

Can Puig de Sa Serra är beläget på en klippa i bergen. Ingången till bostaden består av en innergård, som leder till huvudbyggnaden och flera tillbyggnader av sten med tunnvalv inbyggda i klippbranten. Husets och de pelarförsedda terrassernas L-form tar till vara på utsikten till fullo och skapar stora utomhusplatser.

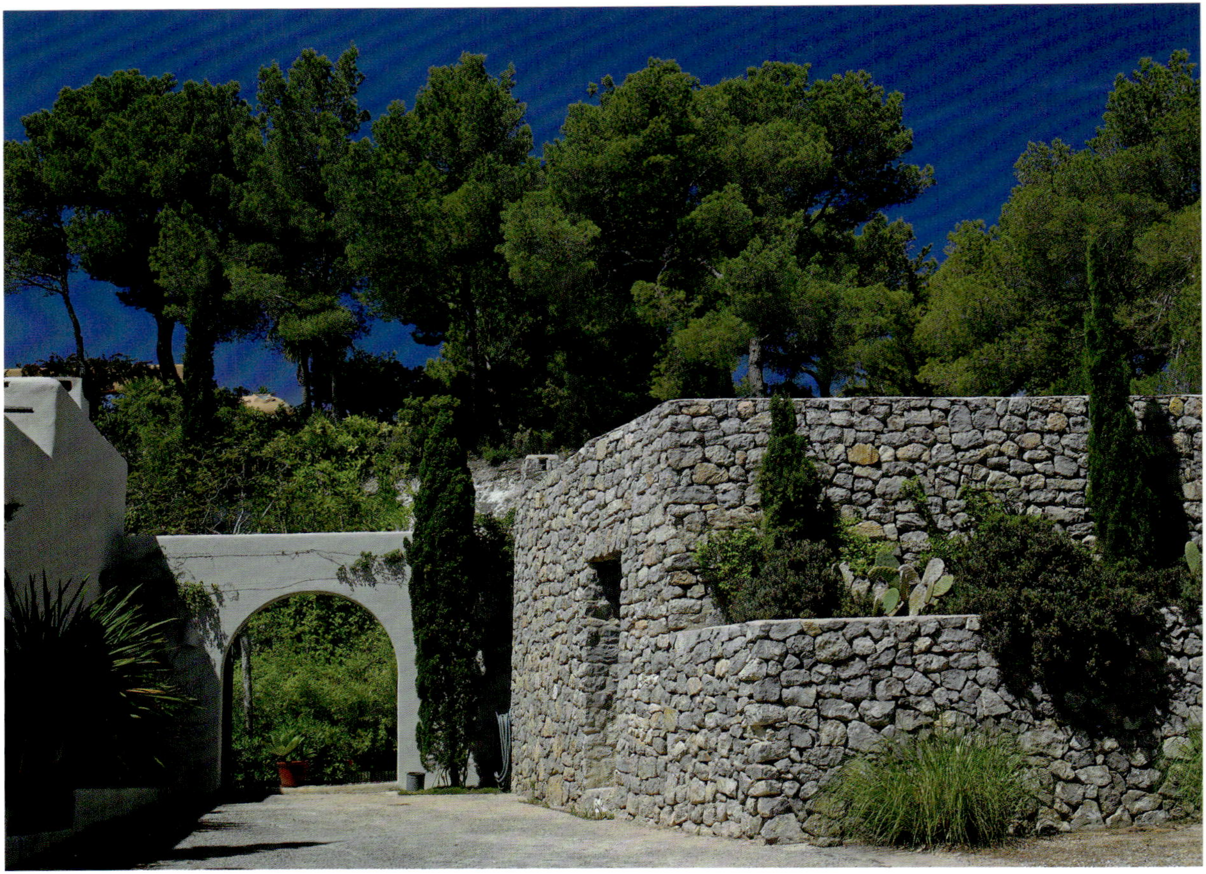

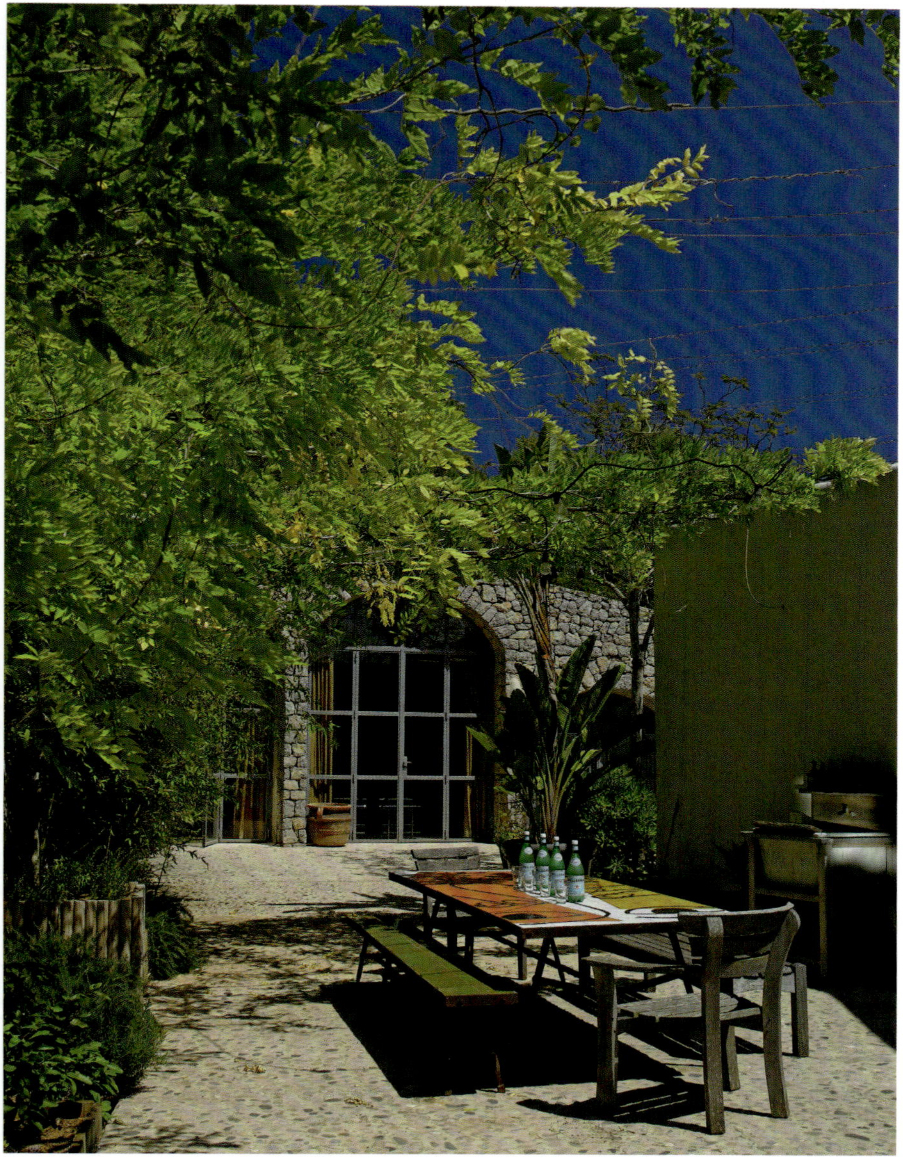

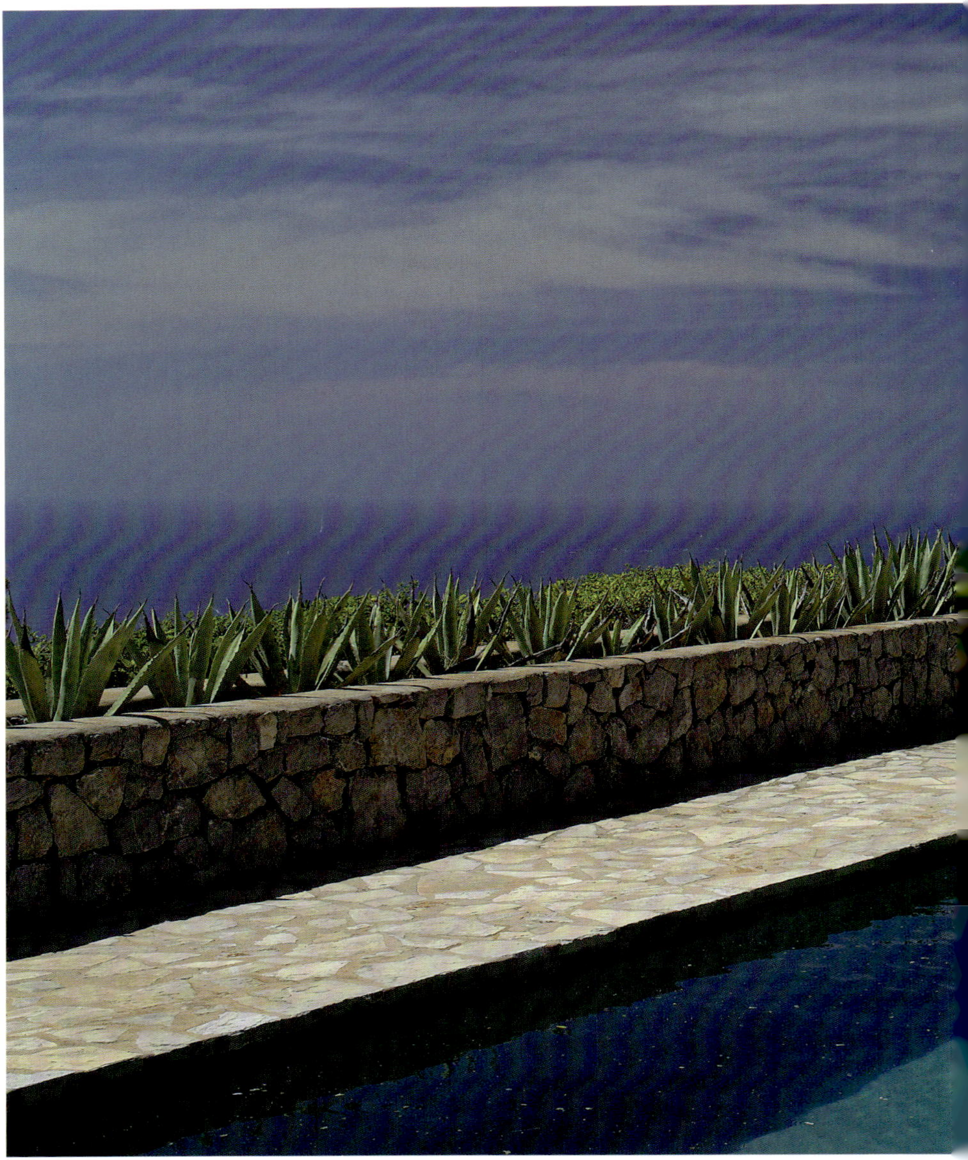

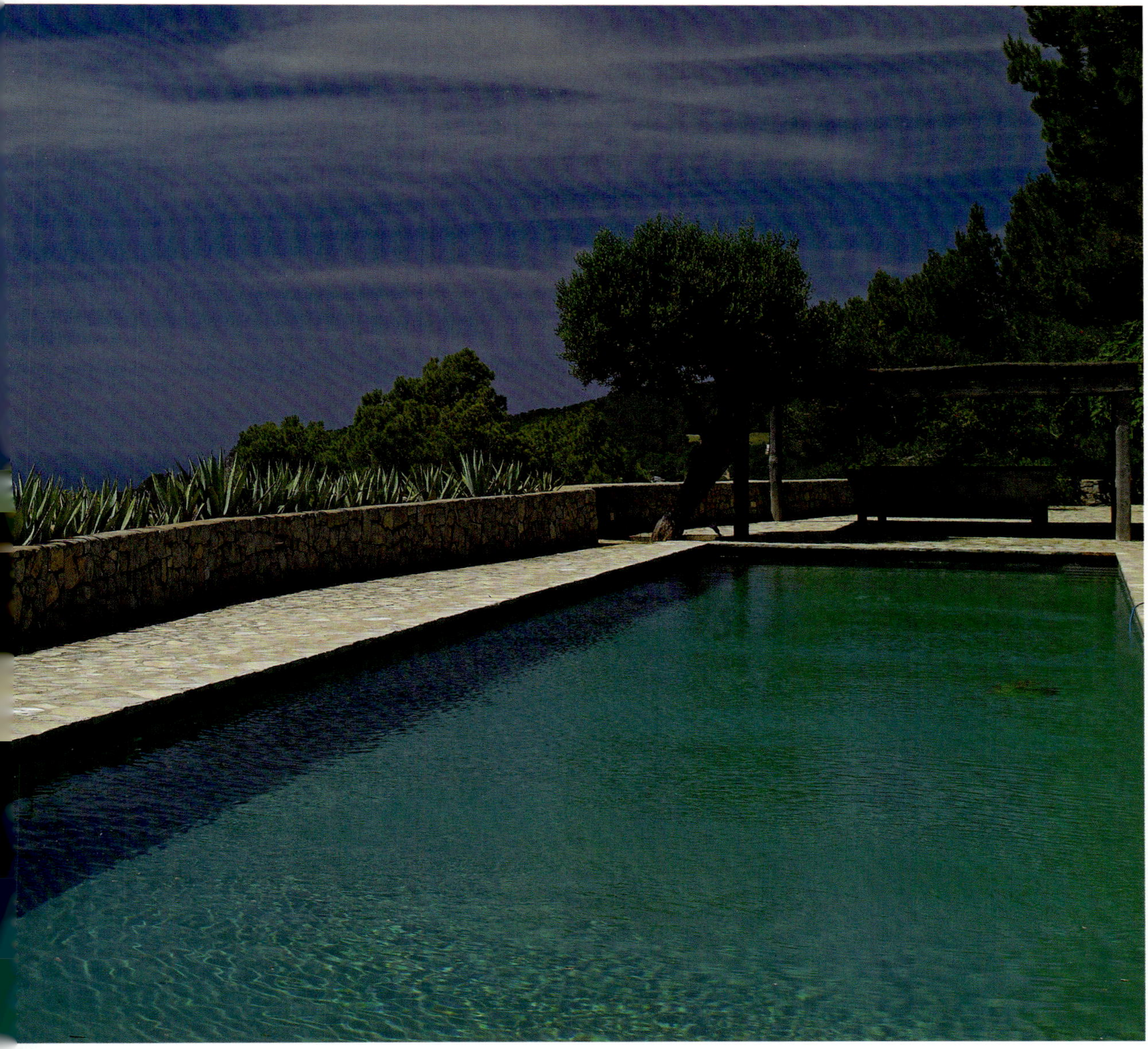

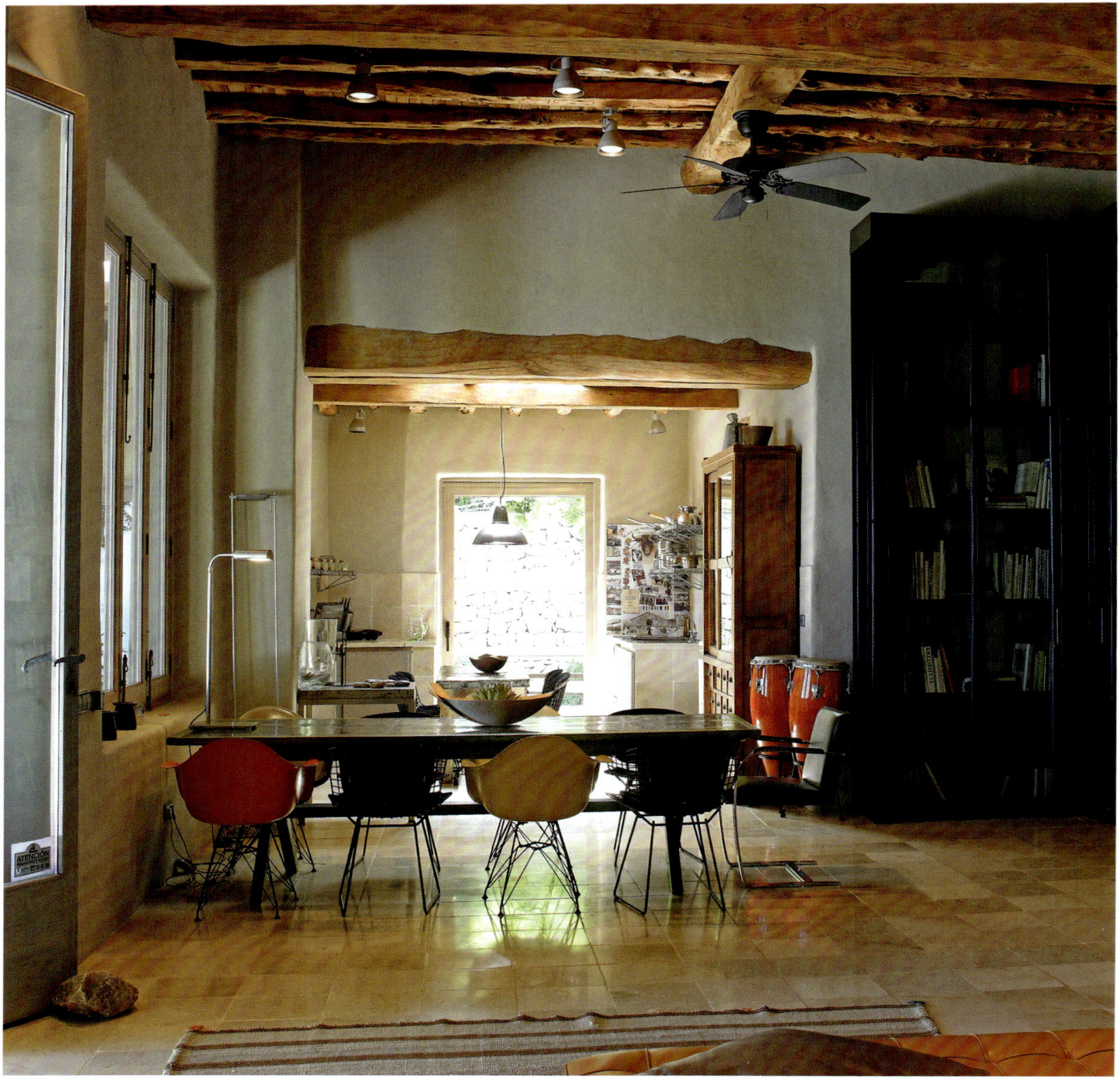

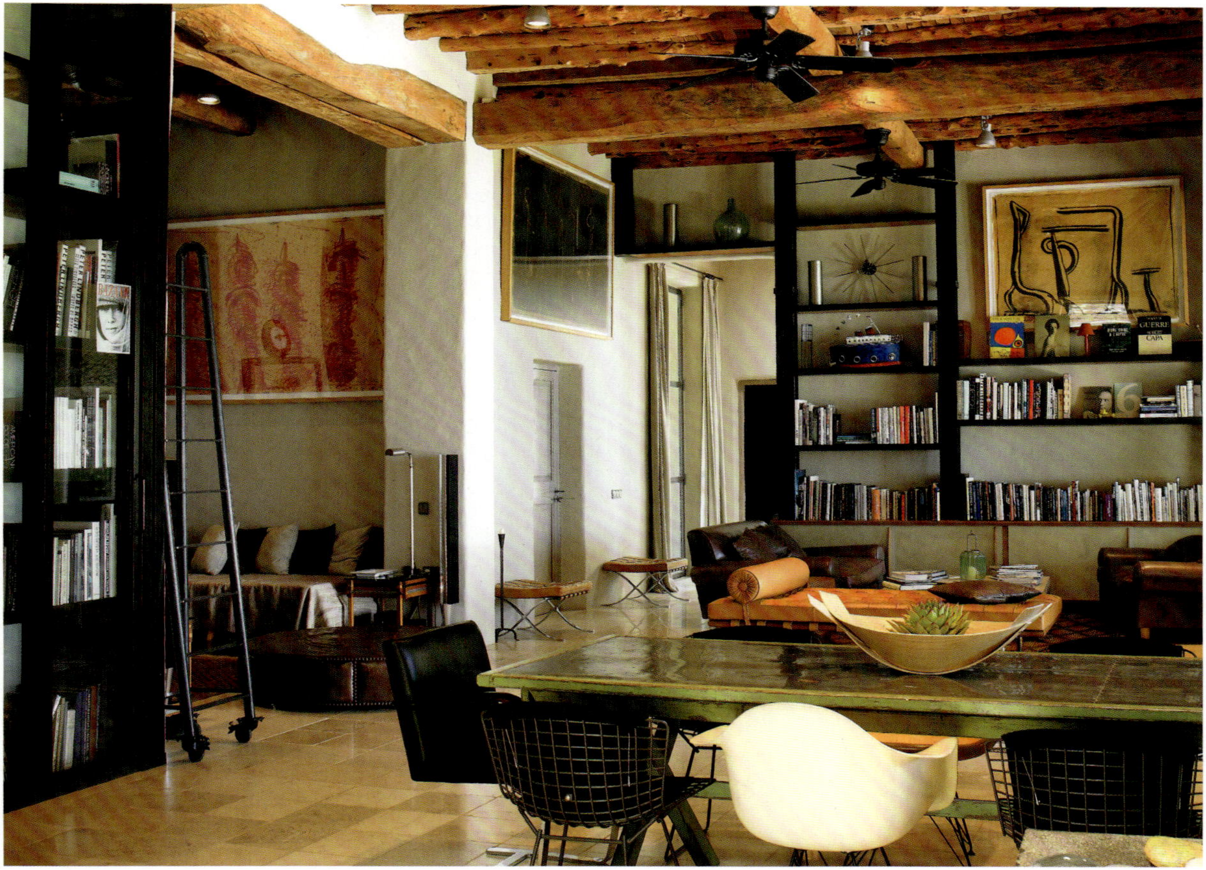
GUERRE
CAPA

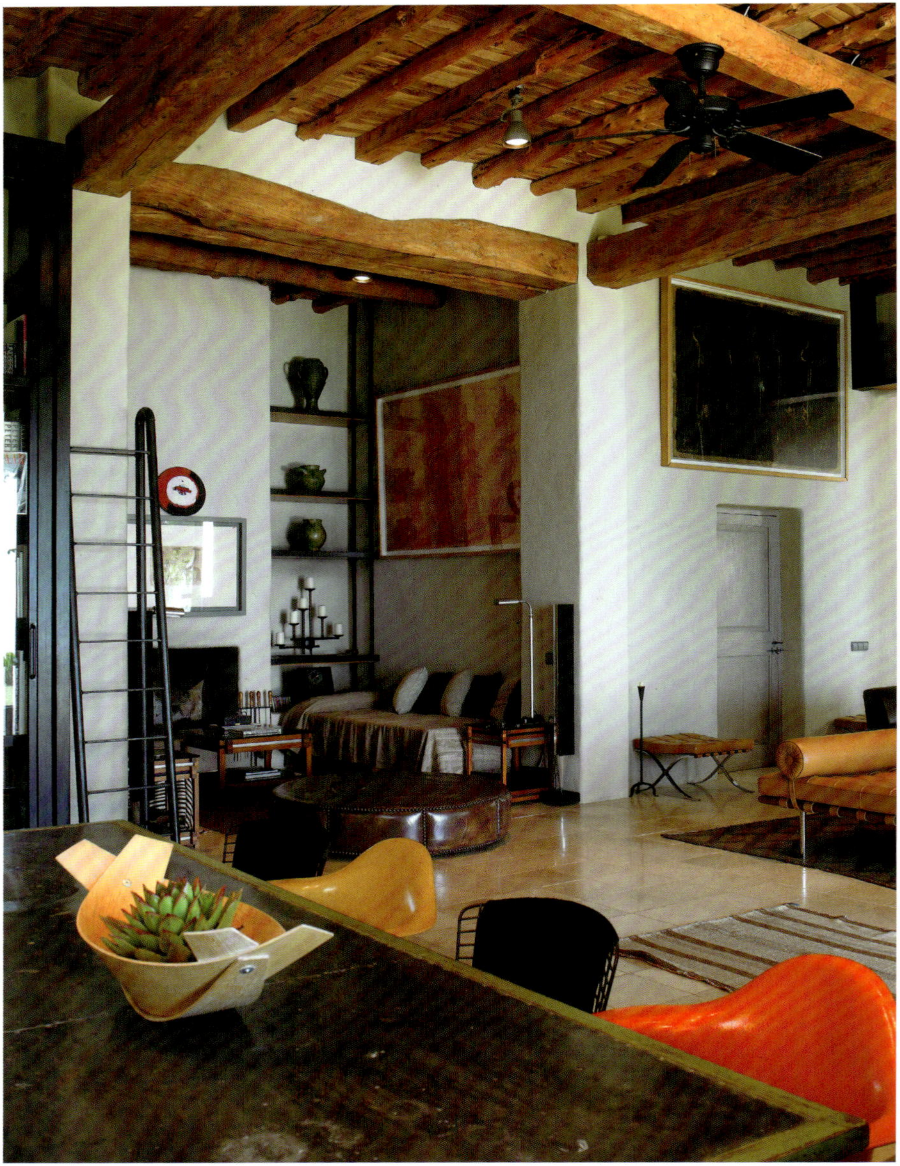

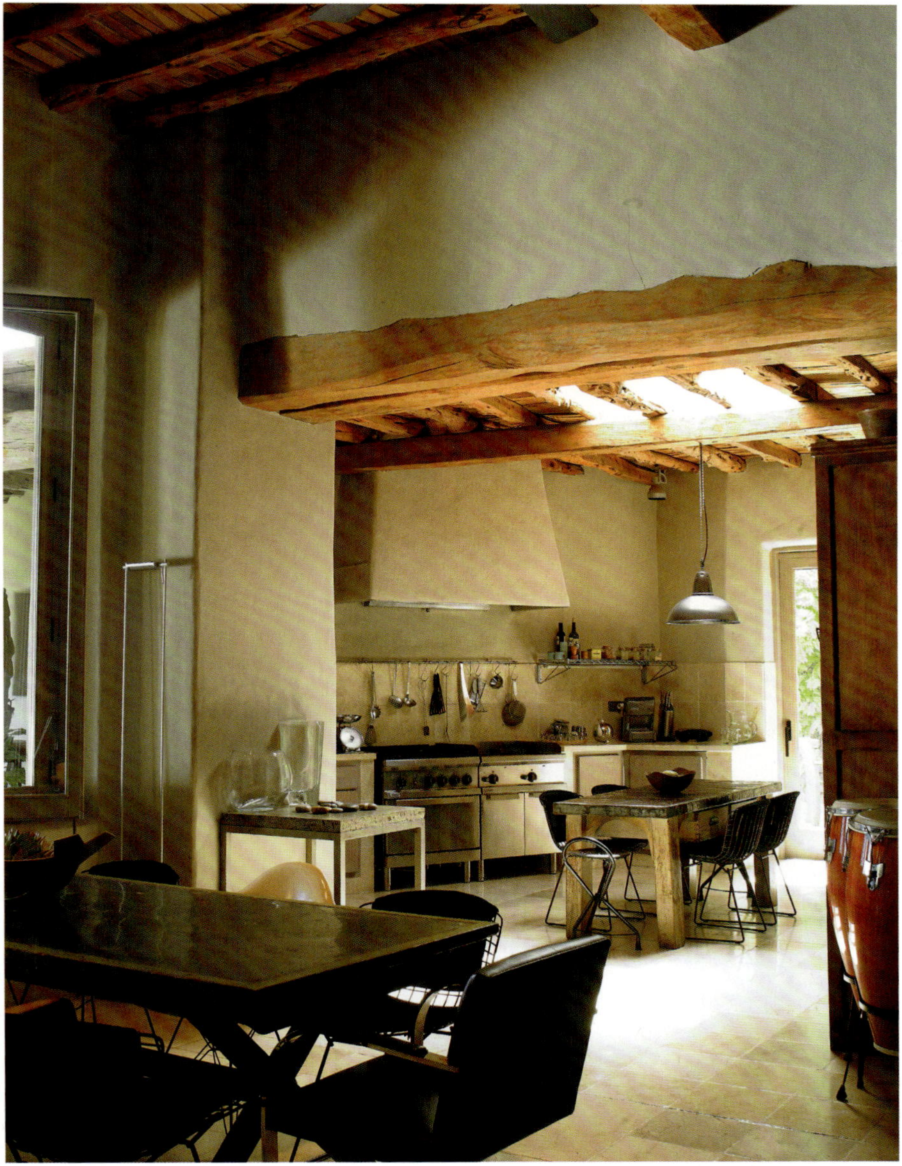

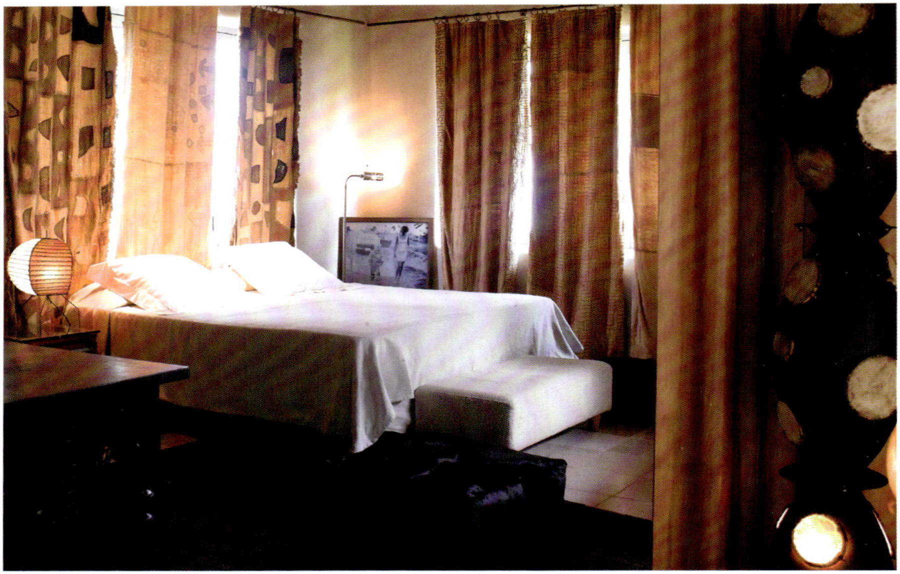

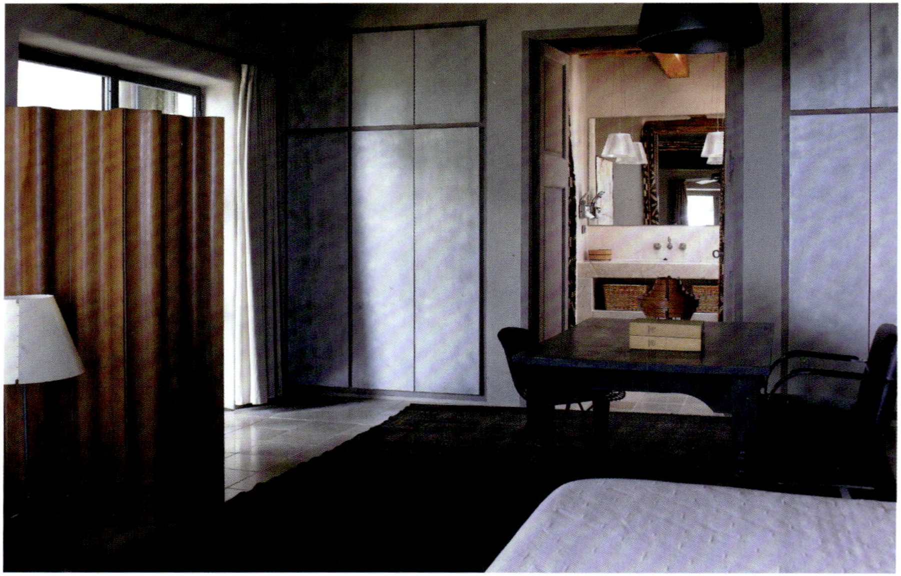

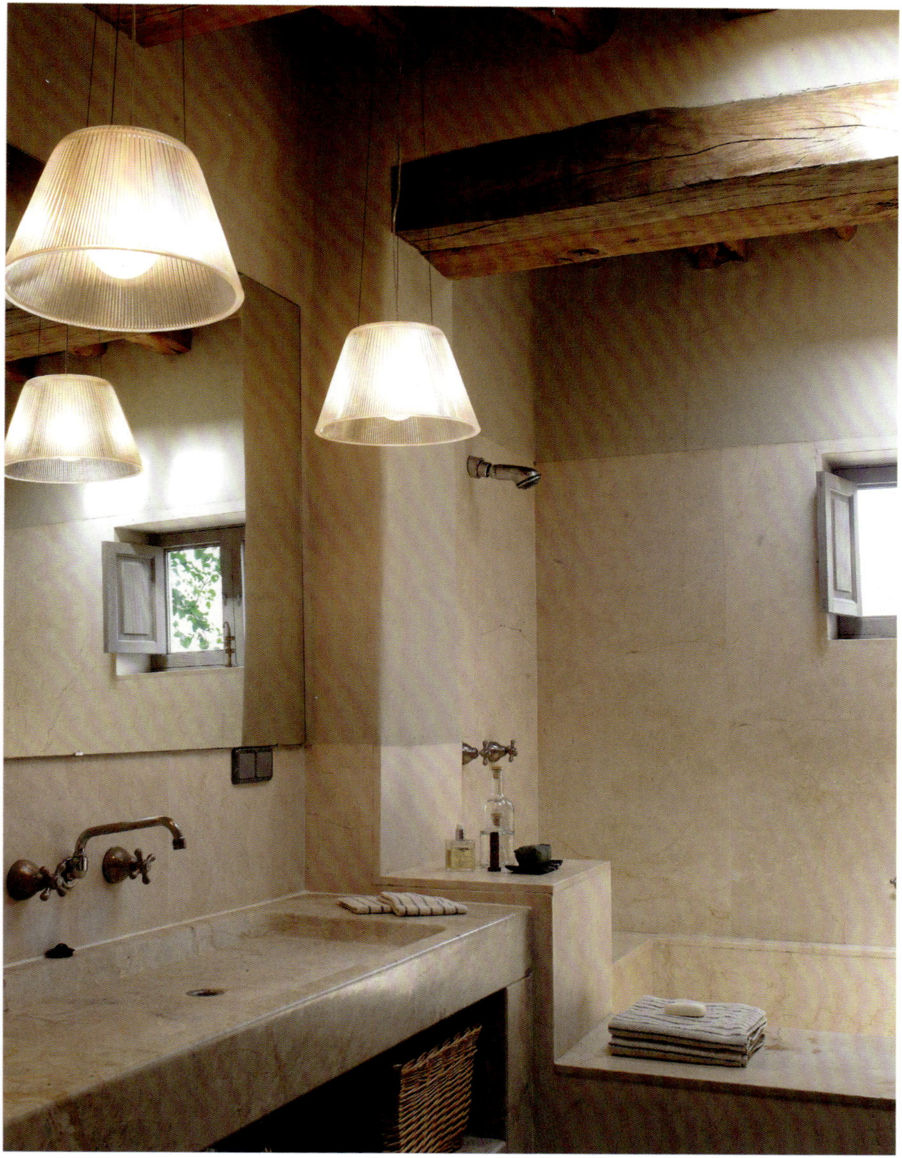

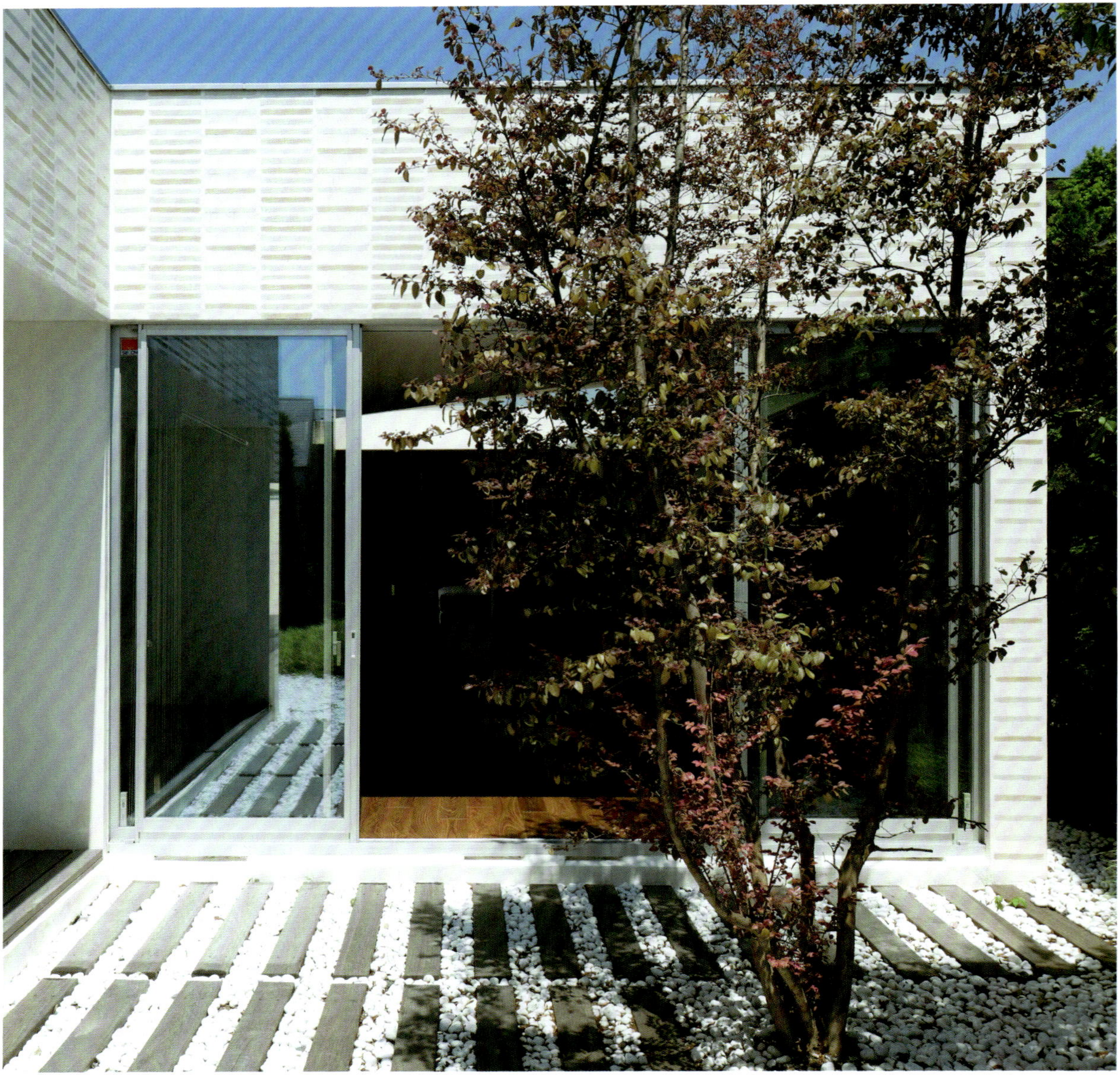

IN KYO

Takehiko Nez Architects
Kanagawa, Japan
© Takumi Ota

This house is surrounded by luxurious and ostentatiously decorated houses. Although the house is modest on the outside, it contains a series of well-distributed spaces that are well lit by large windows that cover the walls from floor to ceiling. The materials that cover the exterior walls and the ground in the garden are similar in tone and texture.

Cette habitation est entourée par des demeures luxueuses et décorées à outrance. La maison, modeste de l'extérieur, abrite une série d'espaces bien distribués et éclairés par de grandes baies vitrées qui couvrent les murs de haut en bas. Les matériaux qui recouvrent les murs extérieurs et le sol du jardin présentent des tons et des textures similaires.

Dieses Wohnhaus ist von luxuriösen und reichlich verzierten Villen umgeben. Das Haus mit seinem bescheidenen Äußeren enthält eine Reihe von gut aufgeteilten Zimmern. Die großen Fenster, die vom Boden bis zur Decke reichen, sorgen für viel Licht. Die Materialien, mit denen die Außenwände und der Boden des Gartens verkleidet sind, wurden in ihren Farbtönen und Strukturen aufeinander abgestimmt.

Deze woning is omringd door rijk versierde, luxe huizen. Alhoewel het huis er aan de buitenkant heel bescheiden uitziet, bevat het binnen een groot aantal goed ingedeelde ruimtes. Door de gevelhoge ramen komt er veel natuurlijk licht binnen. De materialen welke voor de buitenmuren en de buitenvloer in de tuin zijn gebruikt, hebben dezelfde tinten en textuur.

Esta vivienda está rodeada por mansiones lujosas y ostentosamente ornamentadas. La casa, modesta en sus exteriores, alberga una serie de espacios bien distribuidos e iluminados por grandes ventanales que cubren las paredes de arriba abajo. Los materiales que revisten las paredes exteriores y el suelo del jardín son similares en sus tonos y texturas.

Questa abitazione è circondata da dimore lussuose e molto decorate. La casa, modesta per quanto riguarda gli esterni, accoglie una serie di spazi ben distribuiti e illuminati da grandi finestroni che ricoprono le pareti dall'alto al basso. I materiali che rivestono i muri esterni e il pavimento del giardino sono simili per tonalità e trama.

Esta moradia está rodeada por grandes mansões luxuosas e excessivamente ornamentadas. A casa, com exteriores bastante modestos, é constituída por uma série de espaços bem distribuídos e iluminados por grandes janelões, que cobrem as paredes de cima a baixo. Os materiais que revestem as paredes exteriores e o pavimento do jardim são de tons e textura muito semelhantes.

Detta bostadshus är omgivet av lyxiga och överdrivet ornamenterade herrgårdsliknande byggnader. Huset som är enkelt på utsidan, har ett antal väl uppdelade utrymmen upplysta av stora fönster som täcker väggarna från golv till tak. Materialen som klär väggarna och täcker golvet i badrummet liknar varandra i färg och struktur.

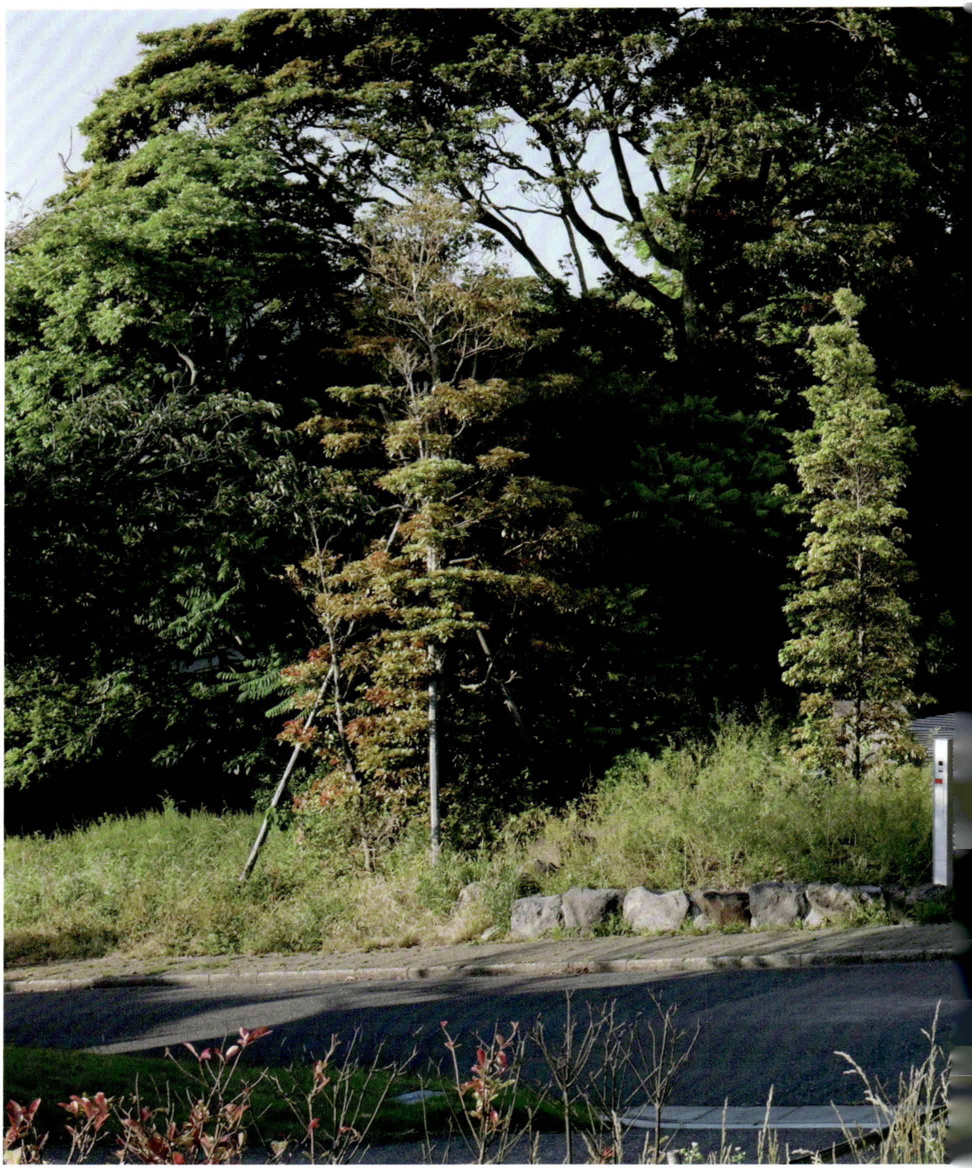

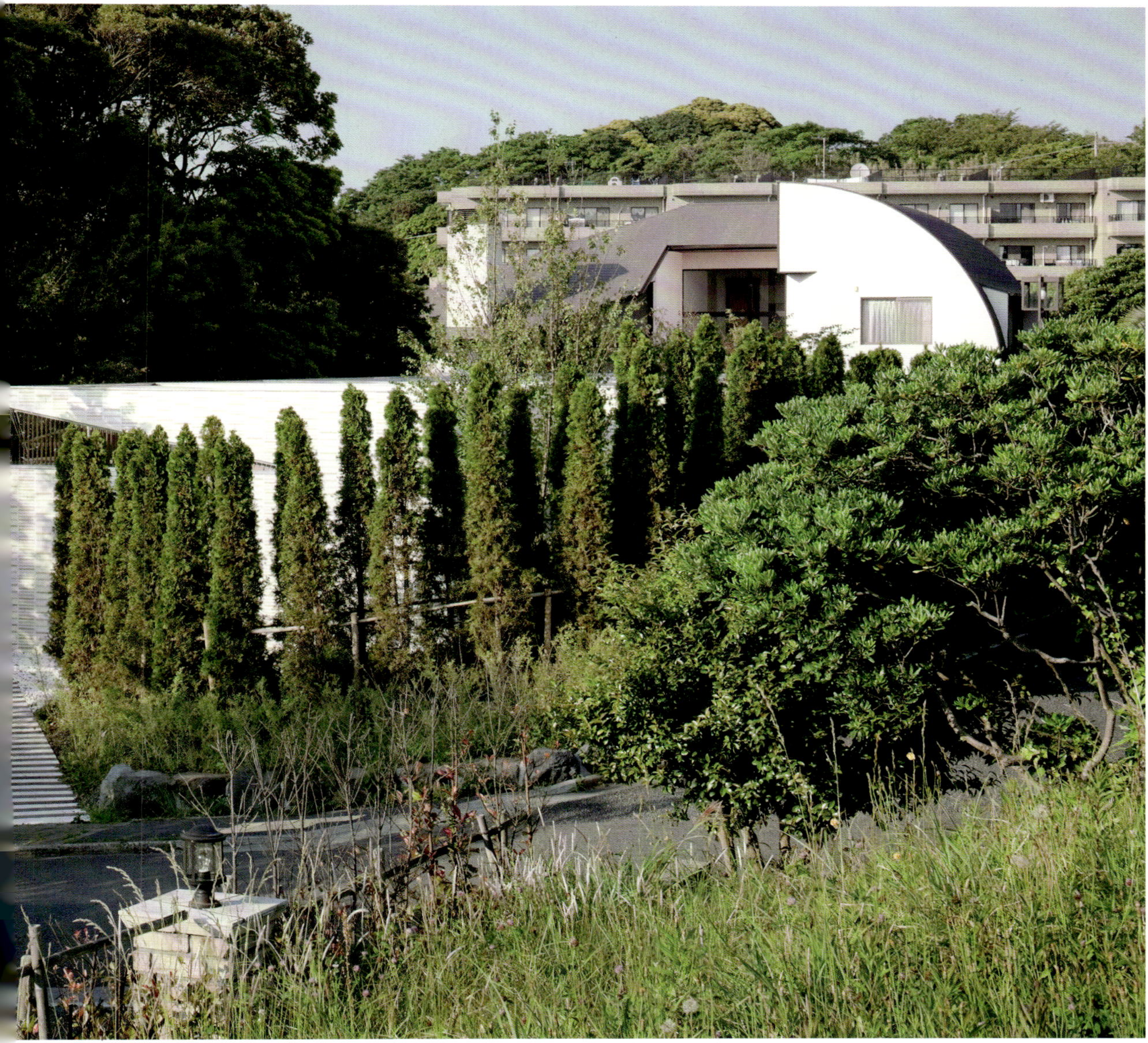

Plan

1. Guest room
2. Entrance
3. Living
4. Terrace
5. Store
6. Dining
7. Bedroom
8. Parking

Elevation / Élévation

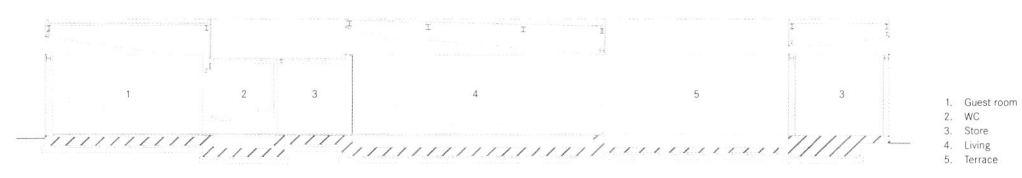

Section / Coupe

1. Guest room
2. WC
3. Store
4. Living
5. Terrace

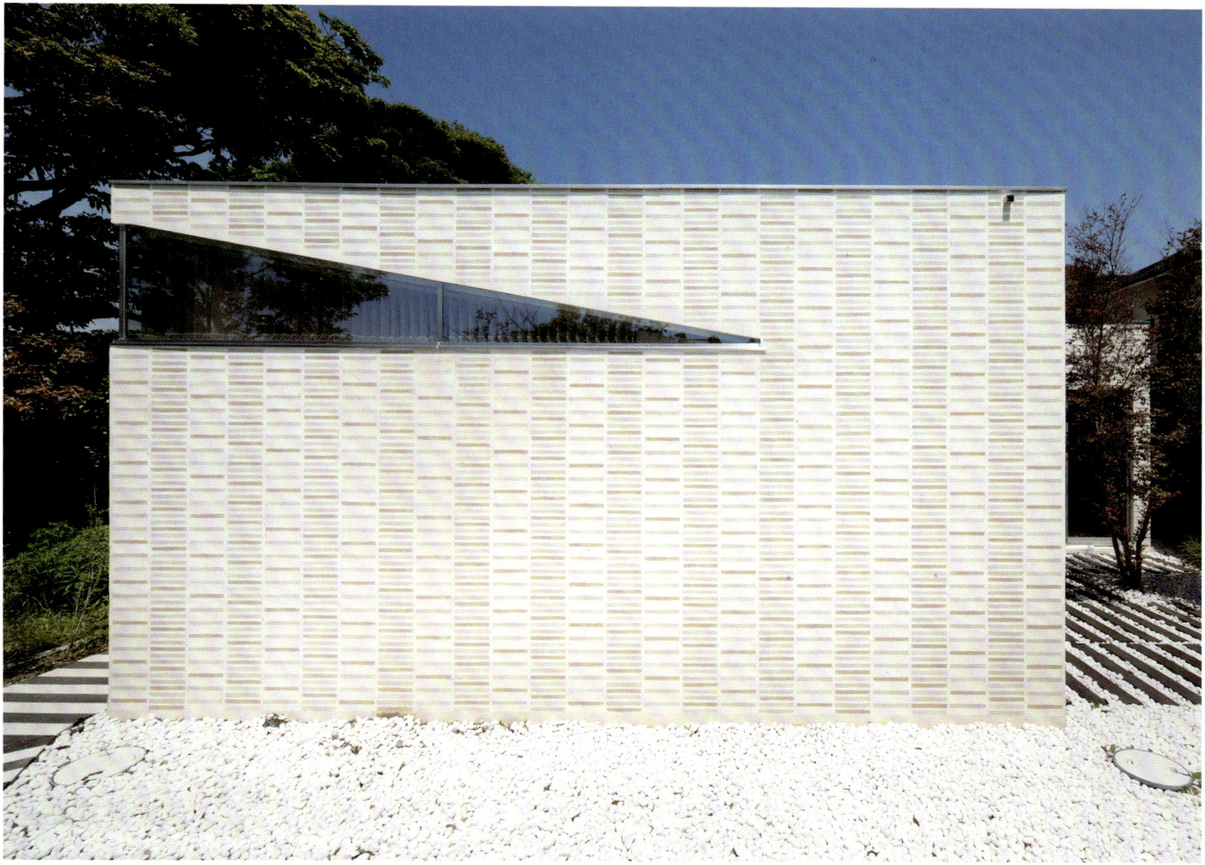

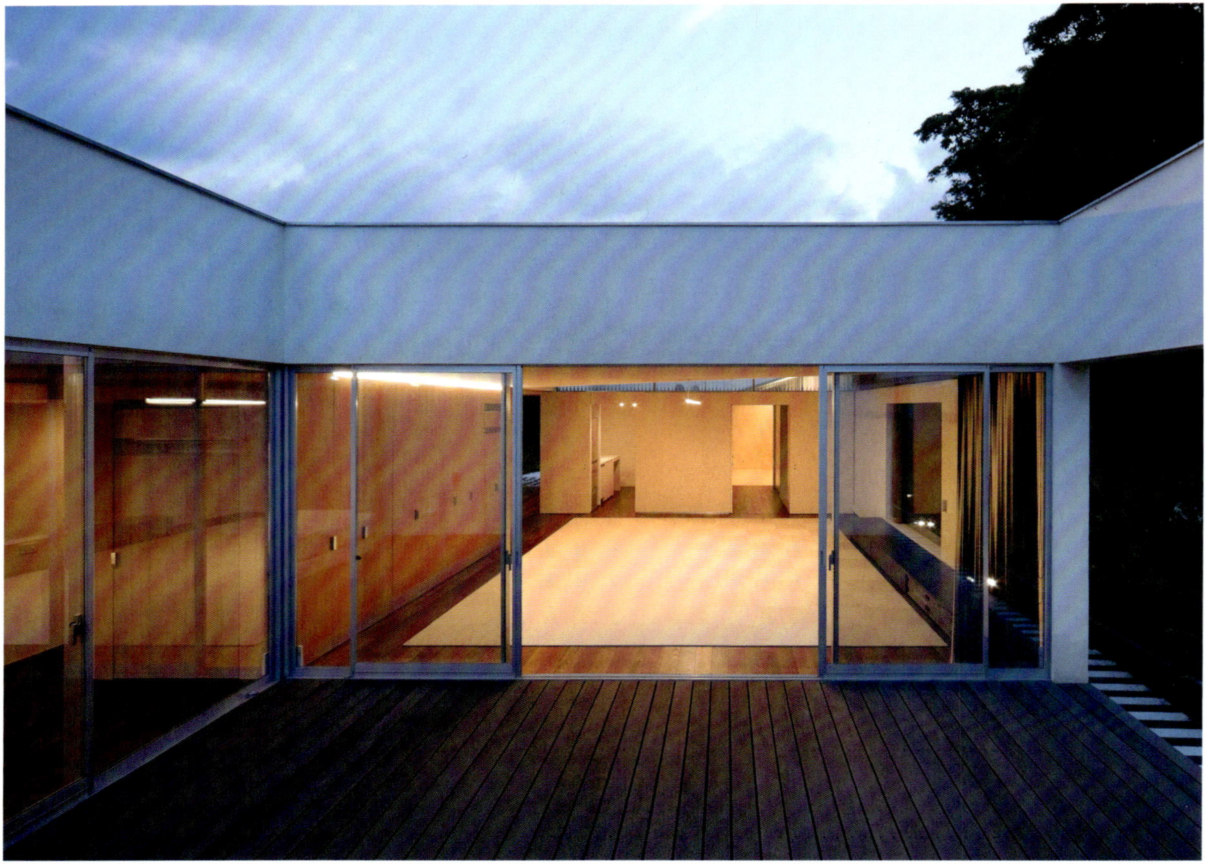

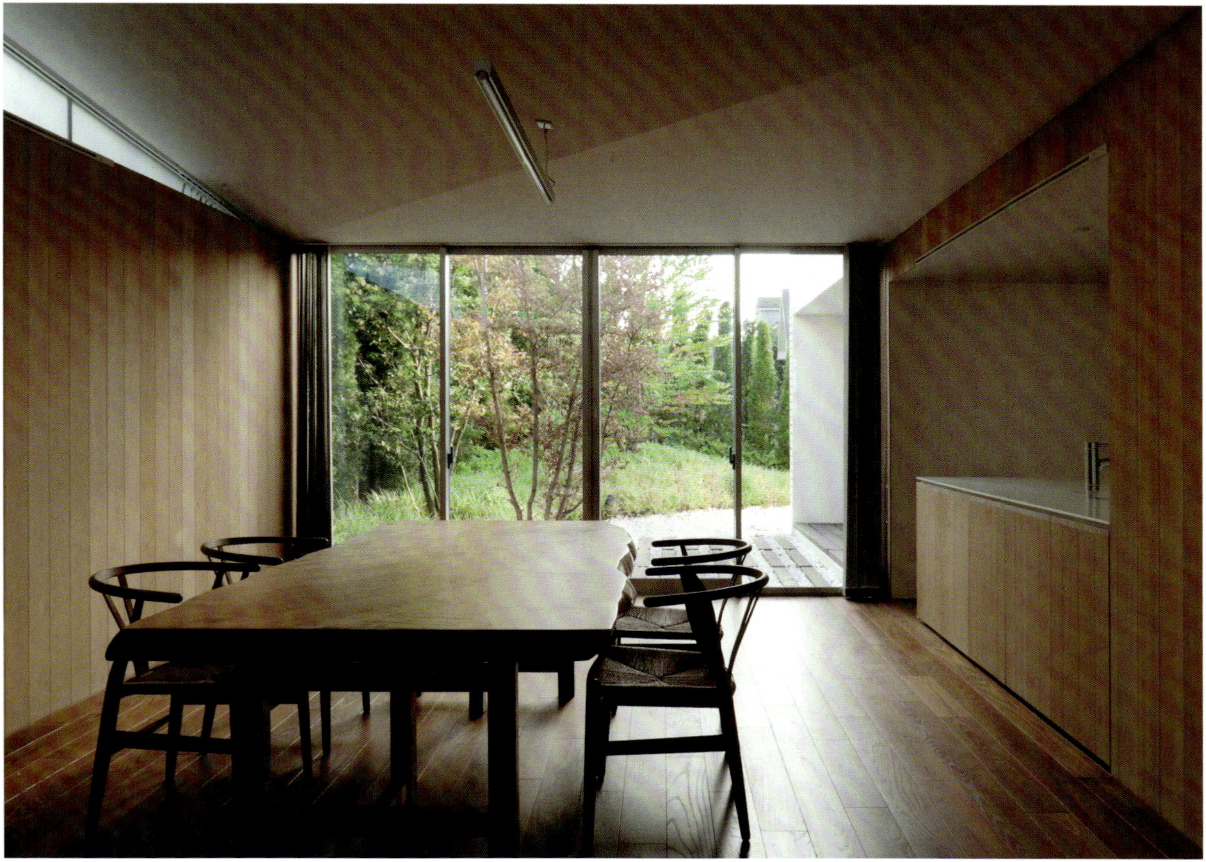

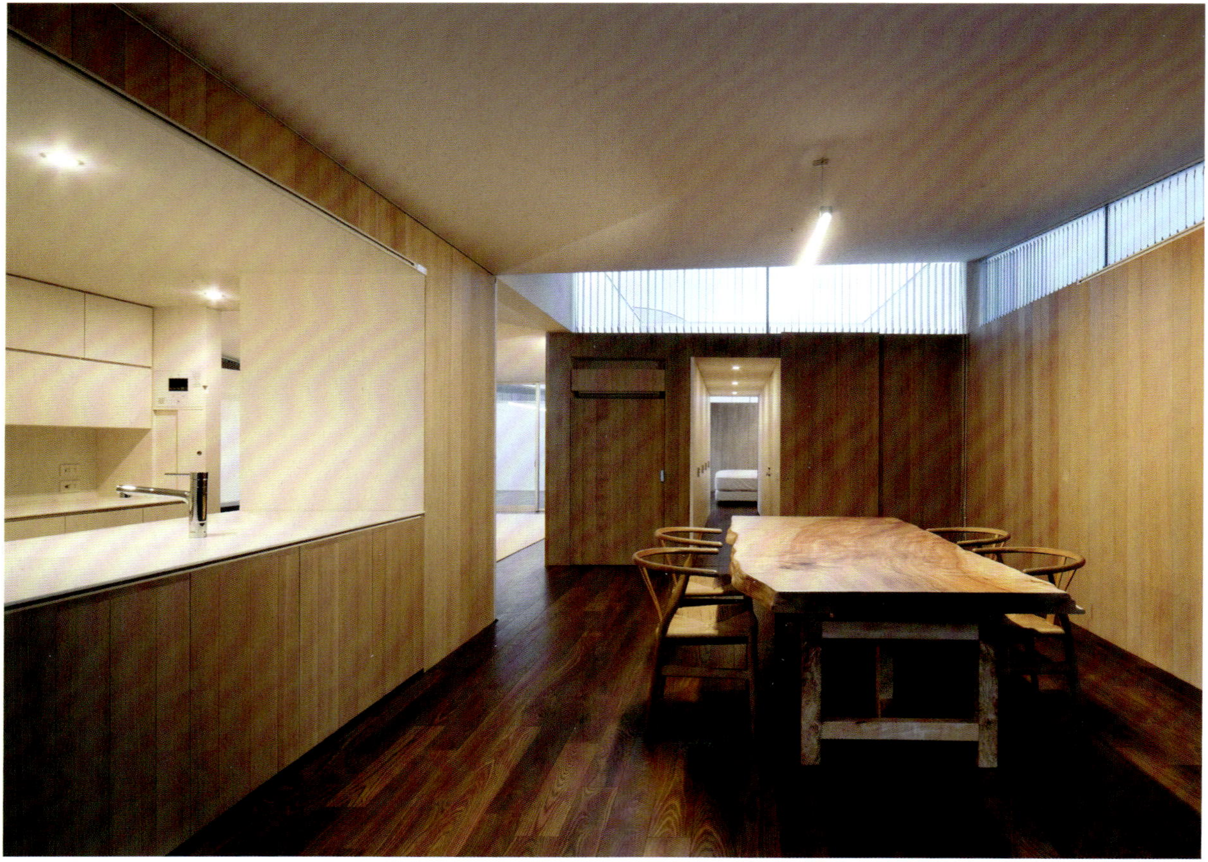

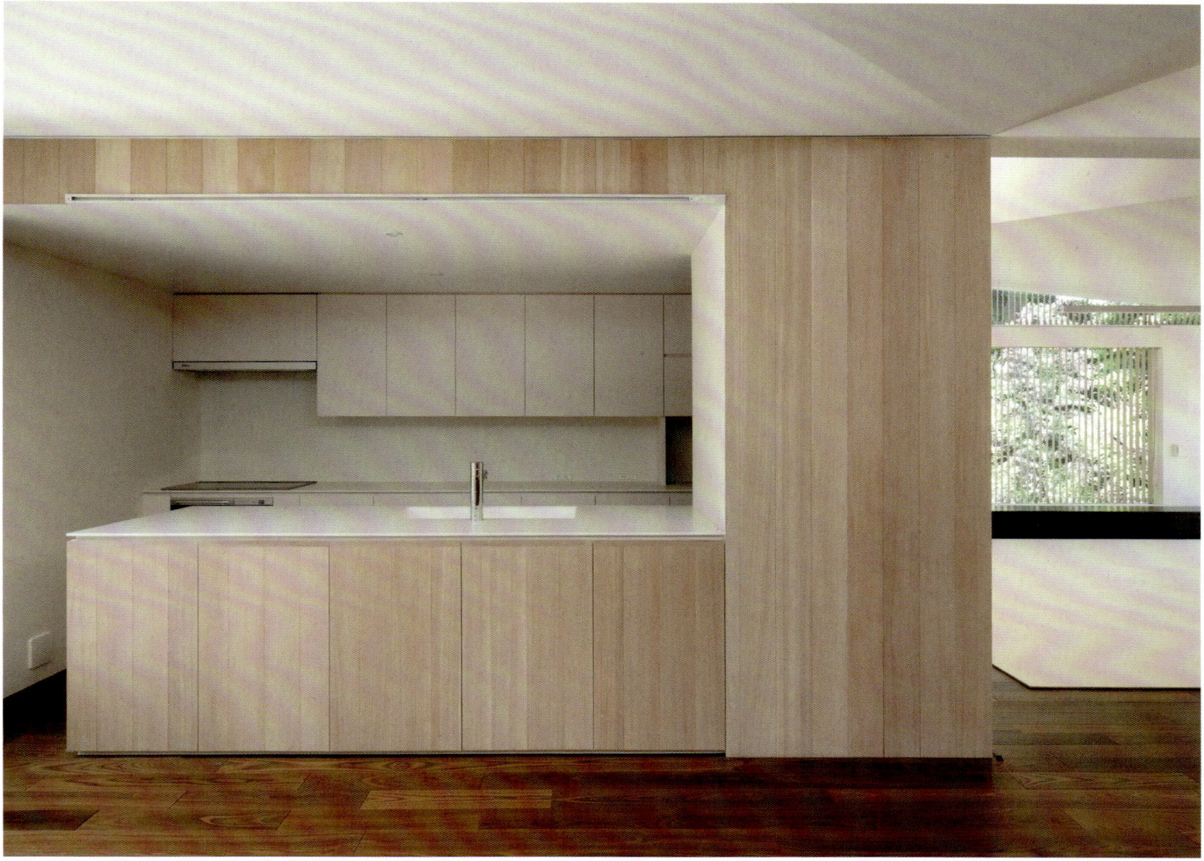

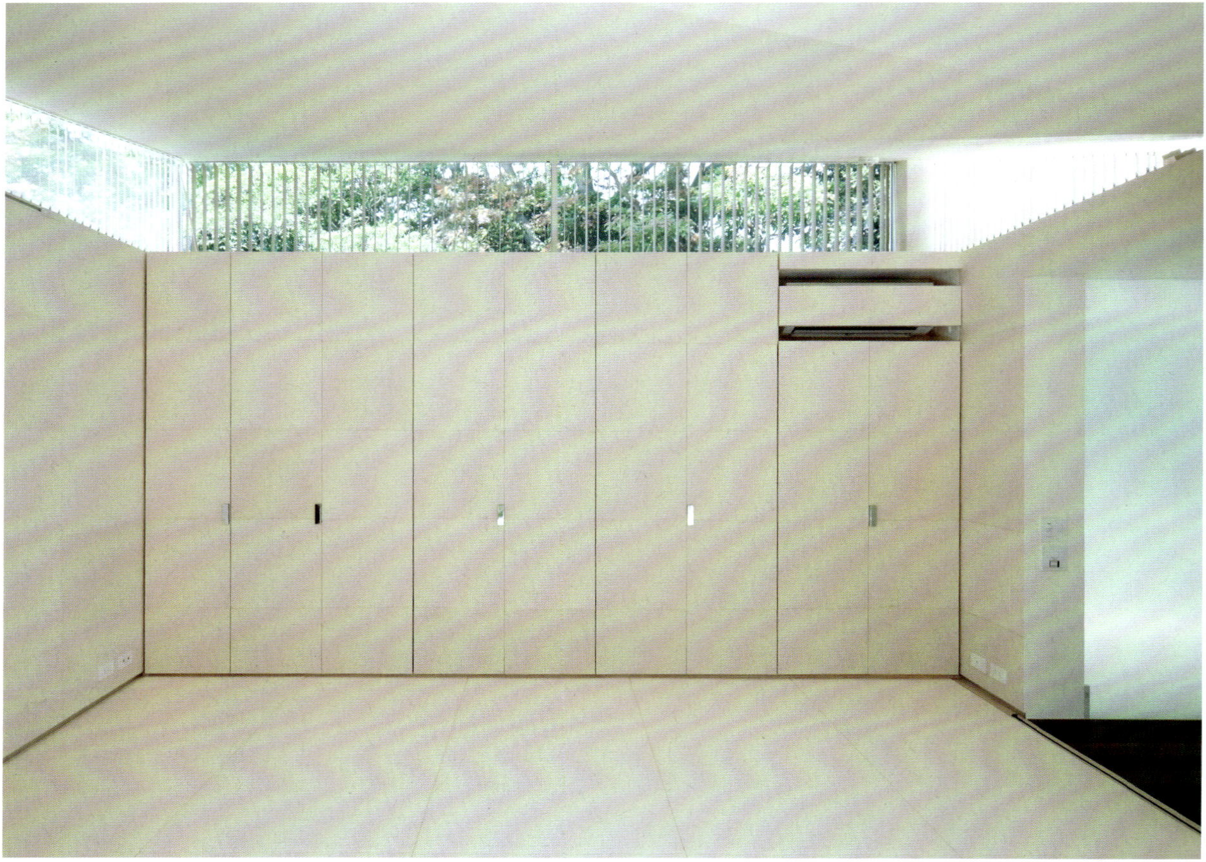

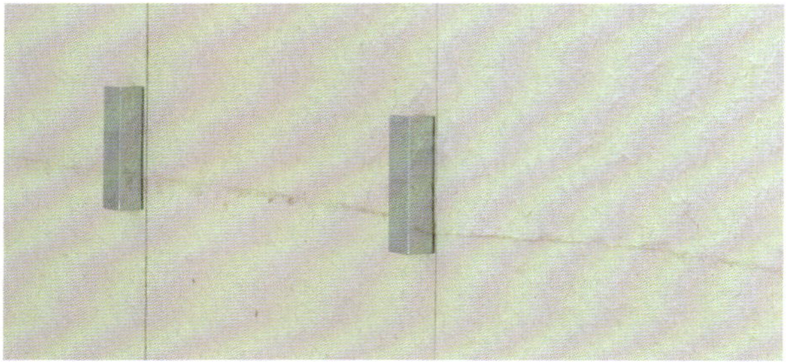

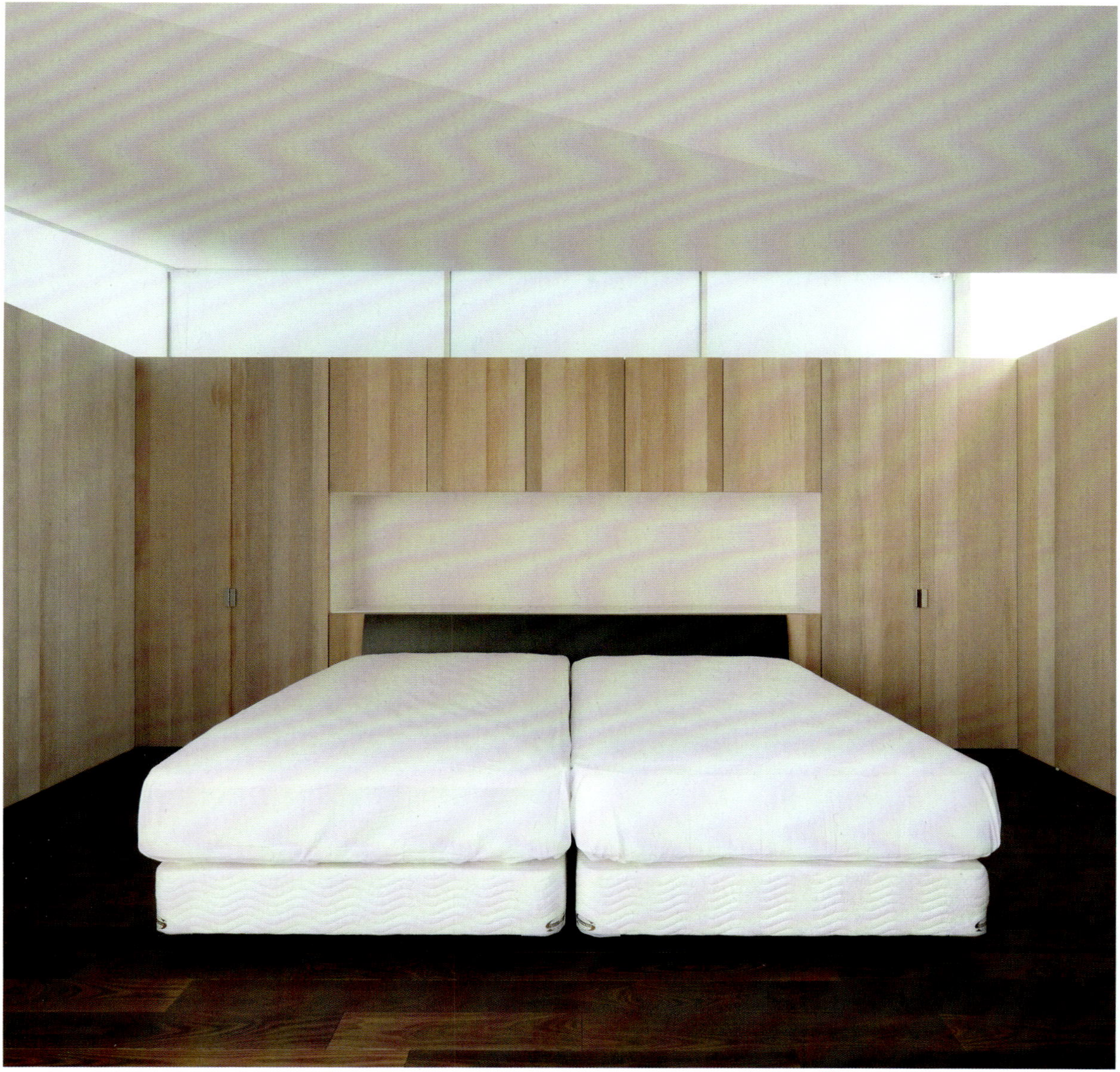

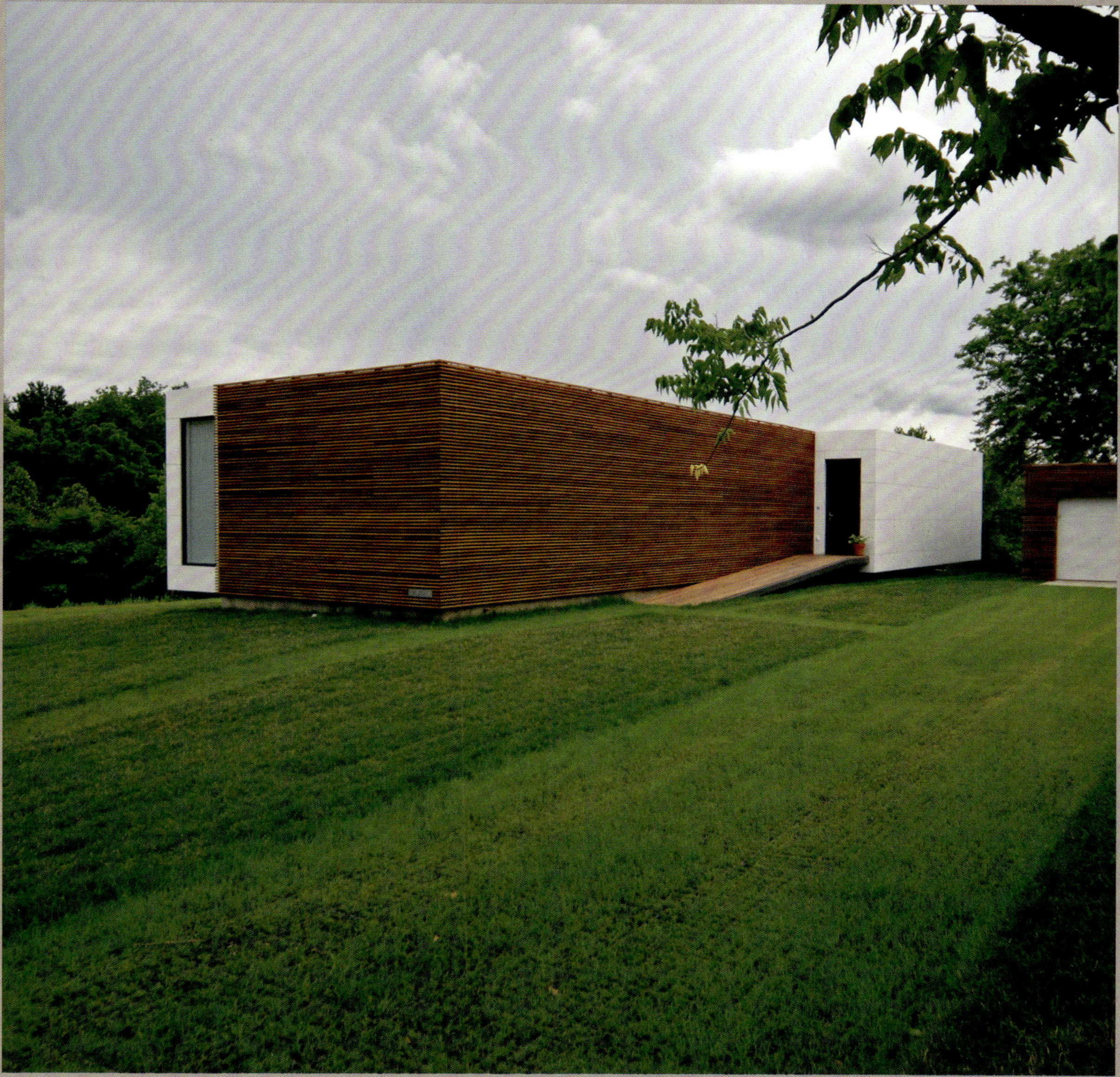

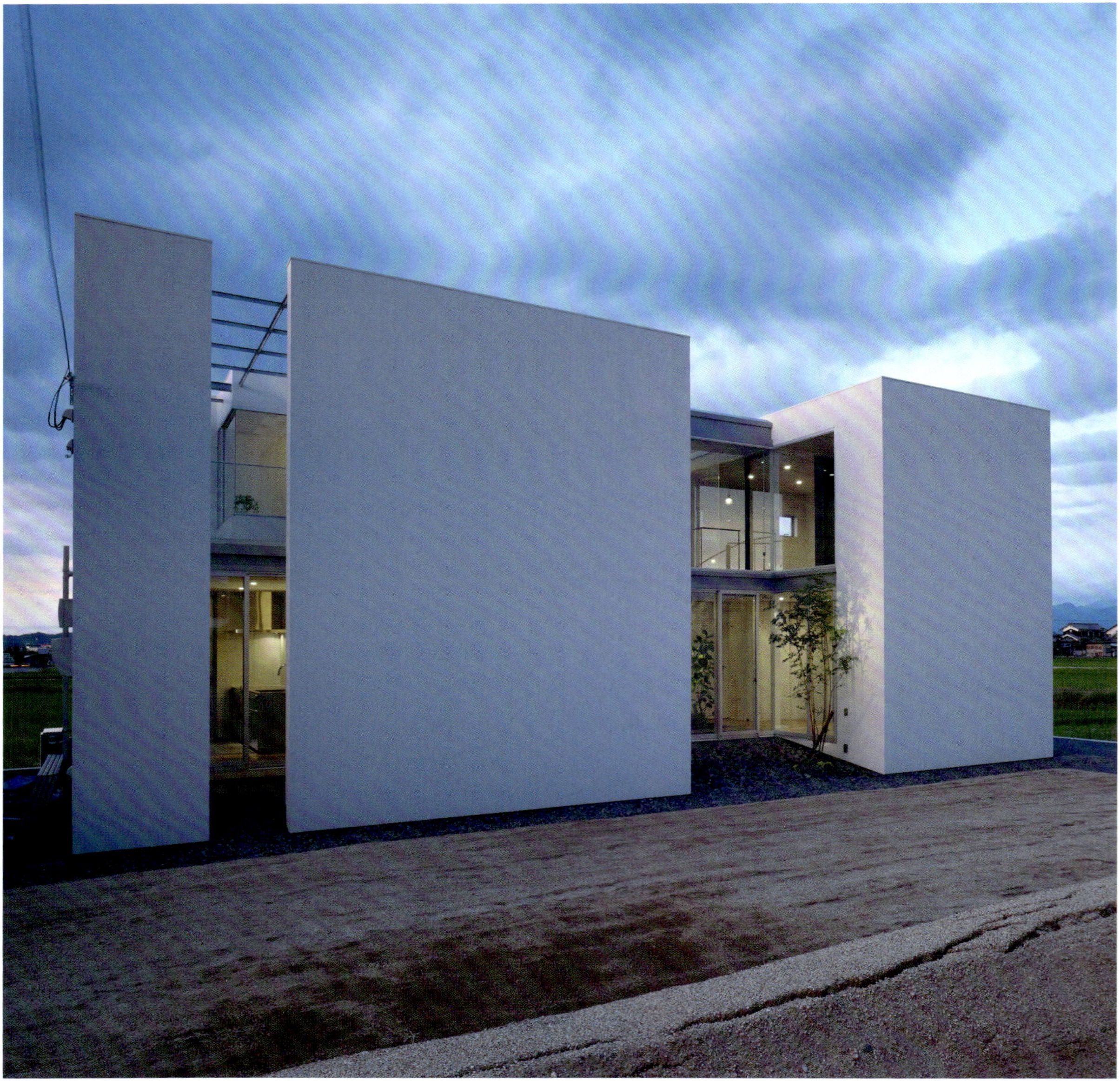

HOUSE **IN MASAKI**

Hayato Komatsu Architects
Ehime, Japan
© Toshiyuki Yano

Facing north to south, the architects who designed this home made the most of its location by building two separate patios. The patio on the western side is cool and quiet, with indirect light. In contrast, the patio on the eastern side is warm as it has a glass roof and walls.

Avec une orientation vers le nord et vers le sud, les architectes qui ont conçu cette habitation ont profité de sa configuration pour construire deux cours indépendantes. Celle de la zone ouest est fraîche et tranquille, avec une entrée indirecte de la lumière, tandis que la cour orientée vers l'est est plus chaude grâce au toit et aux murs vitrés.

Dieses Wohnhaus ist sowohl nach Norden als auch nach Süden ausgerichtet. Die Architekten, die es entwarfen, nutzten diese Lage, um zwei unabhängige Innenhöfe zu gestalten. Der Innenhof des westlichen Bereichs ist frisch und ruhig, mit einem indirekten Lichteinfall. Der östliche Innenhof dagegen bietet viel Wärme, da das Dach und die Wände aus Glas sind.

Bij het bouwen van twee patio's hebben de architecten gebruik gemaakt van het ontwerp van deze woning door de ligging op zowel het noorden als het zuiden te benutten. In de patio aan de westkant van het huis is het koel en rustig en valt alleen indirect licht binnen. In de patio aan de oostkant is het echter heerlijk warm omdat de muren en het dak van glas zijn vervaardigd.

Orientada hacia el norte y hacia el sur, los arquitectos que diseñaron esta vivienda aprovecharon la ubicación para construir dos patios independientes. El patio en la zona oeste es fresco y tranquilo, con una entrada de luz indirecta. El patio este, por el contrario, es cálido, dado que el techo y las paredes son de cristal.

Gli architetti che progettarono questa casa, orientata verso nord e verso sud, hanno approfittato dell'ubicazione per costruire due cortili indipendenti. Il cortile nella zona ovest è fresco e tranquillo, con un'entrata di luce indiretta. Il cortile est, invece, è caldo, dato che il soffitto e le pareti sono di vetro.

Os arquitetos que desenharam esta moradia, orientada para norte e para sul, aproveitaram a sua localização para criar dois pátios independentes. O pátio virado a oeste é fresco e tranquilo, com uma entrada de luz indireta. O pátio virado a este, pelo contrário, é quente, uma vez que o teto e as paredes são de vidro.

Bostadshuset ligger i riktning från norr till söder och arkitekterna som ritade det tog vara på läget och byggde två olika innergårdar. Innergården på västsidan är sval och lugn, och nås indirekt av solljuset. Innergården på östsidan är tvärtom varm, då taket och väggarna är av glas.

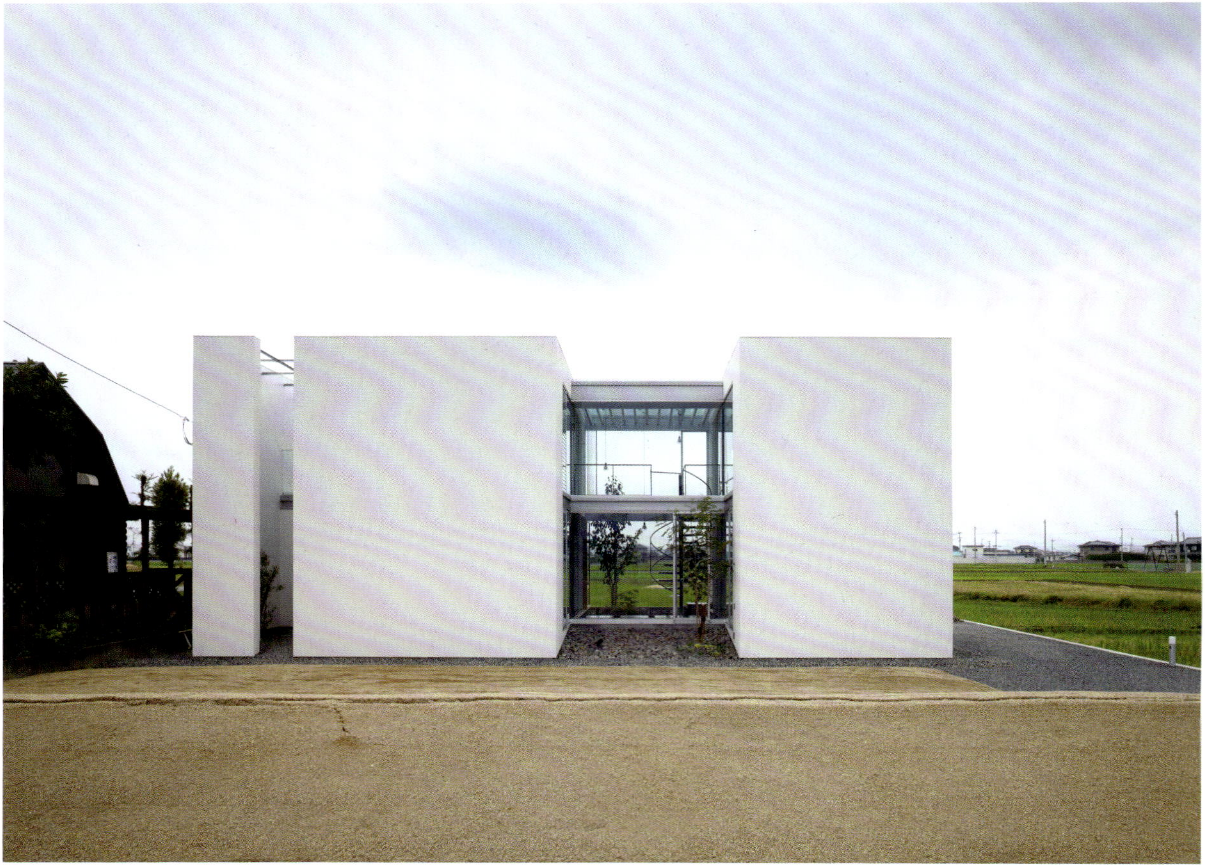

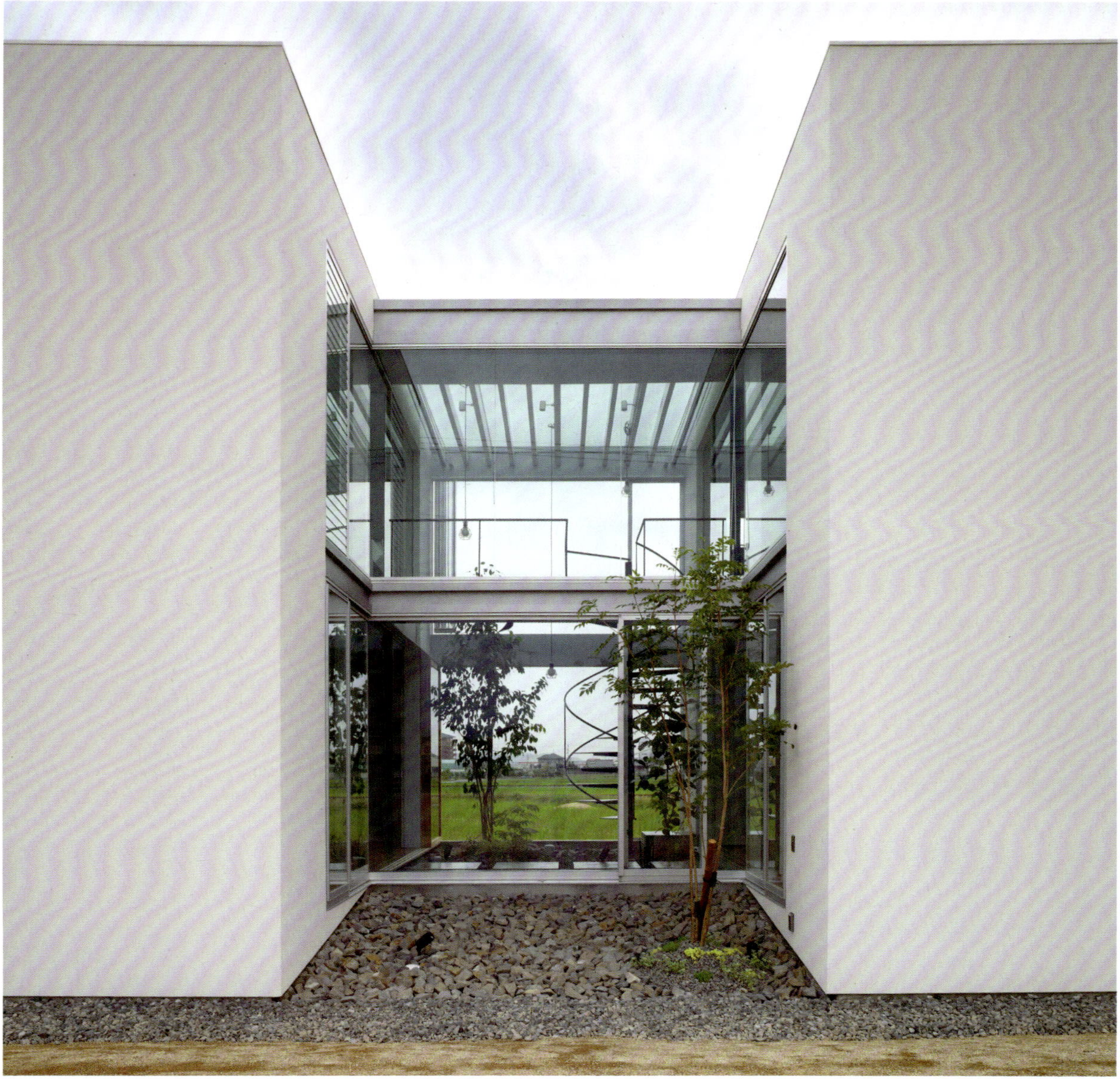

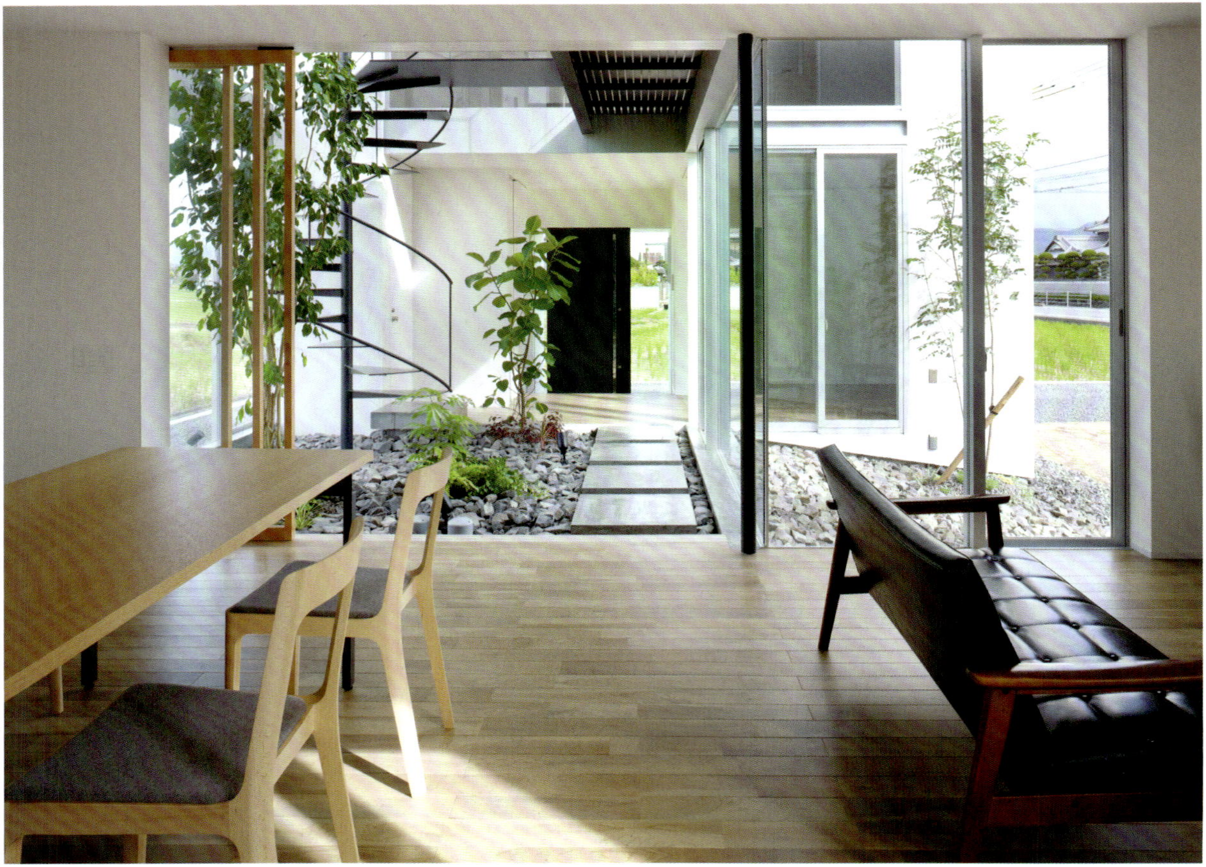

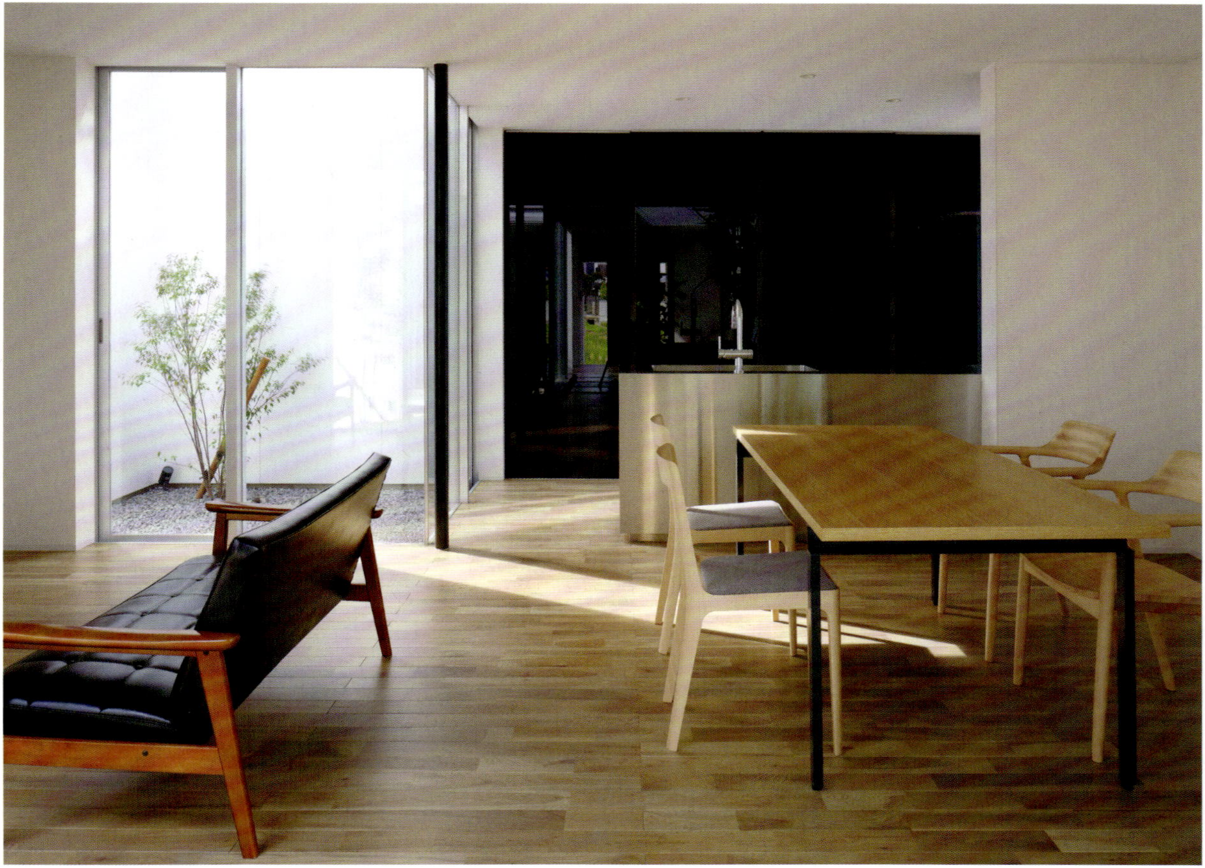

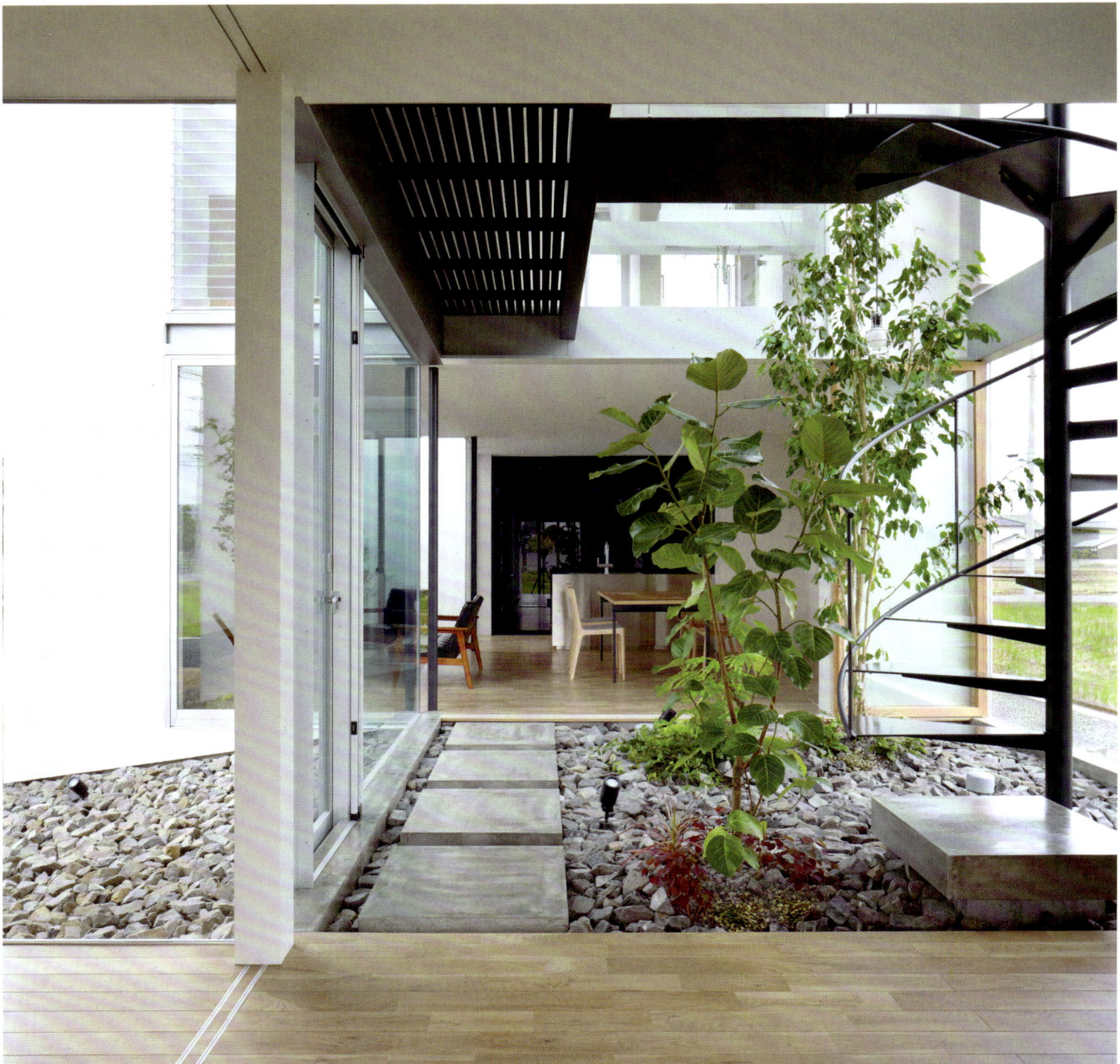

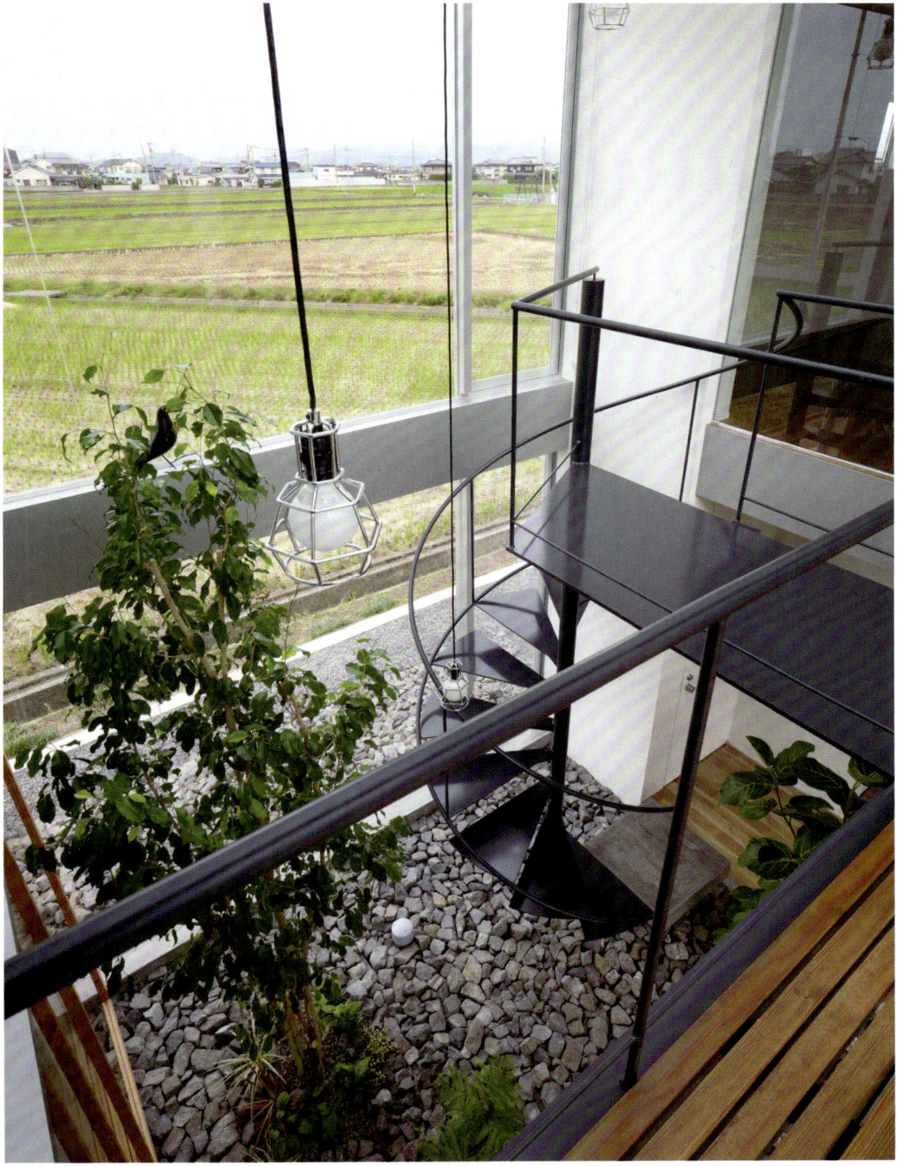

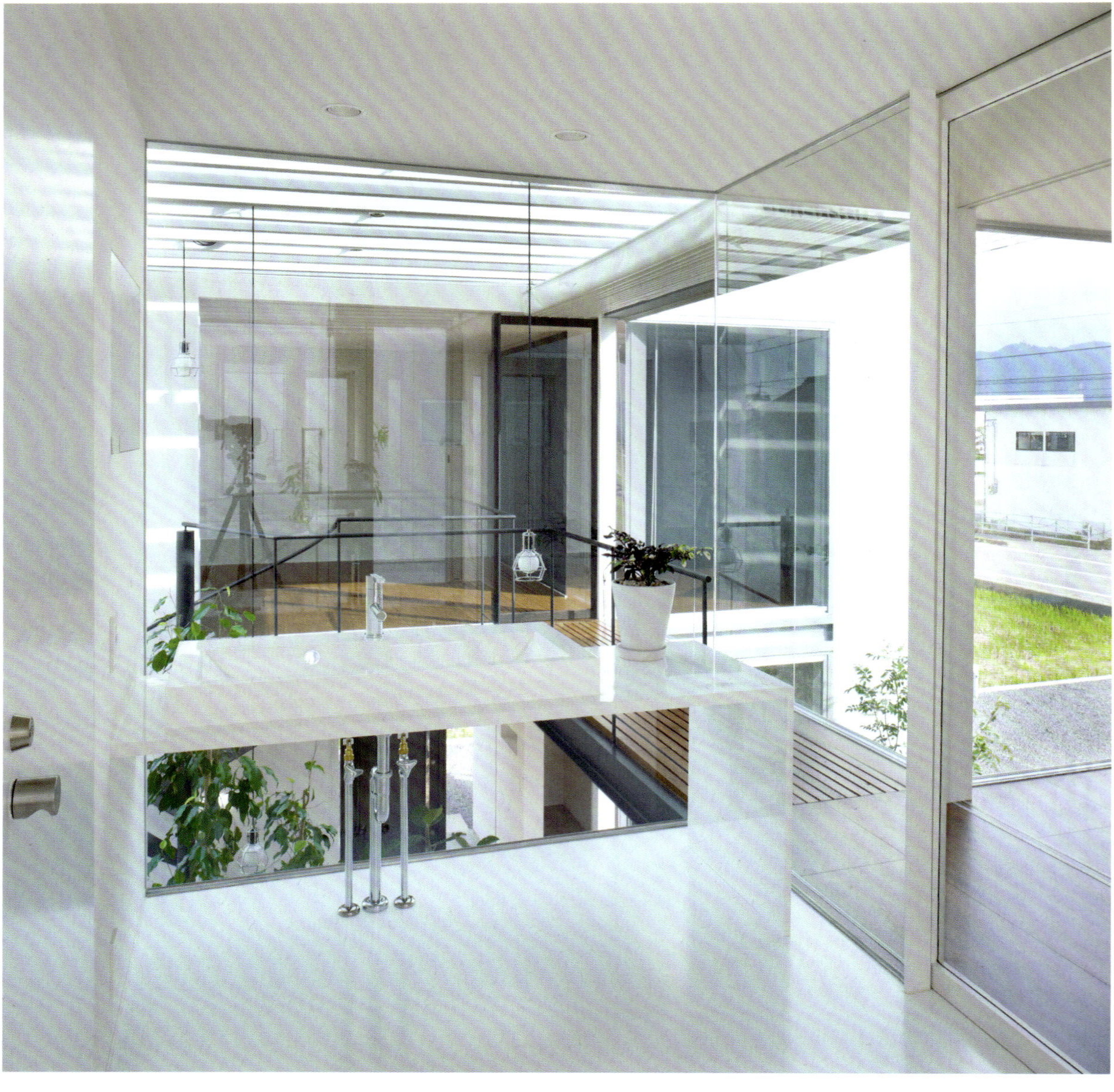

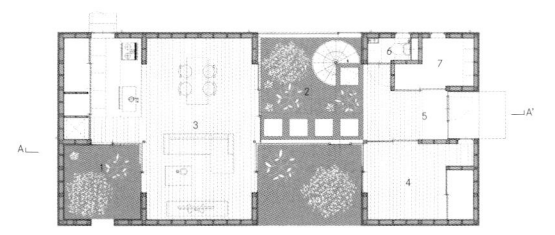

First floor plan / Plan du premier niveau

1. West Courtyard
2. East Courtyard
3. LDK
4. Room 1
5. Entrance
6. WC
7. SC

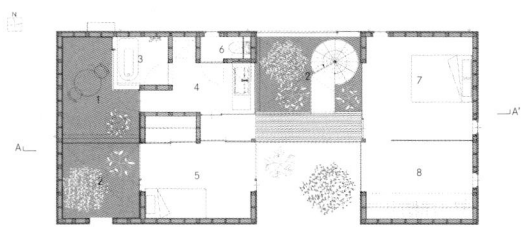

Second floor plan / Plan du second niveau

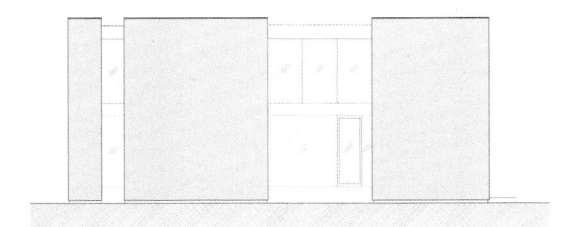

1. Terrace
2. Void
3. Bathroom
4. Lavatory
5. Room 3
6. WC
7. Room 2
8. WIC

South elevation / Élévation sud

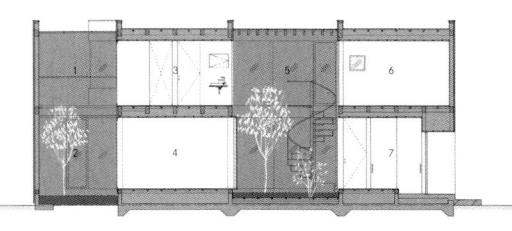

Section A-A' / Coupe A-A'

1. Terrace
2. West courtyard
3. Lavatory
4. LDK
5. East courtyard (Inner)
6. Room 2
7. Entrance

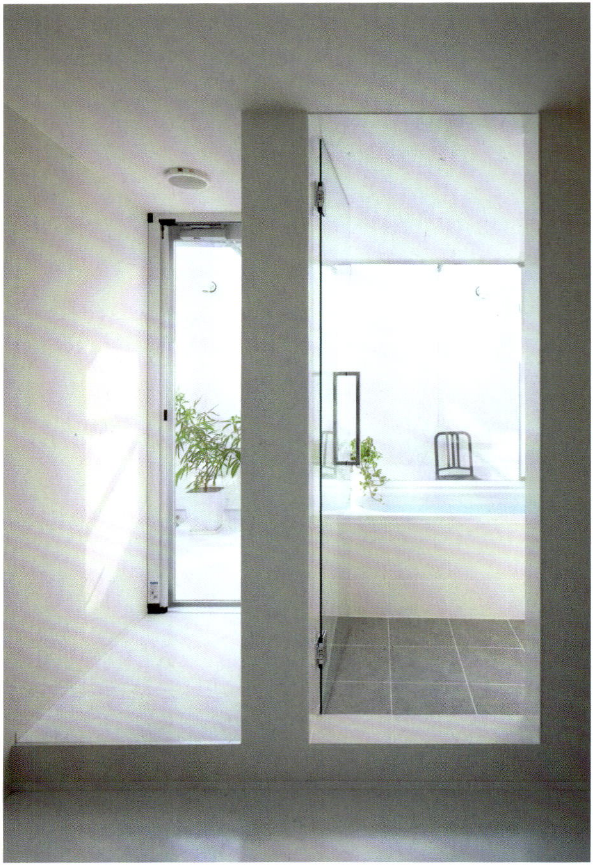

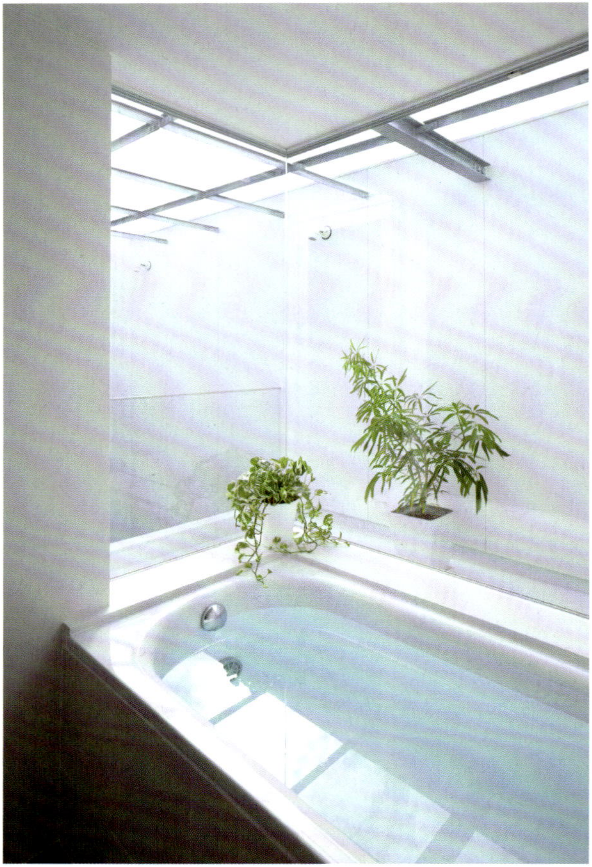

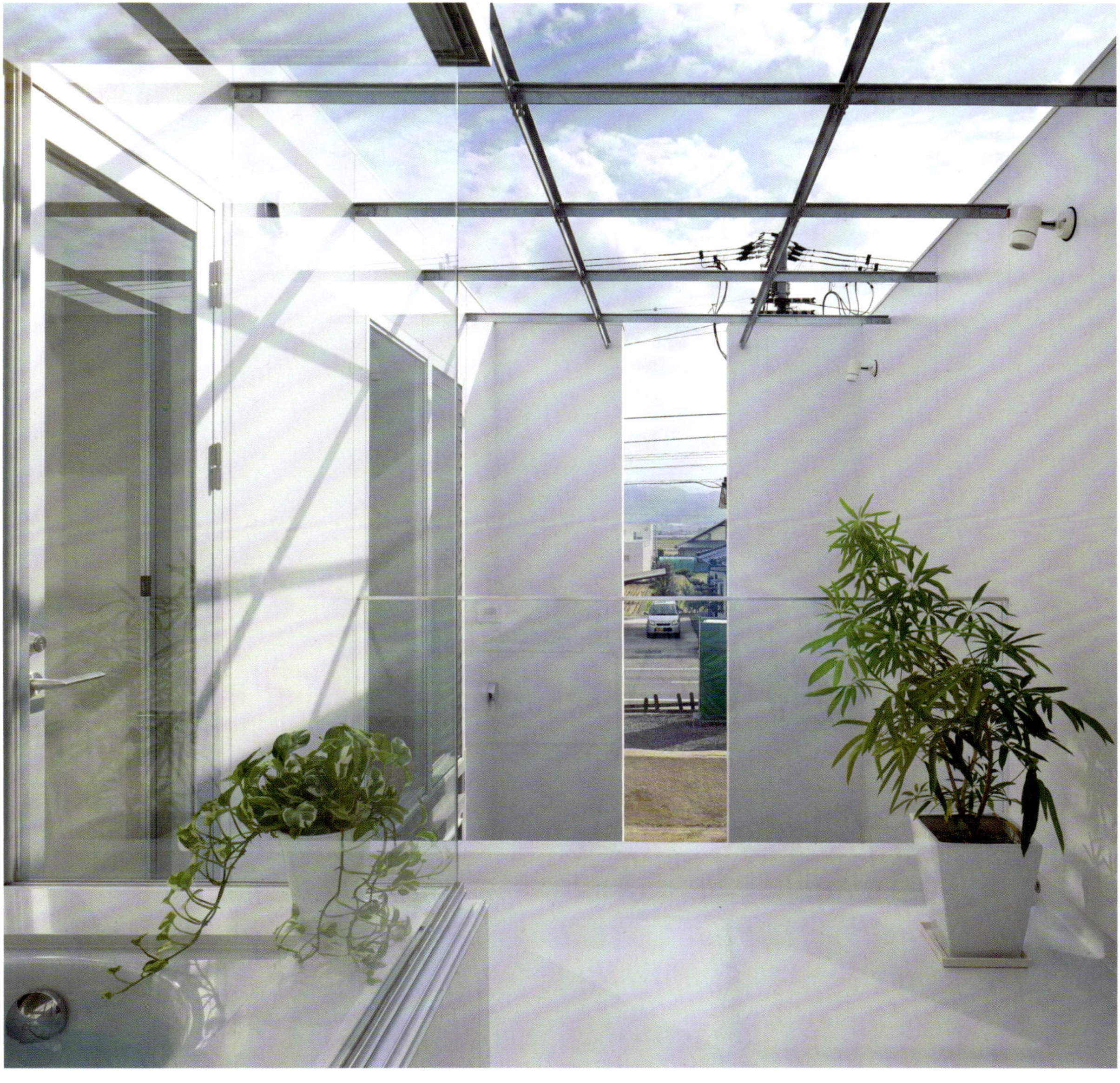

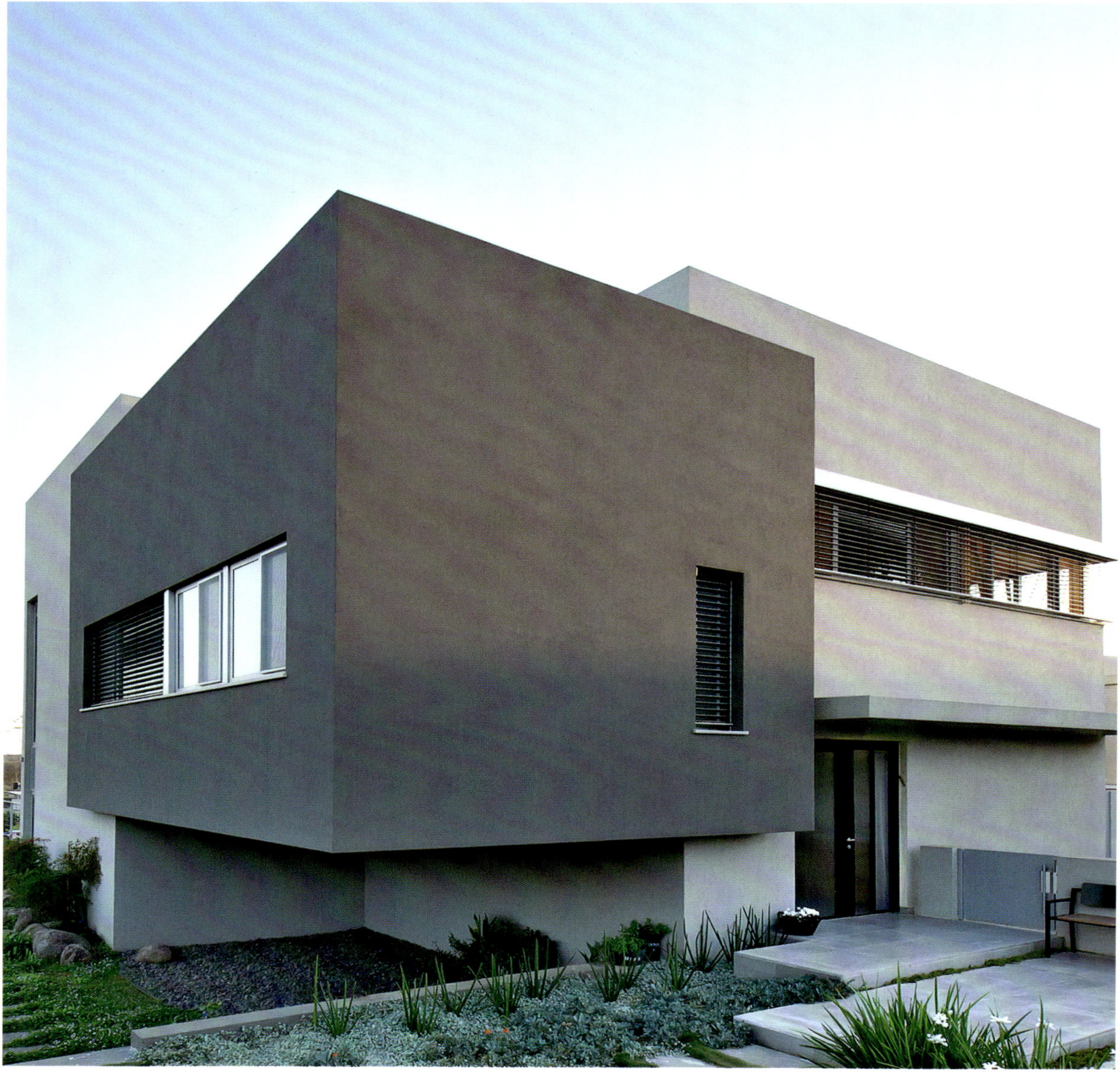

CUBIC HOUSE

Sharon Neuman
Hasharon, Israel
© Amit Gosher

This house has an L-shape structure. It has an additional block, positioned over the garden, which houses a master bedroom that does not touch the ground. The storage areas are hidden in various walls, including the laundry room and the drying room, which are situated underneath the bedroom.

Cette habitation unifamiliale possède une structure en forme de L, ainsi qu'un bloc supplémentaire situé dans le jardin, qui ne touche pas le sol, et dans lequel se trouve la chambre principale. Les espaces de rangement sont dissimulés dans les murs, tout comme le lave-linge et le sèche-linge, situés en dessous de la chambre à coucher.

Dieses Einfamilienhaus hat eine L-Struktur und einen zusätzlichen Block, der sich über dem Garten befindet, ohne den Boden zu berühren. Hier befindet sich das Hauptschlafzimmer. Die Stauräume sind in den verschiedenen Wänden versteckt. Die Waschmaschine und der Trockner befinden sich beispielsweise unter dem Schlafzimmer.

Deze eengezinswoning heeft een L-vorm en een extra woonblok dat boven de tuin hangt zonder dat het de grond raakt. Hier bevindt zich de grootste slaapkamer. De opslagruimtes zijn weggewerkt in de muren, net als de wasmachine en -droger, die zich onder de slaapkamer bevinden.

Esta vivienda unifamiliar tiene una estructura en forma de L y un bloque adicional colocado sobre el jardín, sin rozar el suelo, y en el que se encuentra el dormitorio principal. Las zonas de almacenaje están ocultas en las distintas paredes, así como la lavadora y la secadora, que están situadas debajo del dormitorio.

Questa casa unifamiliare ha una struttura a forma di L e un blocco aggiuntivo situato sopra al giardino, senza che sfiori il suolo, e in cui si trova la camera da letto principale. I ripostigli sono nascosti nelle varie pareti, così come la lavatrice e l'asciugatrice, che si trovano sotto la camera da letto.

Esta moradia unifamiliar tem uma estrutura em forma de «L» e um bloco adicional, colocado sobre o jardim, sem tocar no solo, onde se encontra o quarto principal. As zonas de arrumação estão escondidas nas várias paredes, assim como os eletrodomésticos, que ficam sob o quarto.

Detta enfamiljshus har en struktur i form av ett L och ytterligare ett husblock i trädgården, som inte rör vid marken och där det stora sovrummet finns. Förvaringsutrymmena är dolda i de olika väggarna och tvättmaskinen och torktumlaren finns under sovrummet.

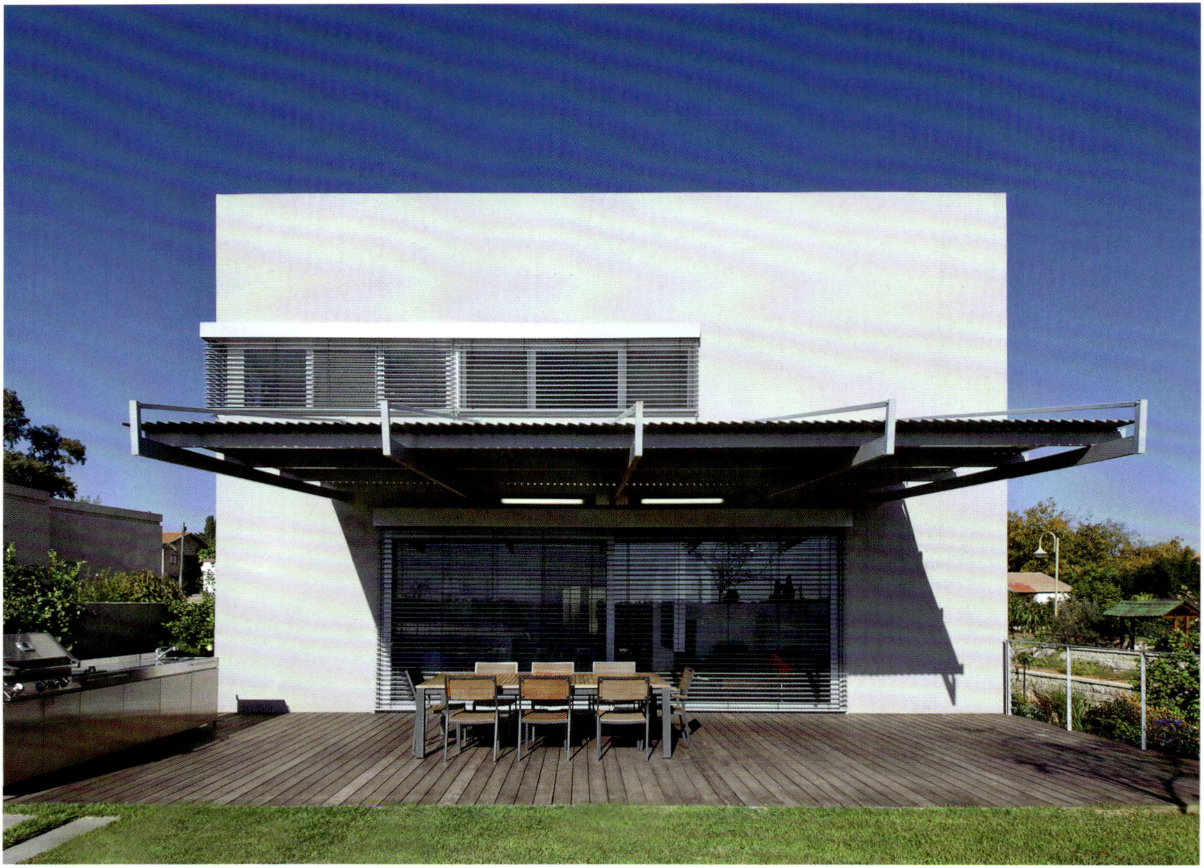

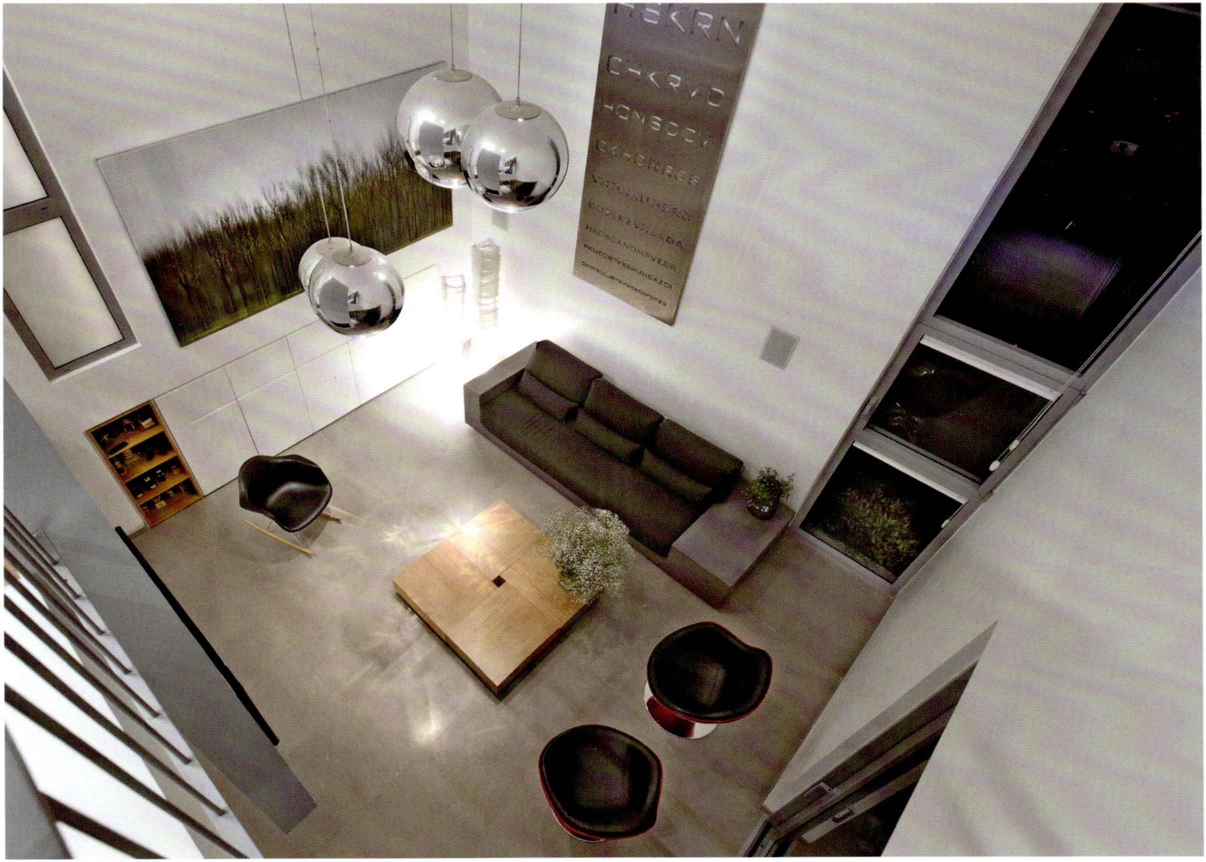

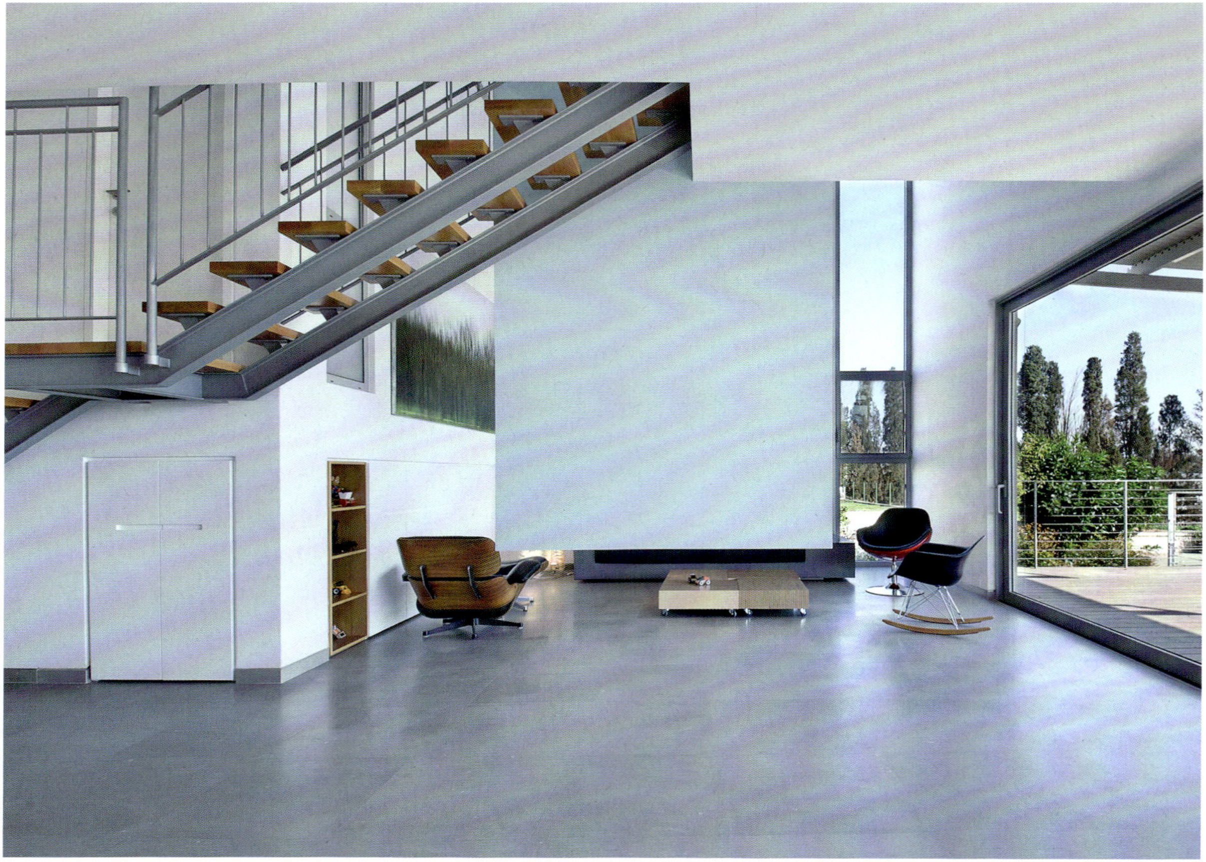

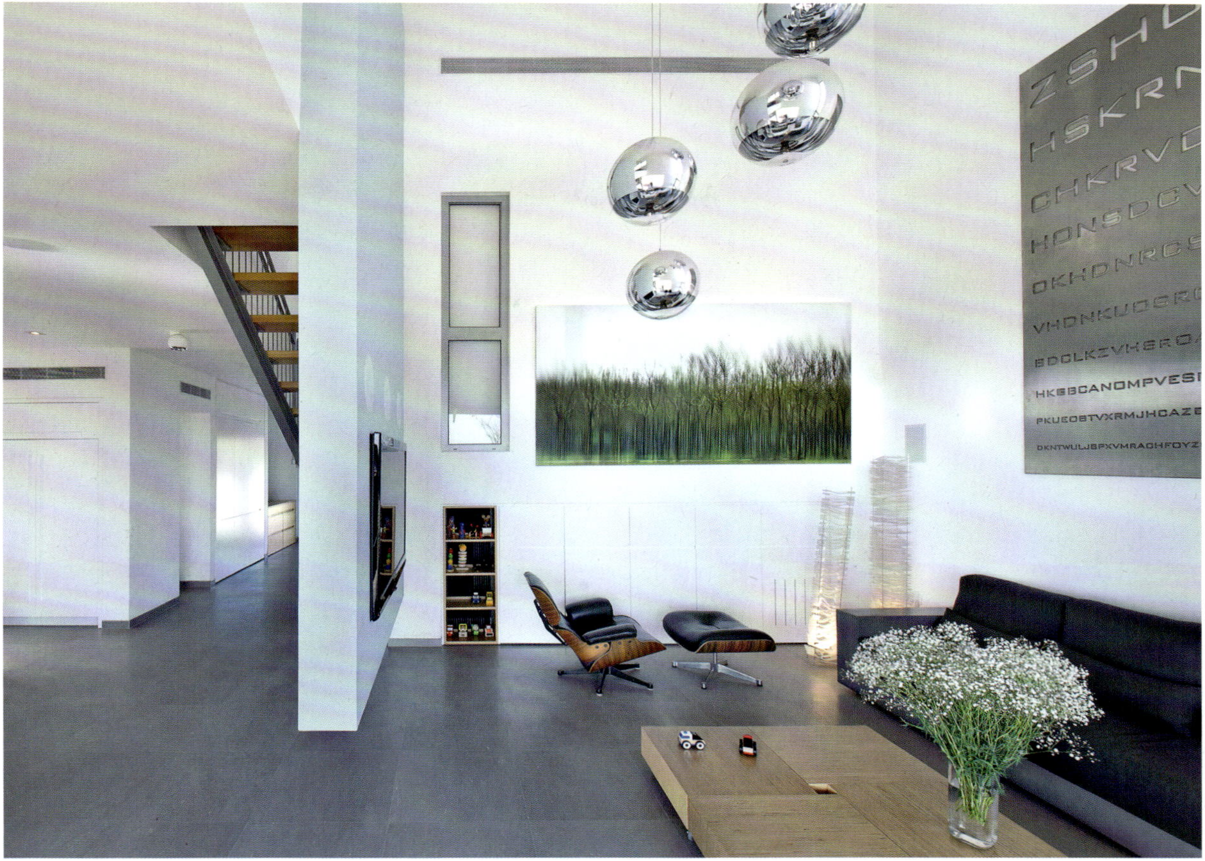

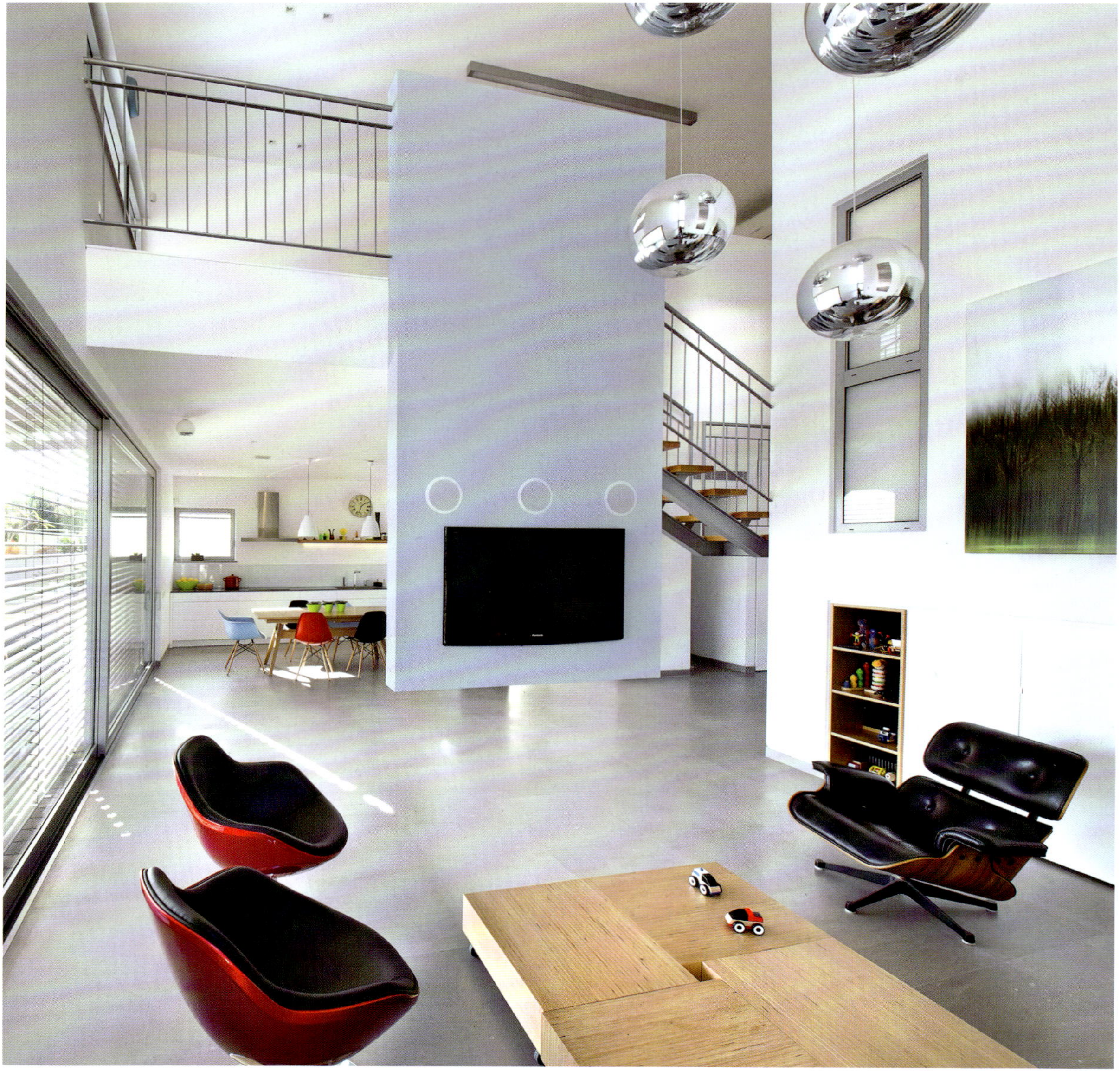

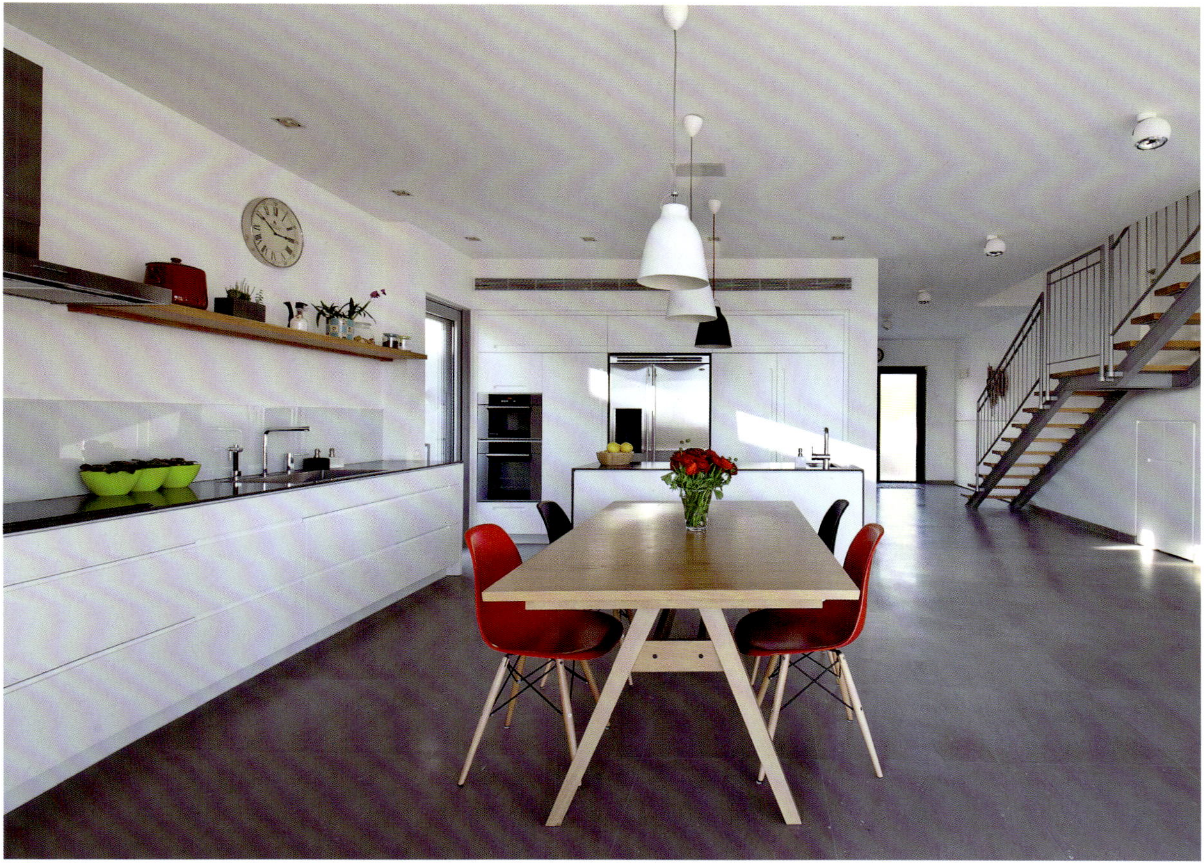

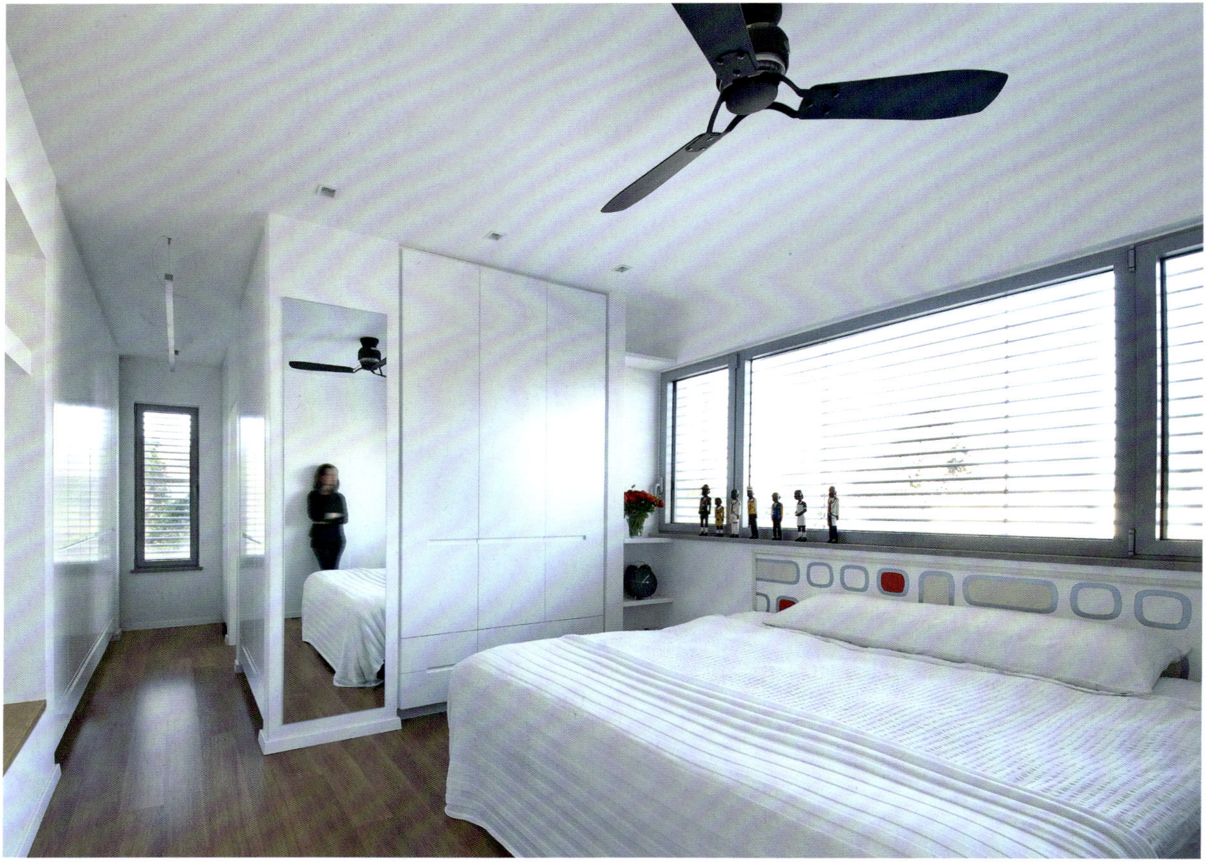

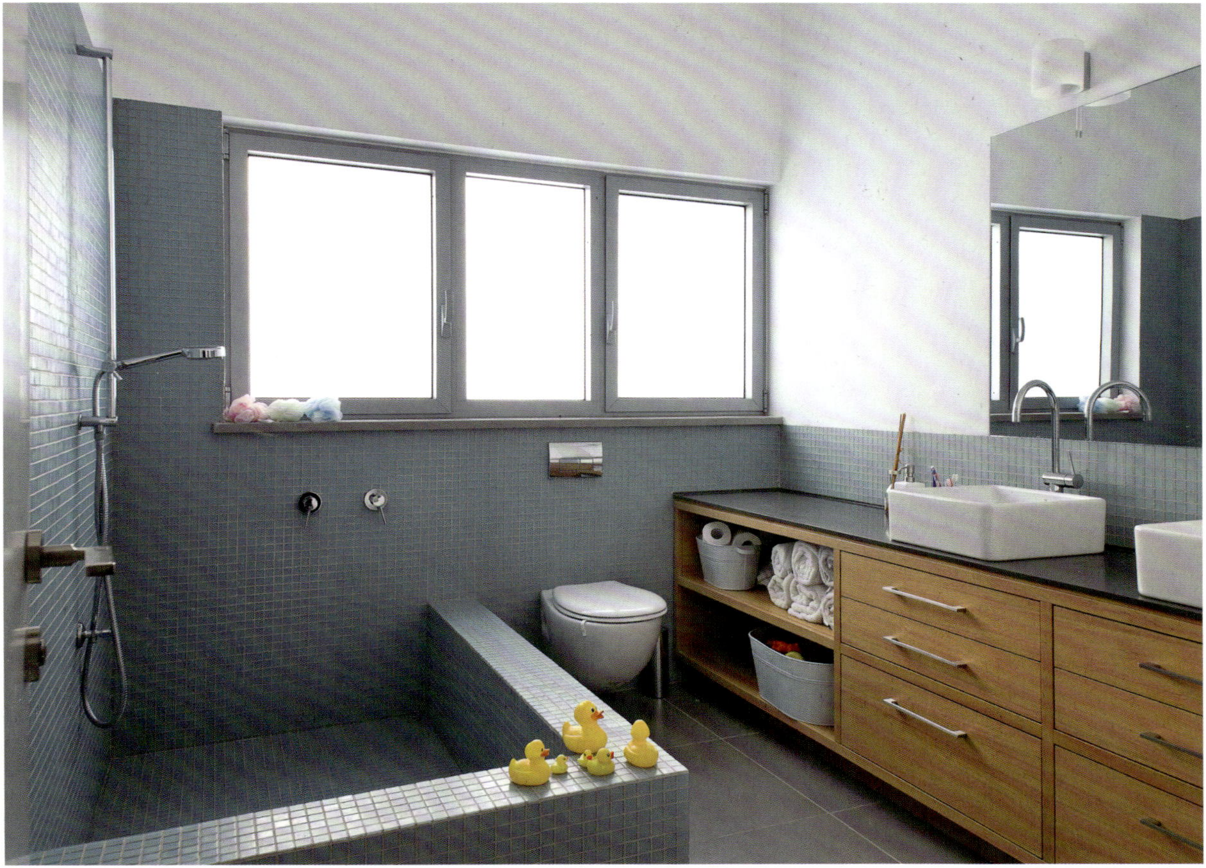

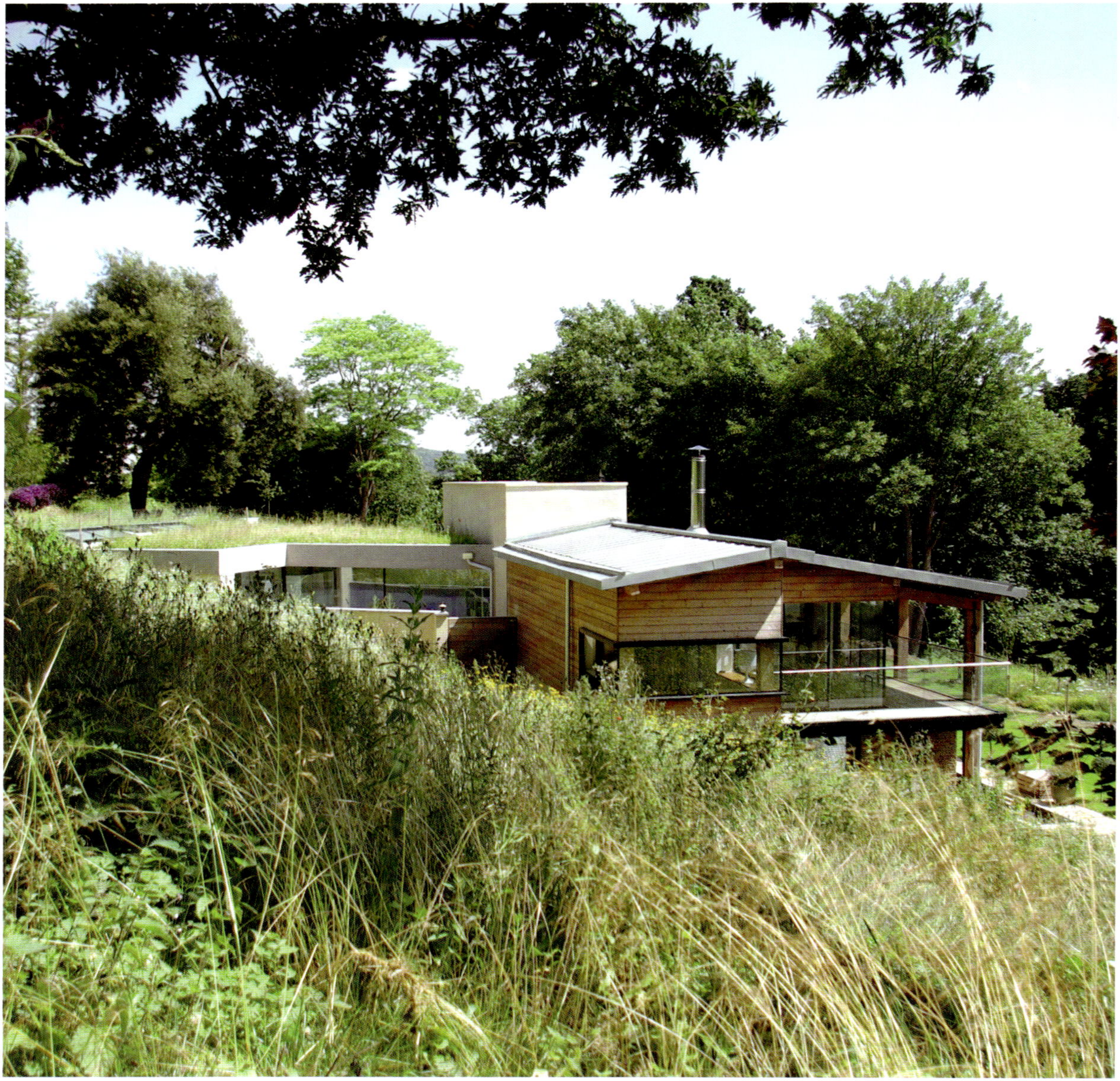

TWINNEYS

Designscape Architects
Bath, UK
© Designscape Architects

This 360 m² house is built mainly of wood, glass and dry stone. The kitchen, dining room and living room are on the top floor. Near the ceiling, windows open out onto the balcony, from which views of the valley can be enjoyed. Twinneys is an ecological, sustainable house.

Cette habitation de 360 m² est essentiellement construite en bois, en verre et en pierre sèche. À l'étage, on trouve la cuisine, la salle à manger et le salon. Les fenêtres qui vont jusqu'au plafond donnent sur le balcon, duquel on peut profiter de la vue sur la vallée. Twinneys est une maison écologique et durable.

Dieses Wohnhaus mit seinen 360 m² wurde vornehmlich aus Holz, Glas und trockenem Stein gebaut. Im oberen Stockwerk befinden sich die Küche, das Esszimmer und das Wohnzimmer. Die großen Fenster, die bis zur Decke reichen, führen auf den Balkon, von dem aus man den Ausblick auf das Tal genießen kann. Twinneys ist ein ökologisches und nachhaltiges Haus.

Deze woning, met een inhoud van 360 m², is voornamelijk gebouwd van hout en glas en met drogesteentechniek. Op de bovenste verdieping bevinden zich de keuken, de eetkamer en de woonkamer. De gevelhoge ramen openen naar het balkon en bieden een panoramisch uitzicht over de vallei. Twinneys is een ecologisch en duurzaam gebouwd huis.

Esta vivienda de 360 m² está construida principalmente con madera, vidrio y piedra seca. En la planta superior se encuentran la cocina, el comedor y la sala de estar. Las ventanas, altas hasta el techo, dan al balcón, desde el que se puede disfrutar de las vistas del valle. Twinneys es una casa ecológica y sostenible.

Questo edificio di 360m² è costruito principalmente con legno, vetro e pietra a secco. Al piano superiore si trovano la cucina, la sala da pranzo e il salotto. Le finestre, alte fino al soffitto, danno sul balcone da cui è possibile godere della vista della valle. Twinneys è una casa ecologica e sostenibile.

Esta vivenda de 360 m² foi construída sobretudo com madeira, vidro e pedra seca. No andar de cima encontram-se a cozinha, a sala de jantar e a sala de estar. As janelas, que chegam até ao teto, dão para a varanda, de onde se pode desfrutar a vista do vale. Twinneys é uma casa ecológica sustentável.

Denna bostad på 360 m² är huvudsakligen byggd i trä, glas och murverk av sten. På den översta våningen ligger kök, matrum och vardagsrum. Fönstren går upp till taket och vetter mot balkongen, varifrån man kan njuta av utsikten över dalen. Twinneys är ett ekologiskt och hållbart hus.

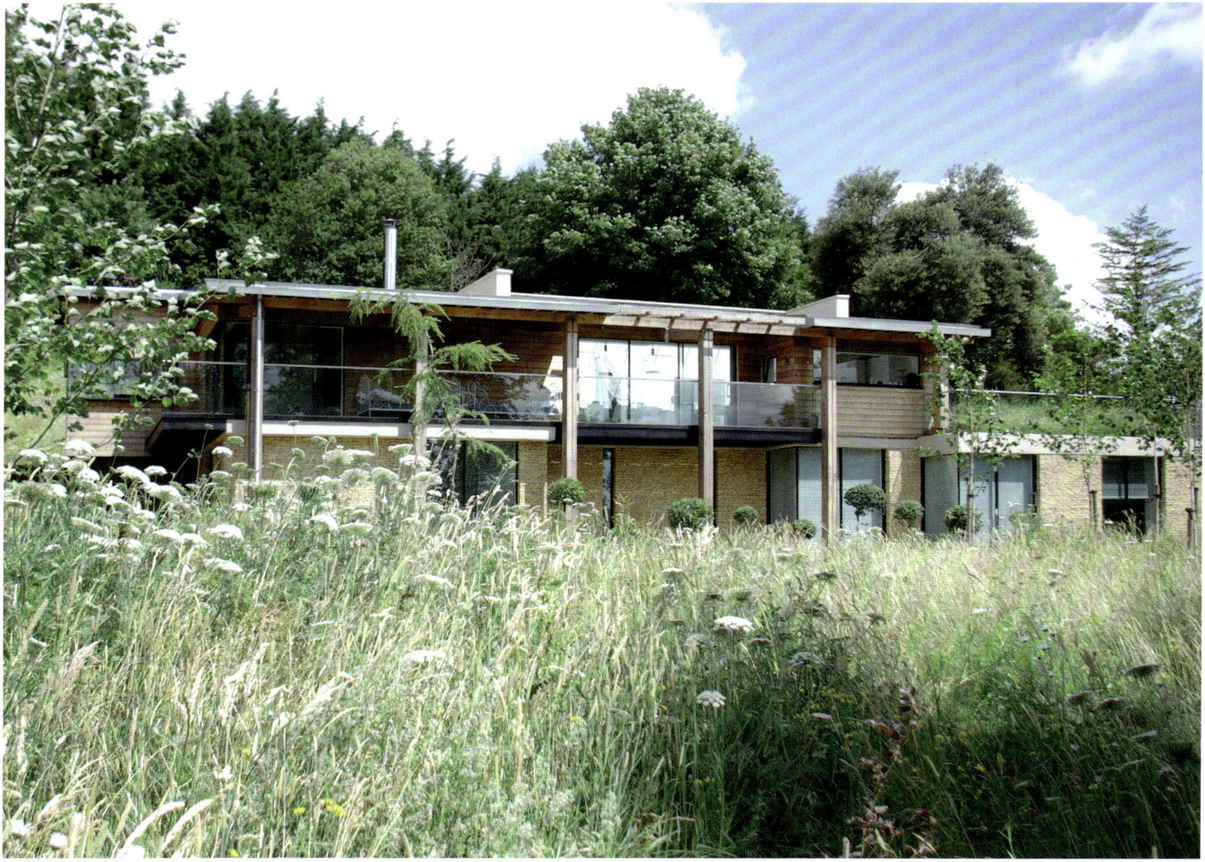

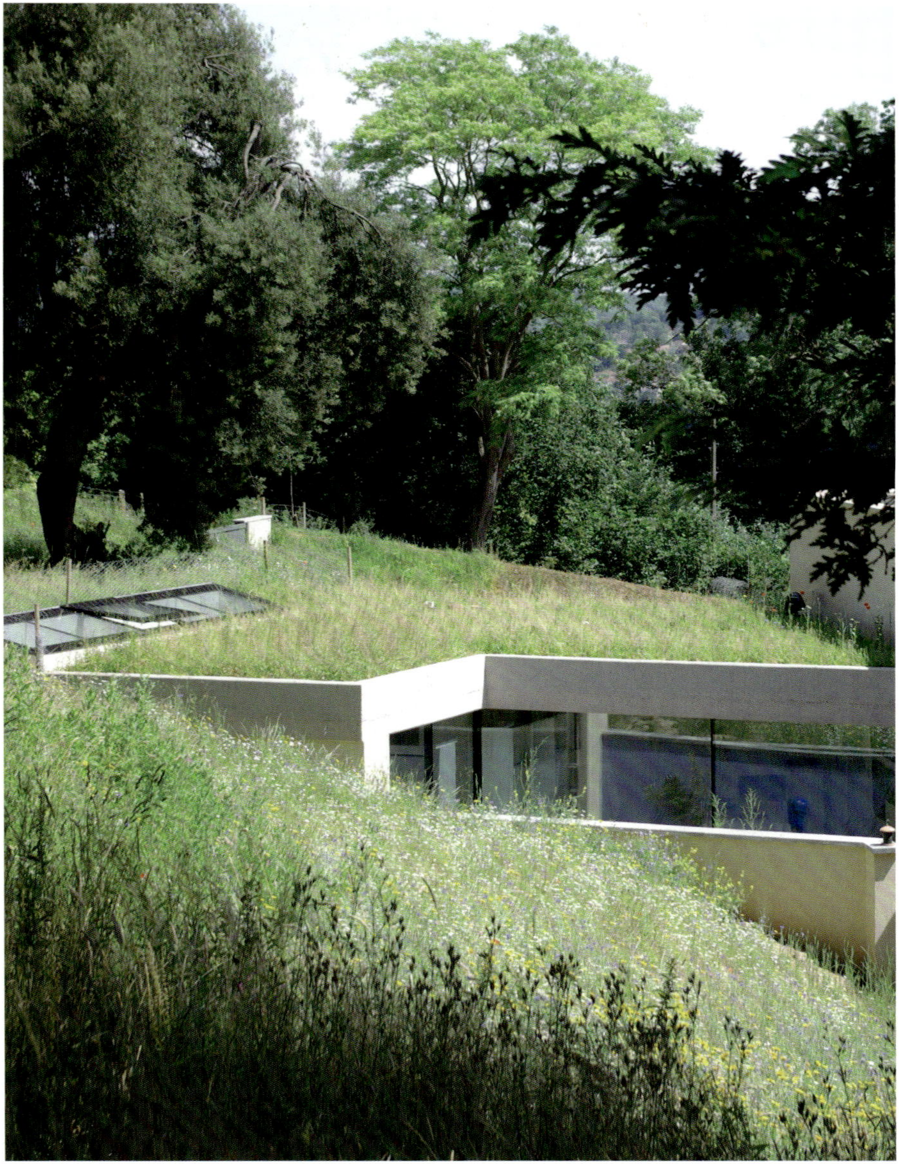

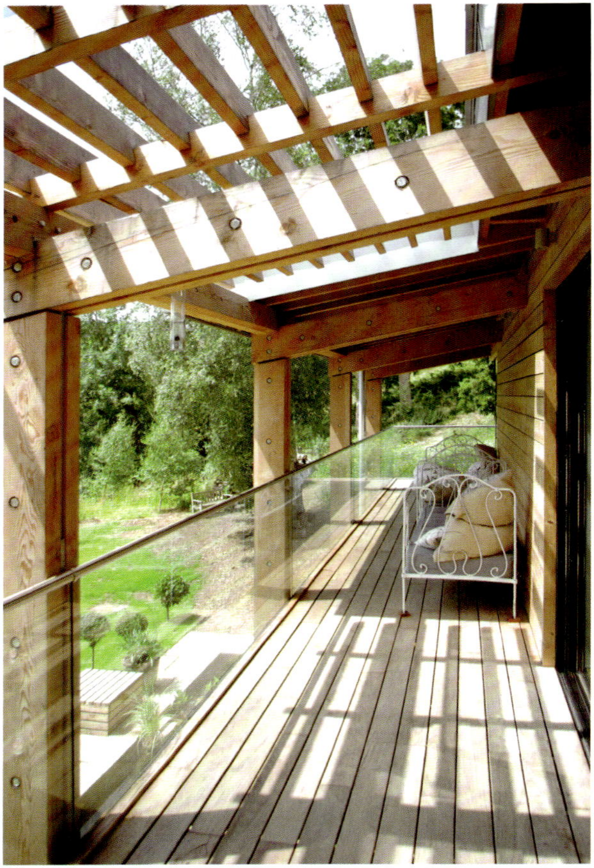
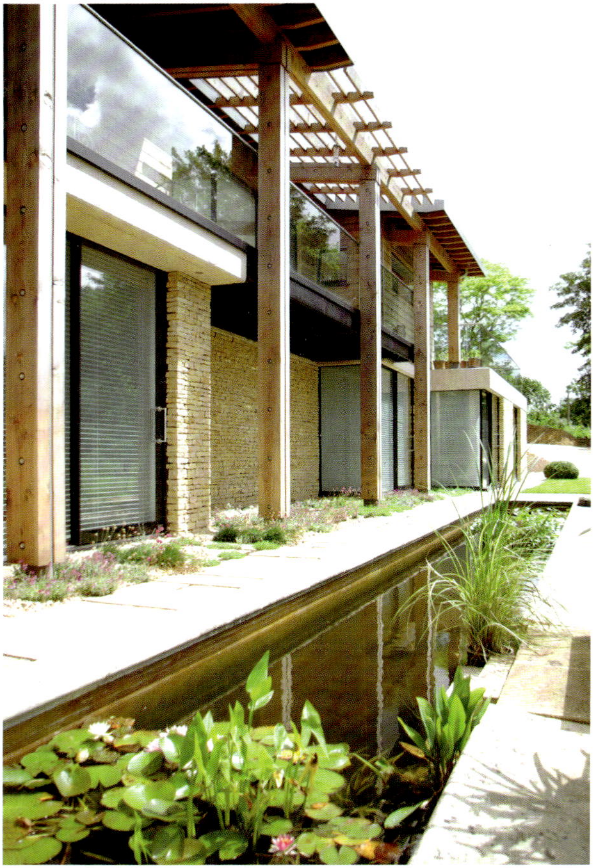

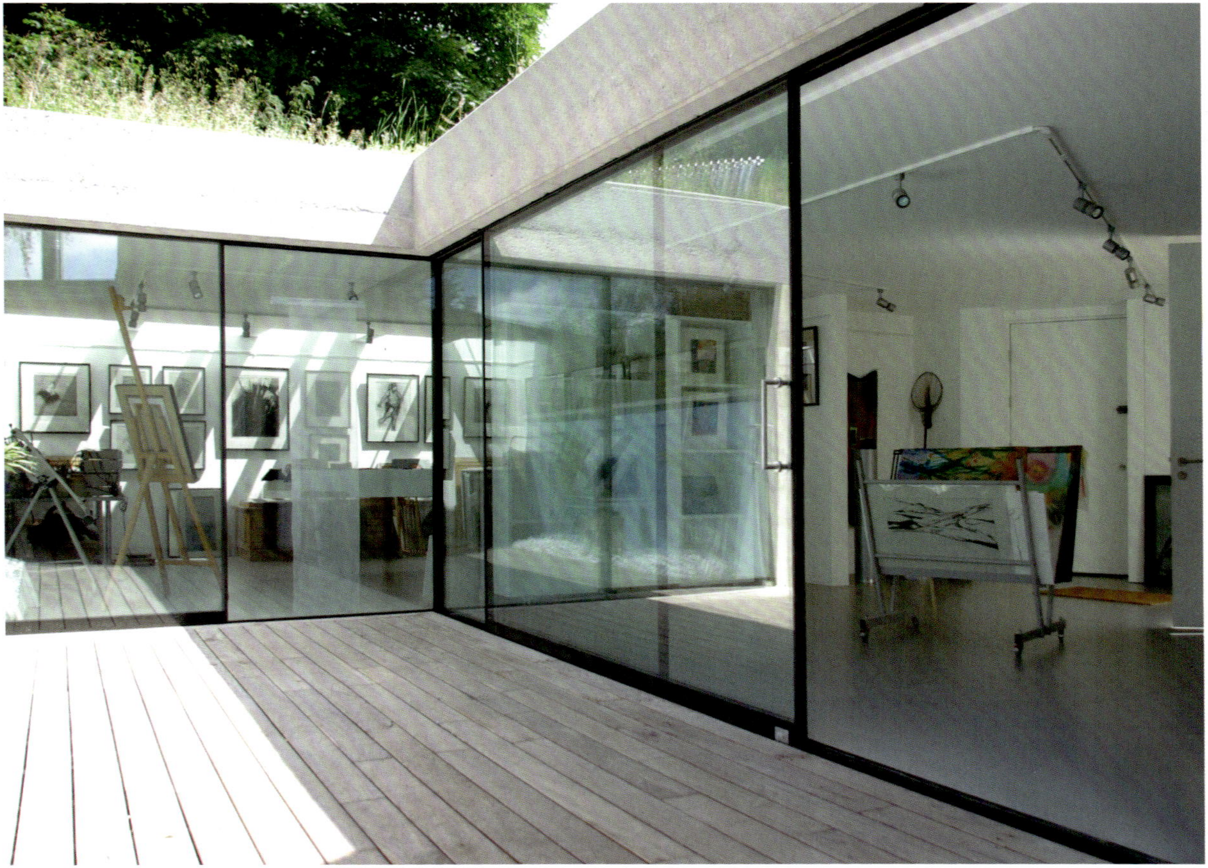

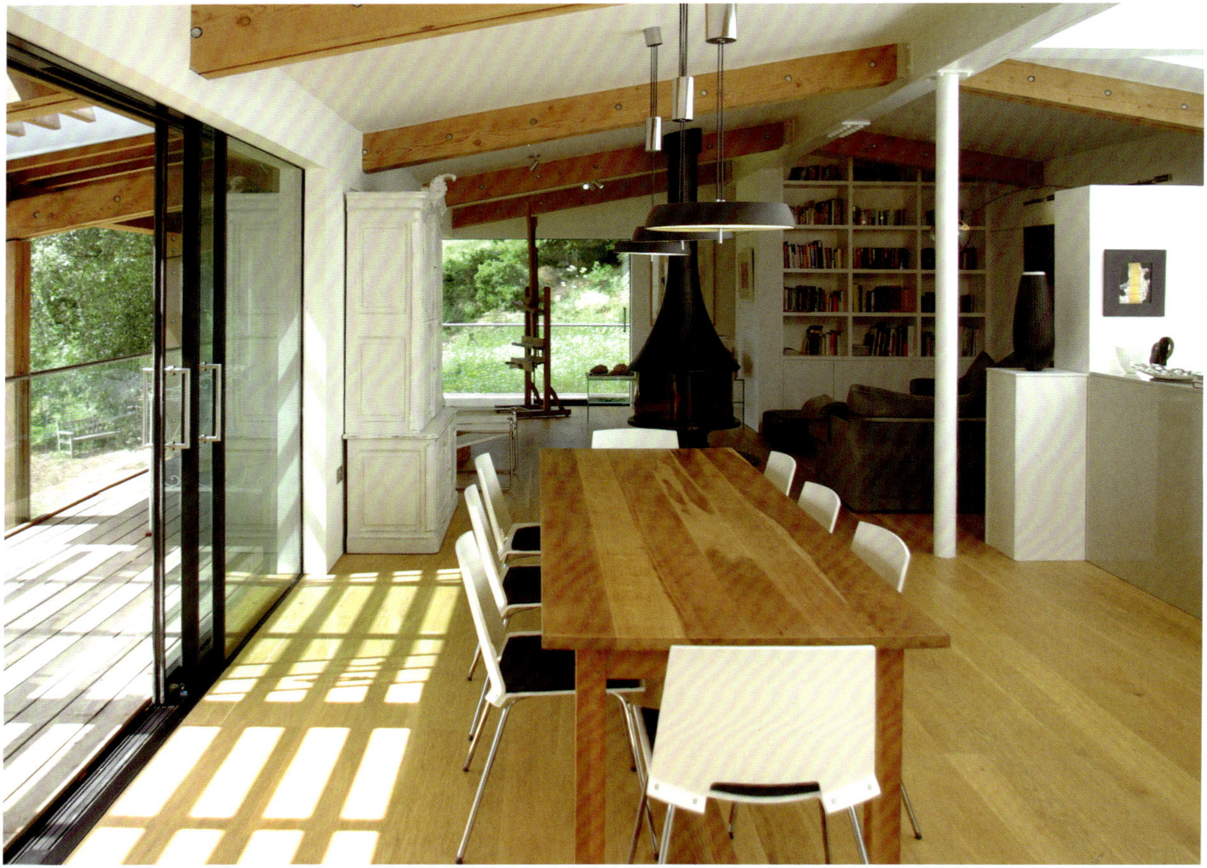

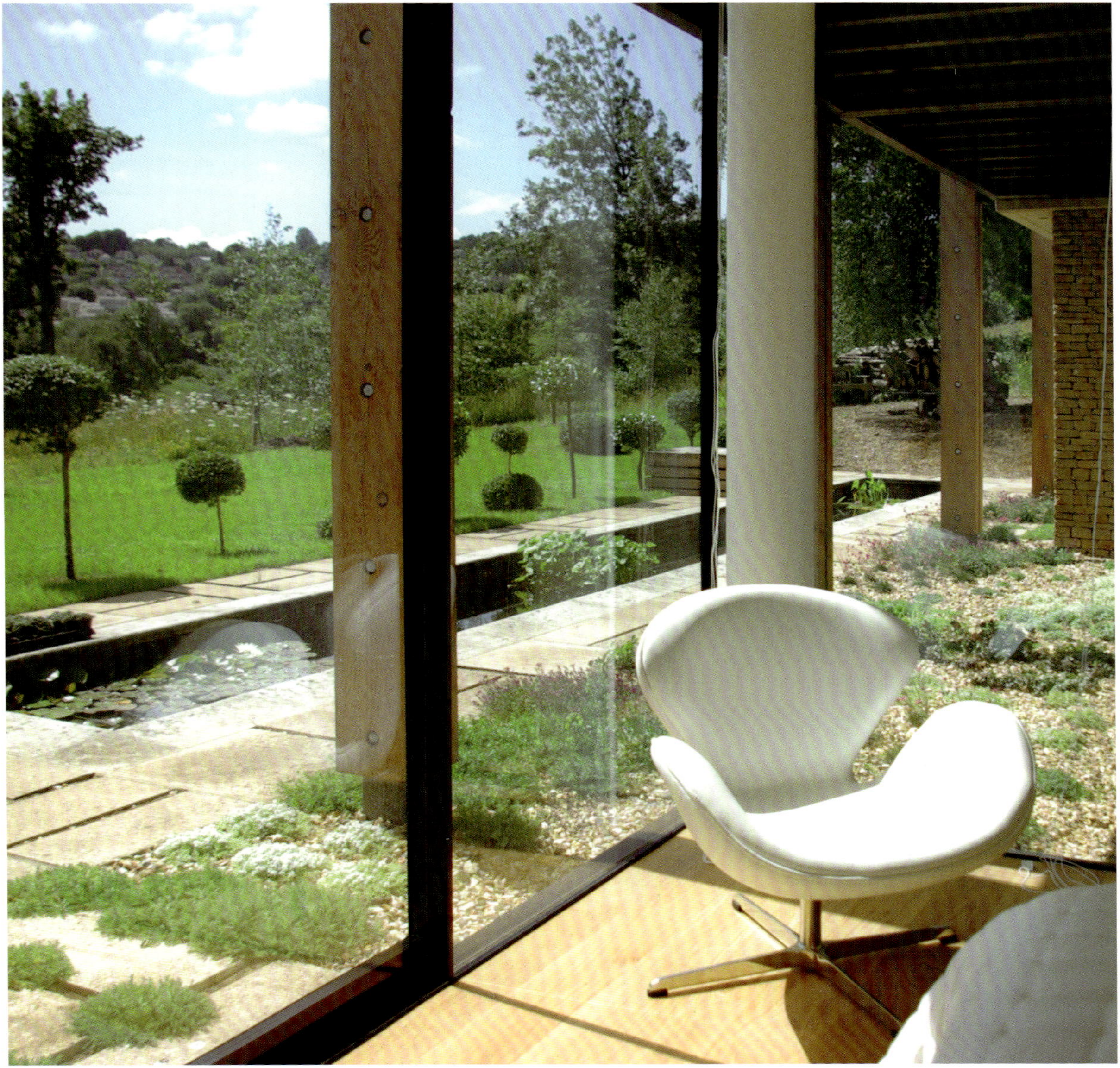

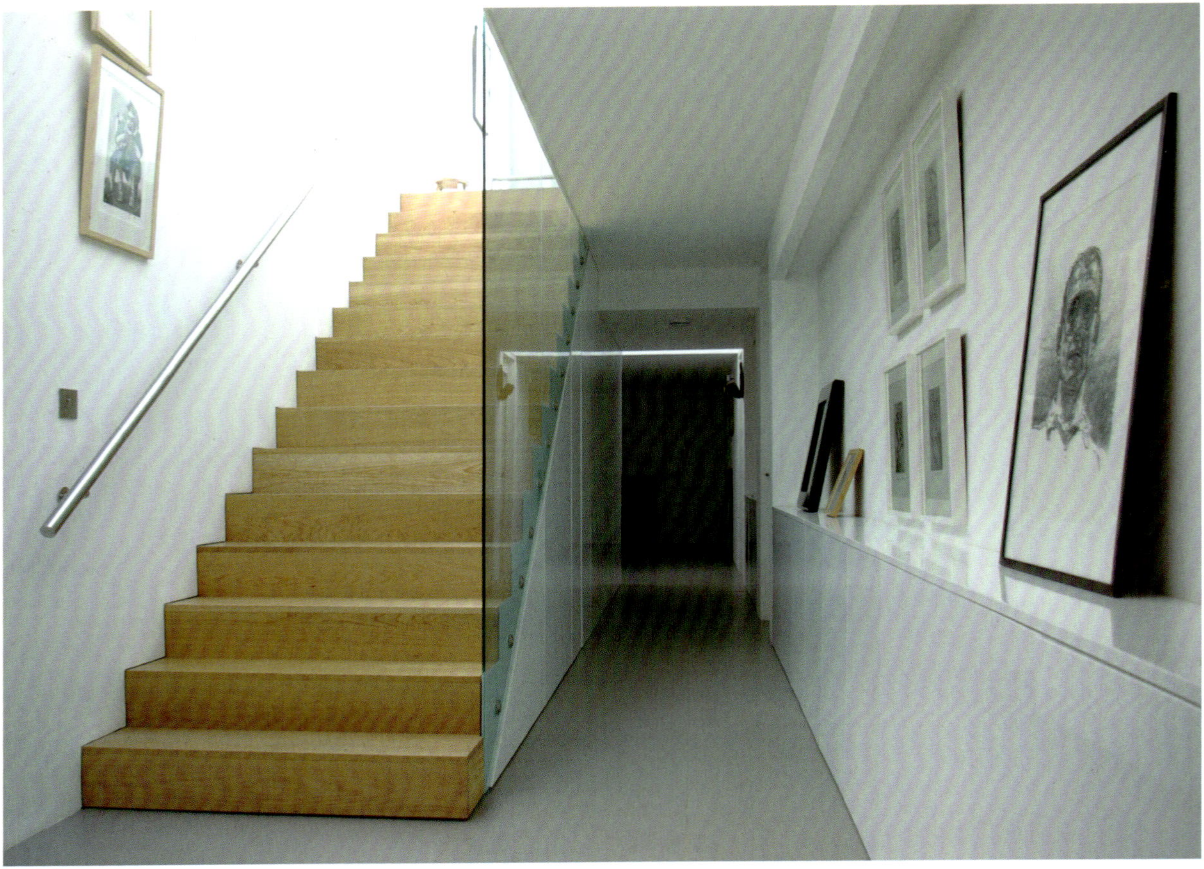

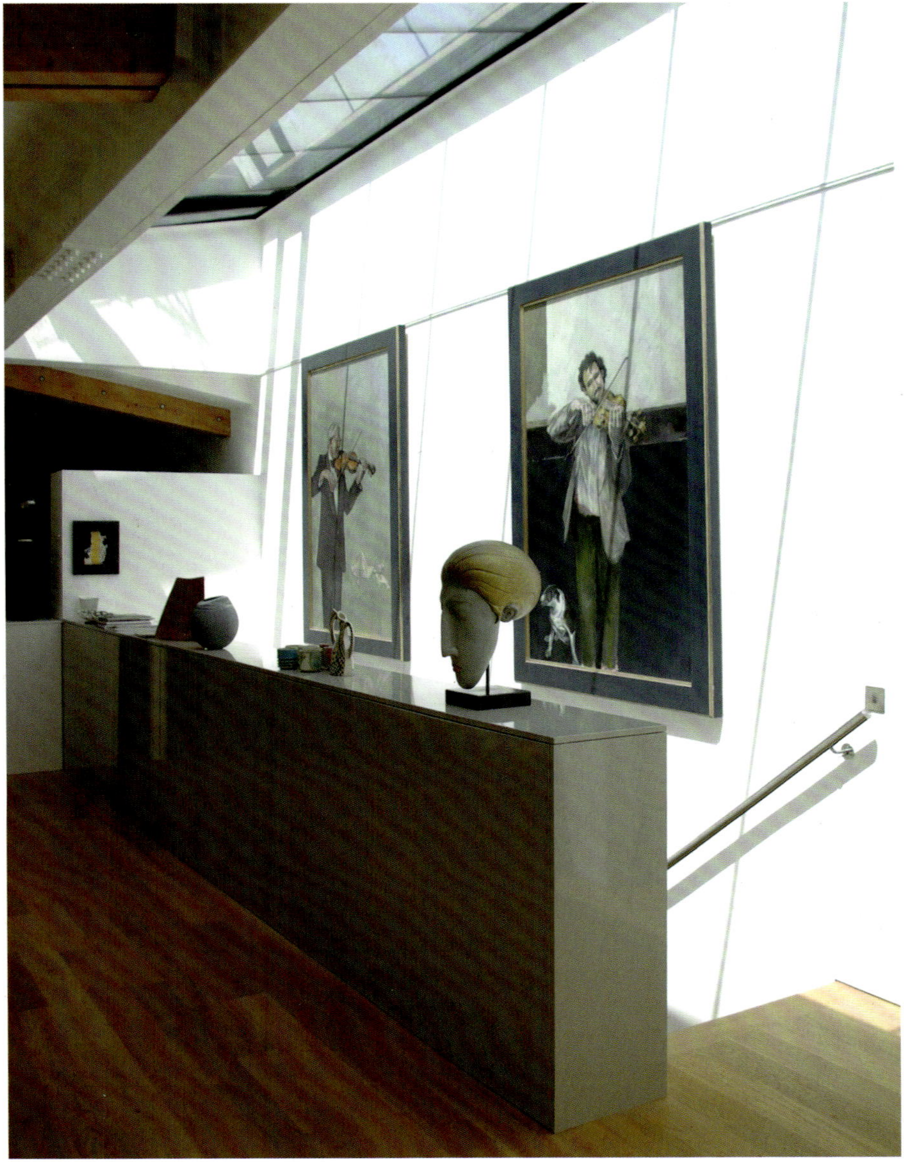

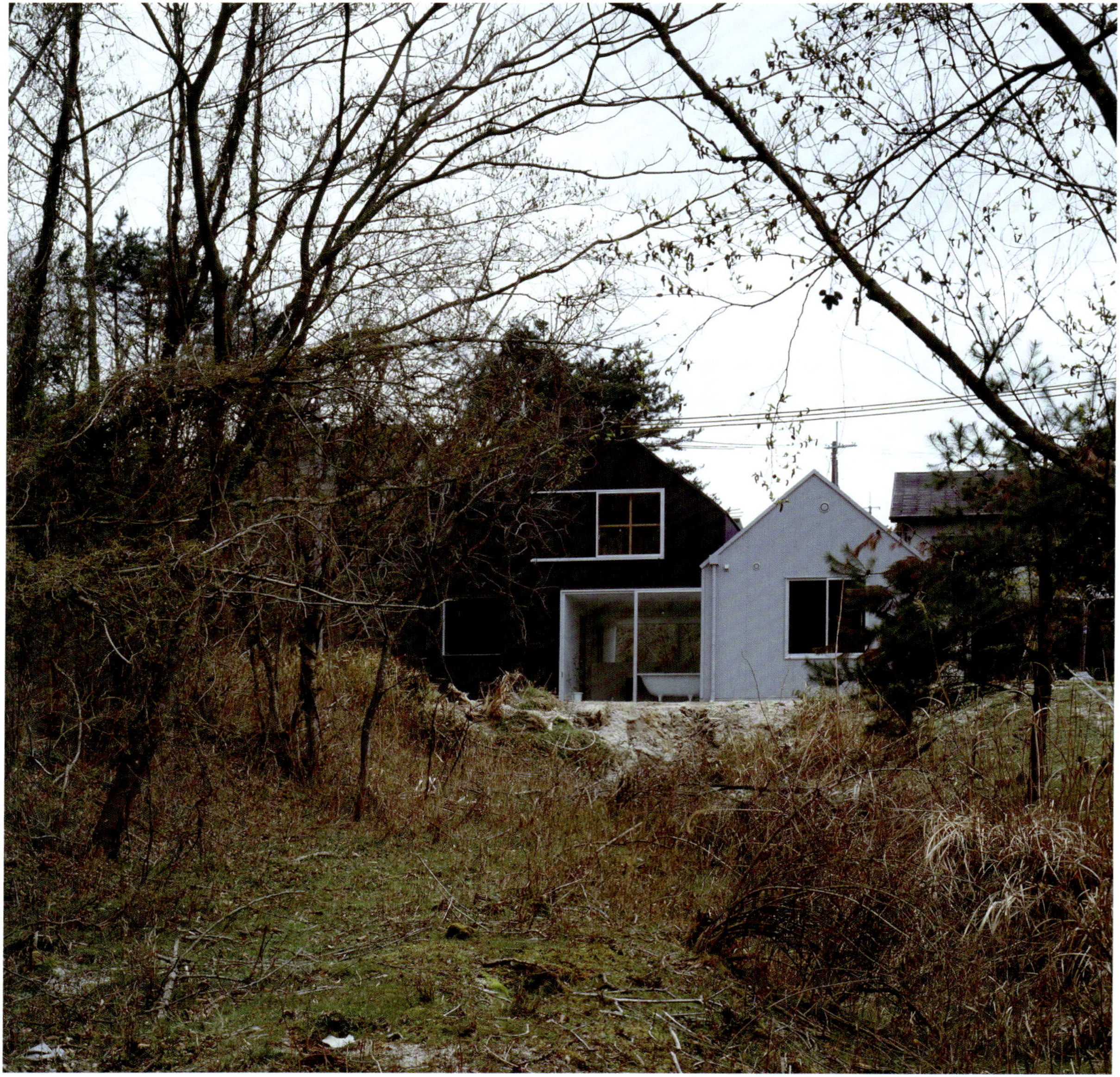

HOUSE **IN HIEIDAIRA**

Tato Architects
Hieidaira, Japan
© Satoshi Shigeta

The initial remit for the architects was to design a large *atelier*. However, once the plans were finished, it was decided that the initial project was too large for the site and the spaces were divided into three smaller units: two houses and the *atelier*. The structure of the *atelier* is concrete. The mezzanine floors give a curious sensation of a double ceiling.

L'objectif initial des architectes était de concevoir un grand atelier. Cependant, une fois les plans terminés, le projet initial s'est avéré trop grand pour l'endroit et les espaces ont été divisés en trois petites maisons : deux habitations et l'atelier. La structure de l'atelier est en ciment. Les entresols donnent une impression étrange de double plafond.

Ursprünglich wollte der Architekt ein großes *Atelier* entwerfen. Nachdem die Pläne erstellt wurden, "beschloss man allerdings, dass das ursprüngliche Projekt zu groß für den Standort sei, und man teilte" die Räume auf drei kleine Häuschen auf: zwei Wohnhäuser und das *Atelier*. Das Tragwerk des *Ateliers* besteht aus Zement. Die Halbgeschosse vermitteln den kuriosen Eindruck eines doppelten Dachs.

Het was de originele opzet van de architecten om een atelier te ontwerpen. Toen de plannen eenmaal klaar waren, besloten ze echter dat het originele concept voor alleen een atelier te groot was, zodat ze besloten op het perceel drie kleinere eenheden te bouwen: twee wooneenheden en een atelier. Het atelier heeft een betonstructuur. Door de tussenetages lijkt het alsof het atelier twee daken heeft.

El propósito inicial de los arquitectos era diseñar un gran *atelier*. Sin embargo, una vez hechos los planos se decidió que el proyecto inicial era demasiado grande para el lugar y se dividieron los espacios en tres pequeñas casitas: dos viviendas y el *atelier*. La estructura del *atelier* es de cemento. Los altillos dan una curiosa sensación de doble techo.

Il proposito iniziale degli architetti era progettare un grande *atelier*. Tuttavia, una volta realizzati i disegni si decise che il progetto iniziale era troppo grande per il sito e gli spazi vennero divisi in tre piccole casette: due abitazioni e l'*atelier*. La struttura dell'*atelier* è di cemento. I soppalchi conferiscono una curiosa sensazione di doppio soffitto.

O propósito inicial dos arquitetos era criar um grande ateliê. No entanto, depois de concluídos os planos, achou-se que o projeto inicial era demasiado grande para o local e os espaços foram divididos por três pequenas casas, duas moradias e o ateliê. A estrutura do ateliê é em cimento. As águas-furtadas dão uma curiosa sensação de teto duplo.

Arkitekternas ursprungliga avsikt var att rita en stor *ateljé*. Men när planerna väl var klara tyckte man att det ursprungliga projektet var för stort för platsen och man bestämde sig för att dela upp utrymmet i tre små hus: två bostadshus och *ateljén*. Stommen i *ateljén* är av cement. Vindsrummen ger en märklig känsla av dubbla tak.

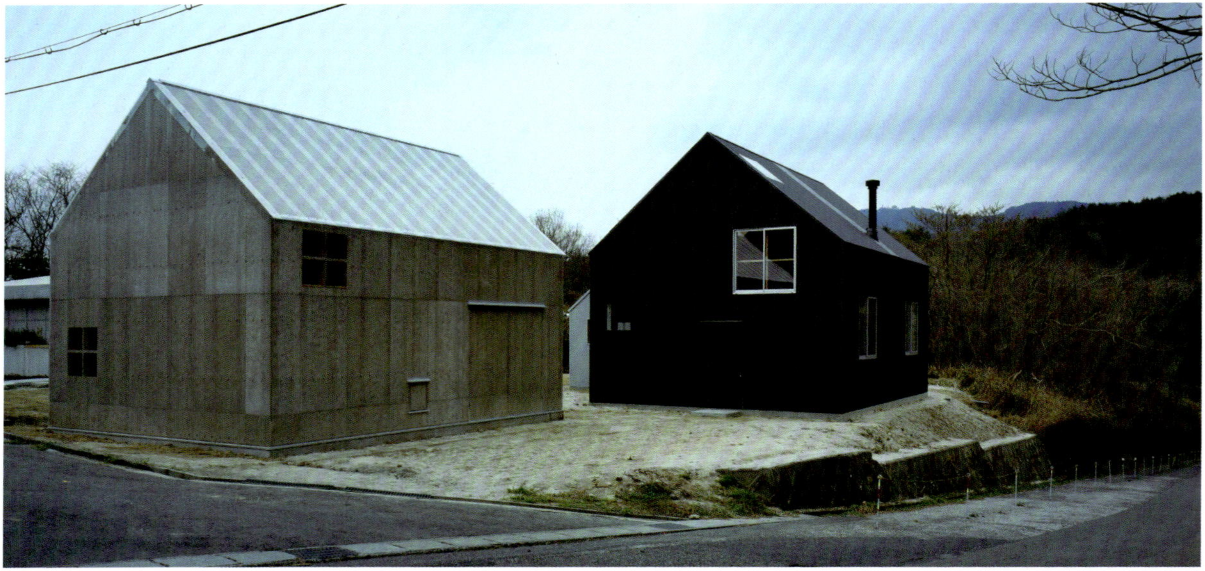

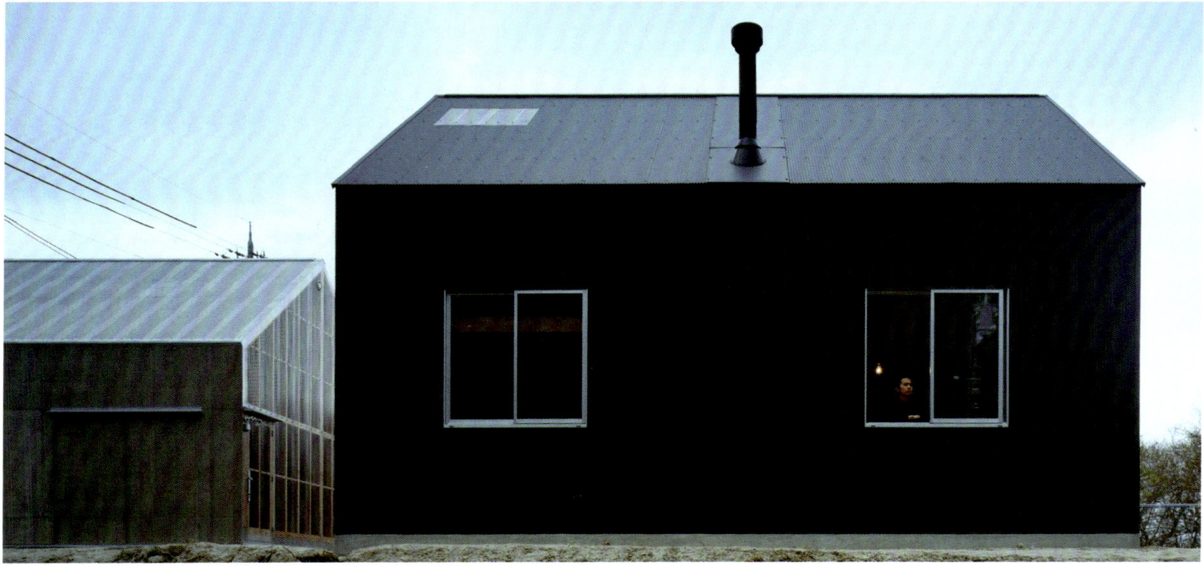

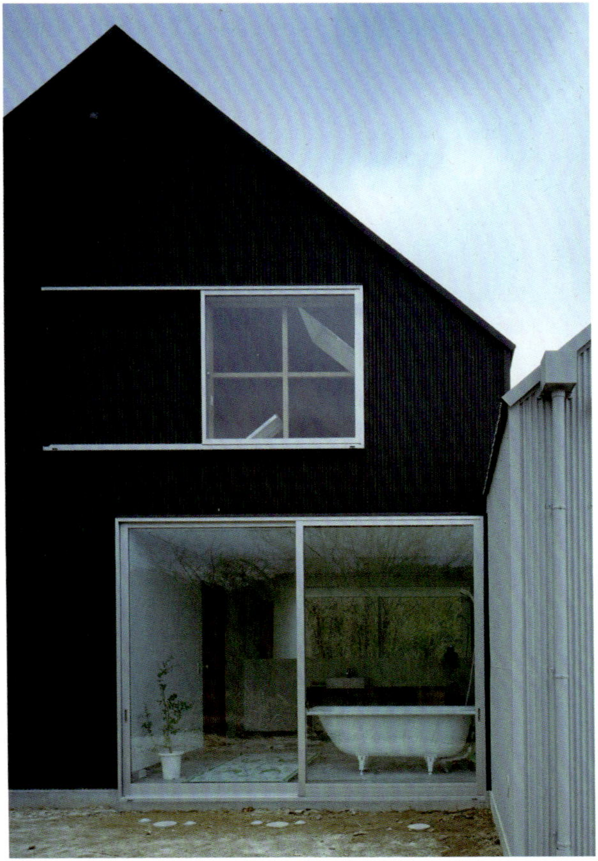

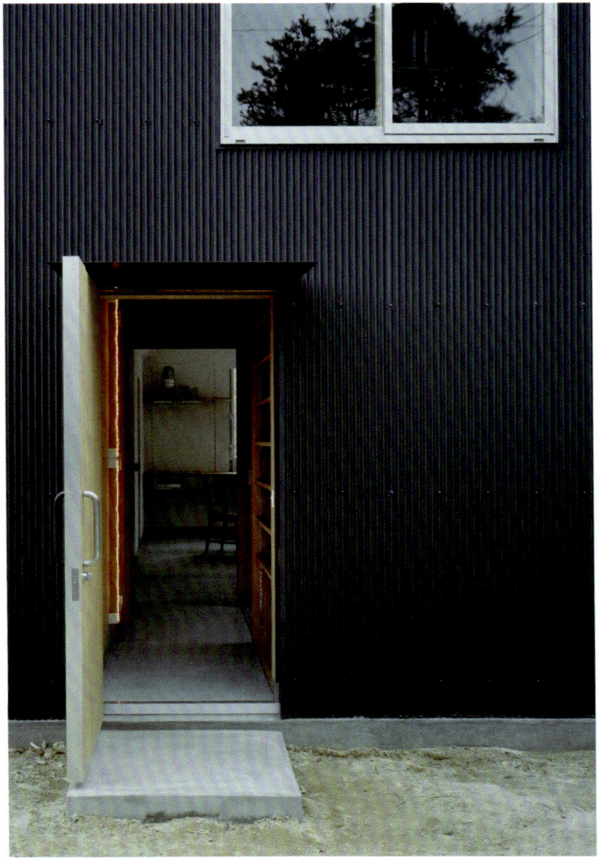

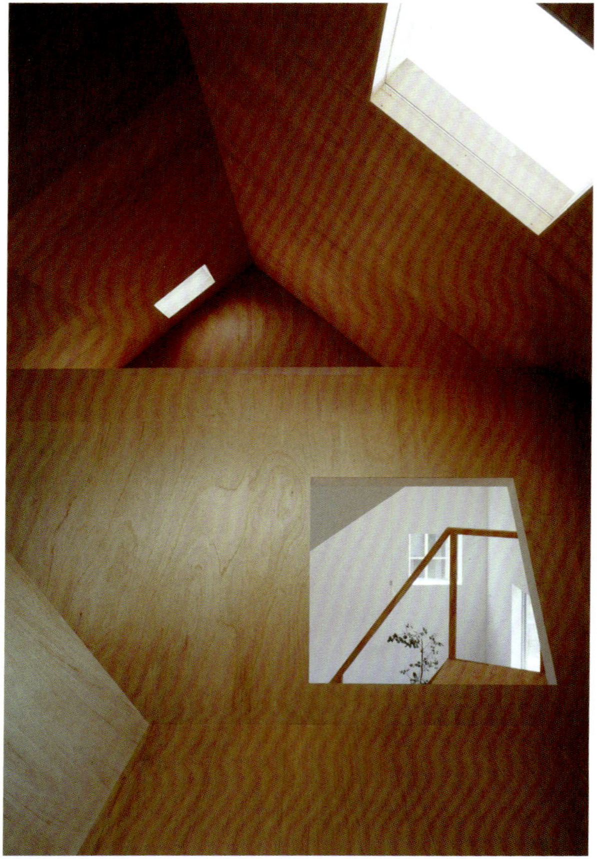

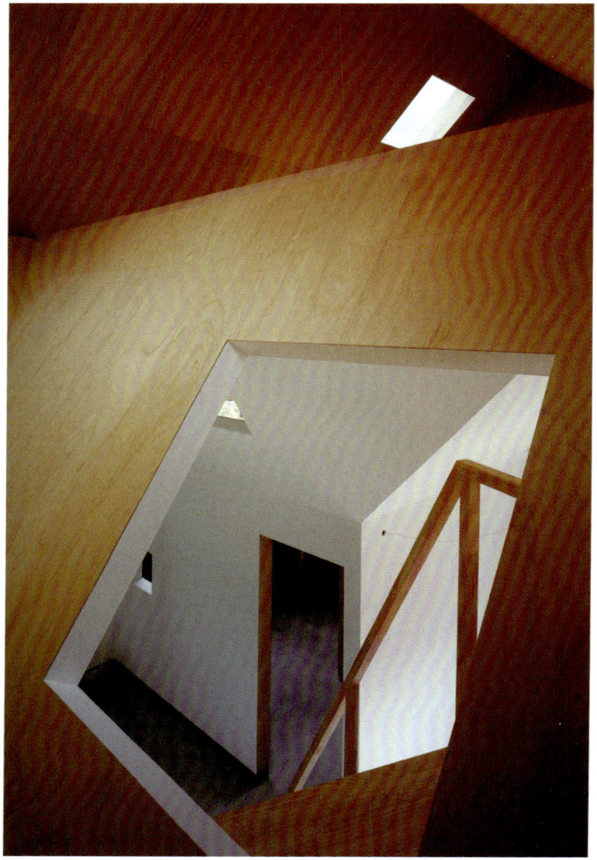

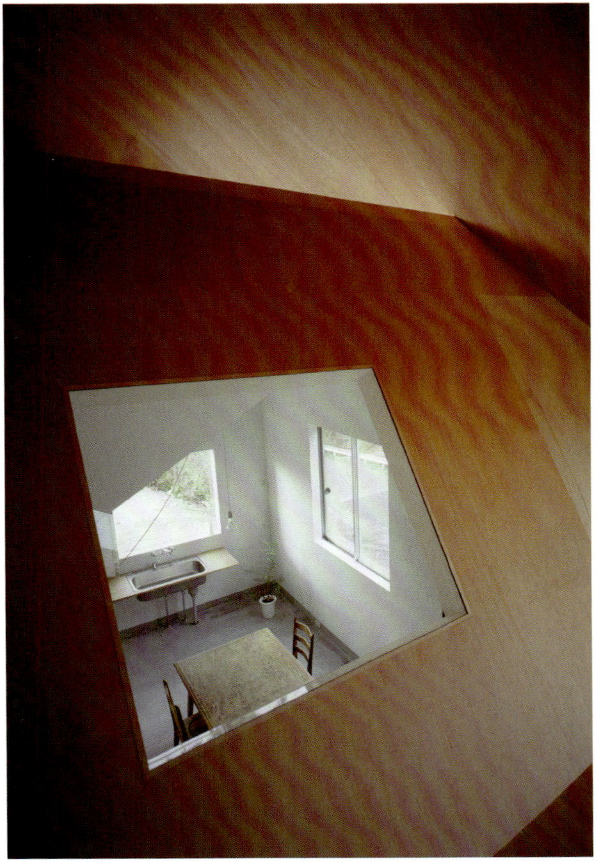

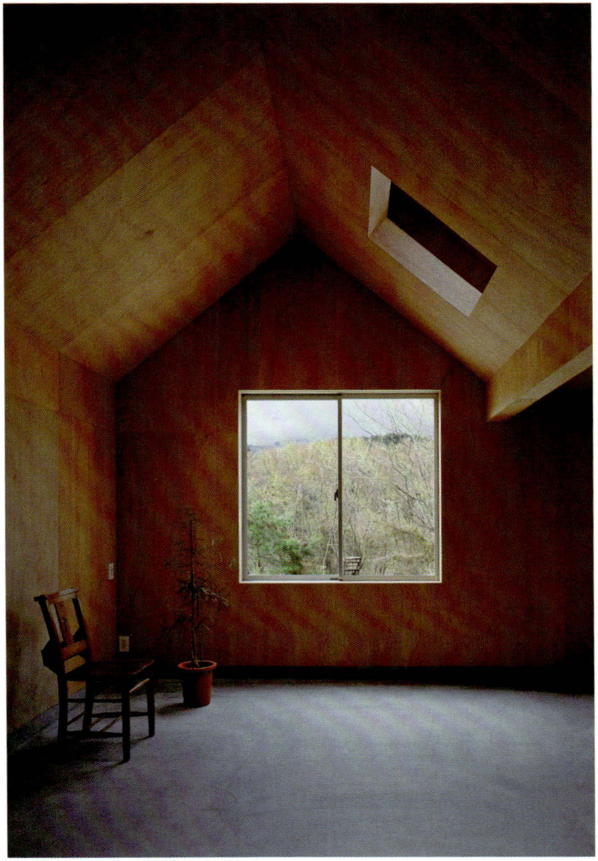

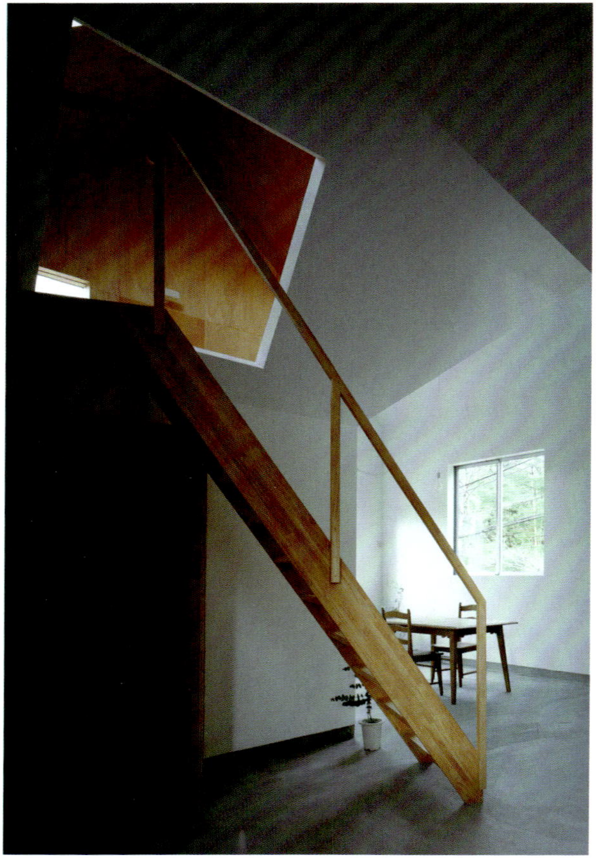

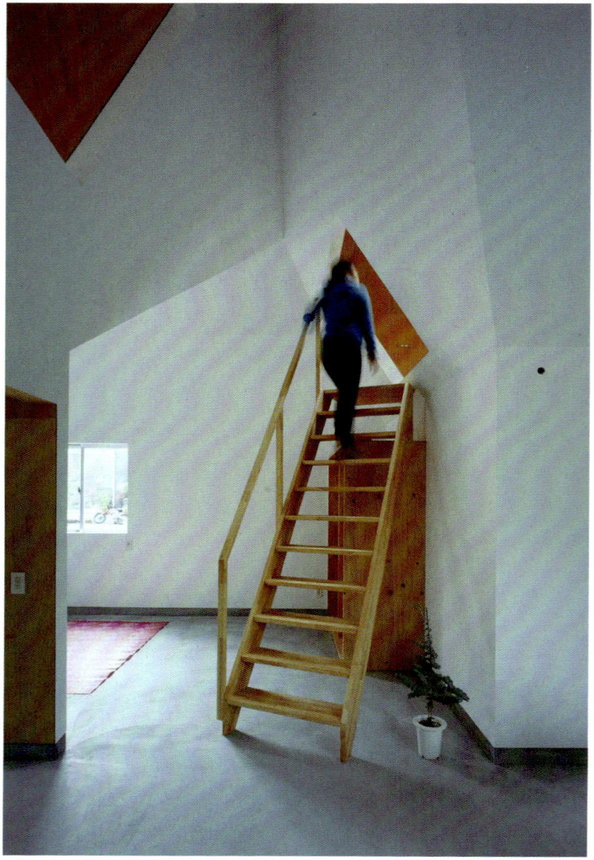

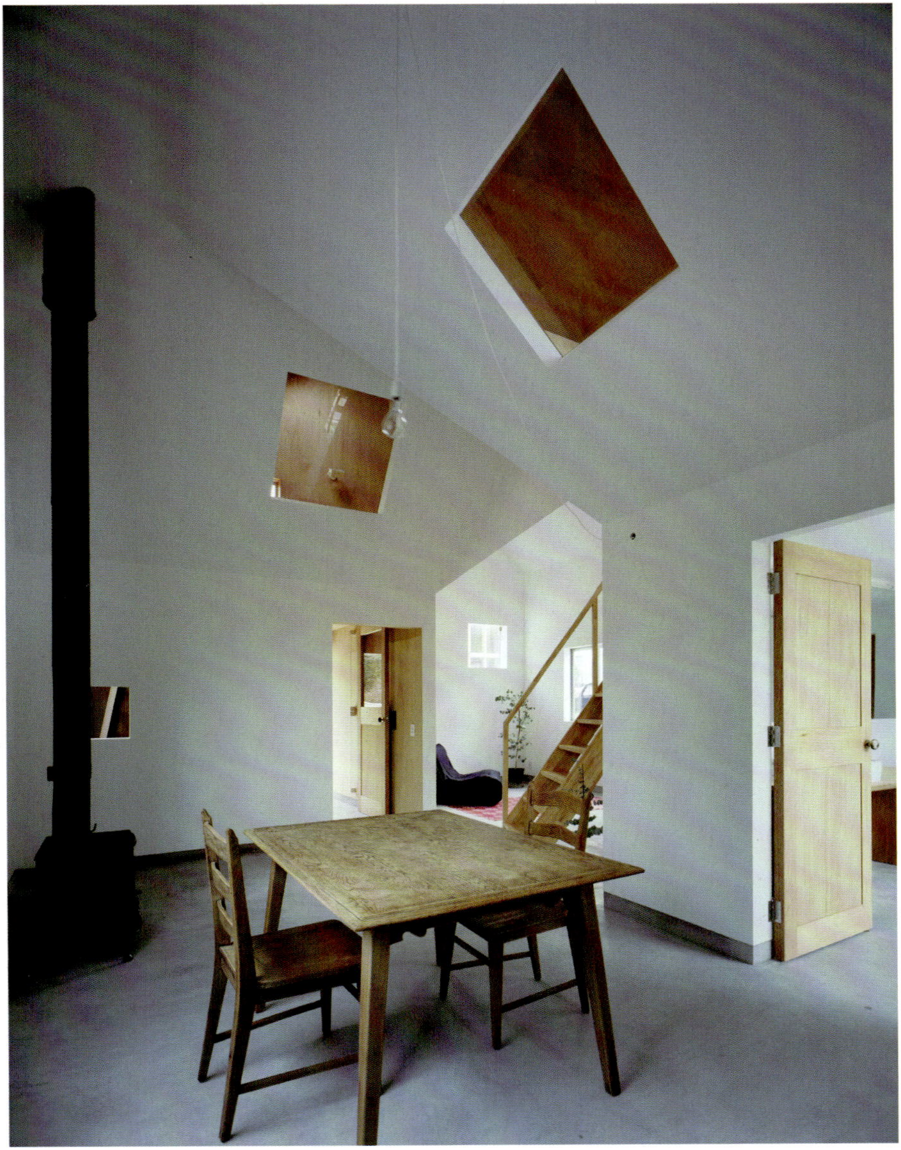

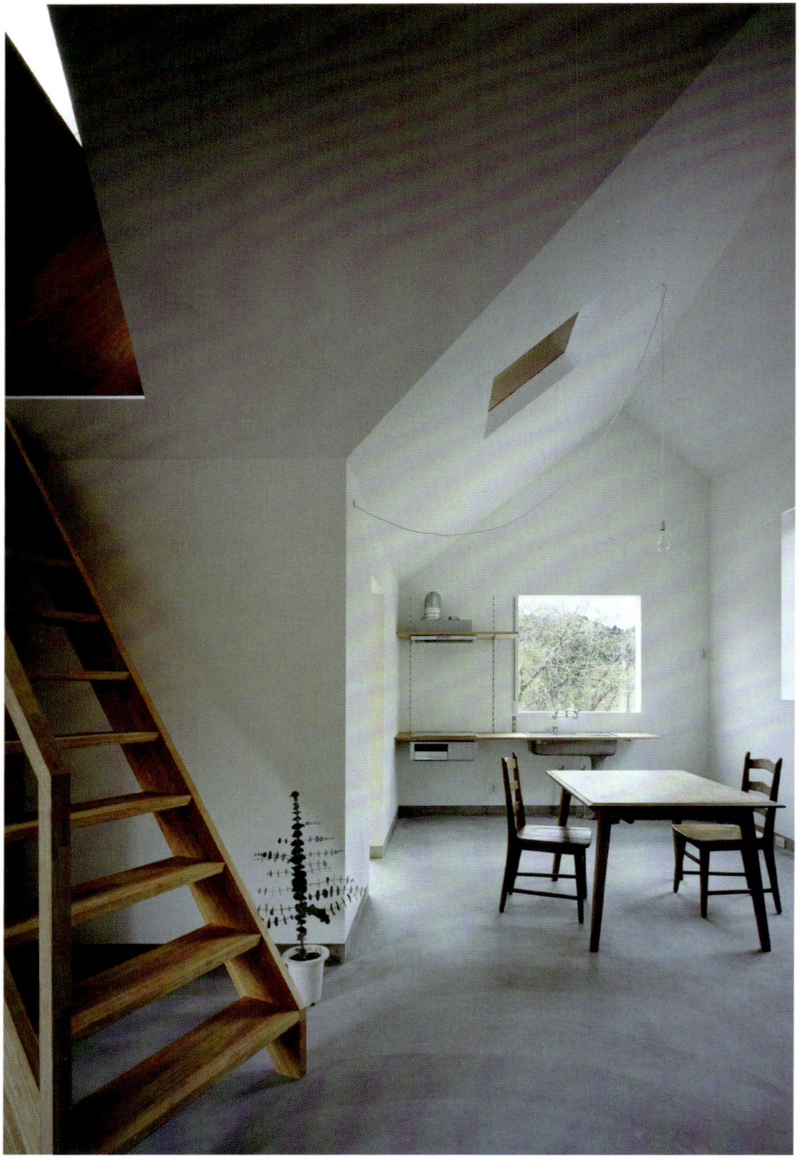

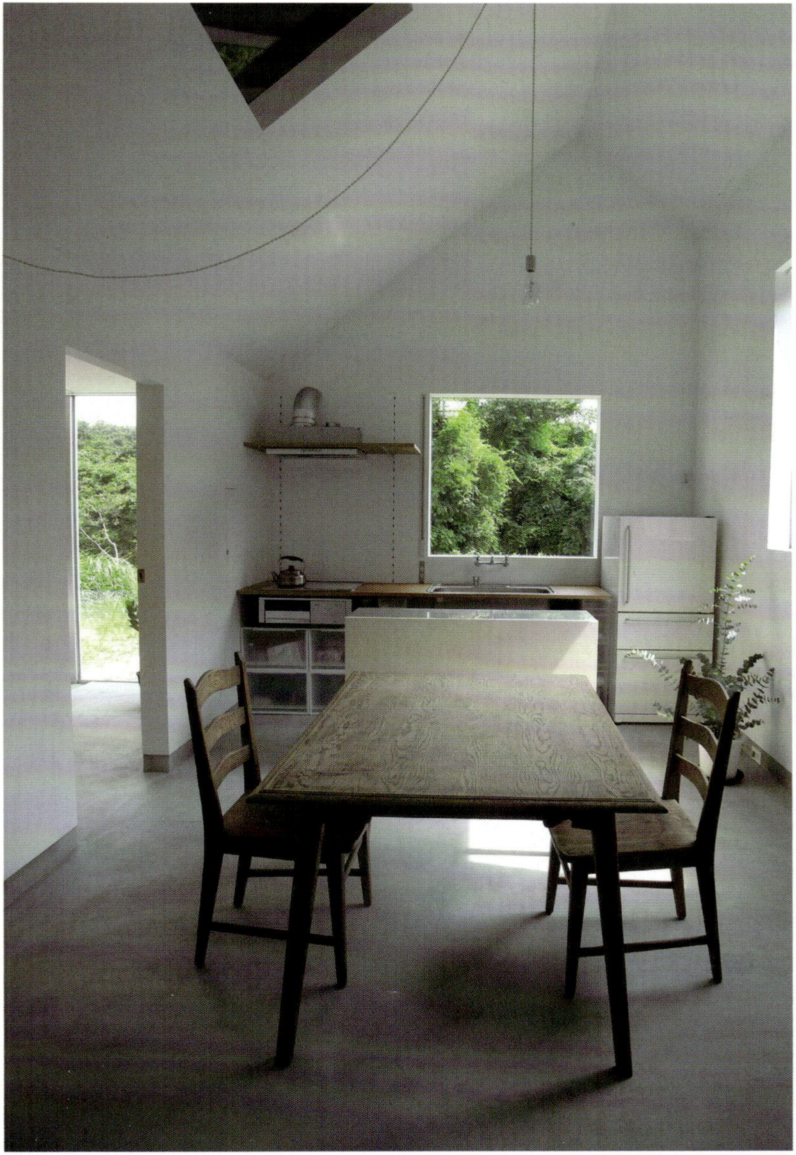

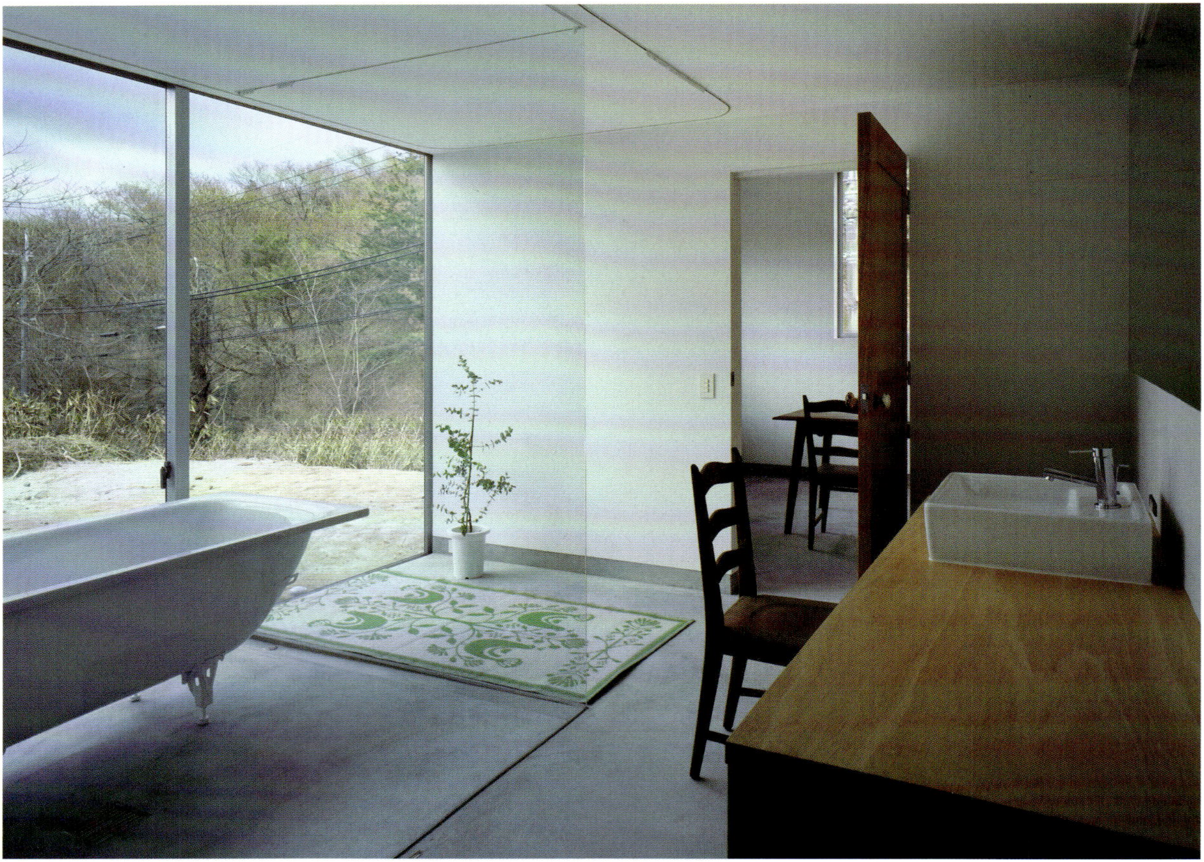

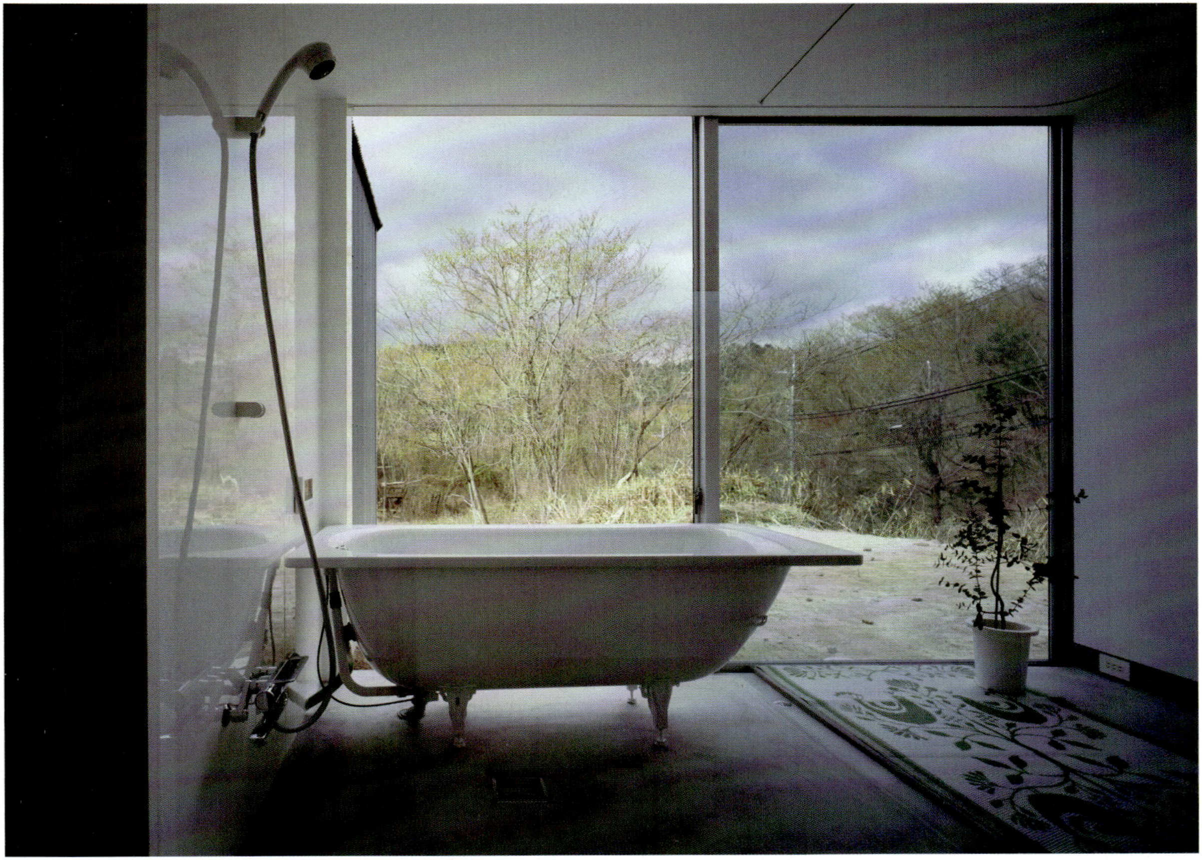

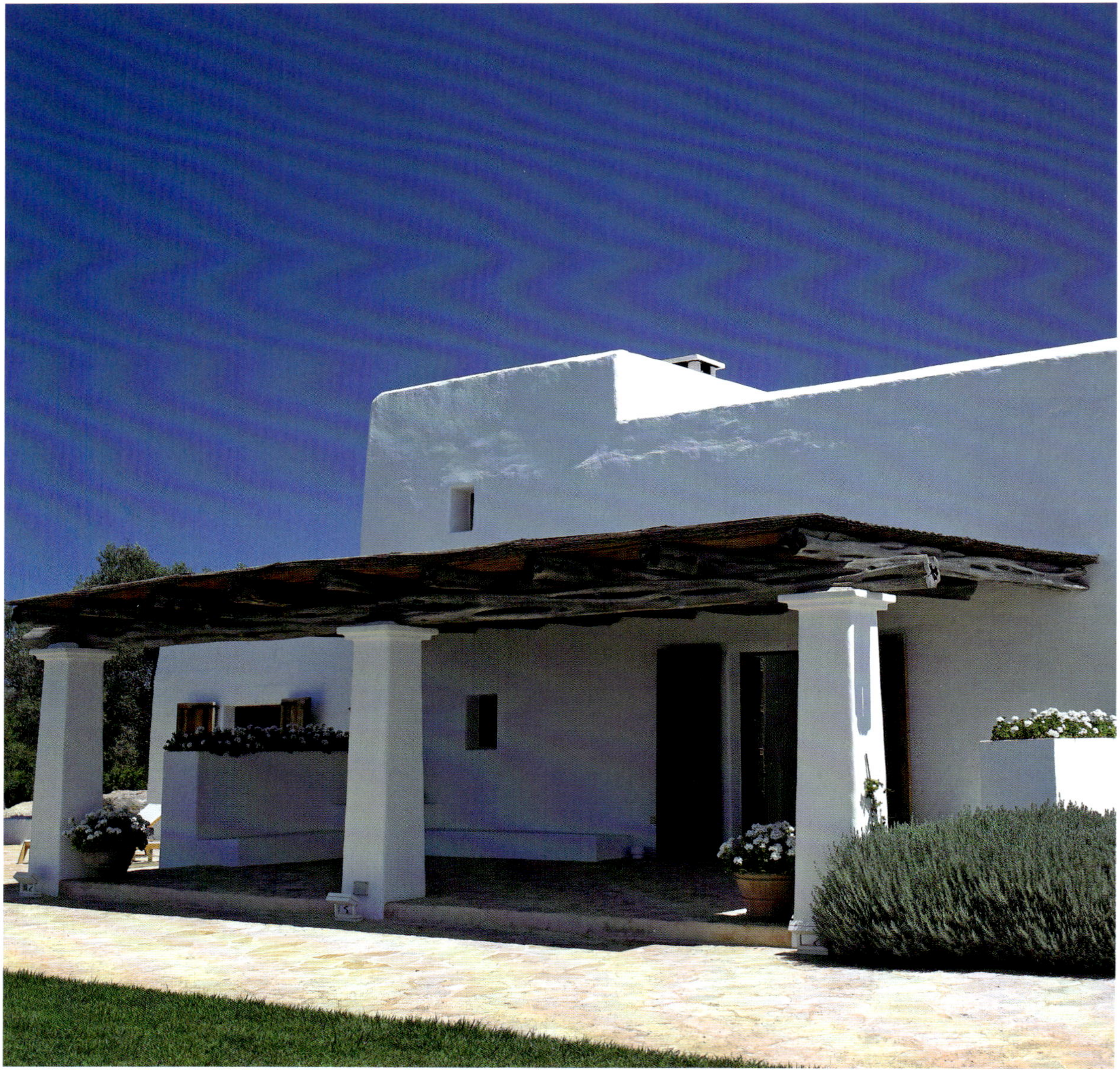

CAN **VINGUT**

Rolph & Rolf Blakstad
Ibiza, Spain
© Conrad White

Can Vingut enjoys a panoramic, 360 degree view over the neighbouring islands on the horizon and the mountains to the rear. The old entrance patio and drying space have been preserved, and several, ample, interior and exterior living areas have been added. The central spaces have been kept and the paddocks have been converted to additional living spaces.

Can Vingut jouit d'une vue panoramique de 360°, avec les îles voisines à l'horizon et les montagnes à l'arrière. La cour d'entrée d'origine et le séchoir ont été conservés et plusieurs grands espaces de séjour ont été ajoutés à l'intérieur et à l'extérieur. Les espaces centraux ont été conservés et les cours ont été transformées en pièces à vivre supplémentaires.

Can Vingut hat einen Panoramablick von 360 Grad. Man kann vom Haus aus die benachbarten Inseln am Horizont und die Berge auf der Rückseite des Hauses sehen. Der ursprüngliche Innenhof des Eingangs und des Trockenplatzes wurde erhalten und es wurden verschiedene weitläufige Wohnbereiche innen und außen hinzugefügt. Die zentralen Räume sind unverändert geblieben und die Viehhöfe wurden in zusätzliche Wohnbereiche umgewandelt.

Can Vingut geniet van een uitzicht met 360 graden. Vanuit het huis kan men de naburige eilanden aan de horizon zien en aan de andere kant een panoramisch zicht op de bergen. De droogschuur bleef behouden en ook de originele patio blijft dienstdoen als entree. Zowel binnenshuis als buitenshuis werden verschillende leefruimtes aangebouwd. De centrale ruimtes werden ongemoeid gelaten, maar de stallen werden verbouwd om extra leefruimte te creëren.

Can Vingut goza de una vista panorámica de 360 grados, con las islas vecinas al horizonte y las montañas en la parte trasera. Se conservó el patio original de entrada y el secadero, y se añadieron varias amplias zonas de estar interiores y exteriores. Se mantuvieron los espacios centrales y se convirtieron los corrales en zonas de estar adicionales.

Can Vingut gode di una vista panoramica a 360 gradi, con le isole vicine all'orizzonte e le montagne nella parte posteriore. Sono stati conservati il cortile originale di accesso e il seccatoio, e sono state aggiunte varie ampie zone di soggiorno interne ed esterne. Si sono mantenuti gli spazi centrali e sono stati trasformati i recinti in zone di soggiorno supplementari.

A Can Vingut goza de uma vista panorâmica de 360 graus, com as ilhas vizinhas no horizonte e as montanhas na parte das traseiras. Conservou-se o pátio original de entrada e a sala de secagem, acrescentando-se amplas zonas de estar interiores e exteriores. Mantiveram-se os espaços centrais e os currais foram transformados em novas zonas de estar.

Can Vingut har en panoramavy på 360 grader, med närliggande öar vid horisonten och bergen i ryggen. Den ursprungliga innergårdens entré och torkplats bevarades och flera rymliga platser att vara på har lagts till, både inomhus och utomhus. De centrala utrymmena bevarades medan kasernerna gjordes om till ytterligare vardagsrum.

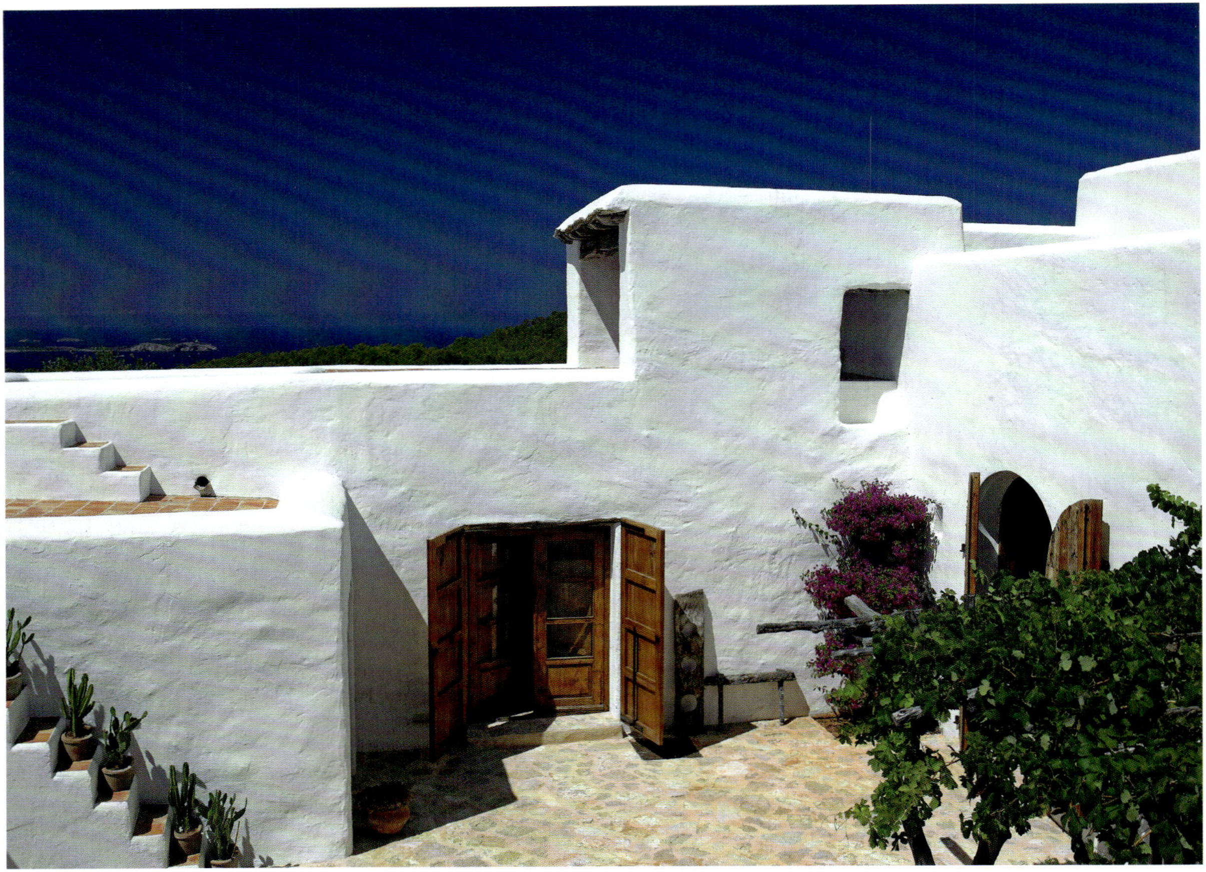

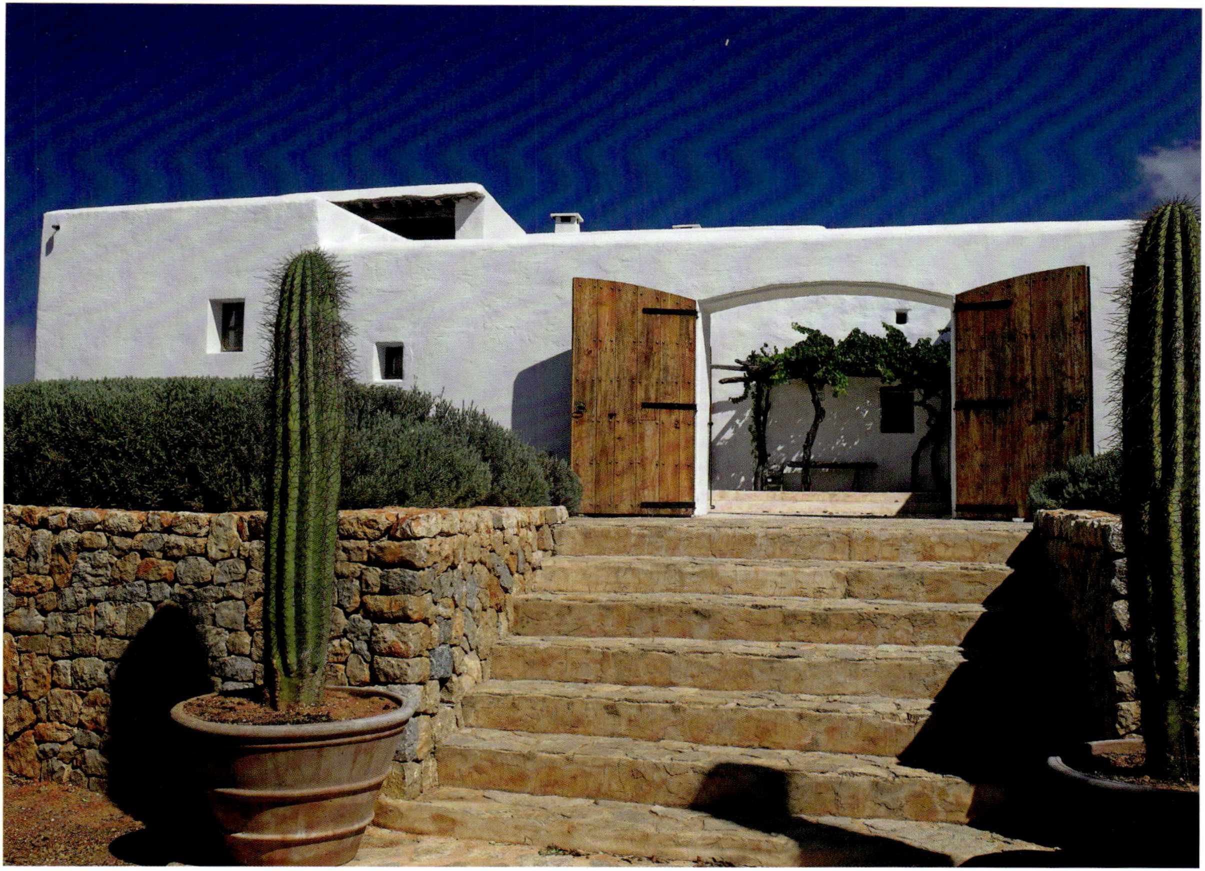

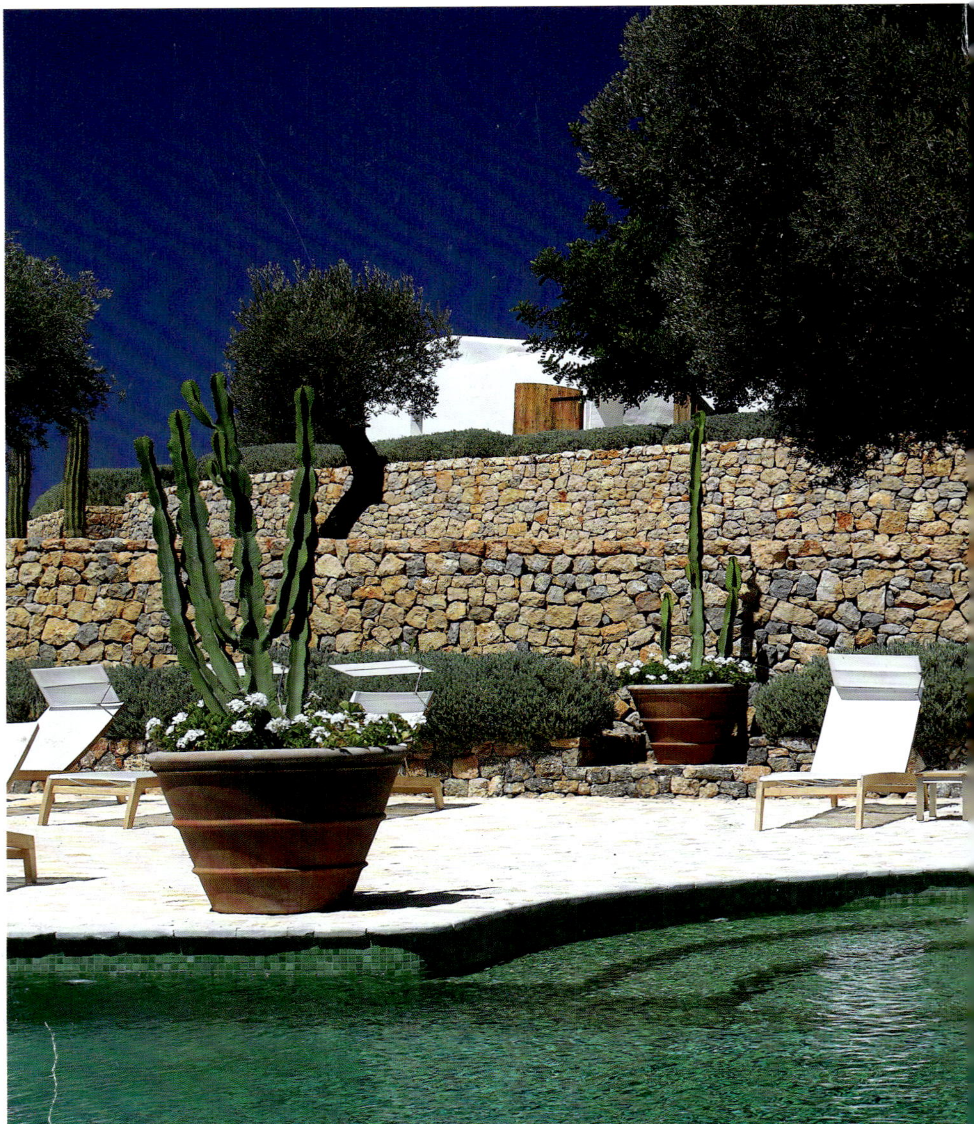